教育の本質とは何か

先人に学ぶ「教えと学び」

広岡義之［著］

ミネルヴァ書房

はじめに

現代社会では、不登校、いじめ、体罰問題をはじめ、教育基本法の改正、教員免許更新制の導入、幼保一元化や認定子ども園、特別支援教育の充実、道徳の教科化、食育基本法の制定等、あげればきりがないほどの教育的課題や教育改革の進展などで満ち溢れています。さてそのような教育現実を前にして、あなた方はこれから教師をめざされようとしていますが、しかしその前に、どうして教育学を学ばなければならないのだろうかということを熟考してほしいと思います。たんに教員の免許を取得するためだけなのでしょうか？　そうではないでしょう。

なぜ今、教育学を学ぶのでしょうか？　それは先述したような複雑に問題が交錯する教育現場に教師として飛び込んでゆくときに、どのような心がまえで一人の現実の子どもと関わればよいのか、またどのような心がまえで具体的な教育現実に立ち向かえばよいのか、という教師としての考え方を構築する能力を養成するためではないでしょうか。たとえば、最近では保育所や幼稚園でのいわゆる「不登園」が社会問題化しています。その原因の一つは、幼い子どもたちが担当教師を信頼できないという深刻な事実にありますが、こうした問題を私たちはどのように受け止めるべきでしょうか。本書では、人間教師は子どもたちにとってどういう存在であるべきかという問いを我が事、自分の問題として考えていきたいと思います。

受講生の多くは将来、保育実習や教育実習を経験してやがて教師になることを希望されていることでしょう。そのためにも大学でしっかりと教育学全般の学問を学び、教育界で役立つ人材になるべく精進してもらいたいと願っています。自らに実力がなければ、他者に奉仕することもできないはずです。自分に強くなることと同時に、他人の痛みがわかる、やさしくしなやかな心をこの大学時代に育んでいただきたいと切に願っています。

本書では多くの教育学関連の資料や文献を参照し援用させていただきました。そのことに対して関連の著者の先生方にこの場をお借りして御礼申し上げます。本書はテキストという性質上、本文中での詳細な註は省略せざるをえませんでしたが、その代わりに各章末には参考文献として列挙させていただきました。さらに深く教育学を研究したい方々は、それらの参考文献を糸口としてさらなる著作物に眼を通すことによって、より深く広い知見が獲得できることでしょう。

最後に、本書作成に当たってはミネルヴァ書房社長の杉田啓三氏と編集部の浅井久仁人氏にたいへんお世話になりました。こうした地味な学術書の出版が容易でない時代であるにもかかわらず、快く本書の出版を引き受けてくださったご厚意に感謝し、この場をお借りして心からお礼を申しあげます。またいつも私の研究を陰で支えてくれている妻、淳子にも心から感謝します。

現代社会における教育状況を一瞥しつつ、そこから今後の教育研究の重要性を自覚するなかで、筆者はさらなる自己研鑽に取り組むつもりです。顧みてなお意に満たない箇所も多々気づくので、これを機会に十分な反省を踏まえつつ、大方のご批判、ご叱正、ご教示を賜り、さらにこの方面でのいっそうの精進に努める所存です。

二〇一四年八月十日

著者　広岡　義之

目次

目　次

序論　「教育の花」としての学級担任教師——道徳教育を一例として

(1)「学校」における道徳教育の性格

「学校」における道徳教育は、いうまでもなく家庭および地域社会と相互に関連づけながら、子どもたちの人格形成に寄与すべきものです。しかし他方で同時に、「道徳」は個人の内面的・倫理的な問題でもあるのです。つまり、それは一人ひとりの「心」の問題であり、「生き方」や「あり方」と深く関わる領域なのです。

現代社会のなかで、子どもたちの置かれている状況は、人格形成上、様々な問題をはらんでいます。家庭や地域社会の教育力の低下が叫ばれて久しいですが、学校内・家庭内暴力、いじめ、ひきこもり、薬物使用などの具体例をあげるまでもなく、私たちを取り囲む教育的状況は混迷するばかりです。こうしたなかで、はたして家庭や地域社会が提供する「無意図的な道徳指導」だけで、子どもたちは健全な道徳的人格を形成することができるでしょうか。おそらくだれもが首を横に振らざるをえないでしょう。だからこそ「学校」での「意図的な道徳教育」が必要となってくるわけであり、保護者たちの多くは、学校における「道徳的な指導」に期待を寄せているのだと思います。

（2）「道徳の時間」と学級経営

学校における「道徳の時間」が真に充実するためには、教師と子どもたちが本音で話し合えるかどうかにかかっています。日頃から学級内で、教師と子どもたちが、あるいは子どもたち同士が本音で交流し合えるかどうかが、道徳教育の成功と失敗を左右するものとなります。それゆえ、特に「学級担任教師」は常日頃から自らの人格そのものを子どもたちから問われているとも言えるでしょう。

さらに「学級担任教師」は、子どもたちが毎日の生活のなかの様々な場面で具体的にどのような道徳的実践をしているのかという事実を、把握しておく必要があります。そのことを踏まえたうえで、「学級担任教師」は子どもたちの個々の行為について、いかなる道徳性の発達段階の意見をもっているのかを認識しておかなければなりません。この二つを認識することにより、「学級担任教師」は、道徳の時間において意図的な発問や指名が可能となり、結果として家庭や地域社会では実践しえない「意図的」な道徳教育が学校においてこそ可能となり、そこに学校でおこなう「道徳教育」の意義も明確になってくるのです。

（3）「教育の花」としての「学級担任教師」

「学校」もまた「家庭教育」と同様、「家庭」がそのひな型であるべきでしょう。それゆえ、「家庭的教育愛」が学校教育を貫く精神でなければなりません。その関係は、教師が親であり、生徒が子であり、生徒同士が兄弟姉妹であるという関係が望ましいでしょう。しかし教師は直接の親ではないために、その愛情の強さにおいては家庭での愛情に劣るものの、その代わりに子どもを私有物化する危険が少ないという長所があります。また兄弟姉妹として与え合う愛において「教師」は、「保護者」よりも深いと言うことができるのです。

子どもは学校集団に入ることによって、家庭における兄弟姉妹関係によって開放された「愛の場」をなお一層広く、深く自覚し体験することができるようになります。こうして、学校における教育の場として最も大切なのは「学級」（大学ではゼミナール）であり、「学級」は学校における「家庭」としてのひな型なのです。このような学級の場の基盤は、いわゆる「学級教室」であり、この学級教室の整備が最も重要なこととなります。なぜなら「学級教室」がなければ学級の家庭性は実現されないからであり、大学でもまた各ゼミナール専属の教室（研究室）こそが大学の中核としての「愛の場所」となるべきでしょう。

特に一定の学級の教育を担当する教師が「学級担任」ですが、この仕事こそ「教育の花」と称すべきもので、この教育の中心的な仕事を引き受けなければ、教育の「妙味」は理解できないでしょう。教育者としての喜びやまた悲しみも、したがって教師としての生きがいもまた、ここにおいて真に体験され自覚されるのです。

参考文献

武安宥編、塩見愼郎著『道徳教育』福村出版、一九九一年。
三井浩著『愛の場所——教育哲学序説』玉川大学出版部、一九八一年。

第1章　教育の理念――教育の本質と可能性

1　教育の理念――プラトンの「洞窟の譬喩」

(1)「陶冶」(人間形成)の本質を直観的に示すイデア界への志向

『国家』(『国家篇』)は、古代ギリシアの哲学者プラトン(Platon, 427-347B.C.)の著作で、原題は『ポリティア』(*Politeia*)とも訳されています。伝統的な副題は「正義について」という十巻からなる対話篇で、プラトンの中期の作品と考えられています。「洞窟の譬喩《ひゆ》」はその第七巻に使用された有名な譬喩で、イデア界が太陽の世界であるならば、可視界は地下の洞窟の世界となり、人間は生まれつき手足を鎖につながれ、イデアの影にすぎない感覚的経験を実在と思い込んでいる人々に等しいとプラトンは考えたのです。一般の人々がもっている幻影の誤りを指摘し、イデア界への志向を教えることこそが愛知者としての哲学者の使命であると考えました。

「洞窟の譬喩」は、プラトンの明確な証言に基づけば「陶冶」(人間形成)の本質を直観的に示すも

▶プラトン

のであり、陶冶と真理の間には本質的な関わりが存在し、その橋渡しをするものこそが「パイデイア」なのです。「パイデイア」とは、人間の個性を覚醒させ、本来の方向に向けかえて、真の認識に慣らす過程のことで、そこから転じて広く教育や教養を意味するようになりました。いずれにせよ、全人間の転向を意味し、明白であった考え方や在り方が変わることによってのみ「パイデイア」は可能となります。

人間の本質がそのつど、あてがわれた領域へ転向して慣れることが、プラトンが「パイデイア」と呼ぶものの本質です。プラトンの本質規定によれば、「パイデイア」とは全人間の本質における転向への導きであり、十分ではないにしても「パイデイア」という呼称に最も近いドイツ語は「ビルドゥング」（Bildung）（陶冶・形成）ということになります。

（2）「洞窟の譬喩」の真理の段階的説明

さて「洞窟の譬喩」の第一段階で、人々は洞窟内で縛られている状態から説明が開始されます。そこでは道具類の影しか見ることが許されていないので、人工の光によって生じる道具類の影を真実と思い込んでいるのです。

ところが第二段階において、人々の束縛が解除されることになるのですが、人々は今や部分的に自

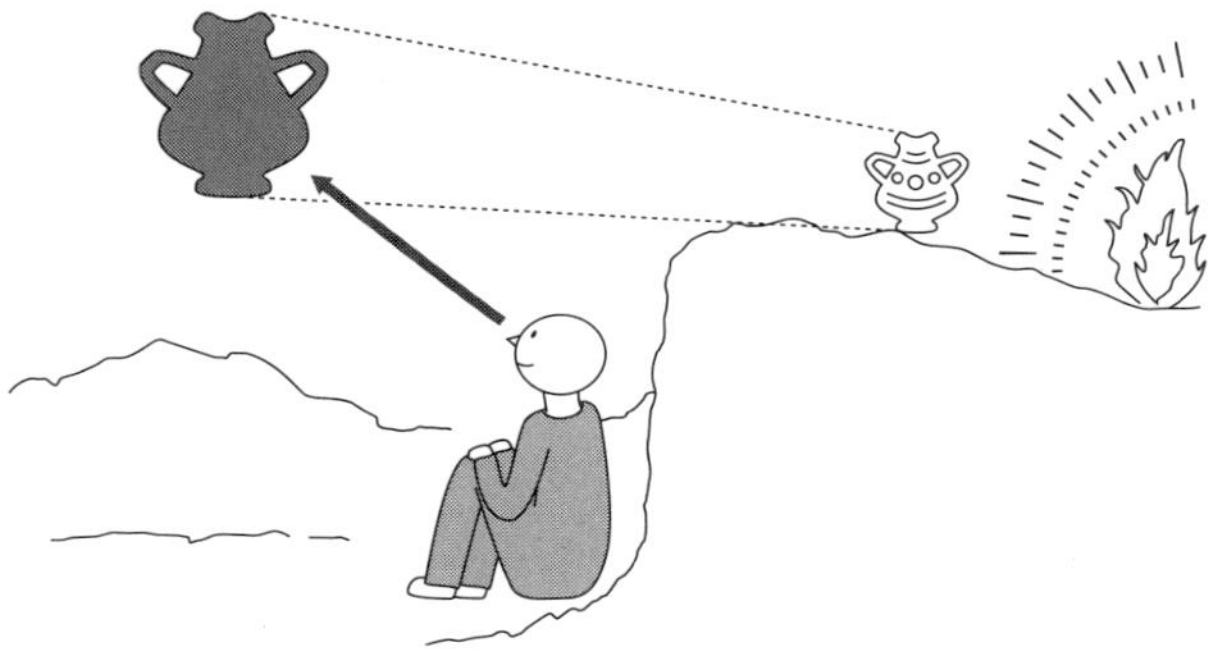

図１－１　プラトンの洞窟の図

由の身になるにもかかわらず、なおも洞窟内に閉じ込められたままの状態です。しかしここではあらゆる方向に身を向け変えることができるようになり、その結果、彼らの背後を運ばれて通り過ぎる「事物そのもの」を見る機会が与えられるのです。以前は「影」だけにしか眼を向けることができなかった人々は、ここで初めて「存在」するものにより近づくことになるのです。洞窟内の松明《たいまつ》という人工的な光ではありますがその形を呈示し、その事物はもはや射映によって隠されず、真実の物と対面することになるのです。

第三段階は、束縛から解放された人々が今度は洞窟の外、すなわち自由な開かれた場に出たところから始まります。地上には本物の太陽の光が輝いており、ここでは事物そのものの理念が本質を呈示しているのです。これは洞窟内の人工の光に照らされて見える事物以上に「真理」に近いものとなります。影から人工の光を通してみる事物、そして太陽の光のもとでみる事物へと段階を次々と経て、「向け変えること・転向」の真理の度合いが深まってくるのです。「陶冶・形成」の本質は「真理」

の本質に基づいており、しかも同時に忍耐と努力の度合いもそれに比例します。この「向け変えること・転向」としての「パイデイア」も次元的に深まるのです。

(3) 全人間の本質における転向への導きとしてのパイデイア

「パイデイア」の本質は「全人間の本質における転向への導き」です。プラトン自らの解釈に従えば、「パイデイア」の本質を直観的に示そうとするこの「洞窟の譬喩」は、洞窟からの脱出をもって成就されたのですが、それで物語は終わらなかったのです。

最後の第四段階は、解放された人々が再び洞窟内のまだ縛られている人々の元へ降りて帰っていく次第を描写しています。解放された人々は今や縛られている人々の非真理に気づかせ、隠れないものへと導きあげる使命を帯びることになります。しかし、解放者は洞窟内では地上とは勝手が違い、洞窟内の現実的要求に負けてしまうおそれもあります。洞窟内の真理の解放者とあらゆる解放に反抗する閉鎖的な人々との間の争いが生じてしまい、場合によっては洞窟内で、真理の解放者は殺される危険性さえはらんでいるのです。プラトンの教師であったソクラテスは、まさしくこの危険性のゆえに毒杯をあおいで死んでゆかねばならない運命にあったといえるでしょう。

プラトンは「洞窟の譬喩」において、教育とは魂全体を闇から光の根源へと「転回」することであると説明しました。しかしこの「転回」と、後述する教育の「覚醒」とは同じものではありません。「転回」においては、人間がそれに向かって転回されるべき目標が常に考えられていたのに対して、

「覚醒」においてはそのような方向性は存在せず、いつも人間の非本来性から本来性への覚醒が問題にされるのです。

2　教育の本質

(1) 古代ギリシアの哲学者＝教育思想家であるソクラテス

毒杯をあおいで死んでいった教育思想家ソクラテス（Sokrates）は、紀元前七〇〇年頃のギリシアのアテネ（ポリス・都市国家）の教育思想家で、彫刻家の父と助産師の母の間に生まれました。友人から、デルフォイでのアポローンの神託を知らされて以来、ソクラテスは「無知の自覚」へと青少年を導くことに努めたのです。具体的にソクラテスの仕事の核心は青少年の「俗見《ドクサ》」を吟味することでした。ここで「俗見《ドクサ》」とは、世間の常識や社会通念であり、私たちはこうした「俗見《ドクサ》」に媒介されて、世間とつながっています。世間一般の生活や日常的な生活では、「そんなふうに思われている」という常識で、すべてが運ばれています。しかし、その状態から抜け出して「本当のところはどうなんだ」と追求してゆくことが学問であり、知識の追求なのです。「反駁《はんばく》」とは、あらゆる「俗見《ドクサ》」を仮借のない批判にさらすことを意味するのです。

▶ソクラテス

（2）教育の仕事とは相手のうちに蔵されている可能性を「引き出す」こと

教育の仕事とは、人にたんに知識を「授ける」ことでなく、相手のうちに蔵《ぞう》されている可能性を「引き出す」ことです。この仕事を「反駁《はんばく》」を通して遂行することが真の教育であるとソクラテスは考えました。「俗見《ドクサ》」によって、私たちは、世間一般の卑俗で常識的なものの見方にどっぷりと漬かりきって、真実の世界をみることを妨げられているのです。この「俗見」を取りのけた後に、初めて本当に美しいものを美しいと見る眼が開けてくるのです。本当に美しいものを美しいと見ることを妨げている手垢を一つひとつ取りのけてゆくことこそが、教育の仕事であり、その方法的な「反駁」が教育の過程なのです。当時のソクラテスと教育的に対立していたのが、ソフィスト（sophist）でした。彼らは当時の社会が必要とした知識を教授して、授業料をとった職業教師で注入主義の立場に立ちましたが、他方ソクラテスは問答法・対話法（maieutike）を実践して、開発主義の立場を主張しました。

3　教育の可能性

（1）人間は教育によってのみ人間となることができる

ギリシア時代にすでにプラトン（Platon）は彼の遺著『法習（*Nomoi*）』において、「人間は正しい教育を受け、幸運な資質にめぐまれればこの上もなく神的な温順な動物となるが、十分な教育を受けず、美しく育てられなければ地上で最も狂暴な動物となる」と言い切っています。また近世教育学の父であるコメニウス（J. A. Comenius）は『大教授学』のなかで「人間は教育によってのみ人間となる」とも述べました。カントに強い影響を与えたと言われるルソーもまた教育的主著の冒頭で「植物は培養によって成長し、人間は教育によって人間となる」と指摘しています。さらにカント（I. Kant）は『教育学講義』の冒頭で「人間は教育されなければならない唯一の生物である」と、またその後段では「人間は教育によってのみ人間となることができる」とも語っています。現代の教育学者ランゲフェルト（M. J. Langeveld）もまた、「人間とは教育を必要とする生物である」と説きました。

カントが、人間だけが他の生物と異なり教育される必要のある唯一の生物であるという旨を述べていますが、それは、教育を受けずにただ一定の時間が経過すれば、自ら人間になることは不可能であるということを意味します。動物は、一言でいえば、「刺激と反応」で結合された自動的な存在で、その生活は本能的であり、しかもその本能は何らの準備も必要とせずに獲得されます。その本能は同種の動物の生活を同様に決定づけますが、その活動様式は全く限定的であり固定されたものです。ところが哺乳動物である人間も同じ本能をもつ動物ではあるものの、動物の本能のように固定してはいません。たとえば人類特有の現象である言語能力等がそのよい例です。

▶カント

(2) 人間の教育可能性

人間だけが本能的に固定されないという意味で、ここに人間の教育可能性が生じてきます。成人が子どもに関わらなければ、子どもは人間としての現実性を獲得してゆくことはまったくできないのです。たとえばイタール（J. M-G. Itard）による「アヴェロンの野生児についての報告と記録」（『アヴェロンの野生児』、古武弥正訳、牧書店）等の報告によれば、幼児期に何らかの事情で母から離されて野獣の群れのなかで育った少年は人間の姿はしていましたが、現実には野獣そのものであったといいます。しかし近年、この報告の信憑性に疑義が出され始めていることも事実です。

カントの『教育学講義』では、「人間は人間によってのみ教育される。しかもやはり同じく教育された人間によって」と書かれているのです。ここから私たちが理解できることは、成人の教育を受けなければ、人間の子どもは人間になることはできないという厳粛な事実なのです。

(3) 人間と動物の相違点

ここで「人間」は、他の動物とどこが決定的に異なっているのでしょうか。それは、知識や技術を集団社会に伝達してそれを人間の共有財産として後代に伝達ができるという点で、これを人間の歴史性ということができるでしょう。こうした能力は、人間以外の高度の知性をもったチンパンジーにおいても見られません。

ケーラーの動物実験によれば、たとえばチンパンジーは箱を重ねて、高いところからぶら下がっている食物を獲得する能力はあります。さらに、チンパンジーの前肢では届かない金網の外にある食物を、棒を使って引き寄せることもできます。ところが一本の棒では届かない食物を、二本の棒を結合させて、それを使用して食物を引き寄せることはできないのです。困惑のはてにたまたま二本の棒をたぐり回しているうちに偶然に結合できて長い棒ができ、これを使用して食物を引き寄せることはできました。しかしそのチンパンジーは新しい道具を、新しい技術と知識を他の仲間に伝達して共有財産にすることはできなかったのです。ここからケーラーは、チンパンジーは道具を作ることはできるけれども、社会的・歴史的に伝達することはできないと結論づけました。

他方、人間は技術や知識を伝達する動物であると定義づけました。理性的動物である人間は言葉をもち、文化をもち、それを伝達することが可能な存在であり、アリストテレスはそれを、人間は「社会的動物」であると指摘してみせたのです。

（4）教育における遺伝と環境の問題

教育における遺伝と環境の問題を表現する言葉として、「瓜《うり》のつるには茄子《なすび》はならぬ」と言われ、逆に「氏より育ち」とも言われます。私たちは親や先祖から遺伝によってある程度の素質を受け継いでおり、この素質は教育の力、環境の影響、社会生活における影響、学校での教育、本人の努力等によってある程度は変化していくのです。遺伝と環境の両要因のうち、いずれがより決定的であるかということに関して、遺伝説と環境説との論争が展開されましたが、シュテルン（W. Stern）のいわゆる「輻輳《ふくそう》説」が出たことにより、思弁的な論争に終止符が打たれました。「輻輳説」では、両要因は協同して発達のために機能するものとしています。

遺伝の側に比重を置くと、優生学がでてきます。プラトンは非常に優秀な者同士を結婚させるという理想国を考えたことがあるようですが、しかしこうした遺伝重視を進めると、教育は遺伝された素質の制約のなかでのみ可能となるので、極端にいえば教育無用論が登場してきます。

遺伝的な要因は生得的なもので私たちの手ではいかんともしがたいものですが、反対に環境的な要因は私たちが意識して変化させることができるものです。古代中国の思想家である孟子の母が、孟子の教育のために良い環境を求めて三度住居を引っ越した（墓場、市場、学校）という「孟母三遷の教え」の故事にみられるように、私たちは子どもの発達や教育についてよりよい環境を整えようと必死になります。こうした「氏より育ち」の人間観である「人間は環境によって規定される」という環境万能論を説いたフランス啓蒙思想のエルベシウス（Helvetius）によれば、人間の一切の精神作用は、教育の結果でなければならないと主張しました。こうした思想では、人間の精神作用は全く受動的に、外的に規定されてしまい、人間の内的主体性や自発性、自由性は無意味なものとなってしまいます。

しかしここで私たちはさらにフランクルの以下の思想を援用して子どもの「意志力」を信頼して、教育における「意志」の重要性を認識し、そこにさらに働きかけるべきではないでしょうか。

（5）教育の可能性の要素としての環境と遺伝を超えた人間の「意志力」の重要性

精神科医のフランクルは、遺伝がベースにある生化学的な問題の場合でも、宿命論的な結論を下すことには強く反対します。ヨハネス・ランゲが報告した一卵性双生児の場合、その一方は抜け目のない犯罪「者」になり、他方は抜け目のない犯罪「学者」になったといいます。「抜け目がない」という性格特性については、遺伝が絡んでいるかもしれません。しかしながら、犯罪「者」になるか、犯罪「学者」になるかは遺伝の問題ではなく、その人の実存的態度の問題であるとフランクルは鋭く指摘しているのです。遺伝はあくまでも人が自分自身を作り上げていくうえでの素材にすぎないという考えがフランクルの基本です。遺伝でさえこの程度のものですから、幼児期の体験や環境が人生の道を一義的に決断する可能性などは、遺伝よりもはるかに少ないとフランクルは付け加えています。まして環境決定論で、一人の人間の教育可能性が決定されることがあってはならないのです。私たち教育者は、一人の子どもがどのような遺伝的・環境的な困難な状況にあったとしても、その子どもの「意志力」の可能性に働きかけ、信頼しつつ教育的に関わる必要があるのです。

(6) 生まれながらに「文化的な生物」としての人間

人間は生まれた時から、著しく自助能力に欠けています。たとえば食べ物のところまで立っていくまでに、あるいは食べるための歯が生えるまでに一年以上かかるのです。さらに動物のように毛皮で覆われていないために、外気の変化や傷にも力強く対応できず、多くの保護を必要とする存在なのです。その意味で、哲学者のプレスナー（H. Plessner）およびゲーレン（A. Gehlen）は、人間は生まれながらに「文化的な生物」であると考えました。この考え方は、人間は生まれながらに欠陥のある生物であり、動物たちに対して不利であること、人工的に作られた環境である文化のなかでようやく生きられることを意味しています。人間にとっては歩いたり食べたりすること自体が文化的要素をもっているのです。人間だけが歩いたり食べたりする人々の社会的環境のなかでそれらを覚えていくのです。さらにそのなかでも生きていくうえで基本的道具となる「言葉」は、まさしく高度な文化的システムであり、人間の子どもは生まれてから後天的能力として学びとらなければなりません。

多くの動物は生まれながらにして、その体に組み込まれた行動の仕方をもっていて、それを使用して生きていけるようになっています。たとえば蜘蛛の巣のみごとなできばえに驚嘆するのですが、それとて生まれながらにもっている技能であり、学びとったものではありません。高等動物になればなるほど、生後に学びとることができて、そのことにより有利な生存を可能にするのですが、人間の学びとりの量と質は他のどのような高等動物と比較してもその差は歴然としています。

(7) 生理的早産の状態で生まれてくる人間

スイスの動物学者ポルトマン(A. Portmann)は「人間は生理的早産の状態で生まれてくる」と指摘しました。つまり人間は他の哺乳動物と比べて、生後一年になってようやく他の哺乳類が生まれたときに到達している発達状態にたどりつくというのです。馬や牛などの赤ちゃんは、誕生して数時間後には自ら立ち上がり歩行を始めます。このように人間の赤ちゃんは他の哺乳動物よりも未熟な状態で生まれ、その後生きるために必要な成長が急激に起こるのです。これの意味するところは、誕生後の人間の赤ちゃんだけが他の動物の赤ちゃんと比べて，比較にならないほど高い形成の可能性をもっているという人間学的な重みです。この生物学的な解釈によって，教育の可能性と教育の必要性は，初めから人間の身体の成立過程に深く根ざしていることが理解できるでしょう。

（8）「離巣性」と「留巣性」の動物

ポルトマンは，動物を分類する場合に，「離巣性《りそう》」と「留巣性《りゅうそう》」の動物に区分しました。「離巣性」の動物は，猿類，有蹄類《ゆうてい》（ウマ，ウシ，シカなどのひづめをもつ）などの高等な哺乳類のことで，親と同じ形で生まれてくる，妊娠期間が長い，一度に生まれる子どもの数が少ない等の特徴をもっています。また出生後の生存率も高く，生まれた直後から立ち上がり，親と同じような生活ができるのです。

他方で「留巣性」の動物は，ウサギ，ネズミなどの無能力な形で生まれる哺乳類で，体の構造も比較的簡単で，脳髄も発達しておらず，十分な成熟をしないまま生まれてきます。そのため母体の負担は軽くて有利ですが，出生時は穴などの安全な場所に巣を作って外敵から子どもを守る特徴がありますす。出生後の生存率は低く，そのために一度にたくさんの子どもを生まざるをえません。

この分類から考えると，高等な哺乳類である人間は当然，「離巣性」の動物に属することになるのですが，ここでおもしろい問題に直面します。妊娠期間が長く，一度に生まれる子どもの数も少ない，という点では，離巣性の特徴を示すのですが，しかしながら出生時の子どもはとてもひ弱で成熟しておらず、およそ他の離巣性のウマ、ウシ、シカの子どもの状態とかけ離れていることはいうまでもありません。人間の子どもは自力で食物をとったり歩行するまでにほぼ一年を有するわけです。ポルトマンはこうした人間のひ弱で成熟していない出生形態の特徴を「二次的留巣性」と名づけました。

人間の新生児は、自力で食物をとれないばかりか、体温保持もできません。歩行能力も視力も不完全で、諸器官が機能を果たすためには丸一年かかるわけです。ポルトマンはこうした人間の現象を「生理的早産」として把握したのです。一年もの間、親の庇護のもとで生活せざるをえないということは、長期にわたって生命の危険にさらされるわけですが、最も高等な動物である人間にどうしてこうした弱点が存在するのでしょうか。しかしこの点を考えることで、人間存在の特徴を浮き彫りにすることが可能になるのです。

人間以外のほとんどの動物は、成長の速度や過程、将来の行動様式などの成熟のための計画が遺伝情報に織り込まれています。それゆえ、出生した時点で、死亡するまでの生存方法や順序が本能的に組み込まれており、出生後の環境によって変化する余地はほとんどありません。たとえ留巣性の動物でさえ、着実に成熟するようになっており、親の育児は決められた本能で十分その機能を果たします。こうした動物の成長過程は合理的に見えますが、見方を変えれば遺伝情報通りの生存においては極めて有利であるものの、ひとたび生存条件が変化すれば、適応がむずかしくなるという弱点も含みもっているのです。

魚類でのたとえになりますが、たとえば鮭は、生まれた川に戻って産卵するという「母川回帰《ぼせんかいき》」の習性をもちます。七千キロにも及ぶ大海を周遊した後に、迷うことなく再び生まれ育った川を探り当て戻ってくるのです。水量の少ない上流で体をぼろぼろにして命がけで産卵し、その後は「ほっちゃれ」（川へ放ってやれ、の意味）として肉体が朽ち果てて、そのドラマチックな一生を終えるのです。しかしこれとてすべての鮭にあらかじめ、成熟のための計画が遺伝情報に織り込まれてなされる自然の妙味といえるでしょう。もし、不幸なことにその母川が汚染されていたとしても、鮭は本能でその川に戻り遡上を続け、汚染物質のために死を迎えることになるでしょう。なぜなら、他のきれいな環境の川を選択するという適応能力に欠けているからです。

しかしながら人間の場合、離巣性の動物としての胎内成長を途中で中止して早産してくるわけで、ポルトマンはこうした生後一年の乳児のことを「子宮外胎児期」と呼びました。つまり人間は成熟のための計画を一部飛び越しているのです。そのプログラムの空白の部分つまり遺伝の制約を強く受けない部分である「子宮外胎児期」を理想的な環境によって埋めなければならないのです。

(9) 未成熟な出生が意味するもの

本来なら、二年近くを胎内で過ごせば、ウマやウシと同じように出産と同時に歩けたりするのですが、それでは母体の負担と危険が大きすぎます。しかしそれ以上に人間の子どもが「生理的早産」である重要な理由は、出生の時点ですべてを確定してしまわないで、環境に応じて変化しうる余地を残しておくことにあるのです。もし人間が出生と同時に立ち上がれるほど母体内にとどまるとすれば、それだけ生物学的に確定した素質をもって生まれてくることになります。それゆえ柔軟性と可塑性はそれだけ弱まることになるでしょう。人間の遺伝の最大の特徴は、その柔軟性と可塑性にあるのです。柔軟性と可塑性が多いほど、その方が適応力や生命力を増すのです。地球の環境の激変で、爬虫類であった恐竜が白亜紀末に絶滅し、小さな哺乳類が生き残ったのですが、その決定的な違いは地球環境の激変に対する柔軟性と可塑性があったか否かにかかるといわれています。

人間の子どもの出生時には、まだ言語中枢は完成されておらず、その意味でも生後一年の乳児の「子宮外胎児期」には、学習によって言語能力をもつようになり、どの国の言語に接するかによって、母語が決定されるという、人間の遺伝と素質の可塑性の面白さと遺伝形態の魅力が存在するのです。このように人間の親の遺伝情報だけで成長過程がすべて決定されるのではないのです。人間の子どもは、他の哺乳動物が胎児の間に完了してしまうことを、一部未完成のまま出生してくるのです。それゆえに、その未完成の部分は、人間社会という豊かな文化環境から得られる刺激によって、最後の仕上げをするという利点をもっているのです。別言すれば、人間はひ弱で生命力のない形で出生するという危険を冒してまで、柔軟で可塑的な遺伝形態を選択した動物といえるでしょう。「生理的早産」は、影響を受ける対象を両親だけ限定せずに、遺伝子による制約をはるかに超えた豊かな社会的文化的環境からの学習を可能にしているのです。

参考文献

川本亨二著『教育原理』日本文化科学社、二〇〇八年。

教師養成研究会編『資料解説　教育原理』学芸図書、一九八一年。

田代直人・佐々木司編著『教育の原理』ミネルヴァ書房、二〇〇六年。

土戸敏彦著「人間――この特異な存在」土戸敏彦他編、田原迫龍磨他監修『人間形成の基礎と展開』コレール社、二〇〇二年。

ハイデッガー著、木場深定訳『真理の本質について』〔ハイデッガー選集11〕理想社、一九八〇年。

プラトン著、三井浩訳・金松賢諒訳『国家』玉川大学出版部、一九八二年。

ボルノー著、浜田正秀訳『人間学的に見た教育学』玉川大学出版部、一九八一年。

三井浩著『愛の場所――教育哲学序説』玉川大学出版部、一九八一年。

横山利弘・七條正典監修、廣済堂あかつき道徳教育研究会『自分をのばす　中学生の道徳　3　指導の手引』廣済堂あかつき。

横山利弘著「教育の概念」横山利弘編著『教育の変遷と本質』福村出版、一九九一年。

横山利弘著『道徳教育、画餅からの脱却』暁書房、二〇〇七年。

第2章　教育の原理と目的

1　乳幼児教育の原理

(1) 子どもは実際には寄る辺なき状態で生き始める

教育するということは限定された創造行為であると言えるでしょう。教育することは、それ自体、自分なりに成長したいと願っている子どもとともに親が創造的に事を進めなければなりません。さらに教育がその目標を達成するためには、教育はそのことを欲する必要さえあります。そのことを踏まえたうえで、子どもは実際には寄る辺なき状態で生き始めるゆえに、子どもは必ず自分を教育するものと自分を同化せざるをえないのです。しかし他方、子どもの親は子どもの寄る辺なさを、子どもの愛において、自分たちが庇護するようにという訴えかけとして受け入れ、子どもが道徳的に自立するようになるのを親の責任として引き受け、子どもに代わって、子どものために、子どもの側に立って行為するのです。

(2) 乳幼児期の保育の重要性

生後一年間の発達というものは人生の発達のなかで最も著しく、その意味で乳幼児期の保育や教育ほど重要なものはないともいえるでしょう。ここで「保育」という言葉は、「保護」に重点がある場合と、「教育」に重きが置かれる場合があり、さらに両者を指し示すときもあり、「家庭教育」を中心に考えると、家庭での育児と教育の二つの作用を同時に指し示すものといえるでしょう。

ところで「家庭」とは、言うまでもなく夫婦が核となって形成される生活共同体のことであり、それゆえ家庭そのものが乳幼児にとっては直接的な発達と成長を方向づける場となり、家庭の場そのものが自然と「無意図的」に子どもの人格を形成することになります。さらに親が積極的に「意図的」に乳幼児に働きかけることによっても人格形成はおこなわれています。家庭ではこの「無意図的」と「意図的」の二つの側面からの働きかけが相互に機能して乳幼児の人格形成に大きく寄与しているのです。

(3) 乳幼児の「愛着」性について

乳幼児期に受ける初期経験が、発達にいかなる影響を与えるかについてここで学んでみましょう。「愛着」(アタッチメン)とは、特定の養育者との間に構築される情緒的な絆のことです。ローレンツ(K. Lorenz)は比較行動学の立場からカモ等の鳥類の雛が卵から孵化すると最初に見える動くものを親と認知して後を追うように学習することを発見し、それを「刻印づけ」(刷り込み)として親子関

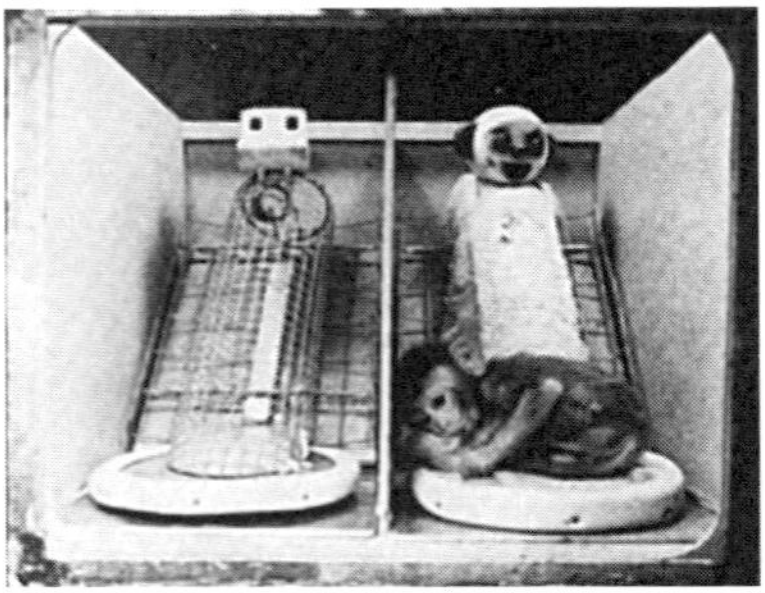

図 2－1　ハーロウのアカゲサルの実験

（出所）Harry F. Harlow (1958) "The Nature of Love" First published in *American Psychologist,* 13, 673-685.

係を論じました。つまり誕生後、一定時間にだけ起こる学習で、その時期をはずすともはや学習することができなくなり、それを「臨界期」と呼んでいます。

またハーロウ（H.F. Harlow）はアカゲサルの子ザルと二体の人形（代理母）で親子関係成立の要因を調べる実験をおこないました。針金でできている哺乳瓶を持つ人形（代理母）と、柔らかい布でできているが哺乳瓶を持たない人形（代理母）を箱のなかに用意しました。アカゲサルの子ザルは針金の人形からはミルクを飲めますが、柔らかい布でできている人形からは飲めません。こうした状況でアカゲサルの子ザルをどちらにでもいけるようにしたところ、結果的にアカゲサルの子は柔らかい布でできている人形にしがみついたり、その周囲にいることが多かったことが報告されました。ここから理解できることは、子ザルたちは、ミルク（母乳）が与えられる存在を親（養育者）とみなすよりも、身体的感覚で、庇護されていると感じる存在を親（養育者）とみなしているという事実です。

（4）乳児における母親の影響力の強さ

乳児が一歳頃になると、養育者の表情や声そして身振りといった情緒的な反応を見て、不確定な状

図２－２　視覚的断崖

況にもかかわらず総合的に判断して、自分の行動を制御できるようになるといいます。これは「社会的参照」と呼ばれているもので、たとえば、見知らぬ人が母親と乳児のところにやってきて、そこで母親がよそよそしく対応すると、その乳児もまた緊張し始めますが、他方、母親がにこやかにその見知らぬ人と対応する場合には、乳児も笑顔をみせるというのです。

ギブソンらの研究（E. J. Gibson）によれば、図にあるような「視覚的断崖」の実験装置を用いて、母親の表情による一歳児の行動の相違点を検討しました。この装置は、水平に置かれたガラス板の半分はガラス板のすぐ下に、もう半分は一メートル半くらい下に格子模様が見えるように作ってあり、視覚的にはまるで断崖があるかのように見えるものです。乳児をこの装置の浅く見える側に置き、母親に様々な表情をしてもらったところ、母親が恐れの表情をした場合は十七人の乳児が全員断崖を渡らなかったのですが、母親がニコニコした場合には十九人中十五人が渡ったのです。この実験結果は、乳児期の後半には、自分自身では判断不可能な状況のときに、信頼できる相手（ここでは母親）の情緒的な情報をみきわめ、それを自分の行動の指標として利用できる能力を発達させていることを意味しています。

ここから理解できることは、「乳児」は生まれた直後から、すでに社会的な能力を備えており、人との関わりを求める能動的な存在であるといえるでしょう。だからこそ、乳幼児教育における保護者との信頼関係さらには保護者からの積極的働きかけが、乳幼児の人格形成に極めて重要な課題となるのです。

（5）「幼児教育」の歴史的変遷：児童中心主義「保育」の流れ

次に、子ども観と発達観という視点から「幼児教育」の歴史的変遷を考察してゆくことにしましょう。たとえば、十八世紀後半に『エミール』を著したルソー（J. J. Rousseau）は、「子ども」はみずから発達する力を内在しているがゆえに、それを抑制することなく守り育てるべきであると考えました。さらに、一八四〇年にドイツに世界で最初の幼稚園（Kindergarten）を創設したフレーベル（F.W.A. Fröbel）もまたルソーの考え方を継承しています。

この教育思潮はさらに、その後二十世紀初頭に、デューイ（J. Dewey）らによって「児童中心主義」の思想へと受け継がれていきます。ここで「児童中心主義」とは、子どもの自発的活動や興味・関心を出発点として教育を展開することを重視する考え方です。こうした考え方は明治以降日本にも紹介され、フレーベルの「恩物主義」の域を超えられなかった当時の形式主義的な保育に多大な影響を及ぼしたのです。特に倉橋惣三《くらはしそうぞう》（1882～1955）らは、子どもの生活実態に即した子ども中心の保育を追求し、「遊戯」の価値を強調した日本の「児童中心主義」保育の創始者であるのです。倉橋惣三は一高在学中に、内村鑑三に師事していることからも、彼の幼児教育の根底には、キリスト教的人間観が流れていることが理解できます。彼の功績の一つは、明治以来、幼児教育を支配していた「形式的フレーベル主義」を幼稚園から解放して、幼児の生活にかなった保育を実現したことです。

日本の幼稚園の歴史を一瞥しても、明治時代には「一斉遊戯・共同遊戯」から「自由遊び」への変遷が見られます。これは「随意遊び・随意遊戯」と呼ばれ、大正から昭和三〇年頃までは、倉橋などの主張によって展開されたものです。昭和三〇年頃からは「自由保育」と呼ばれるようになり、幼児の興味を第一とする保育が主流となりました。現在のわが国の「幼稚園教育要領」における「環境を通しての教育」「遊びを通しての指導」という方法は、こうした「児童中心主義」保育の流れの延長上にあると考えられています。

▶倉橋惣三
お茶の水女子大学所蔵

2　「保育」の目的

(1) 乳幼児の発達

一般に、生きるための基礎力を考える場合、「個性化」と

「社会化」の概念が核となります。そして乳幼児においては、一人の人間としての存在と社会的存在の両面から乳幼児の発達が捉えられるべきでしょう。乳幼児は、「保育所」や「幼稚園」で保育者に教育されつつ、多様な経験を通じて、コミュニケーションを確立していきます。ここで育まれた子どもの心情・意欲・態度は、生涯にわたる生活の健全な動機の一つとなります。「保育の目的」は、様々な環境を通して、乳幼児の心身の発達を援助することであり、そこから乳幼児各人の発達の実態把握、またそれに応じた計画的な保育が求められるのです。

乳幼児の生活習慣の指導には、食事・排泄・睡眠・衣服の調節・清潔などに関するものがあります。しかしこのような他律的な指導をおこなうだけにとどまらず、自分で考えるという「思考の自立」、自分の感情をもつという「感情の自立」などの自律的な指導も重要です。これらの「他律的・自律的指導」の両面が、保育の様々な場面で具体的に促進されなければなりません。

(2) 乳幼児期にふさわしい生活

人間は基本的に、他者と関わりながら活動したいという社会的欲求を保持しています。乳幼児は初期の段階では自分にしか興味を示しませんが、やがて特定の大人の基本的な信頼関係により心理的に安定し始め、しだいに自分の外の世界に興味を持ち始めます。その後、子どもたちの生活世界も拡大し、他者との関わりが芽生えるようになります。特に仲間との対等な並行的関係は、子どもたちが主体的に考え、社会的態度を身につけてゆくうえでひじょうに重要なものとなります。特に遊びや活動のなかで相互の思いを理解しあいつつ、その後の子ども同士でのルール確定などを通じて、協調や共生の喜びを子どもたちは感じるようになるのです。そこから子どもたちの道徳的心情が発達し始め、このような過程を経て、しだいに一人で遊ぶよりも多くの子どもと遊ぶほうが楽しくなり、遊戯もダイナミックなものへ変貌していきます。そこから、子どもたちは達成感や充実感、あるいは葛藤や挫折を味わいつつ、他者と関わることのすばらしさを経験してゆくのです。

(3) 乳幼児期の教育的課題

「幼児教育の目的」を具体的に考察することが必要となりますが、乳幼児期において、どのような人間の資質や能力を育てるために、どのような教育をおこなうべきか、という幼児教育における目標や課題を明確にする必要があります。乳幼児期の教育的課題の具体的内容として、次の二点を指摘したいと思います。すなわち第一に「人間として生きるために必要な基礎的諸能力」を身につけさせること、第二に「人間らしさや、人間らしい生き方の基礎」を身につけさせること、の二つです。第一の「基礎的諸能力」とは、子どもが将来、一人前の人間として生きていくうえで必要な人間としての力量の基礎になるもので、すべての子どもが身につけなければならない「思考、言語、行動の統一的発達」です。それらを全体として統一的に発達させることが乳幼児期の教育にとって、最も重要な課題の一つとなるのです。

第二の課題は、「人間らしい生き方の基礎」、すなわち人間らしい優しさをもった人格の基礎が、乳幼児期から育てられなければならないということです。そのような子どもは、相手の気持ちが理解でき、相手の立場に立って考えることができる、人間的な感性の豊かな子どもです。また、人間らしい生き方の基礎ができている子どもは、自主的に判断するだけでなく、考えた事柄を実際に行動に移すことができるようになります。このような自主的で民主的な人格の基礎を育てることが、幼児教育のもう一つの重要な課題なのです。

参考文献

岡田正章・松山依子編『現代保育原理』学文社、二〇〇三年。

岡野雅子他編、岡野雅子著『新保育学』南山堂、二〇〇三年。

小田豊・青井倫子編『幼児教育の方法』北大路書房、二〇〇四年。

厚生省『保育所保育指針』（平成十一年改訂）、フレーベル館、二〇〇三年。

新・保育士養成講座編纂委員会編、石田一彦著『教育原理』（新・保育士養成講座第九巻）、全国社会福祉協議会、二〇〇二年。

新・保育士養成講座編纂委員会編、栃尾薫著『保育原理』（新・保育士養成講座第七巻）、全国社会福祉協議会、二〇〇二年。

田原迫龍磨他企画・監修、中嶋邦彦他編、黒川久美著『幼児教育の基礎と展開』コレール社、一九九八年。

戸江茂博編『現代保育論——保育の本質と展開』聖公会出版、二〇〇七年。

戸江茂博編『保育の本質を探し求めて』愛理出版、二〇一三年。

広岡義之編『新しい保育・幼児教育方法』ミネルヴァ書房、二〇一三年。

丸尾譲・八木義雄・秋川陽一編、徳本達夫著『保育原理』福村出版、一九九七年。

三宅茂夫他編『保育の原理と実践』株式会社みらい、二〇〇四年。

無藤隆編、園田菜摘著『発達心理学』ミネルヴァ書房、二〇〇三年。

谷田貝公昭・岡本美智子編『保育原理』一藝社、二〇〇四年。

ランゲフェルト著、吉村文男訳「増補篇　教育学の哲学的根本問題――教育を必要とする〈動物〉としての人間」、ランゲフェルト著、和田修二訳『教育の人間学的考察』（増補改訂版）、未来社、二〇一三年。

第3章　教育に関する思想と歴史の変遷

——古代ギリシア時代から十七世紀バロック時代まで

1　古代ギリシア時代の人間観と教育思想

(1) アテネのヒューマニズム（人文主義）教育

紀元前二十世紀から十二世紀頃にエーゲ海沿岸付近に定住したギリシア人は、紀元前十世紀頃からポリス（polis）すなわち都市国家を形成するようになりました。すでに初期ギリシア時代には、民族性も生活形態も異なった二つの代表的なポリスが存在しており、一方はドーリア人の形成した厳格で貴族的な軍事国家「スパルタ」で、他方はイオニア人の自由で民主的な法治国家「アテネ」でした。

ギリシアのポリスの第一の型はアテネによって代表され、厳格そのものであったスパルタに比べて、個人が尊重されそこから独自の精神文化を成立させていきました。アテネのポリスでは、「人格の円満な発達」を目的とする教育が展開されており、そこでは人間中心のヒューマニズム（人文主義）の調和的発達が前提とされていました。その意味でアテネは、デモクラシーの国家を世界で最初に建設した民族であるといえるでしょう。スパルタ人が力を重んじたのに対して、アテネ人はヒューマニズムと正義と自由を重視する国民でした。

(2) スパルタの教育

ドーリア人の形成した軍事国家＝スパルタ（Sparta）は、厳格そのものであり、権力優先主義であり、リュクルゴス法により、生まれてから三十歳の成人に至るまでを公舎で暮らし、戦士として鍛えられたのです。個人はあくまでも国家のために存在するという考え方で貫かれていました。プルタルコス（英プルターク、Plutarchos, 46/48?–127?）の『英雄伝』に記されている「リュクルゴス（Lycurgos）の法」によれば、生まれた子どもは厳しく審査され、健康な者のみに生きる権利が認められ、それ以外の子どもは抹殺されたといいます。

▶ギリシアのアテネ市内跡（筆者撮影）
アゴラ（広場）内のギムナシオン（体育場），遠景にアクロポリスの丘が見える。

(3) ソフィスト

ソフィスト（Sophistes）とは、紀元前五世紀頃のギリシアで、人々に知識を授けて礼金をとる一種の啓蒙家で、どちらかといえば、古くからのギリシア人のしきたりにとらわれる必要のない新しい都市の出身者で、アテナイ市民からみると外国人でした。「人間は万物の尺度である」の言葉で有名なプロタゴラス（Protagoras, 590?-520? B.C.）は、ソフィストの代表者で、プラトンの対話篇の題名になっているほどです。プロタゴラスはしばしばアテナイを訪れ、高額の授業料をとって多くの弟子を養成し、プラトンはソフィストたちを知識の商人とみなしソクラテスと鋭く対立させました。そのような状況下で、アテナイ市民の誇りをもち、アテナイ市の救済を、若者の道徳的救済を通じておこなおうとして登場したのが、ソクラテスおよびその弟子たちだったのです。

(4) ソクラテス

紀元前五世紀のアテナイで活躍したソクラテス（Sokrates）は自分の生まれや地位、名誉、外見など、世俗的な事柄には無関心で、当時のアテナイの人々と自由に交わり、特に若い人々と語ることを愛して、「善く」生きることの吟味と実践に一生涯を費やしました。ソクラテスは、その一生の仕事として人々に「無知の知」を気づかせることに専念したのです。子どもを「善く」するということはソクラテスにとっては、子どもを不断にこの「無知の知」をもって、しかも「善さ」に向かって生きるようにさせることでした。ソクラテスの認識論的自己反省である「無知の知」とは、自分の無知を自覚することが真の知に至る出発点であるということです。また「問答法」（dialektike）とは、鋭い質問によって議論の相手を自己矛盾に陥らせ、相手に自分の無知を自覚させることによって真理の探求に導くことを指し示し、この方法をソクラテスの「問答法」あるいは「助産術（産婆術）」といいます。

(5) プラトン

古代ギリシアのアテナイの哲学者で教育者プラトン（Platon, 427-347B.C.）は、アテネの名門の家に生まれ、はやくから政治家を志望していましたが二十歳頃から、すでに老人となっていたソクラテスに師事することとなり、思想家としての修練を積んでいきました。プラトンは、私塾「アカデメイア」を開き、上流階級の知能優れた青年に哲学を教えたのです。教育的主著は『ソクラテスの弁明』、『国家』『饗宴』『法律』『メノン』などで、それらはすべて他人の対話の形で記されています。

▶プラトンとアカデメイアの弟子たち

プラトンはソクラテスの偉大な高弟であり、哲学界の卓越した思想家で、紀元前三八七年に創立したアカデメイアは、彼の哲学精神に基づいて経営されました。主著『国家』（*Politeia*）と遺書『法習』（*Nomoi*）において、自己の教育と文化の理想を体系的に著し、しかもその際、哲学と学問を国家生活の重要な主導者または最高教育力として、哲学者が国家の政治家となるか政治家が現実の哲学者となるかによって、国家は善く運営されると強調しました。

▶アテネの学堂（ラファエロ）

▶アリストテレス

(6) アリストテレス

プラトンの思想が形而上学的深淵さと思索的鋭意を顕著にし、教育思想史上の最初にして偉大な理想を構想した思想であったのに対して、アリストテレス（Aristoteles, 384-322 B.C.）の思想は、冷静で公平無私な現実感覚、驚嘆すべき探求精神、資料収集への熱意が特記されるべきでしょう。アリストテレスの影響力は、歴史的にはプラトンよりもはるかに強力で、イスラム世界からキリスト教世界にまで及んでいきます。

プラトンのアカデメイアに学んだアリストテレスは、プラトンの理想主義の哲学とは反対に実際的で現実的立場をとり、いままでの知識の全体を統合しようとしました。後にアテナイの郊外に学園「リュケイオン」を開設。主著の『政治学』『ニコマコス倫理学』『形而上学』などで教育思想を論じています。彼の学派は学園の歩廊《ほろう》（ペリパトス）を逍遥《しょうよう》しながら高弟たちと哲学論議をしたことから「逍遥学派」と呼ばれています。

▶サモトラケのニケ

▶ミロのヴィーナス

（7）人間中心のヒューマニズム（人文主義）の調和的発達を特徴とするギリシア時代

いずれにせよスパルタやソフィスト等の例外はあるものの、古代ギリシアの主たる特徴は、「人格の円満な発達」を目的とする教育が展開され、そこでは人間中心のヒューマニズム（人文主義）の調和的発達が前提とされていたのです。古代オリンピックがすでに存在していたことからも当時のギリシアでは肉体に価値が置かれていたことは明確であり、ミロのビーナスやサモトラケのニケなども現代の肉体美に通ずるものがあります。もちろんルネサンス期のヒューマニズム教育も多大の影響を受けたことは周知の事実です。ちなみにスポーツ関連商品を扱う世界的企業のナイキ（Nike）のロゴマークは、ギリシア神話の勝利の女神であるサモトラケのニケの翼からヒントを得たものだといわれています。

2　古代ローマ時代の人間観と教育思想

（1）国家建設等に秀でた実用的なローマ民族

ローマはギリシアに比べて法学、農業、土木等の実際的技術に秀でていました。しかし他方でロー

図3－1　横のベクトル　古代ギリシアのパルテノン神殿（筆者撮影）

図3－2　横のベクトル　古代ローマのパンテオン神殿

▶カラカラ浴場跡（筆者撮影）
212年から217年にかけてローマ皇帝カラカラの命によって造られたレンガ造りの大公衆浴場。体育場，礼拝堂なども完備されていた。

▶コロセウム

▶アッピア街道

▶ガールの水道橋

マは文化・思想面でギリシアを超えることはできず、その多くは模倣に終わったのです。ローマ時代は紀元前八世紀頃におこり、紀元四七六年の西ローマ帝国の滅亡とともに終焉します。ギリシアの教育が特にその文芸的、哲学的、教養的なものの発展によって世界に貢献したのに対して、ローマの主たる関心は客観的で実用的・実科的な生活の実現に向けられていました。彼らは国家建設に秀でた民族で、たとえば土木建築等の実用面に優れ、各地に道路・水道を敷いたほか、闘技場・浴場・凱旋門など、壮大な公共建築物を建設したのです。たとえば当初、パンテオン神殿は紀元前二五年に建設されましたが火事で焼失し、現在みられるものは、ローマ皇帝ハドリアヌスによって再建（一一八～一二八）されたものであり、ローマ神を祀るためのものです。神殿であるにもかかわらず、水平のベクトルが基本となっており、ギリシア・ローマ時代の人間中心主義がその根底に流れています。ちなみに、ルネサンス期のフィレンツェでブルネレスキが設計したサンタ・マリア・デル・フィオーレ大聖堂（花のドーモ（四二頁写真参照））は、このパンテオンを強く意識して建設されたものといわれています。

「総ての道はローマに通ず」（ラ＝フォンテーヌ「寓話集」の言葉）が示すように、ローマ帝国の全盛期には、世界中の全ての道が、ローマに通じていたことから、物事が中心に向かって集まることのたとえとされていた言葉が今日まで伝えられるほど、ローマの土木建築能力は優秀であることが容易に理解できます。

ローマ帝国はまた法体系の整備にも力を注ぎ、その点で確かに創造的で偉大な業績を残しました。しかし、文芸、学問、芸術、哲学の領域での貢献度は極めて微量で、それらの領域での彼らの模倣力や習得力がそのことを如実に実証しています。

（2）ローマの教育思想の代表者、キケロとクインティリアヌス

ローマ共和制時代の終末期頃に活躍した、キケロ（Marcus Tullius, Cicero, 106-43 B.C.）は、教養豊かな政治家、輝かしい雄弁家、著作家であるだけでなく、哲学者、教育理論家としても活躍しました。

主著の『雄弁家論』に見られる人文主義教育の主張は、文芸復興期以後の教育論の源流となるだけでなく、また彼の文章はラテン文の模範とされたのです。

帝政時代の重要なローマの教育学的理論家クインティリアヌス（M. F. Quintilianus, 35-100）は、スペインで生まれ、ローマで法律家の修業をした後、ローマで修辞学校を開きました。知識と道徳の統一者であり、実際の教職経験に基づく『雄弁家の教育』が代表的著作であり、彼はローマ帝政時代の勅任雄弁論講師（国の補助金を下付《かふ》された修辞学教師）でした。

3　中世のキリスト教と教育思想

（1）中世の幕開け＝キリスト教の成立

ヨーロッパの中世は、およそ四世紀末葉から十四世紀までの約千年間を指し示します。中世は三一三年のローマ帝国のキリスト教公認および三七五年のゲルマン人の大移動をも包含するキリスト教文化と封建体制の社会でした。その千年間の長い中世を経て、必然的にヨーロッパにおけるルネサンス（Renaissance）と宗教改革（Reformation）が起こり、近代の夜明けが始まり、新しい人間像が誕生してゆくのです。

ローマ帝政の初期に、パレスチナではヘブライ人の一神教から発展したユダヤ教が信仰されていました。イエスの教えに源を発するキリスト教は、そのユダヤ教を母体として一世紀頃に起こり、四世

▶最後の晩餐（ダ・ヴィンチ）

▶イエス像（部分）

紀末にローマ帝国の国教となりました。キリスト教の教えはユダヤ教と袂を分かつものでもあり、その根本信条はイエスをキリスト（救世主）と信じることにおいて永遠の生命を得ることができるとされていました。

このイエスの教えは、彼の昇天後、「喜びの福音」としてユダヤ社会だけでなく、広くヨーロッパやアジア等の各地に伝道されていきます。そして時代の推移とともに、やがてキリスト教も組織化され始め、ヨーロッパ諸国のオフィシャルな宗教に発展していきました。たとえば、パリ中心部のシテ島にあるノートルダム大聖堂は一一六三年に建造が開始され、ゴシック様式を代表する寺院として知られ、一九九一年には世界遺産として登録されています。このキリスト教を代表する寺院が建造される以前のローマ時代には、ローマ神話の最高神ジュピター（ゼウス）の神域であったことからも、中世がキリスト教を中心とした時代であったことが如実に理解できるでしょう。

ロマネスク様式
マリア＝ラーハ修道院聖堂（ドイツ）

ゴチック様式
ノートルダム大聖堂（パリ）（筆者撮影）

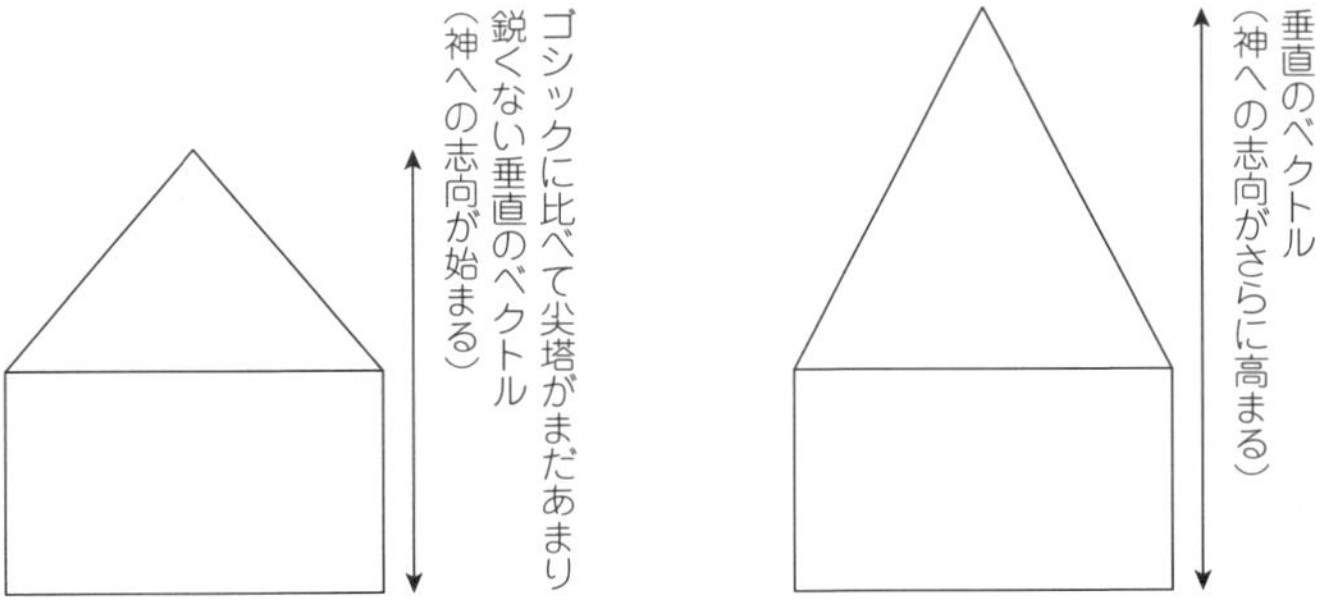

図3－3　中世建築　ロマネスク様式とゴシック様式

▶ケルン大聖堂（筆者撮影）
ドイツ・ゴシック様式で最大の聖堂

(2) ロマネスク様式とゴシック様式

ロマネスク様式は、十世紀末から十二世紀のヨーロッパで展開された芸術様式で、教会堂は石造天井を基本とし、後のゴシック様式ほどはまだ尖塔アーチ等の上昇感は強調されていません。ロマネスク様式に次ぐゴシック様式は十二世紀中葉に北フランスに始まり、ルネサンス期に至るまで全ヨーロッパに浸透した芸術様式で、これによってキリスト教教会堂の規模を大きくし、尖塔アーチの使用と大小の塔による上昇感を強化し、神への信仰をより強調することが可能となりました。ゴシック様式としてはパリのノートルダム大聖堂やロンドンのウエストミンスター寺院、ドイツのケルン大聖堂が有名です。

(3) 中世の教育制度と教育

古代と近代の架橋である中世は、四世紀末葉のゲルマン民族の大移動による西ローマ帝国の滅亡(四七六)、フランク王国の建設(四八六)、神聖ローマ帝国の成立(九六二)等を経て、十二世紀に至って統一的な封建社会が成立しました。農村における共同体の成立、都市文化の発達、国王や諸侯による封建体制の確立など、これらすべてを一貫して支えていたのがキリスト教の信仰と教会の体制でした。中世の教育で中等以上の学校のカリキュラムの中核に位置した教科目を七自由科といい、文法・論理学・修辞学の三学科と、算術・幾何・天文・音楽の四学科に分かれて成立していました。

図３－４　ルネサンス様式の建築，ローマ・ヴァチカンにあるサン・ピエトロ大聖堂（筆者撮影）

4　ルネサンス・宗教改革の人間観と教育思想

中世社会はカトリック教会の権威と封建制度によって抑えられており、カトリック教会を通じて千年間の長い時を経てヨーロッパにおけるルネサンスと宗教改革が起こりました。

(1) ルネサンスとヒューマニズム（人文主義）

ルネサンスには、中世に存在しなかった世界観や人間観としてヒューマニズムが生じました。中世のように神が中心（したがって人間の肉体には価値が見出されなかった：四一頁の中世の三美神参照）の社会生活ではなく、この世に生きる人間に最高の価値が置かれました。ルネサンスは歴史上十四・十五世紀から十六世紀前半に生じた文化的傾向の総称で、古代ギリシア・ローマの文学・芸術の再生運動でした。ルネサンスの特徴の一つは、中世にはみられなかった新しい世界観・人間観としてのヒューマニズム（humanism）、すなわち人文主義です。そ

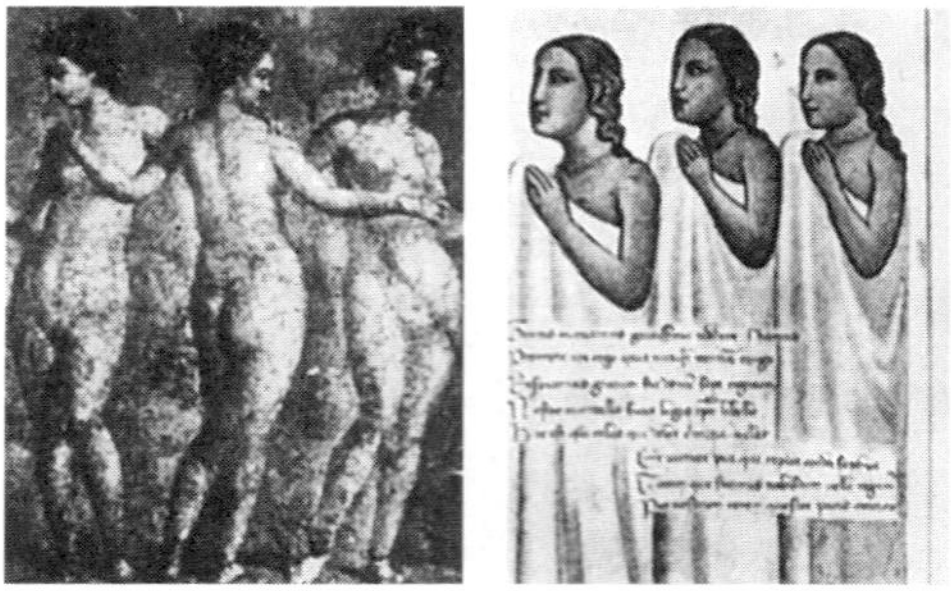

▶古代の三美神・中世の三美神

▶ルネサンスの三美神（ボッチチェリの「春」）
イタリア・フィレンツェのウフィーツィ美術館蔵

れは現世に生きる人間を中心とする世界観・人間観であり、中世のような来世に救いを求める宗教的・教会的世界観とはおおきく異なっていました。

ルネサンスは当時の新興階級である商工業者や貴族などの上層階級の間に拡大した運動であったので、ヒューマニズムや人文主義的教育もまた、一般庶民のものではありませんでした。それゆえ人文主義的教育は、第一に、幅広い教養を身につけることを教育の目的とし、古代ギリシアやローマの古

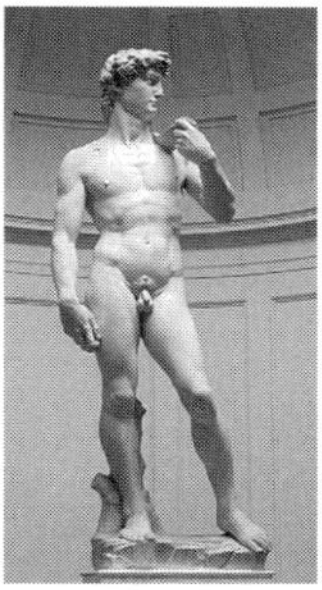

▶ダビデ像（ミケランジェロ）

▶サンタ・マリア・デル・フィオーレ大聖堂

典、特にキケロ、クインティリアヌスなどのローマの古典、あるいはホメロス、プルタークなどのギリシアの古典が重んじられたのです。第二に、ヒューマニズムの教育は、人間尊重の立場から、個性ある人間形成をめざし、幅広い教養と同時に強健な身体をつくりあげることを重視しました。中世の教育が体育を軽視したのに対して、ヒューマニズムの教育は人間の均整のとれた美しい肉体の発達を人間の理想の一部と考えたのです。

古代の三美神はふくよかな肉体が表現されていますが、中世の三美神では女性のふくよかさは消されてしまい、肉体は魂の牢獄という考え方が如実に見てとれます。しかしルネサンスの三美神になると、ギリシア・ローマの肉体美が復活しています。また、ルネサンス期では、ローマ・カトリック教会の中心となるサン・ピエトロ大聖堂が代表的建築の一つでしょう（図３-４）。バチカン市国にある現在の聖堂は二代目でミケランジェロらによって設計され一六二六年に建設されましたが、これもまた中世に建設されていたならば、垂直のベクトルで高い尖塔がそびえ立つ教会堂になっていたでしょうが、ルネサンスとい

▶16世紀のドイツ初等学校で鞭を使用する絵

▶エラスムス『愚神礼讃』の挿絵（ホルバイン作）

う人間中心の時代に建設されたために横のベクトルで構成された教会堂建築になったものと思われます。

(2) ルネサンス期の代表的教育者

十五世紀のイタリアにおけるルネサンス期最大の人文主義者といわれているヴィットリーノ（Vittorino da Feltre, 1378-1446）は、一四二三年にマントア侯の設立した宮廷学校「楽しい家」の教育に従事し、彼の人格の影響は、校内のすみずみにまで浸透しました。なぜなら彼は寄宿舎で生徒と生活をともにして、そこでヒューマニズム教育を徹底的に実践したからです。

エラスムス（S. D. Erasmus, 1469?-1536）は、オランダ生まれの北欧最大の人文主義者として有名で、ギリシア・ローマの古典に精通し、多彩な文化活動を展開しました。彼はキリスト教教会の形骸化や聖職者の腐敗を鋭く批判し、ルネサンスの人間解放を明示しつつ、伝統的教育を否定し、遊びながらの楽しい学習を提唱したのです。主著の『愚神礼讃』（一五〇九）は、中世に対するヒューマニズムの批判精神を代表するものです。たとえば『愚神礼讃』の挿絵にはホルバイン作の「鞭打ちする教師」が描かれており、鞭でおどしつけて子どもに言うことを聞かせるのではなく、愛情や説得で子どもの心に訴えかけることが自由人としてふさわしい教育方法であることを指摘しました。教育に関する著作としては『学習法論』（一五一二）や、『幼児教育論』（一五二九）などがあり、ヒューマニズムの根本原理が説かれており、わけても幼児期の学習は楽しい学習が求められました。彼のヒューマニズムは子どもの奴隷化を鋭く批判し、子どもを自由な独立した人格として認めた点で、史上初の子どもの人権宣言ともいえるでしょう。

(3) ルターの宗教改革と教育思想

イタリアを中心とする南欧のヒューマニズムは、個人の教養の形成に重きが置かれたため、芸術的な面でのルネサンスとなりました。それに対して北欧のヒューマニズムは社会的人文主義として社会の宗教的・倫理的改革をめざす運動となり、これがいわゆる宗教改革（Reformation）へとつながっていきます。特にドイツにおいてはこうした改革運動が生じる政治的・経済的土壌がすでに存在していました。十六世紀の初頭、ドイツは諸連邦に分裂し、特に政治的統一性が喪失され、そのためにローマ教皇の搾取が強烈で、たとえば当時のドイツの富の七割は教会や修道院に属するといわれ、ローマ・カトリック教会の腐敗は、やがてドイツの人々の反感を買うことになって

▶ルター

いきます。こうした背景のもとで、ローマ教会の改革に乗り出したのが、一五一七年に始まるマルチン・ルター（M. Ruther, 1483-1546）の宗教改革でした。

ローマのサン・ピエトロ大聖堂建設のために資金を集める目的で、「免罪符」が販売され、その購買により信者の罪が許されると宣伝したのですが、ルターはこれに反対し、一五一七年十月三十一日に九十五か条の提題をヴィッテンベルグの教会の扉に掲げて宗教改革に踏み出したのです。「人は信仰によってのみ義とされる」ことが彼の主張の原理であったからです。教育的主著として初等教育のテキストとして『教義問答書（カテキズム）』を著しました。また公教育制度について、国家が学校を設立し、すべての男女に無償の普通教育を受ける義務と権利を求めていきました。

5　十七世紀バロックの精神と代表的教育者コメニウス

十七世紀のヨーロッパの教育思想は、コメニウスを代表とするバロックの思想とリアリズムすなわち実学主義教育として特徴づけることが可能でしょう。実生活で役に立つ教育を重んずると同時に、「バロック」（Baroque）というルネサンス様式への反動として生じた十七世紀の美術を含む幅広い精神活動もまた活発に展開された時代でもあることを忘れてはならないでしょう。

(1) バロックという時代精神

バロックとは、ルネサンス様式への反動として生じた十七世紀の美術を含む精神活動であり、ルネサンスの調和・均整・完結性に対して、流動感に満ちコントラストに富んだ生命力と情熱の表現をその特徴とします。ボルノー（Otto Friedrich Bollnow, 1903-1991）に従えば、偉大な秩序があり、これがすべての存在を自然であれ人間であれ同様に貫き通し、すべてを同じ法則で形成しているということを、バロックの形而上学的意味において、バロックの教育思想家コメニウスは確信していました。つまり「バロック」とは、超越的な神をめざす垂直軸を象徴する中世のキリスト教精神と、人間中心主義（ヒューマニズム）をめざす水平軸を象徴するルネサンス的精神が激しく波動状にぶつかり合い、そこに生じた新しい時代精神として、位置づけられるのです。

(2) バロックの代表的教育思想家コメニウス

▶ウィーン市内にある
バロック様式の教会
（筆者撮影）

人生最高の目的つまり教育の究極の目的は、「近代教授学の祖」として知られているコメニウスにあっては神と一つになって来世において永遠の浄福を獲得することであり、現在の生活はその準備にすぎないということでした。それゆえに人は現世において、あらゆる被造物のなかで、理性的（知的）な者、被造物を支配する者、つまり造物主の似

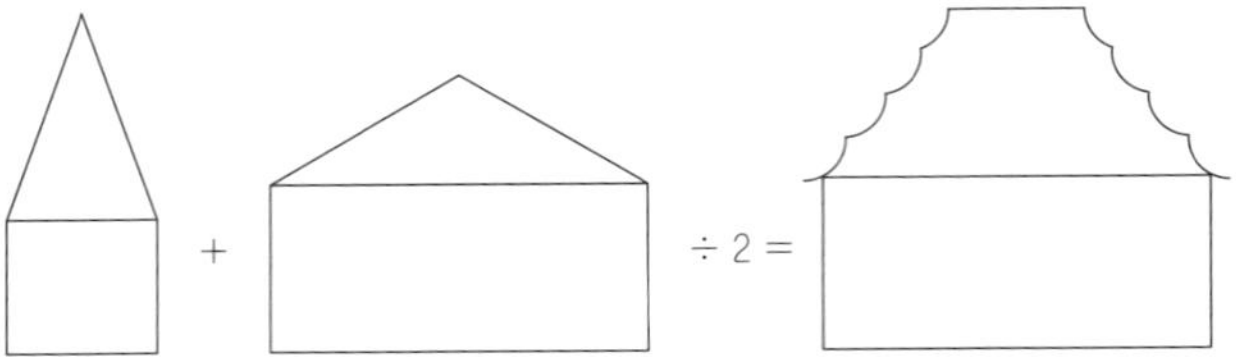

（中世（キリスト教）＋ルネサンス（人間中心））÷ 2 ＝バロックの精神

図 3 − 5　（垂直のベクトル＋水平のベクトル）÷ 2 ＝バロックの波動形

▶十字架のキリスト（グレコ，部分）

▶ヴェルサイユ宮殿（フランス）

像とならねばならないとコメニウスは考えたのです。

　彼は、教育目標を「有徳」と「敬信」とし、それに至る手段として「汎《はん》知《ち》（パンソフィア）」の会得を提言しました。そのための教育方法が主著『大教授学』（一六二八）における、自然界の諸法則の模倣だったのです。また『世界図絵』（一六五八）は「直観」によって「全知」を獲得するという原理に基づく世界最初の絵入り教科書として有名です。絵図によって外界の事物を子どもたちに直観させつつ同時に言語を学ぶことができ、絵図の後にラテン語とドイツ語で説明されました。

　コメニウスは、現実の混乱は、知的、道徳的、宗教的な無知によるものと考

▶コメニウス

▶世界図絵

え、そこであらゆる事物の秩序や連関を統一しようとする「汎知」に理想を観たのです。それは広範な知識を体系的に教示しようとするものでコメニウスのこの思想は、「ことば」や「知識」を介して、人々の生活を「神」に少しでも近づけるという点で「汎知主義」（パンソフィア）と呼ばれています。

またコメニウスの「直観教授」とは、直観による教授で実物教授とも呼ばれ、コメニウスは、実物の直観から言語的説明に移行するという考えを示しました。実物の提示が困難なときには絵図による理解が重要との見地から、先述した世界で最初の挿し絵入り教科書『世界図絵』が完成したのです。さらにこの直観教授の考えは後にルソーやペスタロッチへと継承されてゆくことになります。

(3) コメニウスの教授法

コメニウスの主著『大教授学』（一六三二）は、自然通りの厳密に体系づけられた教え方を扱ったものです。本書の冒頭では「あらゆる事物をあらゆる人々に教え、しかも決して失敗することの

14〜15世紀	17世紀
ルネサンス	バロック
古代ギリシア・ローマの文学・芸術の再生運動	「超越的な垂直軸を象徴する中世のキリスト教精神と，人間性を重視する水平軸を象徴するルネサンスが激しくぶつかり合い，そこに生じた新しい時代精神」（O.F. ボルノー）中世（キリスト教）+ルネサンス（人間中心）÷２＝バロック
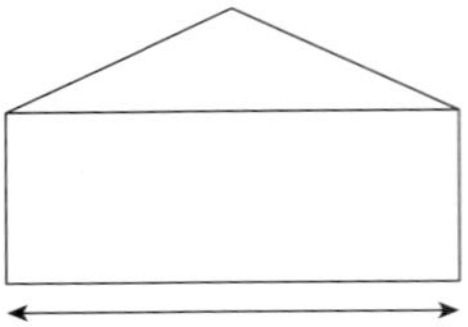 水平のベクトル （人間中心）	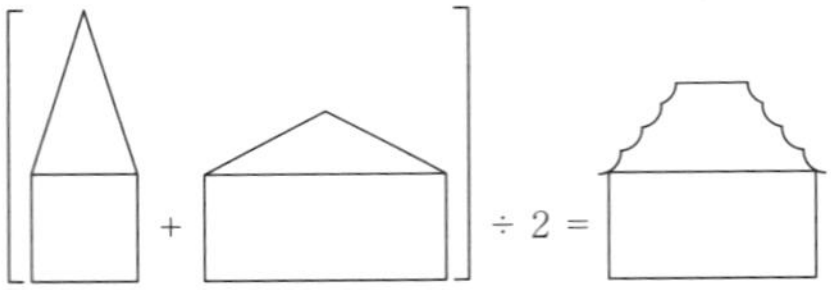 （中世の垂直ベクトル＋ルネサンスの水平ベクトル）÷２＝バロックの波動系
・ローマ・カトリックの総本山 サン・ピエトロ大聖堂 ・フィレンツェにあるサンタ・マリア・デル・フィオーレ大聖堂 ・ミケランジェロ　ダビデ像	・バロック様式の教会（ウィーン市内） ・ヴェルサイユ宮殿（フランス） ・サン・ピエトロ大聖堂のねじれ柱 ・グレコ　十字架のキリスト
・古代ギリシアの価値観を再評価し，人間の肉体に価値が再び見出された。 ・ボッチチェリの「春」に描かれたルネサンスの三美神（古代ギリシアの三美神のようにふくよかな肉体）	

表３－１　ギリシア・ローマ・中世・ルネサンス・バロック建築にみるそれぞれの特徴

時代区分	B.C.（before Christ）紀元前		A.D.（Anno Domini）キリスト紀元年	
	紀元前５～８世紀		４～13世紀	
	古代ギリシア	古代ローマ	中世（ロマネスク・ゴシック）	
一般的特徴	人間中心のヒューマニズム（人文主義） 水平のベクトル	土木建築に秀でていた 基本的にギリシアを踏襲，水平のベクトル	キリスト教中心の文化・社会	
建築様式	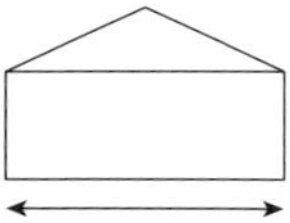 水平のベクトル （人間中心）	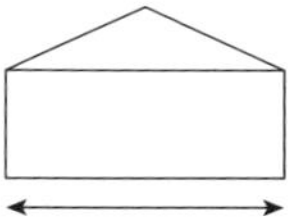 水平のベクトル （人間中心）	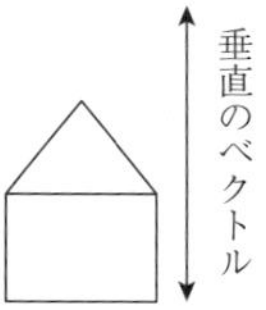 ロマネスク （10～12世紀） 神への志向が始まる	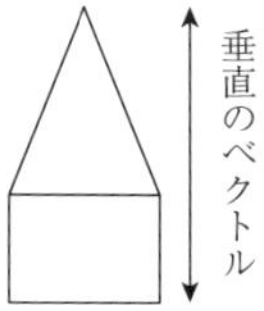 ゴシック （12～13世紀） 神への志向がさらに高まる
	・パルテノン神殿	・コロセウム ・パンテオン神殿 ・舗装されたアッピア街道「すべての道はローマに通ずる」	・ノートルダム大聖堂（ポワティエ） ・マリア＝ラーハ修道院聖堂（ドイツ）	・ミラノ大聖堂 ・ノートルダム大聖堂（パリ） ・ケルン大聖堂
人間観	人間の肉体に価値が見出された。 ・古代の三美神（ふくよかな肉体）		人間の肉体は軽視された。 ・中世の三美神（衣でおおわれ，ふくよかさのない肉体）	

▶ハイデルベルク大学教育学部にあるコメニウスの記念の銅板（筆者撮影）
コメニウスは同大学で神学を修めてボヘミアへ帰国した。

ないように、確実にこれを教える所の、全き教授法を提唱しようとする」と述べて、汎知主義の方向性を提示しています。コメニウスは具体的に、簡単なものから複雑なものへ、全体的なものから各部分に及ぶ教授法を組み立てました。

さらに教育史上、最も影響のある著作の一つ、『世界図絵』（一六五八）は、聖書についで長い間ヨーロッパに広められたものです。これは大きな絵入り読本であり、これにより子どもたちに、言葉と事物とを平行して同時に教授することができました。たとえば、靴屋が一つひとつ示された道具類の助けによって、革から靴やスリッパなどを完成するという仕組みが一目瞭然に理解できます。しかしながら『世界図絵』の本当の偉大さは、次の点にあるといいます。コメニウスはたんに子どもたちに個々の知識を与えるのではなく、秩序ある全体としての世界を子どもの眼の前に提示して、子どもに秩序ある世界像を与えることを強く願ったのです。それゆえこの本は、すべてのものの絶対的な始まりとして「神」の図表が最初に置かれ、次に「世界」の図が続き、さらに神の創造の順序に従って、鉱物、植物、動物の世界が現れ、最後に人間が登場するようになっています。ドイツの文豪ゲーテ（J. W. von Goethe, 1749-1832）は自伝の『詩と真実』（一八三三）のなかで、少年時代を振り返り、子どものための書物は当時『世界図絵』以外には存在しなかったと述べていることからも、本書がいかに長く愛読され、読み継がれてきたかが理解できます。

参考文献

荒井武編著『教育史』福村出版、一九九三年。

小澤周三他著『教育思想史』有斐閣、一九九七年。

川瀬八州夫著『教育思想史研究』酒井書店、二〇〇一年。

教師養成研究会編著『近代教育史』学芸図書、一九九九年。

皇至道著『西洋教育通史』玉川大学出版、一九八一年。

長田新監修『西洋教育史』お茶の水書房、一九八一年。

広岡義之編著『教育の制度と歴史』ミネルヴァ書房、二〇〇九年。

広岡義之編『教職をめざす人のための教育用語・法規』ミネルヴァ書房、二〇一二年。

ブレットナー著、中森善治訳『西洋教育史』新光閣書店、一九六八年。

ボルノー著、浜田正秀訳『哲学的教育学入門』玉川大学出版、一九八八年。

山﨑英則他編著『西洋の教育の歴史と思想』ミネルヴァ書房、二〇〇一年。

Albert Reble (Hrsg.) *Geschichte der Pädagogik,* Ernst Klett Verlag Stuttgart 20 Auflage 2002.

第4章　クラスの子どもたちを「授業の主体」に——林竹二の教育思想と教育実践

子どもが主体であることと、教師が厳しく授業を組織することは一見、相容れないように思われますが、「授業が成立する」とは、一つのクラスを構成する子どもたちが、ともに一体となって授業のなかに入り込んでいる状態を指し示すと林竹二は考えました。それはクラスの子どもたちが「授業の主体」となったということです。林竹二はかねてより、子どもが授業の主体でなければならないと主張してきました。そして教師が最も厳しく授業を組織するときだけ、子どもが授業の主体となりうるということであり、この一点が忘れ去られると、子どもの主体性を尊重するという名のもとに、教師不在の授業が展開されることになってしまいます。

1　林竹二の生涯と活動

(1) 東北大学教育学部教授から宮城教育大学学長就任へ

一九〇六（明治三九）年十二月二十一日に、栃木県矢板市に生まれた林竹二《はやしたけじ》は、東北学院に学んだ後、一九三四年に、東北帝国大学法文学部哲学科（旧制）を卒業しました。専攻はギリシア哲学で、後に日本の思想史、教育史へと研究の幅を広げました。戦後まもなくして、復員軍学徒のために私塾を開き、八年間、ソクラテス、プラトン、論語、資本論等の講義を継続し、一九五三（昭和二八）年から東北大学教育学部教授になり、同大学学部長を歴任。教育学部と教職課程を分離し、宮城教育大学として独立させる計画が浮上しましたが、林はこの動きに終始一貫して反対し続けました。一九六九（昭和四四）年六月、全国的な大学紛争が起きる最中に、宮城教育大学の第二代学長に就任。その半年後、研究棟がバリケード封鎖されると、林自ら学生との対話を求めてバリケード内に入りました。学生らとの対話の間、バリケード内で二時間余ぐっすりと睡眠した、といういかにも林の豪快な人間性が伝わるこうした一連の行動は、彼の教育観・人間観に裏打ちされたものと思われます。結果的に、全国でもめずらしく機動隊導入によらない自主解決の大学となりました。一九七二（昭和四七）年には学長に再選され、一九七五（昭和五〇）年六月に退官しました。

(2) 斎藤喜博の教育実践に影響され、林は全国各地の学校を巡回し始める

林の業績としては、A・E・テイラーの『ソクラテス』の注釈つき翻訳があります。主要論文としては、「ソクラテスにおける人間形成の問題」「森有礼研究」（ともに『東北大学研究年報』）が挙げられるでしょう。またソクラテスの問答法に依拠した人間形成論を構想し、自らも実践しました。晩年は、足尾鉱山事件の田中正造の研究を深め、評伝を執筆。また、小学校教師の斎藤喜博の教育実践に強く

影響され、全国各地の学校を巡回して、自らソクラテス的な対話重視の授業実践を試みました。

こうした林の授業実践記録は、『授業・人間について』という単行本として刊行され、さらに「グループ現代」により映像化され、写真集も出版されています。小学生を対象におこなった授業等で、たとえば野生児アマラとカマラの絵を教材として提示し、「人間とは何か？」という主題で、授業の本質論を深めました。具体的な活動について説明すると、林は、一九六六（昭和四一）年頃から、全国の小・中・高校で、「人間について」「開国」「田中正造」「創世記」等を題材としておよそ三百回の授業を実施しました。しかしながら、一九七六（昭和五一）年十月に、北海道で授業をおこなっていたときに、発作を起こして林は倒れてしまいました。肉体的にも精神的にも限界のぎりぎりのところで、教育実践をおこなっていたことがわかります。林は、教師たちが授業のなかで、子どもの事実を何も見ていないこと、見ようともしていないことに気づき、「授業研究いよいよ盛んにして、教育いよいよ衰える」教育現場に、林はやるせなさを感じていたのです。

林は、自らの授業が終わると必ず、子どもたちに感想文を書いてもらっていました。林の授業は、たとえば四十人のクラスであれば、すべての子ども全員に平等にあてることはせずに、むしろそのなかの数人、さらには二、三人と徹底的に対話し、その問題を四十人全員の問題として深めることで、一人ひとりを生かす授業を展開したのです。

（3）成績がよくない子どものほうが、林の授業にみごとに反応した

授業を実践した林の経験によれば、学校で成績がよいとされる子どもほど林の問いかけに立ち往生し答えられなくなるが、反対に成績がよくないとされる子どものほうが林の授業にみごとな反応を示した、と述懐しています。こうしたエピソードは、いかに現在の教育が子ども一人ひとりの可能性の芽を損っているかを示すものといえるでしょう。北海道で倒れてから後のことですが、林は偶然の出会いで、兵庫県立定時制の湊川高校の教師たちと交わりをもつことになります。彼は積極的に、義務教育から見放された子どもたちを受け入れ、「国民教育」の歪みを一身に引き受けている同校の教育方針に賛同します。はじめて湊川に日本の学校教育を根本から問いなおす驚くべき教育実践があったことを知ることになります。

（4）定時制の湊川高校や南葛飾高校での授業実践

林は湊川高校で教育実践を続け、改めて日本の公教育へ絶望感を深めると同時にそこから、教育と人間におおきな希望を見出し始めたのです。一九七七（昭和五二）年二月から毎月数回、仙台から湊川まで移動しての出張授業が開始され、その授業は一九七九（昭和五四）年三月まで継続されました。翌年の一月からは、東京の下町、南葛飾高校での授業実践に移り、それは一九八四（昭和五九）年三月、病に倒れる前月まで続行されたのですがついに一九八五（昭和六〇）年四月に、七十八歳で帰らぬ人となりました。

2　林竹二の実存的「出会い」の授業論

(1) ボルノーの実存的な「出会い」概念

林竹二は、ある意味で実存的な「出会い」の授業理論をみごとに実践した稀有な教育学者であり、かつ教育実践家であったといえるでしょう。筆者がここで実存的な「出会い」という場合、それは実存的教育論を展開したドイツの教育哲学者ボルノー（O.F. Bollnow, 1903-1991）の思想を想定しています。ボルノーによれば、実存的な「出会い」概念とは、人間が非本来性から本来性へと覚醒されてゆく、度の強い非連続的な「出来事」を意味します。ここで「出会い」とは、人をこれまでの発展の道筋から投げ出し、あらたにはじめからやり直すように強いるものであり、実存的な「出会い」とは、ある法則に従ってあらかじめ計算したり予測したりすることが不可能な出来事にほかならないのです。

(2) ボルノーと類似の教育哲学的背景をもつ林竹二の教育思想

こうしたボルノーと類似の教育哲学的背景をもつ林竹二は、ソクラテス（Sokrates, 470-399 B.C.）の「問答法」を基盤としつつ彼の「授業論」を以下のように展開しています。林によれば、「深さのある授業」とは、たんなる知識の伝達ではなく自分自身との格闘を含んでおり、自分がこうだと思い込んでいた既成概念が、教師の発問という度の強い非連続的な「出会い」によって揺らぎ出すような授業のことをいいます。その意味で、「深さのある授業」はまさにソクラテス的吟味から始まる、と林は主張しているのです。こうした教師の「問答」や「発問」という「出会い」を通して、子どものにわか仕込みの借り物の意見が徹底的に吟味されることにより、子どもはそこから自分との精神的な魂の格闘を始め、そうした過程のなかで、自分の無知を悟った子どもは大きな喜びを感ずるようになると林は考えるのです。無知というのはけがれであって、学んだことによって子どもはこのけがれから解放され清められるのですが、こうした考え方こそ、ソクラテスの「カタルシス（浄化）作用」と類似のものなのです。

(3) 知識注入式の授業だけでは子どもの主体的な「判断能力」は形成されない

林はまた知識注入式の授業だけではけっして子どもの主体的な「判断能力」は形成されず、むしろいつでも子どもたちは外部情報などによって簡単に「操作」される危険性があることを指摘しています。なぜなら子どもたちは自分のこれまでに知らず知らずのうちに作りあげた既成の価値観や通俗的見解に安住しているだけでなく、自分のなかに染み込んだ外部情報やマス・メディアからの「借り物の知識」（林竹二）が、あたかも「自分の考えた意見」であるかのような錯覚に囚われている場合が多いからなのです。

(4) 子どもが授業で抱く不安

子どもは一般に授業で不安を抱くものですが、それは、子どもの魂の根底に潜む「頼りなさ」(helpless) が原因であると林は指摘しています。子どもとは本来、自分の力で自分を支えて生きることができない存在であり、この「頼りなさ」は、激しい成長の過程にある小学生の子どもたちにも継続されています。「頼りなさ」をその本質とする子どもに対して他方、教師はある意味で、子どもとの関係において「権力者」であるといいうるでしょう。成績の評価が学校での教育活動のなかで中軸的な任務を負っている限りにおいて、教師は権力者であることが求められます。学校教育が担っている本来の教師の任務と、その評価の果たす役割との間に矛盾がある場合、評価の網の目から子どもが落ちこぼれていく危険性が常に存在する事実を、教師は真剣に受け止めるべきでしょう。

(5) いつから授業は始まるのか?

「頼りなさ」をはらみもつ子どもが不安に囚われている間は、授業は始まらないと林は強調します。子どもが不安から解放されてその心が教師に向かって開かれるときに初めて、子どもにとって授業は始まるのです。その意味で授業とは、子どもへの問いかけを通じて、子どもの思考を一つの問題の追求にまで組織する仕事である、と林は考えています。授業が成立するのは、クラスを構成する子どもたちが、一緒になって授業のなかに入り込んでいるということです。なぜなら、その状態は、共同で一つの問題を追求し始め、クラスの子どもたちがその授業の主体となったことを意味するからです。

授業の主体はどこまでも子どもたちでなければならないのですが、しかしそれは同時に、教師が最も厳しく授業を組織するときだけ成立するものなのです。この真実が忘れられると、子どもの主体性を尊重するという名のもとに教師不在、教育不在の授業が生まれることになります。

(6) 授業とは、一つの教材を媒介として徹底的に子どもたちと付き合うことである

林は、授業とは一つの音楽の演奏あるいは合唱を作り出すようなものだと考えています。一つひとつの楽器や肉声の出す微妙な音色に対して敏感な反応のできない指揮者は、美しい音楽や合唱を作り上げることができないように、教師がすばらしい授業をする際にも同様のことがいえるのです。授業というものは一定の事柄を教えるということではなく、一つの教材を媒介として徹底的に子どもたちと付き合うことなのです。子どもの心のなかに動いているものを探っていくことであり、子どもが深いところにしまい込んでいる宝を探っていき、それを探り当てたら次にその宝を掘り起こすことに全力を挙げることが本来の教師の仕事の創造性なのです。

(7) 子どもが授業に参加するということ

林によれば、子どもの授業への「参加」は、挙手した子どもが指名されて自分の意見を発表した回数等で測定できるようなものではないといいます。林は自身の授業後の子どもの感想文をしばしば引用しています。子どもたちは「今日の道徳は一時間でなく三十分のようだった」「この授業は、時間

がはやくすすんだ」と授業の感想を書いていますが、これと関連させてデューイを援用しつつ林は、変わらないことでなく、変わりうることが、習慣の本質なのである、と指摘してみせたのです。「先生と勉強していると勉強があきなくなるような気がします」との子どもの感想を受けて、林は、この場合その子どもが何度手を挙げ、誰が何度指名されたかということは、関心事ではなくなっているといいます。やがて、授業のなかへ引き入れられ、夢中になって問題を追いかけ「授業が済んだときは、もう少しやりたいな」と子どもたちは思っているほどなのです。

(8) 授業を「つくる」のは教師だが、授業の主体はあくまでもクラスの子どもたちである

このように林の理解によれば、授業を「つくる」のは教師にちがいないが、授業の主体はあくまでも、クラスの子どもたちでなければならないのです。子どもたち全員が授業に参加することによって初めて「授業が成立している」といえるのであり、それは教師の日常的不断の努力と作業の積み重ねによってのみ実現されるものなのです。形式だけを整えて満遍なく子どもを指名するような授業は実質的に深まることはなく、むしろ授業を深めるためには、クラス作りそのものが必要となると林は鋭く指摘します。換言すれば、教師と子どもの間の信頼関係だけでは不十分で、子どもたち同士の間に、虚心にものを言い合い、かつ聞く訓練と雰囲気がクラスに必要となるのです。

いわゆる成績のよい生徒が林竹二の授業に耳を塞ぎ受け入れようとしない場合でも、他のそれほど成績がよくない子どもたちが「楽しかった、よくわかった」と感想を述べている事例も多々あり、こ

こから林は、授業に対する受け止めは、学校の成績とは関係がないということを強調しています。さらに子どもの感想文に教師が感銘するのは、作文の力ではなく、それを書いた子どもが、「心を開いて」授業のなかに深く入り込んだ場合のみであるとも指摘しています。「教える」ということは、子どもに何かを覚え込ませることとは別な何かであり、それゆえ学校で良い成績をとることだけが、子どもの関心事になってしまえば、教育にとっても人間にとっても心豊かさは喪失されてしまうでしょう。

3　林竹二の実践的授業論

こうした現代の学校教育批判を進めてきた林は、自らの授業実践を通じて彼なりの「本来の授業」の在り方を私たちに提言しているともいえるでしょう。それゆえこの節では、彼の教育実践のエッセンスを少し概観してみることにします。

(1) 林竹二の教育実践の場

林竹二は、かつて修士課程で指導した彼の教え子で、福島県郡山市立白岩小学校の教諭をしている宮前《みやざき》貢氏のクラスで、「人間について」の授業実践をおこないました。ここでは、林の授業実践を要約的に再現する試みを通して、彼の教育思想がどのように実際の授業に反映されているかを紹介してみたいと思います。紙幅の制約上、林の授業をそのまま再現することはできないために、彼の授業のエッセンスを再現する形をとらざるをえません（学級：福島県郡山市立白岩小学校六年生　日時：一九七一年二月十九日）。

(2) 林の授業の概要

林：人間とはいったいなんだろうか？　人間と動物の違いは何だろうか？　人間は頭でものを考える力をもっており、発明したり、物を作りだしたりする力をもっているね。人間は文化を創ることができる点が他の動物とちがうところだね。それならば、ビーバーだって、たいへん上手にダムを造るし、自分の歯で木をかじって倒して水をせき止めてダムを造る。

ビーバーは、ダムを造るとき、設計図のようなものを作るかな？　ビーバーは、紙に書かなくても頭のなかで設計をするね。人間には、計画を立てて、その計画を実現するためにどうしたらいいかを考える力が備わっている。フランクリン（B. Franklin, 1706-1790）は「人間は道具を造る生き物だ」と述べている。

ビーバーは、ダムを造るとき、鋭い歯があって、それで木をかじって倒すことができる。道具など使用しないで、生まれつき備わっている歯で木を倒すので便利なようにも思える。人間は歯では木が切れないのでその代わりに道具を使う。昔は手でのこぎりを使っていたが今は何を使いますか？

生徒：電気のこぎり。

林　：そう、電気のこぎりを使うね。ところで、百年前のビーバーと今のビーバーでは、歯の力はちがいますか？

生徒：同じ。

林　：同じだね。千年たっても同じです。ところで人間はどうだろうか？　鳥が空を飛ぶのに生まれつき備わっている羽根で飛ぶ。たいへん便利だが、飛ぶための訓練も必要ない。しかし人間はそうした便利な翼をもっていないために飛ぶための道具を造った。それは何ですか？

生徒：飛行機。

林　：そうですね。鳥の中でも鷲は特別に強い翼をもっていて、飛ぶ力が強い。二百年前の鷲と現在の鷲を比べて、強さは変わりましたか？

生徒：変わらない。

林　：変わらないね。しかし二百年前に飛行機は存在しなかった。六十年前は、飛行機はすでに発明されていたけれど、スピードは今ほど出なかった。しかし六十年もたたないうちに飛行機はまるで別物になり、スピードや航続距離も飛躍的な進歩を遂げた。人間が作り出す道具はどんどん進歩し、それが人間の生活を変えるんだね。人間は自分で道具を造り、改良する力をもっている。さらに人間は社会を造り出し文化を創造して、他の動物とまったくちがった生き物になっていった。

＊

これが、人間が考える力をもっているということであり、人間が「理性的な動物」であるということについて林はさらに授業のなかで、子どもたちに沁み込んでいる既成の人間理解に揺さぶりをかけようとして、さらに以下のように授業を進めていきます。

(3) ドイツの心理学者ケーラーの実験の紹介

林：ドイツのケーラー（W. Köhler, 1887-1967）という心理学者は、図4-1のような袋小路を造って、そこに様々な動物を入れて、柵の向こう側にその動物のほしがるもの（餌）を置いて、その動物がその餌を手に入れるために、どのような行動をするかを観察しました。動物の左手は壁で、右手は柵で囲まれた四角の土地があり、その四角をぐるっと回れば柵の向こう側に出られて餌を手に入れることが可能になる。動物が回り道さえできれば、それを邪魔するものは一つもありません。ケーラーは、初めに一年三か月の自分の娘さんで実験してみた。娘さんの好む人形を、柵の向こうにおいて、娘さんがその人形を見つけたとき、どのように反応するかを観察した。人形を見つけるとニコッと笑って、柵をぐるりと回って、すぐに人形のところへ到着して、ほしいものを手に入れることができた。

ケーラーは次にニワトリで実験し、ニワトリの好きな餌を向こう側に置き、行動を観察したんだ。

林：柵を回ったと思う？

生徒：（全員で）回らない。

林　：回らないとどうなるかな。まっすぐ餌のほうへ進むと柵にぶつかってしまうね。その前をうろうろして、結果的に餌が食べられなかった。回り道をしなければ、ほしいものが手に入らないのだね。

林　：ところが次は犬を使って実験した。犬は回り道ができました。あたりを見回してぐるっと向きを変えて、自分のほしいものと逆の方向に向かって走り出した。その結果、みごとに餌を獲得できた。

林　：ケーラーは、次に同じ犬を使ってもう一つ「別の」の実験をおこなった。別の実験といってもほとんど同じで、ちがうのは、柵の向こうにおく餌を、前よりも犬に近いところに置いて、犬がどうするかを観察した。果たして犬はどのような態度をとっただろうか。誰か意見ありませんか？

生徒：あんまりえさが近くにおいてあったから、考える力がなくなってまわれなくなってしまった。

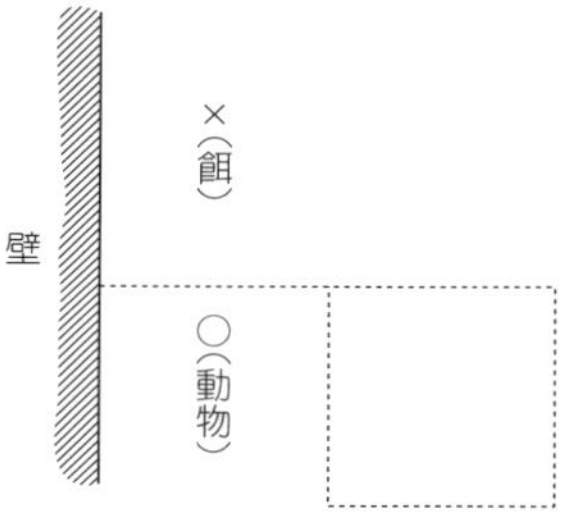

図４－１　ケーラーの動物実験

林　：はい、非常に正確な答えだね。そのとおり。餌が近くにあると、犬の嗅覚を刺激する。嗅覚は、犬の考える力を削いでしまう働きがある。だから、前回のように回り道のできた同じ犬が、今回は、ニワトリみたいになり、回り道ができずに餌を手に入れることができなかった。これは動物の本能に関係していることがらで、生まれつき働く強い力で「飛んで火に入る夏の虫」というような行動を本能的にとることがある。虫は、明るいところを見ると、そこへまっすぐに突っ込んでいく。高等な動物も、「飛んで火に入る夏の虫」のような状態からじょじょに進化してきたが、強い刺激にあうと元に戻ってしまうことがある。嗅覚にはそういう本能的な行動を取らせる力が強いのだね。

人間にも本能があり、時々の状況のなかでどうするのが一番正しく、最善かを考えて行動することが求められる。そうした人間らしい判断や思いやり、行動ができるようになるためには、様々な訓練や正しい習慣づけや勉強が必要になってくるのだが、しかし人間は勉強ができてもうっかりすると動物のような行動に逆戻りする危険もある。人間は理性的な動物で、正しく判断し、その判断どおりに行動することができるのだけれども、人間も動物の一種だから、動物に逆戻りすることもある。人間もまた、鼻の先にほしいものを置かれた犬が餌のところにたどりつけなかったようなことにならないように注意しなければならない。そのためにはどうすればよいのだろうか？　一番大切なことは人間が正しく生きることを学ばなければならないということだね。人間を真の人間にするのは理性であり、理性は人間としてどうするのが一番善いのか、また正しいのかを考えることができる。そういうことができて初めて、本当の人間になることができる。人間とは、生まれただけでは人間にはなれないのである。一生懸命、勉強して初めて人間になることができる、それを記憶してください。

＊

このように林は「人間について」の授業のなかで、多くの生徒からの発言はないものの、一人ひとりが、動物と人間のちがいについて深く真剣に考え、そこから人間の独自性が小学生の子どもたちでもわかるような仕方でみごとに授業展開していることが、明確に理解できました。

4　林竹二における「授業」の本質論

(1) 授業のなかで子どもが抱いている不安の感情

林竹二は、授業のなかで子どもが抱えている「不安の感情」の深さについて以下のような鋭い指摘をしています。「不安の感情」をもつ理由として林は、子ども存在の根底にある「頼りなさ」(help-less) を取り上げています。子どもとは、元来、自分の力で自分を支えて生きることができない存在であるために、「頼りなさ」を包摂しており、授業において不安の感情が生ずるのは自然なことでしょう。「不安の感情」をもつもう一つの理由は、教師との関係から派生するといいます。教師は子どもに対して一種の権力者といえるでしょう。なぜなら成績評価の任務が教師に託されている限り、「教師＝権力者」という構図は、良くも悪くも避けて通れないからです。そのために、子どもはテストに合格できるのか、進級できるのかという不安をもつのは当然の心理であり、その意味で林は、子どもが不安に囚われている限り、本当の意味での「授業」は開始されないと明言しています。白岩小学校の子どもでも、初めのうちは林の授業に不安をもっていたのです。子どもが不安に囚われている間は、真の意味の「授業」は開始されず、子どもがそうした不安から解放されて、その心が教師に向かって開かれるときに初めて、子どもにとって真の意味での「授業」は始まると林は主張したのです。

(2) 教師が最も厳しく授業を組織するときだけ、授業は成立する

林はこうした授業実践を通して、子どもの心の働きの深さや複雑さを自らの肌で実感したために、授業実践にしだいに深入りし始め、簡単に授業をやめられなくなったと述懐しています。子どもたちは、自らの心の奥底をよぎるものを、精密に表現する力をもっており、それを引き出せたときには何ものにも代えがたい感動があるといいます。林は斉藤喜博との対談のなかで、授業とは「子どもへの問いかけを通じて、子どもの思考を一つの問題の追究にまで組織する仕事ではないだろうか。」と論じています。

子どもが主体であることと、教師が厳しく授業を組織することとは、一見、相容れないように思われますが、「授業が成立する」とは、一つのクラスを構成する子どもたちが、ともに一体となって授業のなかに入り込んでいる状態を指し示すと林は考えています。つまり子どもたちが共同して一つの問題を追求し始めたことを意味するのであり、そしてそれはさらにクラスの子どもたちが「授業の主体」となったということでもあるのです。林はかねてより、子どもが授業の主体でなければならないと主張してきましたが、それもまた教師が最も厳しく授業を組織するときだけ、真の意味で「深い授業」が成立するのです。この指摘は一見矛盾する事柄ゆえに誠に興味深いのですが、この一点が忘れ去られると、子どもの主体性を尊重するという名のもとに、教師不在の内容の浅い授業しか展開でき

ないことになるのです。

5　林竹二と斉藤喜博

(1) 斉藤喜博の教育実践の素晴らしさを認識した林竹二

林は、一九七〇年六月から、四十日ばかりの入院生活を送ることになりました。その間、かねてより斉藤喜博の教育実践の素晴らしさを聞き及んでいた林は、『斉藤喜博全集』をむさぼるように読んだといいます。斉藤が子どもの事実を変え事実を造り出していくその方法のなかに、ソクラテスの方法である「反駁」が生きていると、林は感じたのです。周知のとおりソクラテスは質問によって相手の意見を引き出し、これを仮借のない吟味にかけると、相手方はどのような自分の意見も維持できなくなり、吟味を受ける人（ソクラテス）に追い詰められていきました。ソクラテスは、知識は授けられるものではなく、自ら探求し探りあてるほかに所有できないと考えていたのです。

(2) 斉藤喜博の授業論とソクラテスの哲学

ソクラテスが「反駁」を教育の中心課題に据えたのは、「人間とは例外なく無知である」という認識がソクラテスの教育活動の出発点になっていたからです。ソクラテスが生涯をかけて問題にしたのは、人間が生きるために決定的に大切なものは、善や美の知識であり、それらの知識が欠けると、人は必然的に「似て非なる」俗見《ドクサ》に囚われて生きざるをえなくなるという問題意識でした。それでは、ドクサに囚われて生きていると人間はどうなるのでしょうか？　本当は悪なのに善であるように見えているものを、善と信じ思い込んで生きていくことになるのです。ソクラテスは真の知識の所有は、人がドクサから解放されることであると考え、その方法としての「反駁」つまり、問答によるドクサと人間の吟味を自己の任務とした、と林は考えています。

林は斉藤喜博の教育実践にもソクラテスと類似の哲学が存在するとみています。斉藤は、子どもたちの持ち合わせの意見を、通俗的で常識的な、知識以前のものと捉えています。教材と子どもの対決という仕事は斉藤の場合、具体的には子どもの意見を一つひとつ仮借のない吟味にかけることをめざしているのです。そしてその「吟味」はどこまでも教師の指導のもとで、教師と子どもたち全員の共同作業となるべきであると斉藤は考えており、林はこうした斉藤の教育実践を高く評価していくのです。

(3) 子どもに「一つの峠を越えた」という経験をさせることの重要性（斉藤喜博）

教師の仮借ない吟味を通して、子どもたちは、自分の古い意見を維持しがたいことを思い知るようになります。ソクラテス流に言えば子どもたちはそのとき、「ドクサからの解放」を経験し、その「ドクサからの解放」を経験して初めて、子どもたちは自分の常識的なものの見方を突破して、そこから抜け出ることが可能となるのです。子どもの目が輝き、子どもが新鮮になるのはそのような瞬間なのです。いわゆる民主的な話し合いや、自主学習で、各自が意見を出し合って、もっともらしい結論を出したり、手際よく意見をとりまとめたところで、子どもの目が輝くという「鮮烈な経験」は起きようがないのです。林は斉藤の教育技術には「教える」技術よりも、子どもが本来もっている力を引き出す技術のほうが強いと指摘しています。こうした授業のなかで「反駁」の役割は極めておおきく、それゆえ、より大切なのは、子どもが到達した地点ではなく、子どもが「一つの峠を越えた」という経験をさせることであるというのです。しかもこれが可能となるには、教師の十分な力量と方法があってのことであり、民主主義が浅く形式的に捉えられてしまうと、子どもの自主性を尊重するという美名のもとに、授業での本質的な厳しさが失われていくことにもなりかねません。

（４）子どもが教師との格闘を通じて通俗的な低い地点から抜け出すことの重要性

それとの関連で林竹二は、民主主義教育の欠点を以下のように批判していきます。人間や人格がすべて同じ絶対的な価値をもっているということを根拠に、どのような意見も等価値に認め、その意見を調整したものが結論として取り出されることがおうおうにしておこなわれます。そしてそれをもって民主的な学習とか自主的学習と称する場合がありますが、しかしそこには卑俗なもの、常識的なものに対する批判精神が欠如していると林は鋭く指摘するのです。そこでは教材を媒介として、子どもと教師の魂と魂が精神的に格闘するという在り方が欠如し、教材と子どもとの対決がないままの平板で安直な授業しか展開できていないことを林は嘆くのです。

平板な授業においては、研ぎ澄まされた「吟味」を経ないために、子どもがすでに持ち合わせている意見（ソクラテス的に言えば「ドクサ」の意）しか出てこないのです。教師が、授業を通じて、子どもの持ち合わせの意見や常識を一度揺さぶり叩き壊しそこで対話を通じた「格闘」を経験することによって、子どもが自らの内に蔵されている新しい一つの結論を取り出してくるその過程こそを林竹二は大切にするのです。別言すれば、授業のなかでは質の高い「否定」が重要な要素となり、押しつけられたものではなく子どもが教師との格闘を通じて、通俗的な考えを否定し、低い地点から抜け出して初めて自分を高め、新たにし、変革していくことができるのだと林は確信してやみません。

6　林竹二の教育思想――まとめに代えて

(1) 林竹二とソクラテスの問答法

林は子どもの真の生命の輝きを再び取り戻すために、ソクラテスの「問答法」に基づいた「授業論」を提言し、同時に林竹二は自ら教壇に立って実践していきました。ソクラテスの場合、問答はいわゆる「ドクサ」（俗見）の吟味としておこなわれるのですが、そのドクサとは「ひとが自然にもち合わせている、あるいは借りものの意見」であり、大人であれば彼のもち合わせている、いわばレディ・メードの意見で、実質的には世間の通念として定義されています。世間一般に考えられ、皆のなかにいつの間にか染み込んでいる「ドクサ」（俗見）を自分の考えであると思い込んでいる人が、それをそのまま自分の意見として発言しただけではソクラテス的問答法は成立しません。相手の人間がもち合わせている考え方をいったん厳しい「吟味」にかけ否定することを通して、自分の意見の維持しがたいことを腹の底から自ら納得してはじめてその通俗的な物の見方や感じ方からその人間は解放されてゆくのです。

（２）「深さのある授業」とは、自分自身との格闘を含んでいる（林竹二）

ソクラテスの「問答法」を基盤としつつ、林竹二は彼の「授業論」を以下のように展開していきます。林によれば、「深さのある授業」とは、たんなる知識の伝達ではなく自分自身との格闘を含んでおり、自分がこうだと思い込んでいた既成概念が、教師の発問によって揺らぎ出すこと、つまりソクラテス的吟味から始まります。ただ借りものの知識の操作だけがあって、学習が存在しないのが現在の授業の実態ではないか、と考える林は教師の「発問」というものを、一人の子どもの魂を生かしも殺しもするほど、重要な働きをする「ソクラテス的吟味」として位置づけているのです。ソクラテスの教育方法である「問答」は、その本質において「反駁」であり、ソクラテスは質問することによって、相手の意見を引き出し、それを仮借ない吟味にかけたのです。その結果はいつも相手が、自らのすべての意見が維持しがたいことを自覚することで終わります。プラトンが記した「ソクラテスの対話」では、知識は教えることは不可能であり、自ら探求する他は手がないと信じていました。

ソクラテスが「反駁」を教育の中心課題としたのは、元来、人は例外なく無知であると捉えていたからであり、人間にとって大切な善や美の知識が欠落し、その代わりに善や美であるように見えるものを善や美と思い込んでいるにすぎなかったからです。ソクラテスは、真の知識を所有するために、人はドクサ（俗見）から解放される必要があると考え、そしてその方法としての反駁、問答によるドクサと人間の吟味を、自らの任務としたのです。

林によれば、普通の授業において、「発問」は授業を進行させるための手段にすぎませんが、しかし「発問」は本来、外に現れない子どもの内部にさぐりを入れるための作業なのです。それゆえに授業の核心をなすものは、ドクサ（俗見、すなわち、まがいものの知識）としての子どもの発言ではなく、それの「吟味」でなければならず、そうでなければ、授業はたんなる知識伝達という上すべりした形式的なものにとどまり、その子どもの主体的な判断能力の形成には少しも貢献しないことになるでしょう。それゆえ教師の「発問」とは、子どもらの意見を厳しく「吟味」にかけて子どもの魂（内部）を裸にして眺める作業にほかなりません。つまり教師が子どもたちの発言を厳しく吟味し、本当の子どもの姿が教師の前に現れ、そこで初めて子どもは学習の主体となり、真の授業が成立するのです。

（3）「授業」とは「カタルシス（浄化）作用」にほかならない（林竹二）

林竹二は、「学問」や「授業」をすることはまさに「カタルシス（浄化）作用」にほかならず、その方法が俗見の「吟味」であると明言しました。教師の「発問」を通して、子どものにわか仕込みの借り物の意見を徹底的に吟味することにより、子どもはそこから自分との精神的な魂の格闘を始め、そうした過程で、自分の無知を悟ったものは大きな喜びを感ずるようになるというのです。

無知というのはけがれであって、学んだことによって子どもはこのけがれから解放され清められます。こうした考え方は、ソクラテスの「カタルシス（浄化）作用」と類似のものであり、ソクラテス研究家である林は、それゆえに学問や教育、授業をすることは、まさにカタルシス（浄化）作用にほかならないと明言するのです。学問や教育、授業とは、カタルシス（浄化）作用そのもので、その方法が俗見の「吟味」なのです。「カタルシス（浄化）作用」とは、人間の既成概念や通俗的見解というものを吟味し、人の心に垢のように付着している塵芥《じんかい》を洗い去り、そして魂を清める営みであるといえるでしょう。いずれにせよ、一人の子どもが本当に魂の深みで教師の真実の発問を受け止めることによって、子どもの魂が吟味され、浄化されていくのです。その過程で初めて、子どもの深みにまどろんでいた真なる宝がじょじょに浮かび上がり、その瞬間その子どもの表情の美しさはたんに内的精神的なものにとどまらず、子どもの肉体的表情にも読み取れる、と林竹二は自身の教育実践を踏まえて、カタルシス（浄化）作用の本質を私たちに提示してくれています。

参考文献

林竹二著『授業・人間について』国土社、一九七三年。
林竹二著『教育の再生を求めて——湊川でおこったこと』国土社、一九七七年。

林竹二著『教えるということ』国土社、一九七八年。

林竹二著『林竹二著作集七巻（授業の成立）』筑摩書房、一九八三年。

林竹二著『教えることと学ぶこと』（灰谷健次郎との対談）、小学館、一九八六年。

林竹二著『決定版　教育の根底にあるもの』国土社、二〇〇四年。

広岡義之著『ボルノー教育学研究——二十一世紀の教育へ向けての提言』（上）、創言社、一九九八年。

広岡義之著『ボルノー教育学入門』風間書房、二〇一二年。

第5章　伝統的な教育学と実存的教育との統合の可能性

1　二つの伝統的な教育学の流れ

ボルノー（O. F. Bollnow, 1903–1991）の教育哲学的業績の一つに、実存哲学と伝統的教育学との統合を示唆した点が挙げられます。これまで、この視点がきわめて重要であることは周知の事実でしたが、しかし現実問題としては多大の困難が伴うために、両者の統合はなかなか結実しませんでした。その点をボルノーが初めて実現したところに彼の偉大さがあると言えるでしょう。そのため本章では、伝統的教育学と実存哲学の人間観を具体的に考察し、両者の実りある接点を探りたいと思います。

（1）「技術論的な作る」伝統的な教育学

ボルノーによれば、伝統的な教育観は連続的な人間観に立っています。しかも従来の伝統的な教育学の大部分は、「技術論的な作る」教育学と、「有機体論的な成長に委ねる」教育学が、互いに交錯し

▶ボルノー夫妻と（筆者撮影）

▶ヘルバルト像
（筆者撮影）

ながら展開されてきたといえるでしょう。

第一の「技術論的な作る」教育学は、教育の本質を、物を「作る」（machen）過程として次のように規定します。物を製作する場合、製作者が素材について十分な知識を有しておれば、彼の意図どおりに作ることが可能であるように、教育者もまた被教育者についての知識さえあれば、教育者の目的どおりに人間を形成できると考えてきました。ヘルバルト（Johann Friedrich Herbart, 1776-1841）がその『教育学講義綱要』の冒頭に提示した命題、「教育学の根本命題は生徒の陶冶性（Bildsamkeit）である」は、この「技術論的な作る」教育学の基本的前提を端的に示しており、この教育観は精神史的には啓蒙主義にその源を発するのですが、それはヘルバルト以後の教育学において、もはや検討の必要がないほど、自明なものとして継承されてきたのです。

(2)「有機体の成長」に委ねる伝統的な教育学

先述の「技術論的な作る」教育観に対して、第二の立場は人間の成長過程を「有機体の成長」として捉えていることです。この教育観は子どもの成長を妨げず、その障害を取り除き自然のままに「成長させる」(wachsen-lassen)ことに教育の本質をみるのです。この教育観は精神史の流れでいえば、「ロマン主義」(Romantik)の伝統に属し、具体的には、ルソー(Jean Jacques Rousseau, 1712-1778)を出発点とし、ペスタロッチ(Johann Heinrich Pestalozzi, 1746-1827)、フレーベル(Friedrich Wilhelm August Fröbel, 1782-1852)と受け継がれた〈合自然〉の教育思想にその端的な表現をみることができます。ボルノーによれば先述の二つの形式、すなわち、機械観と有機体観を比較すると、「機械観的な手細工的・技術論的な作る積極的な教育学」の方が、「有機体論的な成長に委ねる消極的な教育学」よりも今日に至るまで、はるかに優位を占めてきたといいます。これまでの伝統的な教育学の人間の捉え方は、教育は「機械的な製作」(mechanischen Machen)に基づくか、もしくは子どもの内からの「有機体的成長」(organischen Wachsen)に基づくかのいずれかで、第三の教育の可能性はおよそ考えられませんでした。「技術論的な作る」教育学と「有機体論的な成長に委ねる教育学」の両者の見解は、一見対立するようでありながら、ともに子どもの陶冶性を自明の前提とする点で共通の地盤に立っています。つまり両者ともに、人間は連続的な発展が可能であり、その方向に人間を陶冶・形成してゆくことができる、という見解をもつの

▶ペスタロッチ

▶フレーベル

です。これに関してボルノーは次のように述べています。両者に共通な点は、連続的な構成によって、漸次的な改造によって、人間を教育することができるという前提です。このような経過の成果を、最も広い意味で陶冶と呼びます。教育を「形成」「陶冶」と捉えるにせよ「成長せしめる」ことと捉えるにせよ、人間の「生の過程」は「連続的に」一歩一歩完成に向かって進歩し、それに対応して人間は連続的、漸次的に完成に向かって教育できるという前提があるのです。

2 伝統的教育学と実存的教育学を架橋しようとするボルノー

(1) 両者の出会いの可能性を教育学の立場から探ろうとするボルノー

他方、実存哲学はこうした伝統的教育学の連続的進歩を前提とする人間観をことごとく拒否します。なぜなら、実存哲学の根本に横たわる人間観によれば、人間存在の核心である実存は、瞬間の決断によってしか、自己の生を成就することができないからであり、そのため実存的状況においては、一切の連続的・持続的行為を拒むからです。そうした実存的な人間存在は、教育的な営みによって形成され陶冶されるものではありません。つまり、実存という人間存在の核心を扱うかぎり、少なくとも伝統的な意味での人間の陶冶可能性を前提とした教育は不可能であり、ここに至って初めてなぜ今まで実存哲学と伝統的な教育学との間に、実り多い対話が生じえなかったのかという理由が明らかになるのです。

このようにボルノーは伝統的な教育学と実存哲学とが、まったく根本的に異なった人間理解に立脚した、容易に相容れないものであることを明らかにしたうえで、さらにそこから両者の出会いの可能性を教育学の立場から探ろうとします。まずボルノーは伝統的な教育学が主張するような連続的発展陶冶性ということが、一切の教育の前提であるか否かを問います。実存哲学の経験によれば、人間の最も内なる核心に対しては、持続的な形成が可能でないとされますが、そのさい、ほんとうにあらゆる教育的感覚の断念が表明されているのだろうかとボルノーは問うのです。人間の生や教育は、日常的なレベルでは連続的形式で営まれていますが、しかしなおその他に人間存在には時として生の非連続的局面がみられる現実に着目してゆくのです。

(2) 垂直的に突入してくる非連続的事象

他者との出会いにせよ、芸術作品との触れ合いにせよ、私たちの日常生活である「生の連続性」が突如として自分を超えるものによって垂直的に介入してきて中断されることもまぎれもない事実です。そこでは今までの自己のものの見方や考え方がいったん完全に崩され、危機的状況に立たされ、そこから新しい自己の魂のいぶきを感じ、新しい生命力が与えられるのです。この瞬間、私たちの連続的形式としての生の過程に、非連続的事象が垂直的に突入してくるのです。

人間の生活には連続的経過と並んで、それと同様、時折特殊なしかたで人間の生活を中断する非連続な箇所があります。それは、そのひとの本来的自己への問いかけ、自覚ならびに覚醒にとってまたとない機会であり、こうした教育の非連続性においては、「陶冶性」こそ否定されるものとなりますが、「教育可能性」(Erziehbarkeit) という視点から教育は可能となるのです。

3　実存哲学的教育学の具体例

(1) 道徳的危機のもつ意味

人間の生の危機を考える場合、たとえば反抗期や思春期の危機、病気における危機、成熟の危機、信仰の危機などが様々な人間の個人的な生の場面で現れてきます。さらには人間の歴史や民族の危機、政治や経済の危機という一個人を越える危機も身近に散見できますが、こうした「危機」の本質とはいったいどのようなものなのでしょうか。これらの危機に共通なことは、常にノーマルな生の過程の障害や妨害があること、この攪乱はその出現の突如性とその異常な激烈さを特色としています。

ここで問題とする道徳的危機も、身体の病気の危機と類似の経過をたどります。これまでの生活がそのままでは続行されないある一つの状況へと知らぬまにすべりおちるか、あるいは逆にそこで、自由な決断によって圧迫をはねのけるかのどちらかしか道はありません。ここにおいて、人間の決断と自由が重要な問題となってくるのです。ここで確認されることは、このような決断は必然的に無制限な決断であり、私たちの生の相対的なあり方のなかへ、突如として入りこむという事実なのです。

（2）「危機」を突破することによって生ずる新しい生活秩序

私たちの生活のなかへ突如として入り込んでくる「危機」を突破することによって、初めて新しい生活秩序が生じてくるのです。これとの関連で、ボルノーは次のような例を提示しました。すなわち、自己の犯した行為を反省し、始めから人生をやり直す決意ができたとき、また職場や学校での失敗のあとで場所を変えねばならないとき、新しい生活がその時点で「危機」とともに始まりうるのです。人が自己の堕落した生活の強化・腐敗から脱しうるのはいわば一種の焼死や水死をもこえる道においてのみ達せられる根本的なやり直しだけであり、ここにボルノーの「生まれかわり」の問題が関連してきます。こうした危機をくぐり抜けて初めて、人間としての「新しい出発」が始まり、この意味でボルノーの説く「生まれかわり」の問題は、倦怠的諦観や失敗に反抗して、新しい出発と生の新しい根源性へと回帰する教育学の根本課題となるのです。

（3）「出会い」の教育学的な意味

授業中における「授業内容」との精神的な出会いも考えられます。ここでは特定の授業の教材との出会いの意義について考えてみましょう。たとえば精神科学の領域において、教育の目標を教養（形成）の概念で示すことができます。ヘルダー（G.H. Herder）、ゲーテ（J.W. von Goethe）、フンボルト（K.W. von Humboldt）らのドイツ古典派の時代において「教養」とは、人間のなかにある能力の調和的な発達を意味しますが、ここで大切なのは、人間の精神が生み出した富のすべてを知り、受け入れることであり、教養はその意味で必然的に、可能な限りの多面性と円熟性をめざしているはずです。

これに対して、実存的な見方、たとえば「出会い」の概念では、あらゆる教養は拘束力のないものとなります。「出会い」において人間をその根底まで揺り動かす関係が得られ、また「出会い」という事象に達したとき、精神の世界に対するすべての関係が変化し始めます。歴史上の、あるいは文学上の偉大な人物の一人との「出会い」は、他のあらゆる人物の重みを失わせ、一つのものは他のものを排除することになります。なぜなら「出会い」とは、いくつもの可能性のなかから一つを選択することであり、決断することだからです。この実存的決断において、初めて人間は自分の実存の究極の厳しさに直面し、実存の厳しさの前では、あらゆる教養の現象は過渡的なものにすぎなくなるのです。自分の課題を真剣に受け取る教育は、それゆえに、精神世界の対象物との決定的な出会いにまで、成長する者を導く義務がでてきます。そしてそれを目指して、あらゆる授業が方向づけられなければなりませんが、しかしそこにまた困難が待ち受けているのです。なぜなら、あらゆる実存的な出来事と同様、この「出会い」はまったく計画することができないからです。

こうした「出会い」は、予測も予期することもできず、任意の瞬間に現れるため、教師は授業の技術によって、任意にこの「出会い」を導入することは不可能であり、それは教育に対する越権行為となります。だから教師はせいぜい「出会い」を用意することができるにすぎず、その「出会い」の瞬間がきたときに、その重要性を意識させ、その瞬間を不動のものにしようと試みるだけなのです。しかしその瞬間が現れなくとも、教師は忍耐しなければなりません。しかもこの「出会い」は、すべての生徒に同じ瞬間に、同じ対象に現れることはないからこそ、この「出会い」は授業の直接の目標にすることはできません。授業で教師は、同じ程度の知識を授け、「出会い」の可能性に対して準備をしてやることができるのみです。この「出会い」が起きるのか、いつ起きるのかということは、もはや教師の能力を超えたところにあるのですが、しかしこの「出会い」なしには、教養はたんなる拘束のない遊びにすぎなくなってしまうことをボルノーは確信しているのです。

しかしこのことによって「教養」の価値が喪失するわけではなく、ただ教育目標の主導的な地位を失うだけです。「教養」と「出会い」の間には相互依存の関係が生まれ、広い教養がなければ個々の出会いは偶然にすぎなくなります。授業はそれゆえ広い教養の知識を育て、理解の枠を広げてそのなかでやがては充実した「出会い」が起きるようにするべきなのです。しかし少なくとも真の人間をその核心において感動させ、全生活の変化を強いる「出会い」が生じないかぎり、あらゆる教養の知識は重要なものにはならないのです。

参考文献

大谷光長著「西洋道徳思想の歩み」村田昇編『道徳教育』有信堂、一九八三年。

岡本英明著『ボルノウの教育人間学』サイマル出版、一九七二年。

広岡義之著『ボルノー教育学研究――二十一世紀の教育へ向けての提言』(上)、創言社、一九九八年。

広岡義之著『ボルノー教育学入門』風間書房、二〇一二年。

ボルノー著、西村皓・鈴木謙三訳『危機と新しい始まり』理想社、一九八一年。

三井浩著『愛の哲学』玉川大学出版部、一九八一年。

森田孝著「O・F・ボルノー」『現代に生きる教育思想』(ドイツ)、ぎょうせい、一九八二年。

第6章　「我と汝」の教育論——ブーバーによる「世界との関わりの在り方」

1　〈我‐それ〉という根源語

ウィーン生まれのユダヤ人の思想家であるブーバー（M. Buber, 1878-1965）は、彼の『我と汝』（*Ich und Du*, 1920）という名著のなかで、人間が世界に関わる場合の在り方を二つに区分し、それを〈我‐それ〉と〈我‐汝〉という根源語で表現しました。ブーバーは特に、現代は〈我‐それ〉の支配的な時代で、科学・技術的思惟が人間の生を対象としての「それ」にしてしまったことの功罪を非難しています。

▶ブーバー

それでは、そもそも〈我‐それ〉とはどのような関わりを意味するのでしょうか。〈我‐それ〉という根源語は、全人格を傾倒して語ることができません。相手を、「それ」として事物化してしまうのですから、客観的・即物的な関わりしか生じないしまた、私を拘束する力は一切存在しないのです。

〈我－それ〉の我は、それゆえに相手を一方的に利用することしか考えないわけで、どこまでも相手を自分の都合のよい手段としてしか捉えていません。相手を手段としてしかみなさないわけですから、当然のことながら、相手の全人格をそのまま受け入れることを拒否します。その結果として、ありのままの自分を差し出すこともせず、それゆえ、〈我－それ〉の我は悲しいことながら自己自身をも、かけがえのない存在として自覚することができなくなってしまうのです。

こうした人間関係は、同様に次のような教育的弊害を生み出すこととなります。すなわち、自分の能力や業績、他人との比較や、他の人々の評価によって、自分を理解してしまい、結局のところ自分自身をも、「それ」化して固定化してしまうのです。つまり、自分の可能性を自分自身で縛りつけてしまっているのであり、相手を手段として取り扱うので、けっして相手から拘束されることはありえないのです。

2 〈我－汝〉という根源語

(1) 〈我－それ〉と対照的な〈我－汝〉の関係

他方、〈我－汝〉という根源語は、全人格を傾倒して初めて語りうる言葉であり、全人格的に触れ合う人間関係を意味します。〈我－それ〉が先述のように客観的で即物的な連関であり、私を拘束しないとすれば、〈我－汝〉の関わりは、「排他性」を基調とする「出会い」を特色とします。そこでは、計量や比較が消え失せた世界なので、汝の語りかけによって、徹底的に私の在り方が拘束されてしまうのです。

排他性に基づく「出会い」とは、いったいどのようなことなのでしょうか。またそれと関連した「拘束性」とは具体的に私たちの生のなかでどのように経験されるのでしょうか。やや人工的な出会いの例ですが、たとえば私が二階の窓から外を眺めていたとしましょう。下の外の道をだれかが歩いており、私がその人を眺めているのに気がつかないとき、その歩いている人（仮にAさんとしよう）と私の間には、一切の拘束力はありません。この状態は、まさしく〈我－それ〉の関わりです。

しかしAさんが何かの拍子に私の存在に気づいて「にっこり」として私に手を振った瞬間、私はそのAさんの存在によって拘束されてしまいます。私は何らかの反応をせねばならなず、手を振り返すなり、もし相手が嫌いな人で無視をするにしても、その決断はもはや私を無拘束の心的状況のままにはしてくれません。つまり相手の存在に対して、私は何らかの方法で、決定的に相手に関わらざるをえなくなり「拘束」されるのです。

別の例で考えると、教室で私が講義をしていて、学生たちは静かに私の話を聞きながらノートをとっているとしましょう。そのとき、突然私が「＊＊さん！」と具体的な名前を呼んだならば、（大きな声ほどその当の学生はびっくりするでしょうが）その学生は、「はいっ」と返事をせざるをえなくなります。ここでも〈我－汝〉関係が人工的にではありますが成立したことになるのです。

〈我‐それ〉の関係とは、対象を一方的に利用し、相手をそのまま受け入れないために、ありのままの自分を相手に差し出すこともしません。自分の能力や業績、他人との比較、他の人々の評価によって自分を理解しているのですが、そうした在り方を続けていると、結局、自分自身も「それ」化してしまうことになります。

〈我‐それ〉の関係は、客観的で即物的な関係にほかなりません。そこでは、全人格を傾倒して語ることができず、〈我‐それ〉の「我」は、私をけっして拘束しないのです。ある人が「汝」となって私に呼びかけてきたとき、私は今まで自分のやっていたことを、いったん止めなければならず、そこで私を占有する「汝」がでてきたことになります。たとえば、真実の結婚や恋愛とは「汝」との出会いを前提とする、と言えるでしょう。汝となって、私に語りかけてくるとき、私は何らかの決断をしなければならなくなります。「＊＊さん」と呼ばれて、「はい」と答えるか、「ふん」と無視するか、それは、各自の選択にまかされますが、いずれにしても自分の態度を選ばざるをえなくなるのです。

以下に〈我‐それ〉と〈我‐汝〉の特徴をまとめてみましょう。

〈我‐それ〉	〈我‐汝〉
(1)相手を手段化する	(1)相手を目的化する
(2)無拘束	(2)拘束
(3)即物的・客観的関係	(3)主体的・実存的関係

(2)〈我－汝〉の我

汝としての「他者」は、私に向かって、私の存在をゆさぶり、否定するかに見えます。しかし、その呼びかけを真剣に受け取り、汝に応答することにより、自己への「囚われ」が破られここに、囚われのない自発性・主体性が成立するのです。真の「出会い」（Begegnung）が生じる場合、〈我－汝〉関係が成立するのですが、真の出会いとは、たんに、新しい知識の獲得や新しい体験が増えることではなく、これまで気づかなかった自分に気づくことなのです。「出会い」とは、たんに知的に理解するというのではなく、自分の根本がゆさぶられ、自分の生き方が変わるという出来事なのです。それゆえ「出会い」とは、対象を小手先で処理するようなことではなく、自分の存在全体が巻き込まれ、変えられる「経験」なのです。そこでは、私の存在の根本にぴったりあてはまり、思いがけない呼応が成立するために、私が勝手に計画したりできるものではありません。いわば、運命的なものであり、「出会い」においては、どこか独善的で自己閉鎖的な在り方が破られ、しかもその具体的な呼応において、自己に囚われない自発性や主体性が生じるのです。

3　根源語としての〈我－汝〉関係と〈我－それ〉関係

(1)　教育（哲）学とは一種の「技術学」を超えたところから出発するべきもの

「実存教育学」、もしくは〈我－汝〉の教育学という言葉の使用が許されるならば、それは自ずから

「客体教育学」に対立する意味が込められているはずです。すなわち、子どもを「客体」と見ることは、子どもを「もの」や「それ」とみなすことにほかならず、そこでは教育は必然的に一種の「技術」にすぎなくなってしまいます。当然のことながら筆者は、教育学もしくは教育哲学とは一種の「技術学」を超えたところから出発すると考える立場を終始一貫していますが、このことは技術的な教育（哲）学の功績を無視することを意味するものではありません。

ところでブーバーは、彼の主著『我と汝』のなかで、二つの根源語を発しうると述べています。その一つは、〈我－それ〉（Ich－Es）で、もう一つは〈我－汝〉（Ich－Du）という根源語です。〈汝〉を人とするか、〈それ〉を人とするかによって、各個人の「人間観・教育観」は大きく変わってしまうというのです。私たちは〈それ〉を、客観的に観察したり実験したりすることができますが、他方で〈汝〉を観察することはできません。私たちがあるものを観察し、それが自分に役立つかどうかという態度を捨て去らぬ限り、諸々のものは〈それ〉に留まり、〈汝〉とはならないのです。このように、ブーバーは〈我－汝〉関係と〈我－それ〉関係という対概念によって、人間存在に固有の二重の存在様式を提示したのです。

（2）〈我－汝〉の関係とは、人格と人格との「出会い」の関係である

人間がこの世界に存在しているということはだれしも疑いえない事実である以上、この世界にあって、いかなる生き方・在り方が求められるかという問題は、人間各自が決定すべき最も根源的な課題

であるといえるでしょう。こうした人間の実存的な問いかけに対して、ブーバーは『我と汝』の冒頭で、二種類の根源語について語っています。一つは〈我 - 汝〉関係です。この〈我 - 汝〉の関係とは、人格と人格との「出会い」の関係であり、〈汝〉の「呼びかけ」に対して、〈我〉が人格的に「応答」するところのいわば「呼びかけ」と「応答」との対話的関係であるといえるでしょう。

根源語〈我 - 汝〉関係が先述のように人間の世界に対する本来的態度を示しているのに対して、他方で〈我〉の意識がそこから分離し絶対化されるとき、そこに現れるのが第二の根源語〈我 - それ〉関係です。この〈我 - それ〉関係とは、「主観 - 客観」関係に基づく自我中心的な表象主義の立場にほかならず、〈我〉の意識が絶対化されるとき、〈我〉は自己に向かい合う存在をすべて客体化・物件化し、自己目的のために「経験」と「利用」の対象にしてしまうのです。この意味において、根源語〈我 - それ〉は、いわば根源語〈我 - 汝〉の方向を見失った一種の「喪失状態」として成立しているとみることができるでしょう。しかし以上のことは二種類の人間が存在するということではなく、同一の人間存在の世界に関わる関係の仕方の相違であることはいうまでもありません。

4　〈我 - 汝〉関係における「出会い」の諸特徴

それでは〈我〉と〈汝〉との「出会い」とはいかなることを意味するのでしょうか？　以下では、「相互性」「排他性」「独占性」の諸特徴に注目しつつ、論を展開してゆくことにします。

(1)〈我－汝〉関係の相互性

〈我－汝〉関係の特徴の一つは「相互関係」です。〈我〉が〈汝〉に語りかけるように、〈汝〉も〈我〉に語りかけます。この「相互に働きかけ合うこと」(Gegenseitgkeit) は、実存的「出会い」の根本特質の一つです。具体例を教育の現場にとってみましょう。たとえばある意味で、子どもが教師を形成し、作品が作者を作りあげるともいえるでしょう。また、子どもによって大人が教育され、動物によって人間が教えられることもあります。私たち人間は実際に、こうした「相互関係」の出来事のなかで生きているのです。〈我〉は自分の子どもに教えられ、また自分の作品によってつくられます。こうした真の相互関係が成立するためには、むしろその関係を構成する両者の絶対的な「独立性」が前提されなければなりません。すなわち、相互に自由な主体的存在であることを自覚し、〈我〉と〈汝〉の「距離」をおく相互肯定から、初めて真に関係し合うことが可能となるのです。

(2)〈我－汝〉関係の排他性と独占性

第二に、〈我－汝〉の関係は排他性・独占性にその特徴をみることができます。なぜなら、〈我〉に向き合う〈汝〉は他の何ものとも代置しえない絶対存在であるがゆえに、〈我〉と〈汝〉との間には何ものも、入り込む余地のない排他的で独占的な関係が生ずるからです。この〈我－汝〉関係は、「愛」で表現されるがゆえに、相手をかけがえのない〈汝〉としてみつめるところから、当然のことながら「他ならぬこの人」という実存的な排他性と独占性という性格を帯びるようになります。

5　実存的「交わり」の三形態における〈我－汝〉関係の特質

以上、〈我〉と〈汝〉との実存的出会いの「交わり」の諸特徴を自然物、人間、そして精神的芸術的文化財との三つの領域についてそれぞれ要約的にまとめるならば、おそよ以下のようになるでしょう。

（1）第一の自然物との交わり

第一の自然との生活においても、人間は〈我－それ〉という根源語を語りかけ、「体験」や「利用」という態度をとる場合と、〈我－汝〉という根源語を語りかけて「交わり」という態度をとる場合がでてきます。この場合、人間が自然に対して〈汝〉と呼びかけても、その応答は言葉となって現れませんが、〈我－汝〉関係は成立すると考えられています。ブーバーは一本の木を例にとって、人間と自然との関係を次のように説明していきます。人間は一本の木を客体化、対象化して、それを記述、分析、分類し、それについての知識と体験をえることができますが、しかしこれらのことはすべて「自己のうち」でおこなわれ、いわば木を〈それ〉に転ずることであって、〈我〉と木との間には真の「応答的関係」は成り立ちえないでしょう。これに対して、たとえ一本の木であっても、分析できない具体的な全体存在として対面しそれを受け入れ、そのものとしてその生命を生かそうとするとき、

〈我‐汝〉の関係が結ばれるのです。ブーバーはこの〈我〉と自然との対話の領域を入口に至るための「前門」(Vorschwelle) の領域と呼んでいます。

(2) 第二の人間と人間との交わり

第二の人間と人間との関係にあっても、〈我〉が相手の人に向かって、〈我‐それ〉という根源語を語る場合と、〈我‐汝〉という根源語を語る場合とがでてきます。〈我‐それ〉関係にあっては、〈我〉は「その人の髪の色とか、話し方、人柄などをとり出すこともできるし、常にそうせざるを得ない。しかし、その人はもはや〈汝〉ではなくなってしまう」。こうして、相手の一つひとつの特徴を他者と比較しながら理解して、それらの諸性質を組み合わせたものとして、〈彼〉〈彼女〉〈それ〉と呼ぶのです。その結果、この人に対して、〈我〉はこの人を一つの「対象物」として「体験」することとなります。これに反して、〈我‐汝〉関係の場合、〈我〉はこの人が他者との比較を絶する独自の一全体としての〈汝〉としてそこに立ち、全天地を満たし、これに色彩を与える〈汝〉として、この人との「交わり」を結ぶことになります。ここに、真の具体的な人と人との間の生活現実が生じてくる揺りかごがあるとブーバーは考えました。

(3) 第三の人間と精神的文化財との交わり

最後に、第三の「人間と精神的文化財」との関係においても同様です。真の芸術的創作にあっては、事物の形象〈Gestalt〉が、〈我〉に迫りきて、他との比較を超えた独自の〈汝〉として〈我〉に立ち向かうのです。〈我〉はこの形象をたんなる内的現実や想像の所産として、これを「体験」し「記述」するのではなく、互いに人格的に向かいあって立ち、「交わり」を結び、これを芸術的作品として「実現」しようとします。ここに真の芸術的創造活動が起こるのです。

これとの関連でたとえば、リルケ（R.M. Rilke, 1875-1926）は、こうした芸術的な出会いの本質を、かつて「古代のアポロ像」の前で次のように独白したことを、ボルノー（O.F. Bollnow, 1903-1991）は見事に以下のように解釈しています。この立像の力強さに押されて、リルケは「なぜなら、一箇所だっておまえをみつめないところはないからだ。おまえはおまえの生を変えねばならない」と叫んだといわれています。こうした出会いによって、人は「彼の生を変える」ことが求められ、これまでの非本来的な生を根本的に転回することが要請されるのです。その意味では、〈我－汝〉の関係においては、本来的生を獲得する「仮借なさ」「独特の厳しさ」が求められるともいえるでしょう。

6 教育哲学的な結論

以上、私たちはブーバーの主著『我と汝』の内容を中心に、〈我－汝〉関係の特質を主として探求してきました。そこからいくつかの人間の本来的かつ実存的な在り方と生き方を、また逆に本来的・実存的な生き方を実践できない人間の弱さからくる問題点などを浮彫りにすることができました。そこで、これまでの基礎的な人間分析から、以下の三点に焦点づけて教育哲学的な問題点を指摘してゆきます。

(1) 教育と「愛」の問題

まず教育における「愛」の問題について考えてみましょう。この問題は人が〈汝〉であるとは何を意味するのかということと関連性を帯びてくるのです。〈汝〉を〈我〉に現前させるのは「愛」以外にありえず、愛することにおいて〈汝〉はかけがえのない存在となります。ここに実存的な代替不可能性の課題が生ずることになります。たとえば、〈我－汝〉関係という人格的価値という尺度からみれば、教師も子どもも同じ一個の人格として同等の立場にあります。たとえ子どもの方が不完全な人格であろうとも、〈汝〉としての子どもは、「真に独立した、けっして〈我〉には還元できない、所与」であって、私たちはこの点に代替不可能性の際立った具体例をみてとることができるのです。

換言するならば、子どもが、私と同じ人間だからただちに〈汝〉なのではなく、私たちが彼らを愛し、かけがえのないものであると捉えるときに〈汝〉となるのです。もし教師が、欲求や観察の眼で子どもたちを見ている限り、いくら熱心に指導していようとも、彼らは〈汝〉ではなく自由に取り替えのきく〈もの〉の一種にすぎません。とするならば、私たちは、子どもを代替可能な〈それ〉とみなすよりも、代替不可能な〈汝〉として関わる教育哲学を、より優先的に構築していくべきでしょう。

（2）愛されるべき個別的〈汝〉としての「教師性」

第二点目は、〈我－汝〉関係における「教師性」についてです。これとの関連で、K・ハイム（K. Heim, 1874-1958）の以下の言説は興味深いものです。要約すれば、教師が子どもを一つの対象としてしか取り扱わないときには、子ども自身は、教師のそういう機械的な眼差しに対して、打ち勝ちがたい抵抗を差し向け、その結果、子どもはあたかも敵意ある力に対抗するために、頑強に自己を閉ざして教師の面前に魂を開こうとしません。なぜなら、子どもは一つの対象として、「もの」や「それ」として取り扱われていると感じとるからです。またある場合には皮肉なことに、ある教師が教育的経験を積んでいればいるほど、そのためにかえって教師と子どもとの間には、真の〈我－汝〉関係としての「実存的出会い」の可能性が遠ざけられてしまうこともあるのです。ここからうかがわれることは、幼い頃から〈それ〉として決めつける眼で見つめられたり、〈我－それ〉関係のうちで取り扱われつづけ、また自分も相手を〈それ〉としての眼差しで見続けるならば、正常な人間としての内面的な感覚は麻痺してしまうのは当然のことでしょう。

このように考察してくると、子どもたちが「将来こんな人間になりたい」という自由な態度決定を促すものは、彼らがいかに深く愛する個別的〈汝〉の声を聴くか否かにかかっている、と言えるでしょう。これは教師と子どもとの間の真の信頼関係が前提となります。この〈汝〉の声に聴き従うということは一見不自由のように感じられますが、実はそこにおいて最も自由の本質が含まれているのです。その意味でも実存的教育学における「教師」は子どもの自己の欲求に対する自由な態度の決定を促す、愛されるべき個別的〈汝〉であることが求められるでしょう。

これとの関連で、ロゴセラピー（実存分析）の創始者フランクル（V.E. Frankl, 1905-1997）は次のように述べています。「愛は愛されるものを助けて、その愛する人間が先取りして看たものの実現化に至らしめるのである。なぜならば、愛されるものは愛する者ないしは愛に一層ふさわしくなろうとするからであり、愛するものがもつ像に似ようとし、『神が考え欲した』ものになろうとするからである」と。教育においてもまったく同様で、生徒は愛され愛する教師が先取りして看たものを実現しようとし、教師の願いを満たそうとするのです。その意味で、親に愛される自己であろうとするから、親の願うような「良い子」になろうとするのであり、先生に愛されたいと願うからこそ、先生が期待するような、勉強の良くできる子どもになろうと欲するのです。ここで重要なのは、良い状態へ進もうとするのは、子どもの「本能」というような当初より存在する「先天的なもの」ではなく、むしろ、当人が愛されたいと願う他者（子どもにとっては〈汝〉としての教師）があるか否かという極めて「後天的な人間関係」に左右されるものなのです。

(3) 道徳教育の根本問題としての〈我 - 汝〉関係

ここで私たちは、〈我 - 汝〉関係の教育的課題を道徳教育の根本問題に照らし合わせて考察したいと思います。ところで、〈我〉自身の内から起こって〈我〉を動かすものは、欲求であって命令ではありません。したがってカントのように、汝を考慮に入れず、倫理的行為を唯我からのみ説明しようとするならば、実は命令（命法）などは存在しえないのです。以上のことから、〈我〉に命令を下す者は、〈我〉自身ではなく、他者たる〈汝〉でなくてはならないことが明確になります。したがって、この他者からの「呼びかけ」としての「良心の声」というものも、けっしてもう一人の〈我〉自身の声ではありえません。たとえば、シュヴァイツアー（A. Schweitzer, 1875-1965）博士が「生への畏敬」として強調するように、道に這い出した一匹のみみずも、一輪の野の花をも傷つけないという行為は、みみずであろうが草花であろうが〈汝〉として責任のある対応をする、という考え方に即した行為であったはずです。

それでは、私たちはいったいいかなるときに、〈汝〉に対して責めの重さを感ずるのでしょうか？　それは、私たちが〈汝〉を〈それ〉とみなし、〈それ〉として取り扱う場合にほかなりません。本来、私にとって〈汝〉であるべき存在を〈それ〉とみなしてしまうとき、逆に私は責めを感じざるをえなくなるのです。それとの関連で、〈我‐汝〉という根源語は、全人格を傾倒してはじめて語ることができるのです。〈我‐それ〉という根源語は、「全人格を傾倒して語ることができない」というブーバーの言説が理解できるでしょう。すなわちここで把捉すべきことは、私たちが〈汝〉に対面するときの〈我〉だけが本来的な〈我〉であり、〈それ〉に対するときの〈我〉は、堕落した〈我〉にすぎない、という事実です。ここにおいて、道徳教育の根本においては、私たちが〈我‐汝〉の〈我〉になりえて初めて生きる意義や生き甲斐が獲得されるのであり、堕落した〈我‐それ〉の〈我〉のままでは、生きる意義や生き甲斐は体得されえないということなのです。

参考文献

稲村秀一著『ブーバーの人間学』教文館、一九八七年。
小林政吉著『ブーバー研究』創文社、一九七八年。
武安宥編著、広岡義之著『道徳教育』福村出版、一九九一年。
谷口竜男著『「われとなんじ」の哲学』北樹出版、一九八三年。
平石善司著『マルチン・ブーバー』創文社、一九九一年。
ブーバー著、植田重雄訳『我と汝・対話』岩波書店、一九八五年。
ボルノー著、峰島旭雄訳『実存哲学と教育学』理想社、一九六六年。
松本昭著『我と汝の教育』理想社、一九五九年。
山本誠作著『マルティン・ブーバーの研究』理想社、一九七一年。
吉田敦彦著『ブーバー対話論とホリスティック教育』勁草書房、二〇〇七年。

第7章　教師にとって信頼とは何か

1　信頼と感謝と愛情の「雰囲気」

(1)「信頼」や「希望」によって人間は良い方向へ作り変えられる

ボルノー（O. F. Bollnow, 1903-1991）の興味深い視点は、「信頼」や「希望」によって人間は良い方向へ作り変えられ、逆に「不信」によって人間は悪い方向へ堕落するという主張です。子どもたちの内に宿っている可能性を開かせる力はどこから生ずるのか、という問いに対して、少なくとも「自然法則的な必然作用」から生ずるものではないことは明確です。

さて「信頼」や「希望」の領域とは、むしろ「保証のない冒険」の範疇であるがゆえに、教師と子どもたちとの交わりが幻滅に終わることもあることをあらかじめ覚悟しておく必要があるでしょう。たとえば詩人ジャン・パウル（Jean Paul, 1763-1825）の「晴れやかさは、あたかも春のおとずれのように、内面のすべての花をうち開かせる」との表現から、私たちは特に子どもたちの初期の発育にとって健全な「信頼」がどれほど心の糧になり、彼らにとって外部世界がいかに安心でき親しみの感じられる「居場所」となりうるかを理解できるのです。

さらにボルノーは、ペスタロッチ（Johann Heinrich Pestalozzi, 1746-1827）の主著の一つである『ゲルトルートはいかに子どもらを教えるか』のなかの不滅の最後の所感といわれる部分に触れ、幼い子どもと母の団欒のなかで、信頼と感謝と愛情の「雰囲気」が授けられている様子を以下のように要約しています。すなわち、子どもは母親の信頼を感じ取ると、たちまち安心した気持ちになり、当然のことのように母親に信頼を寄せ、同時に外部世界全体にも信頼を広げ、そこから希望という概念を自らのものにしてゆく、と。

(2) 絶対者は、初めは母親の姿のなかでおぼろげに捉えられる（ペスタロッチ）

さらにボルノーは別の箇所でペスタロッチとの関連で、母親の存在は子どもにとって絶対的なものの体現者であると理解して次のように考えています。すなわち絶対者は、初めは母親の姿のなかでおぼろげに捉えられます。それゆえ後年における絶対者への接近は、すべてこの根源的経験によって媒介され、ここから母親の初期の子どもへの信頼というものが宗教的な信仰の芽生えと密接に関わっていることを私たちは再認識するのです。

ボルノーは母親の慈しみが子どもの発育の媒体になる具体例として、ボルノーの同僚で小児科医のニチュケ（Alfred Nitschke, 1898-1968）の言説を好んで取り上げました。ニチュケは、子どもが何らかの意味をもつ秩序ある世界を経験するということは、たとえば母親との信頼関係の環境のなかで初めて起こりうるものである、と述べています。母親の愛情と慈しみで充満する空間は、子どもにとっては、信頼に足る確かで明るい空間となります。その空間に包摂されるすべての所属物は、子どもに明らかであるばかりか、含蓄に富み、親しみやすく身近なものなのです。希望とか信頼ということのもつ開発力はすさまじく、周囲の人ばかりでなく、個々の事物までがその本質、その秩序、その隠れた意味内容を、はっきりと現してくるとボルノーは希望や信頼の教育的意義の重要性を確信しているのです。

2　教育者の子どもに対する信頼

(1)　教育者からの展望：教師と子どもとの信頼

教育が円滑に進むための情感的前提としてボルノーは、「子どもに対する教師の情感的態度」の重要性を取り上げました。ここでは、教育がより充実するための数多くの諸条件のなかから、「教育者の子どもに対する信頼」に的を絞って論じていきましょう。子どもの成長は植物のように自然に発達してゆくものではなく、教育者の子どもに対する「信頼」がその根本にあって初めて正しい発達を遂げるのです。そのことは自ずから教育者の諸徳性の問題、つまり教師に必要とされる心的準備の問題へとつながっていきます。子どもは自分自身の内から内在する法則に従って発達するとの主張は、ロマン主義の植物的成長観を背景としていますが、現実には子どもたちに寄せられる信頼によって、彼らの発達がかなり左右されるという解釈の正しさは言うまでもないでしょう。具体的な教育の場面で、教師は「子どもたちは何かができる」と信じなければならず、こうした教育者の心的態度が成立して初めて、子どもたちは大人からの様々な要求や課題を克服しうるのです。子どもたちは教育者以上に不完全な存在であり、今なお発達の途上にあり、諸能力が成長しつつある存在であることを私たちは忘れてはならないでしょう。

これとの関連でボルノーは次のことを強調します。すなわち子どもは自分の諸能力を、それらによって為しうるぎりぎりの限界まで試そうとする自然な願望をもっているため、もしも教育者が、いつも子どもを彼の能力の限界いっぱいまで導くことをせず、最後の厳しさを彼に要求しないならば、それは柔弱な子どもを育てることになってしまいます。

(2) 特定の人間についてもつ「信念」の力

ボルノーが指摘する第二の点は、ひとが特定の人間についてもつ「信念」についてです。これは人間の発達にとって重要な要素となるにもかかわらず、必ずしもこれまでに十分な評価が与えられてこなかったので、私たちには特に貴重な示唆となるでしょう。ボルノーによれば、人間とは「周囲から自分がそう思われていると考える表象に従って、自らを形成する」存在であり、それゆえに、感化力の強い子どもは大人以上に、所属する学級の教師によって信頼され見込まれることによって教師の抱く像に従って自らを形成するようになるのです。ボルノーはニコライ・ハルトマン（Nicolai Hartmann, 1882-1950）の次の言葉を援用して、いかに人間が他人の信念に応じて変わりうるかを証明しました。すなわち人間は、まさに彼が他の人のなかに信ずるものを、その人のなかに実際に作り出す存在なのです。

これまでに述べてきた対象は一般の大人に対してでしたが、この問いは子どもにおいてもさらにあてはまります。なぜなら成人に比べて、子どもはその自己がまだわずかしか確立しておらず、なお外に向かって大きく開かれているために、外からの影響を強く蒙るからです。これはまさに教育の核心的な問題となるでしょう。というのも、教育者が一人の子どもを信用し正直であると考える場合にのみ、その子どもの内部に教師の信念に対応する諸特性が形成され、実際に信用のできる正直な子どもになるからです。しかし同様に逆の事例も生じうるのであり、ここに教育の恐ろしさも存在するのです。教育者が、子どものなかにありはしまいかと邪推する悪しきものが、この邪推によって呼び起こされてしまう恐れがあるのです。疑い深い教育者が邪推すれば、その子どもは愚鈍で、怠惰で、嘘つきになってしまいます。このように良きにつけ悪しきにつけ、教育者の子どもに対する信念がその子どもの成長をまったく決定づけてしまうことに注目したいのです。

（3）包括的信頼の重要性

ボルノーは第三に、子どものあらゆる能力の発達にとって不可欠な前提としての「包括的信頼」を取り上げました。「信用」と「意見」は相手の個々の能力や徳性についての知的判断を基準としますが、それに対して「信頼」は相手の道徳的・人格的核心に関わるものといえるでしょう。私たちは一人の人間を信頼するときには、彼の個々の徳性ではなく、彼の人格を包括的に信頼するのです。それゆえにボルノーのいう「包括的信頼」こそ、教育の不可欠な前提となり、その教師の子どもに対する信頼によって子どもは自らの能力を最大限に発揮できるのです。同時にこれと逆の教育的状況の危険性を読み取り、ボルノーは次のような懸念を抱きました。もし教師が子どもを信頼することを拒むならば、それによって、子どもからせっかく良き意図をもってやりとおそうとする力を奪いとってしまうかもしれないのです。

このように、「包括的信頼」を肯定するのと否定するのでは、両者の子どもに及ぼす影響という点で計りしれない相違がでてくることが明確に理解できるでしょう。教育的な信頼は盲目の信頼とはまったく逆で、子どもの弱点や欠点を十分に認識したうえで、さらにそれにもかかわらず、子どもの発達を信ずるところにのみ成立するのです。それゆえに教師が子どもを信頼するときには、いつでも裏切られる危険に曝されていることを私たちは覚悟しておく必要があるでしょう。

さらに教師がこの「包括的信頼」を保持することのむずかしい原因は以下の事実によるものと思われます。たとえ教師が一人の子どもを信頼していたとしても、子どもが教師の期待どおりの発達を遂げなかったり、逆に教師への悪意を抱くことさえありえるのです。なぜなら子どもは教師以上に一個の不完全な人間だからであり、こうした現実が教師の側からいえば、子どもへの「包括的信頼」を保持しにくい理由となります。教育者は、失敗をいくたび繰り返しても、また時として、利口な人間の目からみれば勘定に合わないことがあるにしても、子どもへの信頼への力を、教師の心のなかに、繰り返し新たに奮い起こさなければならないのです。

3　子どもからの展望

(1) 子どもの快活さ

さて一般に学校教育では、授業本位の傾向が強く、もっぱら真面目さが先行し、教師は職業的に子どもの快活さを学校生活において発揮しきれず、むしろ教室には暗さと不快の雰囲気が流れ込みがちです。こうした教師の無意識に生みだす沈鬱な気分が、実は今まさに成長しつつあり教師に信頼してもらいたいと願っている子どもたちに、どれほどの悪影響を及ぼすかという点についての教育学的考察がなおざりにされてきました。また逆に、教師と生徒の間で醸し出される「雰囲気」が快活で晴れやかに展開されるならば、そこではどれほど教育が成功しているのかという点について、これまで意外にもその分野についての教育学的考察もまたなおざりにされています。

ボルノーは、子どもが楽しく生活し社会のなかで充実した生活を営むためには、まず「快活の感情」が普遍的な気分として子どもたちを包まねばならないと考えました。ボルノーのこうした教育的見解の背景にはハイデッガー（Martin Heidegger, 1889-1976）の影響が色濃く反映されていることを忘れてはならないでしょう。気分というものは、人生と世界とが、そのつど一定の彩りをもって人間に開示され、人間と世界の意味を把握する個々の具体的な作業が、そこから初めて可能になる「普遍的基底」なのです。

▶ハイデッガー

(2) 喜ばしさは入りくるすべてに向かって子どもの心を開く

陰鬱な気分での教育的関わりのもとでは、教育および個々人の人生全体は暗いものとなり、人間は各々の殻に閉じこもり、教師と生徒との信頼関係は完全に崩壊してしまいます。心が萎縮し苦悩と恐れの世界のなかで、はたして子どもたちは心身ともなる成長と発展を遂げることができるでしょうか。答えは当然、否です。しかし反対に喜ばしい気分での教育的関わりにおいて、子どもたちの魂は再び世界に向かって開かれるのであり、教師と生徒との信頼関係もまた、この喜ばしい気分が前提にされて初めて語りうるのです。ボルノーはジャン・パウルの教育論『レヴァナ』の一節を援用して彼に次のように語らしめています。喜ばしさは入りくるすべてに向かって子どもの心を開き、すべての若々しい力を、朝の光のごとくに立ち昇らせる、と。

私たちはここで、具体的な教育現場で生じる様々の事例に先述の「喜ばしい気分」のもつ教育的意義を適用することが許されるでしょう。一般的に見れば、ばかげた腕白や愚行でさえも、教育における喜ばしい気分の側面から捉え直すと、場合によってそれは疑り深い教師たちの想像の産物であることも少なくありません。子どもの快活な腕白も、むしろ少年期の発達を支える一つの要素であり、教育的にも評価される側面を有していると考えたほうがよいことをボルノーは確信するのです。

（3）教師の職業病である暗さと汎愛学派の教師ザルツマンの快活さ

学校教育の中心的存在としての教師自身の克服すべき問題をボルノーは先述のように「暗さへの傾向」と特徴づけ、まさに「教師の職業病」とさえ呼んでいるほどです。こうした現実を直視して、そこに潜んでいる問題の深さを認識すればするほど、教師の周囲に「快活な気分」を広めてゆき、生徒たちの心を開いてゆくことが、どれほど重要な教育的課題であるかが明確になるでしょう。

ここでボルノーは、理性的な汎愛学派のザルツマン（Christian Gotthilf Salzmann, 1744-1811）の老教師としての夢を次のように列挙しています。すべての教師は、それまで彼らの顔つきを不親切で不機嫌なものにしていた皺《しわ》をすべて消し去るように努め、彼らの眼差しは、昇る旭日《あさひ》のように晴れやかになります。彼らは子どもたちに立ち交じってともに球を打ち、またコマ回しを教えると、子どもたちはそれを大いに喜び、両腕を教師の首にまきつけ、抱きつき、そして接吻するのです。これは学校教育における理想的ケアリングの好例といえるでしょう。

▶ザルツマン

こうしたザルツマンの実践からも理解できるように、快活な教育者のみが良い教育者でありうるとボルノーは断言するのです。ともすれば理性的という名のもとに生徒を管理し規制された学校生活の実践を自負する教師たちがはらみもつ危険性を、私たちは「子どもの諸力の健全な発達」という観点から考え直すべきでないでしょうか。

(4) 一九九〇年代の「ゼロ・トレランス」と信頼について

たとえば一九七〇年代のアメリカの生徒指導の取り組みでは、学級崩壊が深刻化し、学校内での発砲事件等様々な問題が起こり、「割れ窓理論」(小さな犯罪も徹底的に取り締まることによって、凶悪犯罪を抑止することができるという考え方)に依拠して、一九九〇年代に「ゼロ・トレランス」という教育方針が提唱されました。これは文字どおり、不寛容を肯定し、罰則を定めそれに違反すると厳密にすみやかに例外なく処分をおこなうことで、生徒自身のもつ責任を自覚させるというものです。元来生徒指導は、カウンセリング・マインドが中心であり、子どもと教師の信頼関係の構築が大前提となるべきですが、この「ゼロ・トレランス」の導入によって、子どもに対する理解も子どもと教師の信頼関係も不要のものとなってしまう危険性が出てきます。遅刻、早退、忘れ物、いじめ、暴力等、レベルごとに機械的にポイント化して、累計数値によって自動的にペナルティーが与えられるシステム導入が日本の文部科学省でも検討されているのです。

（5）子どもがもつ「朝の感情」

ボルノーは「子どもからの展望」における子どもの健全な発達を支える第二の気分として、「朝の感情」を取り上げています。彼はこれまで一般論として、世界を開示する気分としての子どもたちの心の喜ばしさと快活について述べてきました。ボルノーは、青少年期にみられるこの「朝の感情」の特性が教育に対してもつ意味について、これまでにほとんど問われなかったと前置きして次のように説明しています。「朝の感情」は人間の発達にとって、またそのゆえに教育にとっても欠くことのできない、未来へいきいきと立ち向かってゆく勢いなのです。まさにそれは朝の新鮮な感情そのものであり、そこでは自分のなかに閉じこもることができずに、あふれでようとする子どものいきいきとした感情なのです。

青少年の「朝のような気分」とは、自分の将来に対して喜びをもって前進してゆき、自己の立てた遠大な計画に向かってその実現を夢みて努力しようとするものなのです。それゆえ、こうした状態において青少年が空中楼閣を描き夢見る傾向はむしろ自然なことでさえある、とボルノーも認めています。ただしその際、私たちは未来に対する青少年の「朝のような気分」が本来的にもつ二重の時間的性格を正しく把握しておかねばならないでしょう。この二重の時間的性格とは、青少年の性急さが及ぼす未来への向こう見ずな努力ではなく、現在という時間を充実して生きることによって自らが未来に期待をもちうる、ということを意味するのです。

（6） 教育を求め、率直に教育を喜ぶ存在としての子ども

先述の青少年の「朝のような気分」が教育学に重要な意味をもたらすのは、こうした気分が今後の青少年の発達にとって、なくてはならない必須の前提となるからです。これとの連関で、ボルノーはカント（Immanuel Kant, 1724-1804）の有名な教育的テーゼ「人間は教育されなければならない唯一の動物である」だけでは捉えきれえない教育現実を次のように示唆しています。

もちろんカントが説くように、子どもたちは外部からの援助によって、つまり教育が彼らに与えられて初めて人間となりうるという指摘はなるほど正しいのです。しかしさらに青少年の健全な発達を願うならば、教育は外的な強制として子どもに課せられうるものではなく、子ども自身のなかにそれを待ち望み、あのような助成を要求するところの何かが存在していなければならないのです。

以上のことから、青少年が教育を待ち望み自らそれを受け入れようとする態度は、けっして合理的で法則的な説明で理解されるものではなく、ボルノーの指摘した「朝のような気分」の前進的な感情に、より深く根ざすものであるといえるでしょう。それゆえに教師不信などが原因で生じる怠惰や倦怠が青少年を捉えたり、彼らにとって未来が抑圧的に感じられたりする場合には、彼らは心身共に健全な発達を遂げることができなくなるのです。

参考文献

広岡義之著『ボルノー教育学入門』風間書房、二〇一二年。

広岡義之編著『教育実践に役立つ生徒指導・進路指導論』あいり出版、二〇一三年。
深谷昌志編著『現代っ子と学校』第一法規出版、一九八一年。
ボルノー著、小島威彦訳『希望の哲学』新紀元社、一九七〇年。
ボルノー著、森昭・岡田渥美訳『教育を支えるもの』黎明書房、一九八〇年。
ボルノー著、浜田正秀訳『人間学的に見た教育学』玉川大学出版部、一九八一年。

第8章　それでも人生に「イエス」と言う——フランクルの人間形成論

1　人間を超えた世界存在の意味について

(1) ポリオワクチンを開発するために使用されている猿のアナロジー

フランクル（Victor Emil Frankl, 1905-1997）は人間世界と神の世界を次のようなアナロジーでみごとに説明しています。ある点で人間は動物を理解できますが、動物は人間を理解できません。ポリオワクチンを開発するために実験台として使用されている猿がフランクルによって引き合いにだされます。この猿は人間のポリオワクチン開発のために何度も何度も注射を打たれるのですが、その苦しみの意味を理解することは、猿の限定された知能では不可能です。ところが人間は、なぜこの猿が注射づけの日々を送らなければならないかを把握し、その猿に対して人間の身代わりとしての運命に対して、感謝の気持ちをもつことができます。

人間はまた各々が、「苦悩」「悲しみ」「苦しみ」などを経験しますが、どうしてそれらが自分の身に降りかかるのかを理解できません。しかし人間を超えた世界の存在は、なぜその人間が、苦しみや艱難に遭わなければならないのかを理解しているとフランクルは考えます。まさに私たち人間は、ポリオワクチン開発のための猿がなぜ苦しみを味わわなければならないのかを容易に理解できるのと同じように、人間を超えた存在は、その人間にとっては理解不能な経験が、むしろ意味のある必要な事態であることを把握していることと同じ構図なのです。

▶ウィーンのフランクル研究所（筆者撮影）
アウシュヴィッツ強制収容所から奇跡的にウィーンに帰還して，住まったフランクル夫妻の住居でもある。

（２）それでも人生にイエスと言う

私たちが「生きる意味があるのか」と問うことは初めから誤っているのではないでしょうか。つまり私たちは「生きる意味」を問うてはならないのです。なぜなら人生こそが問いを出し、私たちに問いを提起しているからです。私たちは人生から問われている存在なのであり、私たちは人生が絶えずその時々に出す問い、つまり人生の問いに答えるだけでよいのです。

私たち人間は、答えを出さなければならない存在なのであり、生きること自体が人生から問われていることにほかならないのです。そしてそれは生きていることに責任を担うことでもあるのです。このように考えると恐れるものは何もなくなり、どのような未来も怖くなくなります。なぜなら、もう現在がすべてであり、その現在は、人生が私たちに出すいつまでも新しい問いを含んでいるからです。すべてはそのつど、私たちにどのようなことが期待されているかにかかっているのであり、その際どのような未来が私たちを待ち受けているか知る必要もないのです。

2　生きている世界に意味はあるのかないのか

(1)　リヴァイアサン号での出来事

生きている世界に意味があるのかという点についてフランクルはある新聞の短い記事に載っていた出来事を思い出すといいます。以前、無期懲役の判決を受けた一人の黒人が囚人島に移送され、その黒人が乗っていた船「リヴァイアサン号」が沖に出たとき、火事が発生しました。その非常時に、黒人は、手錠を解かれ救助作業に加わり、十人もの人の命を救ったのですが、その働きのために彼は後に恩赦に浴することになり、再び社会に戻ってくることができたのです。

さてここでもし誰かがまだ乗船前に、つまりマルセイユ港の埠頭でこの黒人に、「お前がこれからも生きる意味がまだ何かあるのか?」と尋ねたとしたらどうだったでしょうか。たぶん黒人は首を横にふらざるを得なかったでしょう。つまり、どんなことがまだ自分の人生に待ち受けているかは誰にもわからないのです。ちょうど十人の命を助ける仕事が「リヴァイアサン号」の黒人を待ち受けていたように、どのような重大な時間が、唯一の行動をするどのような一回きりの機会が、まだ自分を待ち受けているか、誰にもわからないのです。

(2) 世界全体は無意味か、それとも意味を超えているか？

意味の問題は、世界全体の意味の問題と考えることができます。特に「生きる意味」は、外面的な運命に対して、どのような態度をとるか、もはや運命を形成することができないとき、どうふるまうかにこそあります。運命は操縦できないし、私たちが影響を与えることもできません。本質的に私たちの意志の力の及ばないもののことを「運命」といいます。

ここから大きく二つの考え方が可能となるでしょう。どちらの可能性も反駁できないし証明もできません。つまり、すべては結局まったく無意味だとも十分主張できるのです。同じようにすべてに大きな意味があるばかりか、そのような意味の全体がもはや捉えきれないほど「世界は意味を超えている」としかいえないほど意味があるのだとも主張できるでしょう。

その際に直面するような決定は、もう論理的な決定ではありえません。論理的には、両者は同じように支持されるでしょう。まったくの無意味か、すべてが有意味かという決断は、論理的に考えると、根拠がない決断であり、言い換えると根拠が何もないということが、決断の根拠になるのです。この決断を下すとき、私たちは無の深淵にさしかけられて宙吊り状態になっており、そこで人間は、もう論理的な法則からこの決断を下すことができないのです。ただ自分自身の存在の深みからその決断を下すことができるだけであり、どちらを選ぶかを決断するしかないのです。一つ明確なことは、究極の意味、存在の超意味を信じようと決断する場合に限り、その創造的な結果が現れてくるということです。信じるということはいつもそうなのであり、フランクルによれば、信ずるとは「信じることを真実のことにする」こと以外のなにものでもないのです。

3 意味を探し求める存在としての人間

(1) 人間とは「意味を絶えず探し求める存在」である

私たち教育者は、はたして真の意味で子どもたちを一人の人間としてみてきたでしょうか? 私たちは彼らを、人間だけに特徴的にみられる、「意味を絶えず探し求める存在」として心底、理解してきたでしょうか? 人は、探求すべき意味さえ、見出すことができるならば、あえて苦しむことも甘受することもできる存在なのです。そのことが従来の心理学や教育学ではあまり、強調されてこなかったように思えます。たとえ人間の欲求すべてが、外から見える限り満たされていたとしても、人はあえて苦しむことも覚悟の上で、「意味」へ向かおうとするものなのです。

フランクルが教えたあるアメリカの大学生のレポートによると、アメリカの大学で自殺を試みた六十人の学生のうち、八十五%が、自殺の理由として、「人生が無意味に思えた」からであるといいます。しかもさらに重要な点は、明らかに人生の無意味感に苦しんでいるこの学生たちの九十三%が社

▶ジグムント・フロイト公園（筆者撮影）
フランクルが高校生のときに偶然フロイトと出会った記念すべき場所。現在はフロイト公園に指定されている。

▶フロイト

会的には積極的に活動し、学習面でも良い成績をあげ、そして家族との関係においてもうまくやっている学生たちだったのです。

アメリカの学生の自殺率の高さは、第一位の死因である交通事故に次ぐ第二位であり、さらに自殺未遂を含めるならば、その十五倍にも達するといいます。これは、社会経済的状況さえ改善されれば、すべてはうまくいき人々は幸福になるという考えを、根底から覆す統計資料として重要な意味を含んでいます。潤沢な社会の出現のなかで、私たちは新たな一つの問いに晒され始めました。それは「何のために生き残ろうとしているのか?」という問いです。今日では多くの人々が生きる「手立て」(means)を手に入れ始めましたが、しかし何のために生きるのかという「意味」(meaning)は曖昧模糊としているのです。

(2) 意味の探求の挫折が神経症を引き起こすこともある

神経症は必ずしも、そのすべてが精神因性、つまりむな

▶アドラー

しいとう感覚の結果ではありません。伝統的な意味での神経症もなお存在しています。しかしフランクルが主張するのは、そうした病因を超えたところに、意味の探求といった、人間だけにしかみられない現象の次元もまた存在しているという事実です。そしてこの意味の探求の挫折が神経症を引き起こすこともあるということに気づかなければ、現代の心の病を克服することはもちろん、理解することさえできなくなってしまうでしょう。

教育問題の観点からいえば、「社会因性の神経症」が、私たちにとっては大きな関心事であり、この今日の「大衆神経症」は、いわゆる現代を覆う無意味感、むなしさの感情をみごとに言い当てているのです。クライエントたちは、もはやアドラー（Alfred Adler, 1870–1937）やフロイト（Sigmund Freud, 1856–1939）の時代のような劣等感や性的な悩みを語りはしません。クライエントたちが、精神科医やカウンセラーのもとを訪れるのは、むしろ「むなしさ」の感情をなんとかしたいということなのです。

現代人にとって深刻なのは、「実存的な欲求不満」の問題であり、フランクルはそれを一九五五年から「実存的空虚」（existential vacuum）という言葉で使用しています。今日では、人生の意味を問う実存的な問いや、生きる意味を求める実存的な探求こそ、性的な問題よりもはるかに頻繁に、人々の心を支配しているのです。

4 「人生の意味」について悩むということ

(1) 私たちが不死の存在だったらどうなるのだろうか

今、ここで次のような自殺についての意見を唱える人がいるかもしれません。「自殺が理にかなわないことは認める。しかしながら、あらゆる人に目前に迫った自然死が訪れるという事実があるからには、人生そのものが無意味になるのではないだろうか。人間は自然死という事実によって、私たちすべてがそもそも最初から無意味であると思わないといけないのだろうか。どのみち、すべては長続きするものなどないのだから」。

逆に次のように問い返すことで、このような意見に対して答えることができるでしょう。私たちが不死の存在だったらどうなるのでしょうか。もし私たちが不死の存在だったら、なんでもできるし、また実際にはすべてを先延ばしにできるでしょう。なぜなら、あることをまさに今するのか、それとも明日するのか、明後日なのか、一年してからなのか、十年してからなのか、ということはまったく問題にならないからです。死や終わりというもの、様々な可能性の限界が私たちを脅かすことがなくなるので、あることをまさに今、行動に移したり、あるいは今、ある体験に没頭するべき動機を見失うのです。なんといっても時間はたっぷりあるのですから。

しかしながら、私たちは死ぬ存在なのであり、私たちの生には終わりがあり、私たちの時間は限られているのも事実であり、また私たちの可能性も制約されています。こうした事実があるからこそ、そもそも何かに着手したり、ある可能性を利用したり実現したり、時間を利用したり、充実させたりする意味がでてくるのではないでしょうか。しかし死とは、それを強制することなのであり、それゆえまず死が、私たちの存在がまさに責任存在であるという背景となるのです。そう考えると、どれほど長生きするかということは、人生において本質的にはまったく重要ではないことが証明されるのです。長生きをしたからといって、それだけでずっと人生に意味があるわけではないのです。場合によっては短い生涯でも、はるかに意味があるもしれません。ある具体的な人間の伝記を判断するのは、その書物のページ数ではなく、ただその書物に書かれている内容の豊かさだけなのです。

(2) 毎日、毎時、毎瞬の一回性が、人生に素晴らしい責任の重みを負わせている

以上すべてのことから見て取れるのは、たった一つのこと、つまり死は生きる意味の一部に属しているということです。運命や、人間の運命的な災い、そしてそういう災いのもとにある人間の苦悩が、生きる意味の一部になっているのと同じなのです。災いと死の両方は、人間の存在を無意味にするのではないのです。意味があるのは、この世での人生が一回きりだということ、私たちの生涯が代替不可能なものだということ、人生を充足する行為も、人生をまっとうしない行為もすべてはやり直し不可能なものだということに意味があるのです。しかし人生に重い意味を与えているのは、一人ひとりの生の一回性だけではありません。毎日、毎時、毎瞬の一回性が、人生におそろしくも素晴らしい責

任の重みを負わせているのです。その一回きりの要求が実現されなかった、いずれにしても、実現されなかった時間は失われたのです。「すべて永遠に」失われたのです。しかしながらその逆に、その瞬間の機会を利用して実現されたことは、このうえないやり方で救済され現実になったのです。それが過去のことになると、「終了した」ように外見上思われますが、それはただそう思われるにすぎないのです。つまり本当は、まさに「保存している」という意味で終了しているのです。この意味では、過去のことになったという在り方は、おそらく存在一般のなかでも、最も確実な形式でさえあるのかもしれません。そのように拾われて「過去のこと」になった存在に、「うつろいやすさ」はもはや何ら手出しもできないのです。

(３)　私たちの人生のなかで実現されたものは他界しても、私たちのうちに残る

たしかに生物学的にみた人間の生命、肉体的な生命は、その本質上、はかないものなのです。肉体は何も残りません。それにもかかわらず、どれだけ多くのものが後に残されることでしょうか。肉体で生き残るもの、私たちで残るであろうもの、私たちを生き延びさせることができるもの、それが人生のなかで実現されたものです。それは私たちを超え、私たちから去って、影響を後に残すものなのです。私たちの人生は、有効性のなかで燃え尽き、その点ではたとえばラジウムに似ています。この放射性物質は周知のとおり、「寿命」に限りがあり、「寿命」のある間に、ますます放射エネルギーに転換されて、二度と物質には戻りません。私たちが世界の内に「放射している」もの、私たちの存在

から放射される「波動」、それは私たち自身がとっくに他界しても、私たちのうちで残るものなのです。

5 未来に向かって生きることのできる人

(1) 強制収容所を生き残った人々は、未来に向かって生きることのできた人である

強制収容所を生き残る可能性の最も高かった人々は、未来に向かって生きることのできた人であり、いつの日か、この私が帰ってくるのを待っているであろう、達成すべき課題や出会うべき人に向かって生きることのできた人たちなのです。これは現代という無意味感に苛まれている時代の人々の充実した生き方を考えるうえで、極めて示唆的な内容です。換言すれば、「苦難」のなかで生き残れるかどうかは、この苦しみ、この人生が「何のためのものか」という方向性、あるいは「誰のためなのか」という方向性をもっているかどうかにかかっているということなのです。

(2) 実存は「自己超越性」に依存している

フランクルが一九四九年から導入した「ロゴセラピー」という言葉に従えば、実存は「自己超越性」に依存しているといいます。この「自己超越性」は、人間であるということが常に、自分自身とは別の何か、自分自身とは違う誰かに向かって存在するという特徴を有します。フランクルによれば、

満たされるべき意味、出会うはずのもう一人の人間、愛する人に向かって生きて初めて、人は人間として生きることができるのです。そしてこうした在り方を「自己超越性」と定義づけるのであり、人間存在のこの「自己超越性」を生き抜く限りにおいて、人は本当の意味で人間となりうるのです。人が本当の自分になるのは、自分自身を忘れ、自分自身を与えることによって、自分自身となりえます。

フランクルが好んで引き合いに出すアナロジーに、私たちの「眼」の働きがあります。鏡を見ているとき以外の眼は、眼それ自体を見ることはできません。健康な眼であれば、眼それ自体のなかに何かを見ることはけっしてないわけであり、眼が何らかの病気をもつときにのみ、眼はその眼を意識せざるをえないのです。白内障を患った眼ならば、雲のような霞がかった視界になり、緑内障であれば、灯《あかり》の周りに虹のような光が見えるように、眼という存在は、その意味で「自己超越的」なのです。

（3）教育者は子どもたちに生きる意味を伝えることができるのか？

すべての人間は「意味への意志」をもっていますが、ロゴセラピストはクライエントにはたして意味の何たるかを告げることができるのでしょうか？　この問いはまた、教育者が子どもたちに生きる意味を伝えることができるのかという根源的な問いとも重なります。

つまり現代という時代のなかで、生きることの無意味さに絶望している人々（青少年）を、いかに援助するかということが焦眉の教育的課題となるでしょう。現代は諸々の価値が消滅しつつあります。価値というものは、伝統として伝えられてゆくものであり、その伝統そのものが衰退の最中にありますが、しかしフランクルはそれでもなお現代において「意味」を見出すことは可能であると考えています。なぜなら現実というものが常に、一般化できない今ここでの一回きりの具体的状況の形をとって現れるからです。

私たちが決して忘れてならないのは、希望のない状況に置かれ、変えようのない運命に直面しようとも、そんな人生のなかにも人は「意味」を見出すことができるという事実です。今ここで一番大切なことは、ユニークな人間の可能性の最高の形を見つめ、その証人になることです。たとえば、治らない病気や手術できない癌は、私たちに自分自身の在り方を変えよ、と迫る人生の秘密のメッセージなのです。

(4) 人生は無条件に、豊かな意味で満たされている

フランクルは人間の苦しみや死のなかにさえ、意味を見出す可能性があることを確信するからこそ、彼はいつでも、「人生は無条件に、豊かな意味で満たされている」という人生の秘密をメッセージとして伝えようとしているのです。このフランクルの確信は、性、年齢、ＩＱ、受けた教育、環境、性格構造、信仰の有無、宗教の種類といったことに一切関わりなく、すべての人々に当てはまるものです。現実の世の中には様々な社会があり、意味を満たすことを促進したり抑えつけたりするその度合いは様々です。それにもかかわらず、原理的にはどのような最悪の条件のもとでさえ、「意味」を手に入れることはできるという事実に変わりはないとフランクルは言うのです。

たしかにロゴセラピストといえどもクライエントに、その意味がいったい何であるのかを告げることはできません。しかしロゴセラピストは少なくとも人生には意味が存在するということ、そしてその人生の意味はすべての人に開かれているということ、さらにどのような条件のもとであれ人生の意味は存在するということを示すことはできるとフランクルは考えました。人生は最後の瞬間まで、最後の一息まで、意味で満たされているのです。

（５）日本の教員の精神性疾患と若者のむなしさという感情の増大

これはロゴセラピストがクライエントに、人生には意味が存在するということを示すことはできるとフランクルは考えましたが、教育者が子どもたちに関わる場合にも同じことがいえるでしょう。日本の大学生の八割近くが、毎日がむなしく感じられ、同じく日本の高校生の三割以上が、自分の将来に夢をもてずに人生を見切っているのです。彼らは、何のために毎日生きているのかわからないという深いむなしさの感覚をもっているといいます。さらに一番元気なはずの小学校高学年男子の半数近くが、朝、病気でもないのに頭が痛い、吐き気がする、食欲がないなど、身体症状の形で言葉にならないストレスを訴え始めているのです。

こうした青少年の人生に対するむなしさを考える場合、私たち教育者自身が、いかにして「人生の意味はすべての人に開かれている」ことを彼らに伝えることができるでしょうか。そうした視点が教育者の焦眉の課題であるとともに、日々の生活への取り組みと直結しているのではないでしょうか。

表8-1　教職員に係る分限処分の推移　（単位：人）

年度	降任	免職	休職					降給	合計
				病気休職		起訴休職	その他		
					（うち精神疾患）				
平成18年度	2	16	7,883	7,655	4,675	16	212	0	7,901
平成19年度	0	14	8,310	8,069	4,995	17	224	0	8,324
平成20年度	5	8	8,787	8,578	5,400	17	192	0	8,800
平成21年度	0	12	8,857	8,627	5,458	21	209	0	8,869
平成22年度	2	9	8,888	8,660	5,407	25	203	0	8,899
平成23年度	1	12	8,756	8,544	5,274	16	183	0	8,756

（出典）　文部科学省「平成23年度公立学校教職員の人事行政の状況調査」

文部科学省がまとめた平成二三年度教職員懲戒処分等状況調査に従えば、病気休職者数が、調査開始以来最多であった平成二二年度の八六六〇人からややさがったものの、依然として八五四四人と多い人数になっています。そのうち精神性疾患による休職が、五二七四人（前年は五四〇七人）です。この数字は何を意味するのでしょうか。子どもたちだけでなく、教師の側もまた、「教えることの意味」を喪失し、「子ども存在」の意味がわからなくなってしまい、教育することに苦悩していることを表現している数字と受け止めることができるでしょう。

(6)「ホモ・サピエンス」と「ホモ・パチエンス」

フランクルによれば、苦しみのなかにあるにもかかわらず、その苦しみを通して見出された「意味」は、仕事や愛のなかに見出される「意味」とはまったく別の次元に属するのです。人間は、「ホモ・サピエンス」、つまりどうすればいいかという方法を知った知恵ある成功人としてみられています。成功するにはどうすればいいか、愛し合うにはどうすればいいか、などを

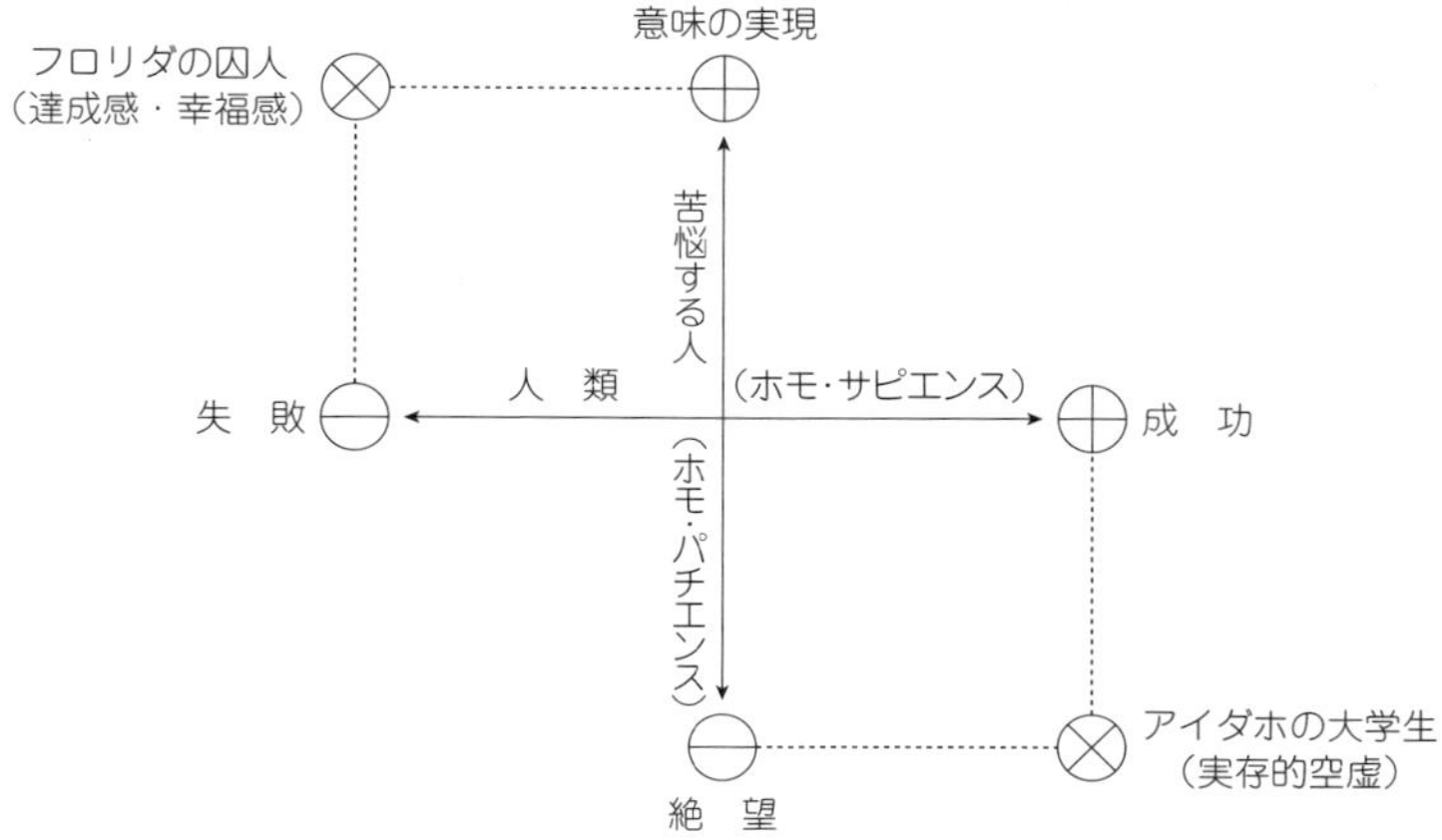

図８－１　ホモ・サピエンスとホモ・パチエンス

出所：フランクル著，諸富祥彦監訳『〈生きる意味〉を求めて』春秋社，1999年，59頁。

知っている賢い人がホモ・サピエンスと呼ばれ、彼らは成功と失敗を両極とする座標軸の上を動くことになります。

それに対して、フランクルのいう「ホモ・パチエンス」（Homo patiens）と呼ぶ「苦悩する人」は苦しむ術を知る人、自分の苦しみからさえも、人間的な偉業を創りあげる手立てを知っている人のことです。ホモ・パチエンスはホモ・サピエンスが歩む成功・失敗の軸と直交する座標軸すなわち、意味の実現と絶望を両極とする座標軸の上を動くのです。

フランクルが「意味の実現」という言葉で主張しようとすることは、意味を満たすことによって自己を実現させることであり、それと対照的な「絶望」とは自分の人生が明らかに無意味だということへの「絶望感」といったニュアンスの言葉として使用しています。

ここでは二つの異なる次元のものが含まれています。たとえばアイダホのある大学生が豊かな生活を送っていながら自殺を試みたように、成功しているにもかかわらず「絶望」の淵に立っている人がいる一方で、失敗しているにもかかわらずその苦しみのなかにさえ意味を見出すことによって達成感や幸福感さえ感じうる人々もまた確実に存在するのです。

（7）人間はその人の直面している条件などに支配されてなどいない

かつてフロイトはいろいろな人々を飢えにさらしてみれば、その飢えが我慢の限界に近づくにつれて、一人ひとりの違いは不鮮明になり、満たされない飢えを表現する同一の行動だけが生じてくるであろうと述べましたが、フランクルの体験した強制収容所では、この逆こそが真であったといいます。つまり、人々はますますその多様さを際立たせ、獣性が正体を現しましたが、しかし同時に聖なるものも姿を現したといいます。過酷な労働を終えた後に、今日の営みを無事に終えて生きながらえたことに対して、あちらこちらで神に感謝して祈る光景をフランクルは忘れえないといいます。結局、人間はその人の直面している条件などに支配されてなどいない、むしろ、その条件が人間の決断いかんに支配されていることが理解できるのです。

（8）非行経験のある者を、偏見の眼で見ないように戒めることが必要である（ロジャース）

カール・ロジャース（Carl Ransom Rogers, 1902-1987）の弟子ケールが百五十一人の非行少年、非行少女について研究したところ、家族の風土、教育経験あるいは社会経験、近隣社会の影響あるいは文化的な影響、健康状態についての記録、遺伝的な背景といったような事柄から、彼らの行動を予測することは不可能であるという結論に達しました。こうした実証的なデータから、私たち教育に携わる者は、非行経験のある者を再度、事件を繰り返すのではないか、という偏見の眼で見ないように戒めることが必要でしょう。

人間として生きる世界には、理由や意味も含まれています。しかし人間を「世界内存在」としてでなく、「閉じられたシステム」として捉えてしまうならば、そこでは理由や意味も締め出されてしまい、そこに残るのは、「原因と結果」だけになります。どのような結果も、条件反射あるいは刺激に対する反応として説明されるだけであり、そして原因の方は、条件づけや衝動・本能という言葉によってのみ説明されて終わってしまうのです。

衝動や本能は何らかの行動を駆り立てますが、理由や意味は何らかの行動を引き寄せてきます。もし私たちが人間存在を閉じられたシステムとして見てしまうならば、駆り立てる力にだけは気がつきますが、引き寄せる動機には気がつかないでしょう。

▶ロジャース

(9) 科学は意味に対して盲目である

ここで科学の見方の限界を、図８-２を使って説明してみまし

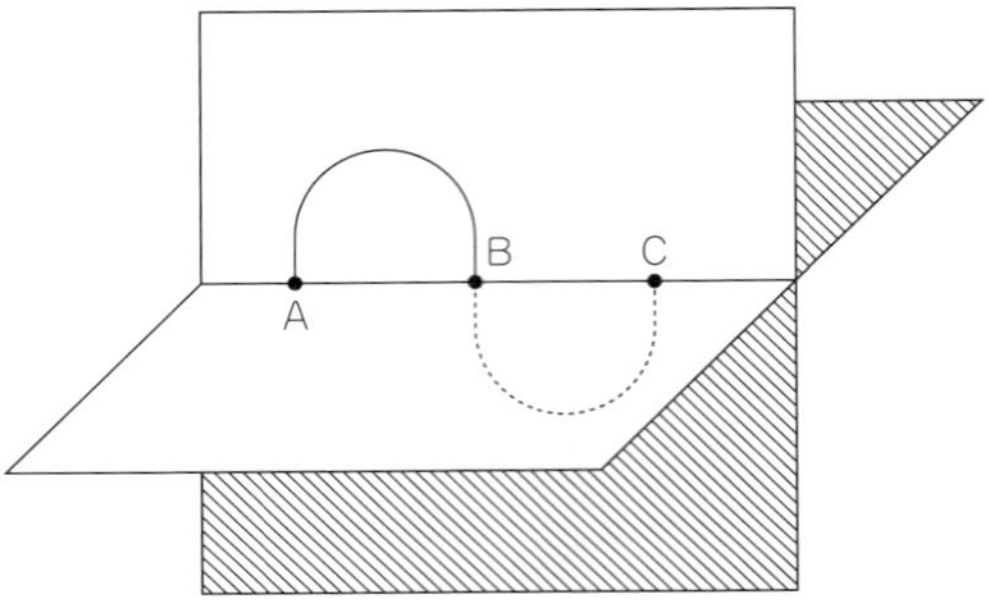

図8－2　つながりの喪失

出所：フランクル著・諸富祥彦監訳『〈生きる意味〉を求めて』春秋社，1999年，90頁。（筆者加筆）

ょう。複数の科学によって描き出された世界では、「意味」は失われています。いわゆる「つながりの喪失」の問題は、なにも世界が無意味だと言っているのではなく、ただ科学は意味に対して盲目だというだけのことなのです。この図の垂直方向の平面に描かれた曲線で説明しましょう。この曲線は、水平方向の平面の上ではただのＡＢＣという三点であり、それらの点は単独の脈絡のない互いに「意味」のつながりのない、まさに「つながりの喪失」として表現されています。

しかしながら、よく観察すれば、意味のあるつながりは水平面にはなく、その上と下に確かに存在するのです。水平面では理解できない隠された意味が、そしてより高度でより深い意味は確かに存在するのです。ただその意味はこの曲線のように水平面の上と下にあるために、実際には、必然的なつながりのなかで起こっている出来事であっても、それが偶然の出来事のように思えてしまうのです。

人生のそれぞれの状況は私たちにその意味を満たすようにと挑戦してきます。そしてその挑戦を引き受けることによって初めて、自己を実現するチャンスが与えられるのです。つまり人生のどの状況も、私たちに呼びかけてくる一つの呼び声であり、私たちはただこの呼び声にまず耳を傾け、そしてそれに応えるだけでよいのです。

参考文献

広岡義之著『フランクル教育学への招待』風間書房、二〇〇八年。

フランクル著、大沢博訳『意味への意志――ロゴセラピイの基礎と適用』ブレーン出版、一九七九年。

フランクル著、山田邦男・松田美佳訳『それでも人生にイエスと言う』春秋社、一九九七年。

フランクル著、諸富祥彦監訳『〈生きる意味〉を求めて』春秋社、一九九九年。

フランクル著、竹内節・広岡義之訳「実存分析と時代の問題」、現代思想四月臨時増刊号第四一巻第四号 imago 総特集：『ヴィクトール・E・フランクル――それでも人生にイエスと言うために』青土社、二〇一三年。

諸富祥彦著『フランクル心理学入門』コスモス・ライブラリー、一九九七年。

山田邦男著『生きる意味への問い』佼成社、一九九九年。

第9章 「苦悩」と「意味への意志」の教育学的意義

1 「苦悩」することの教育学的意味

(1) からし種の寓話

人生における意味は、はたして病気や苦悩および苦痛の経験のなかにも見出すことができるでしょうか。フランクルが示唆する「寓話法」を以下に紹介してみましょう。看護師はクライエントとの対話のなかで、人間は病気から逃れえないことを説くことを時として求められますが、そのなかでも特に効果のある寓話が「からしの種の寓話」であるといいます。その寓話のあらすじをフランクルとともに少し追ってみましょう。

ゴタミはインドに生まれ、やがて結婚し男の子を出産しましたが、しかし不幸にもその子はすぐに死んでしまい、ゴタミは悲嘆に明け暮れた日々を過ごしていました。ゴタミはずっと自分の子のなきがらを抱いて、なんとか生き返る手だてがないものかと町中を訪ね回りました。人々はそんな彼女をあざけ笑っていましたが、一人の人が偉い先生の所へ行くようにという助言を与えてくれました。その偉い先生のゴタミへの指示というのは一風変わっており、ゴタミに町じゅうを歩いて、「苦しんだ人や死んだ人のいない家に行き、その家からからし種を一粒もらってくるように」という課題だったのです。ゴタミはその指示の意味するところが解らないまま、ともかくも八方手を尽くして家々を回りましたが、どこにも苦しんだ人や死人を出さなかった家を見つけ出すことはできず、結局からし種を手に入れることはできませんでした。しかしそうした経験をすることによって、ようやくゴタミは自分の息子だけが苦しんだのではないこと、そして苦悩は人類に共通の一つの法則であることを悟ったという寓話です。

このからし種の寓話を紹介した後、フランクルは「意味ある苦悩」との関連で次の事例を紹介しています。一人の老開業医が妻に先立たれ、抑うつ症にかかりフランクルのもとに来てロゴセラピーを受けたときの記録です。ロゴセラピーとは、人にその生活状況のなかで「生きる意味」を充実させることが可能となるように、あるいはその価値の評価の仕方を変えることが可能となるように援助しようとするものです。

フランクルはいつものソクラテス流の対話でその老開業医に「あなたの奥さんではなくて、あなたが先に死んだとしたらどうなっていたでしょうか」と尋ねました。すると彼は次のように答えたのです。「妻はどんなにか苦しんだことでしょう」。フランクルはそれに対して「先生、奥さんは大きな苦悩を免れたのだとは思いませんか。奥さんに苦悩を免れさせたのはあなたなのです。しかしいまやあなたは生き残って奥さんの死を悼むことによって、それを償わなければならないのです」この対話によって、フランクルは老医師が、妻のための犠牲という苦悩の意味を発見するのを誘導することに成功したのです。

(2) 実存的空虚の時代の教育的課題

私たちはここで、無意味感と空虚感に苦しむ人々について考えてみたいと思います。マズロー(Abraham Harold Maslow, 1908-1970)の「至高経験」と対比させて、「実存的空虚」を「深淵経験」と考えることもできます。実存的空虚の病因は、第一に動物と対照的に、何をなさねばならないかを人間に告げる衝動や本能がないという事実、第二に以前の時代と対照的に、何をなすべきかを人間に告げる習慣、伝統および価値がなくなったという事実にあるとフランクルは考えています。

さらに人間は自分が基本的に何をしたいのかを知らないことさえしばしばあるとフランクルは考えています。その意味で「実存的空虚」は、ますます増大し拡大しつつある現代的な現象といえるでしょう。たとえばフランクルがウィーン医科大学の学生に実施した統計調査によれば、オーストリア、旧西ドイツ、スイスの学生たちの四十%が、彼ら自身の経験から、「実存的空虚」を味わっていたといいます。しかしさらにアメリカ人の学生たちにおいては、その数値は実に八十一%にも及んでいたのです。

こうした現状を受けて、フランクルは今日の教育的課題を次のように述べています。実存的フラストレーションの主な表現――退屈と無感動――は、精神医学に対するのと同じように、教育に対する挑戦にもなってきているのです。実存的空虚の時代には、教育は伝統と知識の伝達に自らを限定し自己満足してはならず、普遍的価値の崩壊によっても侵されないような、独自の意味を見出す人間能力を修練しなければなりません。独自の状況に潜んでいる意味を見出す人間の能力は「良心」であり、だからこそ教育は、意味を見出す手段を養っていかなければならないのです。ところが、教育はしばしば実存的空虚を増大させることがあるのです。

（3）還元主義的接近法の限界

学生たちの実存的空虚感と無意味感は、科学上の諸発見が示した方法、つまり還元主義的方法によってますます強化されています。たとえばフランクルは、彼自身十三歳の中学生のとき、学校の授業中に還元主義にどのように晒されたかについて次のように語っています。ある自然科学の教師が、「生命は結局、燃焼過程であり、酸化過程にすぎない」と言ったとき、中学生だったフランクルは少し反発して「フリッツ先生、もしそうだとするならば、いったい生命はどんな意味をもっているのですか？」と食い下がったといいます。つまり、還元主義的接近法は、人間をあたかもたんなる物であるかのように扱う傾向があり、フランクル少年はその点におおいなる疑問を抱いていたのです。

ハーバード大学哲学教授とフランクルの対談「教授活動における価値の次元」というインタビューのなかで、価値を教えることが可能かと問われて、フランクルは「価値は教えられない。価値は生きられねばならない」と答えています。もし理想と価値が、「防衛機制」（精神的安定を保つための無意識的な自我の働きのこと、たとえば「退行」は大人が小児的行動様式をとること）にすぎないと説かれた場合、子どもたちは理想や価値に対して興味をもち、それらを求めることができるでしょうか。フランクルは「還元主義は青年の自然な熱情を害し侵すだけである」として還元主義を断固退けるのです。

2　意味への意志

（1）結果として快楽や幸福は生じてくる

人間は、快楽や幸福を経験する理由と関係なしに快楽や幸福を求めるものであるという仮説に基づいては、人間行動を十分に理解することはできません。実際には、人間は快楽や幸福それ自体を求めるのではなく、個人的な意味の充足であれ、人間との出会いであれ、結果として快楽や幸福を引き起こすことを求めるのです。

追い求めることができず、結果として生じてくる現象のなかには、「良心」も含まれます。もし私たちが「よい良心」をもとうと努力すれば、もはやそれをもつことは正しいことではなくなります。「よい良心」を得ようとするまさにそのことが、私たちを偽善者にしてしまうからです。

(2) 教育が「実存的空虚」を強化する

今日、人々は緊張から解放されています。第一にこの緊張の欠如は「実存的空虚」とか、「意味への意志のフラストレーション」つまり「意味の喪失」に起因するものです。フランクルは、人々は今日「実存的空虚」のなかに生きており、この「実存的空虚」は主として「退屈」という状態で現れています。

今日の教育では、若い人々にはできるだけ要請を課すべきではない、という原理によって導かれており、若い人々に過度な要請を課すべきではないという意見が主流です。しかし私たちはまた今日のこの豊かな社会の時代に、多くの人々が多すぎる要請どころか、要請の少なすぎるのに苦しんでいるのだ、という事実を考えなければなりません。

(3) 意味を充足しなければならない人間

フランクルは、意味の相対性よりむしろ意味の独自性について語っています。独自性とは状況の性質であるばかりか、全体としての人生の性質でもあります。なぜなら、人生は独自の状況の連続だからであり、人間はそれぞれの人の本質の独自性のためにけっして取り替えることができない存在なのです。そしてそれぞれの人の人生は、その存在の独自性のために誰も繰り返すことができないという意味で独自なのです。

こうしたフランクルの基本的な考え方は、理想と価値は人間によって計画され作り出されるものであるというジャン・ポール・サルトル（Jean-Paul Charles Aymard Sartre, 1905–1980）の立場と対立します。サルトルのいう、人間は自分自身を創造するということにフランクルは真っ向から抵抗します。たとえばフランクルは、あるインチキ芸を比喩として次のように論じています。空中に、何も結びつけるものなしに、ロープを投げつける手品を例にとり、そのロープを少年がよじ登っていくのだとサルトルは語りつつ、人間とは「投企する」存在であると私たちに信じ込ませようとしているのです。サルトルのいう「投企する」とは文字どおり、前方に、理想を無のなかに投げ込むことを意味しており、そして人間はこの理想の実現との自己の完成へと登ることができると信じ込ませようとしている、とフランクルは考えました。

しかしながら「意味」とは任意に与えられうるものではなく、責任をもって見出されねばならないものであり、意味は良心的に求められねばならないものといえるでしょう。そして実際、人間は「良心」による意味の探求によって導かれるものであり、「良心」とは状況の意味を見出す人間の直観的能力と定義することができます。この意味は独自のものであるので、けっして一般的法則のもとに片づけられるものではないのです。

（4）一人の個人の創造的「良心」——食人種の比喩

直観的であることとは別に、「良心」は創造的でもあります。時として一人ひとりの良心は、彼が属する社会、たとえば部族によって説かれていることと矛盾することをおこなうように彼に命令することがあります。この部族が食人種であったと想像してみましょう。一人の個人の創造的良心は、ある状況では敵を殺すよりはその命を助けた方がもっと意味が深い、ということを見出すかもしれません。

こうして彼の良心は革命を起こし始めるのです。はじめは独自であった意味が、普遍的価値「汝、殺すべからず」になるかもしれません。今日の独自的意味は、明日の普遍的価値となる可能性を秘めているのであり、こうした過程のなかでのみ、宗教が創られ、価値が進化していく端緒が存するのです。

(5) 教育の第一の仕事

今日のような「実存的空虚」の時代に、教育の最も重要な課題とは、伝統と知識の伝達に満足することではなく、独自の価値を見出すことを可能にする能力を修練するところにあります。今日の教育は伝統の線に沿って進むことではなく、独立した真なる決定を下せる能力すなわち「生きる力」を育むことでなければならないでしょう。

人間は各人の人生を成り立たせる何万という独自な状況から生ずる、何万という戒めに対して耳を傾けることを、以前よりもっと学習しなければならないのです。そしてその戒めに関して、人間は自分の良心と照らし合わせて、自分の良心をよりどころとしなければなりません。いきいきとした「良心」はまた、「実存的空虚」の産物すなわち他の人々がすることを自分も真似る「追随主義」か、さもなければ他の人が自分に期待することをするという「全体主義」に抵抗することを可能にさせる唯一のものなのです。

参考文献

浅野順一・松田明三郎他編『旧約聖書略解』日本基督教団出版局、一九七七年。

広岡義之著『フランクル教育学への招待』風間書房、二〇〇八年。

フランクル著、真行寺功訳『苦悩の存在論』新泉社、一九七二年。

フランクル著、宮本忠雄・小田晋訳『精神医学的人間像』みすず書房、一九七四年。

フランクル著、大沢博訳『意味への意志――ロゴセラピイの基礎と適用』ブレーン出版、一九七九年。

フランクル著、山田邦男・松田美佳訳『それでも人生にイエスと言う』春秋社、一九九七年。

フランクル著、諸富祥彦監訳『〈生きる意味〉を求めて』春秋社、一九九九年。

諸富祥彦著『フランクル心理学入門』コスモス・ライブラリー、一九九七年。

山田邦男著『生きる意味への問い』、佼成社、一九九九年。

山田邦男編『フランクルを学ぶ人のために』世界思想社、二〇〇二年。

第10章　ボルノーにおける言語教育の意義と課題

1　言葉による人間の自己生成

（1）言語というものは人間本来の本質を自己展開させる働きを有する

言語というものはたんに世界の開示を起こすのみならず、人間本来の本質を自己展開させる働きを有します。こうした言語の働きによってのみ、人間は感情や理性が芽生えだすといえるでしょう。言語の習得は、一つの表現手段にすぎないのではなくて、言葉による人間自身の形成であるとするならば、人間はその言語をとおして、そのようなものになるとボルノーは確信しています。こうした言語形成作用をとおして、より精確かつ的確な言葉を習得すればするほど、その人間にはますます自己実現の力が獲得されてゆくという事実は、教育学的にどのような意味をもつのでしょうか。このことは人間自身が言語という媒介物によって自分の外的世界のみならず、自分の内的世界をも変貌させられることを意味します。

▶ボルノー先生（筆者撮影）
ドイツ・チュービンゲンの自宅玄関前にて。

「自白」や「告白」において、人間は虚言と秘事、不明瞭と曖昧さの世界から抜け出して、人間のあるがままの状況を打ち明ける結果となります。すなわち、子どもは、なにかなすべきではなかった事柄をおこなったことに対して、自らの行為に対して責任を負うことによって同時に初めてそこで自己自身となりえます。さらに、「自白」においては人間が秘密にしておいた過失が、「告白」では自白に比べてより積極的・自由な束縛をとおして、自らの過失が問われます。ボルノーはこうした逃避の誘惑を乗り越えて初めて、子どもは自由な自らの決断を獲得し、実存的な意味での自己生成が成就され得る、と確信するのです。

（2）灰谷健次郎と林竹二との対談

兵庫県神戸市生まれの灰谷健次郎（1934–2006）は児童文学作家で一九七四年『兎の眼』で児童文壇にデビューしました。大阪学芸大学（現・大阪教育大学）学芸学部を卒業した後、小学校教師を勤める傍ら児童詩誌『きりん』の編集に携わりました。二十代で、作家として世に出る前から、表現することの切実さを幼い子どもたちにも懸命に伝えようとし、また授業でも本気で向き合うから子どもたちからは圧倒的な人気がありました。一九七一年、十七年間勤めた小学校教師を退職。二〇〇六年十一月二十三日、食道がんのため七十二歳で死去（二〇〇六年十二月二十五日『朝日新聞』夕刊より）。

ことばの教育に熱心であった児童文学者の灰谷健次郎は林竹二との対談集のなかで、小学校の教師時代のある子どもの「自白」に関する興味深い教育的な話を伝えています。小学校三年の女の子（やす子ちゃん）がチューインガムを万引きしたために、その小さい魂がたいへんな苦しみを抱え込んでしまうという状況に灰谷がぶつかったときの体験です。「チュウインガムを盗んだ。もうしないから、先生、ごめんしてください」という紙切れを持って、母親に首筋をつかまれながら灰谷先生のところへ引きずられてきました。その後、やす子ちゃんとふたりきりになって、「盗み」という行為ともう一度真正面から向き合い、少しのごまかしも許さずに自らの過失の意味を問い直した結果、やす子ちゃんの魂の自立がじょじょに芽生え始め、『チューインガム一つ』という精神的蘇生としての素晴らしい詩がほとばしり出たと灰谷は報告しています。この内容については、現在では小学校の道徳教育の副教材としても採用されています（「チューインガム一つ」、小学校三年生、三村図書、〔出典：『せんせいけらいになれ』、理論社〕）。

盗みという行為によっていったん失われた人間性を回復するためには、もう一度盗みというものと向き合うしかないと灰谷は考えました。そこで子どもに、詩を書かせるというつらい「自白」を経験させることによってのみ、「やす子ちゃんの人間性を回復する道」が開けたと灰谷は述懐しています。やす子ちゃんに容赦のない自白（詩をかかせる行為）を要求することにより、これまでのやす子ちゃんの未決定の浮遊状態に終止符が打たれ、この自白の危機的状況において、人間は他者の面前で自分の本来的自己をとらえることが可能となったのです。これらの危機の下ではじめて、人間は自己自身に対する責任において自己をつかみえるようになるのです。

(3) 言葉そのものが一つの現実形成力をもっている

言葉を媒介として人間の自己実現が成就される端緒を「約束」にみて取るリップス（Hans Lipps, 1889-1941）は、言語の創造的性格を次のように極めて明瞭に強調しています。リップスは、言語は第一のものであり、一歩一歩と現実化し、明らかにされてゆくものであると考えます。同じことは告白にも妥当しますが、公への告白においてのみ、人は自分の行為にたいする責任を負い、それによって責任ある自己となるのです。こうした告白行為を通じて初めて確固たる信念が形成され、そのような人間だけが自己に責任をもつ自由人格となり、さらにこの自由な実存的決断の実践によって固有の本来性を獲得できるのです。

このように見てくると、一般的な言葉の考察から具体的に生きて話される言葉の働きについての考察へと移行するときに初めて、私たちの現実に対して影響を及ぼす「言葉の力」が問題となってくることがわかります。ここで教育学的に重要な視点は、人間自身もまた自分の話す言葉の影響を受けて変化するのであり、たとえば他者にある事柄が伝達され語られて初めて、それは存在し現実のものとなるという事実です。自分の言葉で固定されるこの現象は、道徳的な個性の形成にとって決定的な意味をもっているのです。言葉の固定化のこの作用によって初めて、確固たる責任ある自己を得ることができ、またそこから人間が真の言葉を語ることによってのみ責任存在となりうるのです。

2　文学を援用した言語教育論

（1）文学的な言語の「異化」の手法（大江健三郎）

言語教育をさらに人間形成論に即しつつ検討した場合、心身の経験を経ずに集積されてゆく言語は、抽象的なものとして立ち現れます。また他方で自己と世界とを隔てる疎外要因ともなりえます。このような所与のものとして与えられた言語を自らの経験をとおして、新しい意味を帯びた言語として再生させてゆく試みは、文学的な言語の「異化」の手法にもみられるといいます。

大江健三郎（1935–）によれば、「異化の手法」とは、あるイメージとそれを構成する言葉を、日常生活の自動化作用をひきおこしている眼で見すごすようにではなく、その眼をひっつかんで覚醒させ、抵抗感のあるものにきわだたせてゆくことです。元来、作家の創作活動とは、ものと化している言語の在り方を、つまり「日常的惰性的な言語感覚」を否定することによって、言語と自己との新たな出会いの地平を開こうとすることにほかなりません。

「日常的惰性的な言語感覚」において、私たちは人間が事物を把握することに慣れてしまった地平にとどまったまま、日頃の生活を過ごしています。「日常的惰性的な言語感覚」（大江健三郎）に浸りきって生きている人間にとって、そこでは事物がそれ自身から彼に告げる「予期せざること」や「新たなもの」は隠されたままなのです。

(2) 「この味がいいね」と君が言ったから七月六日はサラダ記念日

大江健三郎は、「小説の言葉」(『言語と世界』岩波書店、一九八一年)および『新しい文学のために』(岩波書店、一九八九年)のなかで以下のような言語論を展開しています。すなわち大江によれば、小説や詩とは、日常生活での言葉の意味や音を生かしつつ、文学表現の「言葉」独自の鋭さや新鮮さを発見し、私たちの魂の内にそのような「言葉」を定着させ刻印づける作業であるというのです。たとえば大江は若い歌人俵万智のあまりにも有名な短歌

「この味がいいね」と君が言ったから七月六日はサラダ記念日

を援用しつつ、次のような考察を展開しています。この歌は、数知れぬ家庭でのまさに私たちの日常生活での言葉であり、「この味がいいね」という平凡な句に毎日のように出会いながら別段気にもとめていません。これが日常・実用の言葉の使われ方でしょう。しかし俵万智という第一級の歌人の眼にかかるや否や、「この味がいいね」という言葉は私たちの魂の内に新鮮な響きをかもし出し始め、若い恋人たちの間で発せられたこのような言葉が忘れられなくて、この日を「サラダ記念日」と名づけたということでしょう。この歌を通じて「この味がいいね」という言葉は特別なものへと変貌してゆくのですが、これを大江はロシア・フォルマリズムからでてきた「異化」という概念に結びつけて

理解しようと試みたのです。

それでは、この「異化」とは何なのでしょうか。大江によれば、私たちが営んでいる日々の生活では、日常・実用の言葉が「自動化」しているというのです。たとえば、友人とテーブルをはさんで、おしゃべりをしているところへ猫がやって来て、テーブルの下で喉をゴロゴロ鳴らし始めたとしましょう。私はそのことをぼんやりと知覚してはいますが、しばらくして、猫がいなくなってから、友人が「お宅の猫、足に怪我していましたね」といわれて、私は猫のことを思い出そうとするができないということはありえることです。つまりそこに猫がいると知覚していても、本当にその存在を理解するためには、猫に明確かつ意識的な眼差しを注いでいなければならないのです。そのとき初めて、私にとってその猫が一つのものとして実在し始め、「ああ、足に怪我をしているな」と気づくようになるわけで、それとの関連で、私は普段、猫を自動化していることになるというのです。

先の「この味がいいね」というごく平凡で擦り切れたいわば自動化された言葉が、いったん直観力の豊かな歌人の手にかかるやいなや、そこに生命が脈々と通うようになるのです。これがものを自動化の状態から引き出す「異化の手法」にほかならないのです。それゆえ、「異化」の第一歩は、言葉が知覚に意味を伝達するものとして日常的に使われ、その過程で絡みついたほこりや汚れを洗い流すところから出発します。使いふるされ擦り切れてしまった私たちの日常生活の言葉を「真新しい言葉に仕立て直す」ことこそが芸術わけても文学の使命でしょう。さらに先の若く生々した言語感覚の短歌を引き合いにだせば、「サラダ」と「記念日」というごくありふれた言葉が、この詩人の眼をとおして「サラダ記念日」という新しく洗い清められた存在に変貌していることが理解できるのです。すなわち「異化」とは、ありふれた、日常的な言葉の汚れを仕立てなおして、その言葉を人間がいま発見したばかりででもあるかのように新しくすることにほかなりません。

参考文献

大江健三郎著「小説の言葉」、『言語と世界』岩波書店、一九八一年。及び『新しい文学のために』岩波書店、一九八九年。

金子晴勇著『対話的思考』創文社、一九八四年。

ゲーレン著、亀井祐・滝浦静雄訳『人間学の探究』紀伊国屋書店、一九七〇年。

皇紀夫著「人間形成と言語」、下程勇吉編『教育人間学研究』所収、法律文化社、一九八二年。

灰谷健次郎・林竹二著『教えることと学ぶこと』小学館、一九八六年。

広岡義之著『ボルノー教育学研究——二十一世紀の教育へ向けての提言』(上)、創言社、一九九八年。

広岡義之著『ボルノー教育学入門』風間書房、二〇一二年。

ボルノー著、森田孝訳『言語と教育』川島書店、一九六九年。

第11章　教育における真理論の教育学的意義

1　「法則定立的」な科学と「個性記述的」な科学における真理観の特徴

(1)「法則定立的」な科学と「個性記述的」な科学

二つの真理概念に関連して、極めて印象的な専門用語を用いて「法則定立的」(nomothetische) な科学と「個性記述的」(idiographisch) な科学という二つのグループのなかで対比させたのが、ヴィンデルバンド (Wilhelm Windelband, 1848-1915) の学長就任記念講演 (1894) です。ここでギリシア的な真理に端を発する自然科学は一般的な法則を定立しようと試みるのに対して、他方精神科学の一分野である歴史学では、一回限りの特殊性を記述することが重要であることを、ヴィンデルバンドは説いたのです。精神科学的教育学の特徴として第一に、教育・人間形成の歴史との関連で、一回性の個人的なものが重要視され、そこから一回性の事柄自体が教育学的反省の対象となります。教育・人間形成が関与するのは、標準化された人間ではなく個性をもった個々の人間なのです。

ここに至って教育学の領域で省察されるべき事柄は、純粋に自然科学的・数量的な方法では把捉されない人間・価値・教育の目的等の質的な諸契機でなければならないということです。ダンナー（Hermut Danner, 1941-）によれば、物理学等のいわゆる自然科学が一般的な法則性を追求する一方で、精神科学は歴史的・人間学的な基本構造をその特徴とします。つまり実証的な自然科学では、法則性を見つけだすための明確なデータ、すなわち数量的な諸要素を取り扱うことが基本となりますが他方、精神科学においては意味・価値・人格の一回性・美などの内容に関わる質的な諸要素が重要な契機となるのです。

そのために、自然科学が結論に到達するためには計測や数量化さらには仮説の可能性が大前提となって初めて、与えられた事実についての正しい言表や没主観的・即物的で普遍妥当的な「鏡としての真理」が獲得されてゆくのです。それに対して、精神科学では洞察・記述・解釈をその方法論的な根拠として、人格性や信頼性という「巌としての人間の実存的で主体的な真理」が初めてその姿を私たちの眼前に現すことになります。

(2) ガリレーとブルーノの地動説をめぐる真理観の相違点

先述の真理観との関連で、ヤスパース（Karl Jaspers, 1883-1969）に目を転じて考察してみましょう。ヤスパースは『哲学的信仰』（Der philosophische Glaube, 1948）において、知と信の決定的相違を知の代表者すなわちギリシア的な自然科学的真理に従事する者としてガリレオ・ガリレー（Galileo Galilei

1564-1642）を、そして信の代表つまりヘブル的な実存的・主体的な精神科学的真理の実践者としてのジョルダーノ・ブルーノ（Giordano Bruno, 1548-1600）を引き合いにだして次のような例を提示しました。

当時はまだ天動説が一般的な世界観であり、当時の権力者であったローマ・カトリック教会にとっても地球が宇宙の中心であるように、このローマ・カトリック教会も世界の中心であるという共通の世界観から天動説を信奉し、それを覆す説を唱えるものを宗教裁判の名のもとに抑圧していました。天動説を真っ向から覆す地動説を唱えたガリレーとブルーノの両者にローマ・カトリック教会からの弾圧の手が迫ったとき、この二人はまったく対照的に異なる行為をとったのです。

結果的にガリレーは太陽の周りを地球が回転するという地動説を裁判所で撤回したのですが他方、ブルーノは自らの命をかけてまで地動説を守り抜き、ついには処刑され殉教する運命となりました。ガリレーが裁判を終えての帰り際、「それでも地球は動いている」との呟きはあまりに有名な後世の逸話です。ブルーノもガリレーもともに死の威嚇の下に地動説の撤回を強要されながら、自らの生ける現存在のためにガリレーはそれを撤回し、ブルーノは最後まで自らの立場を変えることなくついに殉教することになったのです。両者の受け止め方の違いは一体どこから生じたのでしょうか。

▶ヤスパース

（3）自然科学的な「認識の真理」

この両者の結末は、自然科学的な「認識の真理」と、哲学的・実存的で巌的な「存在の真理」に各々忠実に行動した当然の帰結であったといえるでしょう。今日でも一般にガリレーの態度は「卑怯で臆病な態度」として批判され、ブルーノこそ自らの信念に忠実で権力にも屈服せず、壮絶な最後を遂げた偉大な英雄と解釈されがちです。しかしガリレーがあの時殉教していたならばそれはむしろ滑稽なことになっていたでしょう。なぜならガリレーにとっては「地球が動く」という事実は一つの自然科学的な真理であり、それはいつでもどこでも誰でもが到達し獲得しうる累積発展可能な真理、すなわち反復可能で可測的なものへ還元しうる一般的な法則を定義しようとする「法則定立的な性向」（認識の教授可能性）をもつためでした。

つまりガリレーは自らが体を張って守り通さなくとも後の科学者がいつか必ずや発見し証明してくれるだろう、あるいは歴史が必ずや私の地動説の正しさを示してくれよう、と考えたにちがいありません。さらに自然科学的真理は客観的で「没主観的・傍観者的性格」のため、自らの立場を棚上げにしたままでも語りうるがゆえに、ガリレーは自らの命をあえて賭けてまで地動説に固執する必然性が存在しなかったのです。

2　精神科学における実存的な真理概念

(1) 哲学的・実存的な「存在の真理」

しかし他方、僧侶で思想家のブルーノにとって、地動説は自らの実存をかけて守り抜き、当時のローマ・カトリック教会の傲慢な姿勢に抵抗するという使命感の拠り所そのものだったのです。つまりブルーノが主張した地動説は、ボルノーがいうところのヘブライ的な巌としての真理にほかならず、地動説という実存的・主体的な真理を守り抜いた彼は、徹底的に道徳的・人格的な存在真理の実践者でもありました。さらに言えば、ボルノーのいう巌的な真理は、ヴィンデルバンドのいう個性記述的な科学の範疇に属します。なぜならここでは一回性の個人的なものが重要視され、ダンナーの指摘するように純粋に自然科学的・数量的な方法では摑みきれない人間の価値や意味・人格性などの内容に関わる諸要素が重要な契機となるからです。こうしたブルーノの地動説は人生の意味の問題、つまり誰かが命を賭けてでも証ししなければ存続しえない実存的な真理であったがゆえに、彼は殉教という悲劇に巻き込まれざるをえなかったと考えるのが妥当でしょう。

(2)「主体性が真理である」(キルケゴール)

このような実存的真理をキルケゴール（Soren Kierkegaard, 1813-1855）は「主体性が真理である」

▶キルケゴール

(『哲学的断片への後書き』一八四六)という命題で言い表していますが、この実存的な真理とは反復や計測が不可能なばかりか、一人の人間の生き方とその真理を決してたち切ることができない性質を有しています。ガリレーに象徴される自然科学的な真理は「与えられた事実についての正しい認識」に向けられた鏡としてのギリシア的な真理に符号するものであり、良くも悪くも自らの主体を賭ける必要のない、というよりも主体を賭けてはむしろ誤りとなる即物的で普遍妥当的な真理であると一般的にいえるでしょう。

ガリレーは自然科学者としての立場から徹底的に計測と仮説を通して地動説という一つの真理に到達しました。しかし彼にとって地動説は、ギリシア的真理つまり与えられた事実についての正確で即物的かつ普遍妥当的な認識にすぎず、没主観と法則定立性をその基調とする結果、裁判所で自らの地動説をいとも簡単に撤回しえたのです。

それに対して、ブルーノが命を賭けてまでかたくなに守り通そうとした「地動説」は、彼にとって人格性さらには神への信頼性と直結する厳的な実存的真理でした。さらに僧侶であり思想家としてのブルーノにとっては、根源的な人格性と神への信頼が「地動説」と分かち難く密接に結合していたがために、どこまでも主体的・実存的な実践が問題とならざるをえなかったのです。その上、一回性という個人的な要素が重要視されるために、カトリック教会の弾圧に対しても、自らの地動説を簡単に撤回しえなかったと考えるべきでしょう。

（3）「真の生は出会いである」（ブーバー）

実存的な出会いの概念はなによりもブーバー（Martin Buber, 1878-1965）の名前と結びつきます。ブーバーが「真の生は出会いである」と力説するとき、それはもはや生の哲学の範疇における「自我」では捉えきれない、根本的に同等の力をもつ実在——我と汝——の邂逅《かいこう》を示唆するものでした。ブーバーはこの場合、生ける「汝」の世界を、客観的で即物的な連関を意味する「それ」の世界とまったく異質的なものとして区別しました。

さらにボルノーによれば〈我‐それ〉の即物的な世界は見通しのきく統一的で計量可能な事物と関連するのに対して、〈我‐汝〉の出会いの生ずる実存的な世界では、他のすべての汝との出会いを排除する排他性を特色とし、そこでは計量も比較も消え失せ、さらに真の汝は自己の対峙者として常にただ一つの実在として私に迫ってくるのです。このような出会いは、「私」の側から見れば、常に予見できない出来事であるばかりか、それは人間を深く恵むところの経験つまりは、すべての出会いは究極的に人間に与えられている「賜物」であり「恩寵」でさえある、とブーバーをして語らしめています。

（4）度の強い非連続的な出来事

また「出会い」の本質的特徴は、我と汝とが互いに向かい合ってとらわれのない開けた心で直接的な関係を結ぶ出来事にほかなりません。こうした「出会い」はそのつど瞬間において生起する一回限りの独自の性格を有するものです。それゆえ、ある一つの状況において、独自な仕方で生起する一回限りの出会いを客観的かつ一般的命題にするならば、その本質は失われてしまうことになります。こうした他者との出会いによって、人は従来の観念で予期していたものとはまったく異なったものに出くわすのです。この「度の強い非連続的な出来事」である出会いは人をこれまでの発展の道筋から投げ出し、あらたにはじめからやり直すように強いる力をもつのです。

参考文献

谷口龍男著『われとなんじの哲学――マルティン・ブーバー論』北樹出版、一九八三年。

ダンナー著、浜口順子訳『教育学的解釈学入門――精神科学的教育学の方法』玉川大学出版部、一九八八年。

広岡義之著『ボルノー教育学研究――二十一世紀の教育へ向けての提言』（上）、創言社、一九九八年。

広岡義之著『ボルノー教育学入門』風間書房、二〇一二年。

ボルノー著、戸田春夫訳『生の哲学』玉川大学出版部、一九七五年。

ボルノー著「出会いの問題」、『文化と教育』東洋館出版社、七号、一九八六年。

ボルノー著、峰島旭雄訳『実存哲学と教育学』理想社、一九八七年。

第12章　家庭教育の教育学的意義と課題

1　家庭教育の人間学的考察

(1) ボルノーの「故郷喪失者」とランゲフェルトの「寄る辺なき」存在

人間が自らの健全さと豊かさを保つためには、よそ者として空間のなかをさ迷い歩くのではなく、確固たる自分の所属意識、つまり「安全で庇護されていると感ずる場所」「住まう場所」が存するかどうかにかかっています。人間は外部空間での仕事などで疲れた後、「帰宅する場所」を獲得することが重要な課題となります。

人間は安全に「庇護された空間」を、外部世界からの敵意ある人間の襲撃に対して自らの手で創りださねばなりません。人間の生はより狭い「内部空間」と、より広い「外部空間」の両方に関わるといえるでしょう。外部空間において、人間は絶えず緊張を強いられ、安らぎの欠けた危険に満ちた状態にあります。これに対して内部空間とは、人間の居住空間すなわち、人間がそこでのみ「安全」と

「庇護」を感ずる領域を意味します。これをボルノー（O.F. Bollnow, 1903-1991）は簡潔な表現で「家屋」と名づけたのです。そして結論から先に述べるならば、人間の生が最も充実しうるためには、「内部空間」と「外部空間」の両者が相互に正しく釣り合うことが必要なのです。

「内部空間」の象徴としての「家屋」とは、ボルノーによれば人間が自分の家族とともに他人から隔離されて〈安らぎ〉（Geborgenheit）と〈安全性〉（Sicherheit）をともなう領域のことです。家族とは、そうした親族の愛と相互信頼のうえに初めて成立する共同生活といえるでしょう。こうした「内部空間」での愛と信頼に支えられて初めて健全な生を獲得できる人間は、同時にまた外へ出ていって「共同事業」に着手し、他の人々と力を合わせなければなりません。このような「家屋外部世界」は、「内部空間」における人間相互の愛と信頼の関係よりも、はるかに無情で味気ない雰囲気が支配しているとボルノーは考えています。人間が外に出て共同で仕事をする空間を「公共」（Offentlichkeit）の空間と捉えるならば、人間は家屋という温かい保護を与えてくれる「内部空間」を離れると「公共の世界」へ入り込むことになります。それゆえに「公共世界」に対応する形で、家屋の領域を「私的」（privat）な領域と表現できるでしょう。

（2）私的な性格をもつ家庭と家庭外の公共性をともに正しく評価することの必要性

翻って、私たちが現代における「家庭教育」の意味を考える場合、家庭内の領域かもしくは家庭外の領域のどちらか一方だけで論じられていることが多いと思います。しかしボルノーによれば、本来的な人間の生が成就されるためには、私的な性格をもつ家庭と家庭外の公共性をともに正しく評価しうることが必要になります。人間が安らぎと安全性を包含する自分の殻に固執して自由な公共的生活を拒むならば、人はいじけてしまって生活力を失うほかありません。

人間は庇護された私的領域を一歩離れると「危険負担の覚悟」を求められるのが常なので、それゆえに公共的領域で使い尽くした身体を休ませ保護するために「家屋」という支えが必要不可欠なものとなります。逆に言えば、人間が繰り返し安らぎを感じうる家屋をもつことができなくなったとき、彼の生はその拠り所を喪失するというボルノーのテーゼは、今日の家庭教育の根本問題に一石を投ずる重要課題でもあります。なぜなら、人間は安らぎの空間のなかでのみ、心身を爽快にする眠りのうちに、自己を回復しうるというボルノーの指摘は、今日のようにあまりにも多忙な時代においてはほとんど顧みられず、過少にしか評価されていないからです。

(3) 人間が安らぎを感じる家屋をもつことができなくなったとき、彼の生はその拠り所を喪失する

現代においては「公共的領域」と「私的領域」の均衡が完全に混乱している状況に陥ってしまっています。しかしながら他方で、今日では生活の中心が公共的領域、つまり職業上の業績、社会的参加に偏ってしまい、私的なものはすべて残余物としてしか考えられていません。「私的領域」での人間の安らぎの回復を過少評価する現代において、とりわけ焦眉の教育的課題とは、「故郷」を失ってしまった人間に、再び家の保護を介入してやることです。ボルノーはここに今日の風潮である「私的領

域」軽視の危険性を指摘する根拠を見出しています。

「私的領域」の積極的な意義としては次の点が挙げられるでしょう。家屋外部の領域で力を使い果たしてしまった人間は、彼の家の平安すなわち、彼の私的領域に戻ることによってのみ自己を回復し新たな生を獲得できるのです。自分の家の平安のなかに、そして自分の家族との調和のとれた共同生活のなかに、その確固とした拠り所を見出している者だけが、公共的生活の危険のなかにあっても豊かに成果をあげつつ活動できるのです。

2 ランゲフェルトの「子どもの人間学」

(1) ランゲフェルトの主著『教育の人間学的考察』

ボルノーの主張する「私的領域」における安らぎの問題を、特に子どもと両親の関わりという視点から論じているのが、オランダのマルティヌス・J・ランゲフェルト（Martinus Jan Langeveld, 1905-1989）です。現代ヨーロッパ教育学界の指導的立場にあり、「子どもの人間学」を唱えるランゲフェルトは彼の著、『教育の人間学的考察』の第四章「子どもに対する両親の関係」において次のように論じています。すなわち、子どもが私たちに求め、期待しているものとは何であるのかとの問いに対して、ランゲフェルトは、それは弱い立場に置かれている子どもを保護することであり、彼らの不足や欠損を補充することである、と答えています。両親の子どもに対する関係は、自明な庇護されているという安らかさの奇蹟であり、それはまた子どもが私たちの側で侵すことのできない安全の保証を与えられているという奇蹟でもあるのです。

（2）「寄る辺なき」存在としての子ども（ランゲフェルト）

そしてランゲフェルトはこうした安らぎのない不安と荒廃に満ちた現代に投げ出された子どもたちを、「寄る辺なき」存在として捉えました。「私的領域」の安らぎ、すなわち、たとえこの世に何が起ころうとも、わが家のなかでは安全であるという確信は、私たち大人にとっては不確かなものであっても、子どもにとっては、真実でなければなりません。ランゲフェルトが主張するところは、なによりもまず両親は新しい生命や子どもに対して弱者の保護者として存在するということです。そしてこの自覚の下にある両親に求められるものは、内面的な統一であり、不変性であり、平静さにほかなりません。なぜなら、そのような「親」の生活のなかで育った子どもは元気であり、現実に対しても率直で恐れず、困難を引き受け、責任を果たして行くことができるからです。他方で、そのような「内面的平静さのなかで育った子ども」は、自分に苦悩することもできるし、満足することもできるし、さらに自分を他者に与えることも、人生を受容することもできるのです。要するに、彼らは、人と物に対して誠実さを守り、責任を引き受け、よき隣人であることができるのです。

▶ランゲフェルト

3　家庭教育と子ども

(1) 私的領域内に留まるという体験

スウェーデンの女流教育家、エレン・ケイ（Ellen Key, 1849-1926）は二十世紀を「子どもの世紀」の到来として位置づけました。しかし彼女の熱い期待とは裏腹に、「私的領域」における安らぎを喪失した現代生活のなかで、子どもは家庭でも学校でも、これまで以上に「寄る辺なき」存在となりつつあります。子どもとは本質的に大人に依存せずにはひとときも生きることができず、それゆえに子どもは、「初めから」「絶えず」「不随意的」に、大人の影響を全面的に受けざるをえないのです。

ボルノーによれば、家屋の所有つまり私的領域内に留まるという体験は人間の人生にとって奪うことのできない前提です。特に幼児教育という観点に立脚する場合、幼児の健全な発達はどうしても「家という保育室」なしには考えられません。それゆえに「公的領域」に対する「私的生活」の象徴ともいうべき、幼児にとって必要不可欠な安らぎの感情を育む家屋と家族の関わりの考察へと論をすすめていきましょう。

ボルノーは幼児教育の基礎をその両親と幼児の関わりのなかに求めます。ボルノー自身の幼女を例にとって彼は次のような体験を述べています。ボルノーの娘がたとえば新聞に見知らぬ人間、ある政治家の写真などを目にすると、いつも父親であるボルノーに「これは良い人なの？」と尋ね、彼が娘に応えてやると初めて安心したものである、とボルノーは述懐しています。この例からもわかるように幼児にとって親の世界に属するものは「好きな良いもの」であるのに対して、親が閉め出すものはいつまでも「嫌なもの」であり子どもにとっても警戒すべきものとなります。このように幼児にとって意味をもち、安らぎを感じつつ住めるような世界とは、特定の愛する人に対する人格的な信頼関係においてのみ開示されうるのです。さらに言うならば、母親への絶対的な信頼によって子どもは「庇護感」（被包感）を抱くようになるのです。

ペスタロッチ（Johann Heinrich Pestalozzi, 1746-1827）が彼の書簡のなかで、母親と幼児の交わりから醸し出される「信頼の最初の芽」がいかに幼児の後の発達に深い影響を及ぼすかを論じています。これとの関連で、ボルノーはそこに「私的領域」の象徴としての家族関係の重要性を把握しているのです。この点についてボルノーは彼の大学の同僚である小児科医のアルフレッド・ニチュケ（A. Nitschke, 1898-1968）を援用して次のように考えています。すなわち母親は、その子どもを気遣う愛情のなかで、信頼できるもの、頼りになるもの、明るいものの空間をつくりだすのです。その空間へ引き入れられているものは、すべて所を得、意味をもち、いきいきとなり、親密で、身近で、親しみやすいものになるのです。これは幼児期の生活が充実するためには、真の意味での「私的領域」においてのみ生ずる幼児と母親の信頼関係がいかに必要なものかを示す具体例といえるでしょう。

（2）信頼を受ける人物が特別な機能をもつ

ボルノーによれば母親と父親の存在は子どもにとって絶対的なものであり、子どもはその庇護のもとで初めて安らぎを得ることができるのです。やがてこの全能への信頼が放棄されるときでさえ、依然として両親はすべての事柄を完全に遂行できると子どもは考えています。ボルノーは自分の子どもが、「お父さんはなんでもよく直すからお父さんなのね」と話した事例を紹介しつつ、それが元どおりに直す能力に対する一般的信仰、すなわち、傷ついたものや壊れたものを再び完全な全体へつなぎ合わせる能力、したがってばらばらになった世界を再び統合する能力に対する一般的信仰をも表現するものであることを把握していたのです。

こうした両親への全幅の信頼は後になって、たとえば教師のような新しくより高い尊敬を受ける人物へとじょじょに移行していきます。ボルノーは彼の子どもが小学一年生だった頃、彼にとってすべての人以上に卓越し尊敬される受け持ちの先生が、同時に学生として父ボルノーの教え子であることを知り、解き難い混乱に陥った例を挙げています。ボルノーはこうした子どもらしい「誤り」すなわち、子どもの狭く限られた視野での客観的な世界の歪みとは、信頼を受ける人物が特別な機能をもつことの現れであると解釈しました。

4 「私的領域」と「公共的領域」が同等に考慮されることの重要性

(1) 子どもの成長と共にいつか破れる信頼

こうして幼児期に「私的領域」でのみ成立するある特定の人間（たとえば母親）に対する限りない信頼は、教育が成功するための不可欠の前提ですが、これも子どもの成長とともにいつか破れるときが必ず到来し、ここに教育的営みの真の困難さが存在します。この点についてボルノーは極めて明確な認識をもってニチュケを援用しています。信頼によって支えられ、完全に支配されている子どもの世界は、実ははじめから、無常の芽をはらんでいます。まさに信頼の全幅性こそ、これが失われざるをえない理由なのです。なぜなら、いつかは母親の人間的な不完全さがわかってくるからであり、それとともに、閉じられた子どもの世界は終わりを告げるのです。

私たち大人の役割は、子どもの体験する「信頼の崩壊」をいかにして乗り越えるように導いてやるかという点にあります。つまり脅威の渦巻く「公共的領域」に一歩一歩前進する子どもに対して、それにもかかわらず究極の根底において「聖なる世界」のなかで支えられ、庇護されているという感情を確立することが重要なのです。人間の生は、「公共的領域」とはまったく区別された「私的領域」でのみ獲得しうる人間を究極的に支える「生の根底」なしにはけっして存続しえないのです。

（2）特定の個人に限定されることのない生に対する一般的な信頼の獲得

幼い子どもの時期に、ある特定の個人に対する限りない信頼に支えられた経験をもつ者は、その限界が知られるに至った後でも、特定の個人に限定されることのない生に対する一般的な信頼を獲得できるといいます。ペスタロッチがシュタンツにおいて両親から見離され、ひねくれてしまった子どもたちを相手に仕事を始めたとき、なによりもまずペスタロッチが彼らの信頼と愛着を回復しようとしたこと、つまりペスタロッチの教育実践そのものが幼児期における「私的領域」内での教育実践であったとボルノーは指摘しました。

子どもが成長するに従ってじょじょに彼の「公的領域」が拡大し、脅威的なものが子どもの生に侵入し始めます。しかし子どもはそのような場面に遭遇しても、「私的領域」という安らぎを覚える世界、たとえば家庭でのみ子どもたちは健全な生を営みうるという事実はいささかも揺らぐことはありません。こうしてボルノーはまだ無防備な幼児たちをすぐさま仮借なき外部世界へ引き渡すことをせずに、彼らがやがてさらに厳しい現実の抵抗に耐える力が備わるまでは、彼らの周囲に秩序と有意味な「私的領域」を創りだすことが私たち大人の教育的課題となるとボルノーは考えました。それゆえに被包感の存する「内的領域」は、子どもの生活圏がじょじょに拡がろうとも、それ以後の子どもの発達全体にとって必要不可欠なものであり続けるのです。

(3) いつでも帰ってゆける庇護された安らぎの場としての「私的領域」

たとえばフレーベル（Friedrich Wilhelm Fröbel, 1782-1852）の主張する山登りや洞窟探険などの未知なものに挑む遊びにおいても、いつでも帰ってゆける庇護された安らぎの場としての「私的領域」が、常に子どもの背後に存する場合にのみ有効かつ可能な営みとなるのです。現代日本の家庭環境を顧みても、私たち大人や両親がめまぐるしく推移してゆく外部空間である「公共的領域」に足を踏み入れざるをえない子どもたちのために、いつでも帰ってきて安らぎと信頼を回復できる「私的領域」としての「家庭」を築いてゆくことこそが焦眉の課題であると思われます。

(4) 外的世界の苛酷な条件に耐えられる力を養うことが家庭教育の主眼

それゆえに特に小さい子どもにとって、まず初めに秩序ある世界の領域を与えることによって外的世界の苛酷な条件に耐えられる力を養うことが家庭教育の主眼となってきます。ここでボルノーはランゲフェルトの「秘密の空間」という概念を引き合いに出して、子どもがある年齢段階に達すると今まで与えられていた「安らぎの私的領域」を、今度は自ら創り出し始めるという事実を私たちに提示しています。

これとの関連でボルノーは彼の娘が「秘密の空間」を作りたいという要求の現れとして自分の「おうち」を作り、そこで「寛いだ」気分を味わおうとしたことがあると報告しています。ボルノーによれば、これは自分自身の居住空間を、温かい被包感のもてる場所に作りあげようとする要求であり、それはあらゆる手段を講じて支持されなければならないものなのです。こうして人間の充実した生は、彼が「私的領域」としての「家」という空間をもてるかどうか、つまり世の中の障害や脅威から守られ安らぎのなかで身内のものと「住まう」ことによって初めて成就するとボルノーは確信したのです。

(5) 母親は死ぬまで密着しているが、父親は腕組みして離れたところに立っている

生まれたばかりの子どもにとって、母親と比べたら父親は「余分につけ足されたもの」でしかありません。なぜなら父親は、いわば時がたってからようやくその功績がはっきりするような存在だからです。その意味では父親は母親の手による保育の時期すなわち、「母・子」の親密な「私的領域」から閉め出されるということも起こりうるのです。

ランゲフェルトによれば、父親の役割とはまだ「私的領域」内の安らぎのなかでしか生きえない子どもに、もっと「大きく遠い困難な世界」すなわち、子どもを取り巻く「公共的領域」の要求を告知することです。それとの関連でランゲフェルトによれば、この自由なるもの、遠きものの世界との結合が、父親をとりわけ高く精神的な存在にするのです。母親は死ぬまで私たちと密着していますが、父親は腕組みして離れたところに立っており、私たちが父親に期待することは、まさかのときの救助と決断的な言葉なのです。

ボルノーは「私的領域」内での子どもの安らぎを論ずるときには、そこに母親の存在がいかに重要なものとなるかは指摘するものの、父親の役割については十分に触れていません。この点について父

親の役割の重要性を指摘するランゲフェルトは次のように考えています。すなわち子どもに本当の人生に対する信頼をもたらすことのできる庇護されているという感情の最初の基盤が、いかに母親から子どもに与えられるかについてボルノーは、実に正しく示しています。しかし子どもが実際に人生と存在に対する信頼を拡げてゆくためには、父親がまずそれを保証し、生きた手本となり、具体的な生活態度において実現する必要があるとランゲフェルトはいうのです。

ランゲフェルトの父親の子どもに対する教育的関わりと類似するボルノーの見解は、彼が「公共的領域」の課題すなわち、人間が外部世界に立ち向かうときの課題のなかに見出すことができるでしょう。ボルノーによれば、人間が自分の戸口をまたいで外に出ると、もう人間は、自分の家という支えを失って、よそよそしい敵意に充ちた世界のなかに入ります。人間は、危険な世界に身をさらして、そのなかで自分を主張しなければなりません。それは、小さな子どもが母親の前掛けのすそから手を放して、おそるおそるひとりで周囲の世界に出て行くのと類似しています。

(6)「遠いところ・未知なところ」へ行きたいと思う衝動をもつ存在としての人間

ボルノーは人間というものを、完全に老化しない限り、「遠いところ・未知なところ」へ行きたいと思う衝動をもつ存在として把握しています。さらにこうした人間の特徴が子ども一般にも当てはまることを実証する意味で、ボルノーはフレーベルを援用します。すなわち、フレーベルはすでに成長中の子どもがいかに高い木によじ登ったり、未知の洞窟に探険したがる欲求をもっているかということに注意を喚起して、こうした子どもの欲求に対する援助こそ父親の教育的役割であることを示そうとしたのです。

以上のボルノーの「公共的領域」での人間（子ども）の課題は、まさにランゲフェルトが把捉するところの「父親の教育的役割」とその本質において同一の特質を有しているように思えます。ボルノーが「公共的領域」の特質を「遠いものの世界」とか「危険な世界」として捉える一方で、ランゲフェルトが父親の教育的役割を次のように規定するとき、私たちはボルノーとランゲフェルトの各々の主張に明瞭な共通点を見出すのです。父親は母・子の親密な領域に、男として彼が代表している遠く困難な世界を結びつけ、その世界の要求を告知するのです。子どもたちが思春期と青年期に達したとき、まさしく父親の属する大きな世界が彼らに向かって呼びかけてきます。「母から離れよ！　もっと偉大になれ！」と。そして「父親をもつ」とは、人生のいっそう広く遠いものへと導いてゆく一人の指導者をもつことにほかならないのです。

(7) 人間の生の健全さは「私的領域」と「公共的領域」が同等に考慮されることである

ボルノーの家庭教育の根本命題は、人間の生の健全さは人間が「私的領域」と「公共的領域」が同等に考慮されることにかかっています。しかしよく注意して彼の語るところを聞いてみると、その続きにさらに重要なメッセージが織り込まれていることがわかります。それはこの現代という特殊な時代状況のなかで生きざるをえない人間の運命としての「故郷喪失」の問題です。前の時代には、子どもたちを「私的領域」の象徴ともいうべき家の生活から解放し、新しい世界としての「公共的領域」へと導いてやるという教育的課題が存在しました。

しかし今日ではその教育的課題はまったく反対の方向にあるといいます。その課題とは、現代という特殊な時代状況のなかで、私たち人間が「公共的領域」での活動を過大評価しすぎてしまい、私的領域なるものは概して克服されなければならないものとして捉えられているのです。その結末が人間の「故郷喪失」として問題にされ、そこからボルノーは今日の教育的課題を、故郷を失ってしまった人間に再び家の保護を仲介し、健全な生を得させることのうちに見取っているのです。

参考文献

広岡義之著『ボルノー教育学研究——二十一世紀の教育へ向けての提言』(上)、創言社、一九九八年。

広岡義之著『ボルノー教育学入門』風間書房、二〇一二年。

ボルノー著、浜田正秀他訳『対話への教育』玉川大学出版部、一九七三年。

ボルノー著、森田孝・大塚恵一訳編、『問いへの教育』川島書店、一九七八年。

ボルノー著、森昭・岡田渥美訳、『教育を支えるもの』黎明書房、一九八〇年。

ランゲフェルト著、和田修二訳『教育の人間学的考察』(増補改訂版)、未来社、二〇一三年。

第13章　臨床教育学的「我と汝の対話」の可能性

1　はじめに――「言葉の教育の回復」試論

(1)「存在」の真理を忘却する「頽落」

ハイデッガー（Martin Heidegger, 1889-1976）は、「存在」の真理を忘却する「頽落《たいらく》」（Verfallen）における自己の在り方との関わりで、「空談」（Gerede）について次のような考察を展開しています。「空談」において、人間は会話を楽しむためだけに無責任に語るがゆえに、存在者の本当の姿を語りえないばかりか、存在者の根底にある「存在」を真に語ることができません。

さて、子どもたちは日常生活のなかで実際よくしゃべりはするが、そのことが即、人間らしい成長の道を歩んでいることになるかどうかは疑問の残るところです。まさしくハイデッガーの言うところの「空談」が私たちの教育のなかで充満していないでしょうか。授業のなかで、教師と子どもが表面上は活発な「言葉」のやりとりをしていたとしても、はたしてそれだけで「深さのある授業」（林竹二）が成立していると判断してよいのでしょうか。特に「青年期の言葉の教育力」を中心に先述の問題意識を抱きつつ、これまで等閑に付されてきた「真の言葉」の教育的課題について、論を進めることにしましょう。

（2）「臨床教育学」とはどのような教育学をめざすのか

ここで「臨床教育学」について説明しておきましょう。皇紀夫（1940- ）のいう臨床教育学の特徴のひとつは、教育問題に直面し苦悩している教師が対象となっていることであり、さらにその際、そのような教師にたいして、教師自身がその教育問題の記述をとおして新たな教育的意味連関を再発見する援助をめざしていることにあります。私たちはこのような教育学的視点を定めつつ、考察の順序としてまずフランクル（V.E. Frankl, 1905-1997）の「我と汝の対話」について、次にボルノー（O.F. Bollnow, 1903-1991）の「言語教育論」、そして最後に教育学者である林竹二（1906-1985）の「深さのある授業」を軸にして主題を掘り下げてみたいと思います。

2　フランクルの「我と汝の対話」理解

フランクルによれば、「出会い」という概念そのものは、人間性心理学からではなく、むしろ実存主義のなかから生じたものであり、ブーバー（Martin Buber, 1878-1965）などによって導入された概念です。ここでの出会いは「我と汝」の関係として理解され、「出会い」は本来、人間的でしかも人格的なレベルの上でしか成立しないと考えられています。

フランクルは、カール・ビューラー（Karl Bühler, 1879-1963）の言語論に即しつつ、人が「話す」という試みは、①いつも誰か他の人「に向かって（to）」自分自身を投げ出しながら、自分を表現し、②しかし、もしこの時、その人が何か「について（of）」語っていないなら、それは「言語」と呼ぶことはできないだろう、と把捉しているのです。

フランクルによれば、ブーバーは「出会い」という事象が、人間の精神生活の中核的な役割を果たしたことを発見しただけでなく、人間の精神生活とは基本的に「我と汝の対話」であると定義したのです。つまりどのような「対話」も、それが「ロゴス」（意味の世界）の次元に入っていかなければ本当の「対話」とはいえないとブーバーは考えるのです。「ロゴス」（意味の世界）のない「対話」とは、実は二人の人間によってなされる「独り言」にすぎないのです。

ここから次のような問題提起が可能となるでしょう。教師は子どもたちと授業中、「活発な言葉のやりとり」をしているつもりでも、実はそれが教師の「モノローグ・独り言」に終始していることもありえるのです。たとえば道徳の時間で、師弟共々真実の生き方を考えなければならない状況で、ただ形式的な「道徳観」あるいは「道徳的知識」を伝達するだけの授業に終始するならば、その授業は教師の「モノローグ・独り言」に陥っていることにもなりかねないのです。

3　ボルノーの「言語教育論」

ここでは第一にボルノーの「言葉の力」について考察してみましょう。ボルノーに従えば、人間本来の本質を自己展開させる働きを有する「言語」の働きによってのみ、人間は感情や理性が芽生えだすのです。すなわち言語の習得とは、一つの「表現手段の習得」にすぎないのではなく、「言葉による人間自身の形成」であり、人間はその言語をとおしてそのようなものになるのです。これとの関連で、テュービンゲン大学で哲学博士号を取得した李奎浩《イ・キュホ》（1926-2002）もまた次のように指摘しています。言葉は、一度口から発せられれば、とりもどすことのできない性質をもっているけれども、反面それがひとたび人の口から発せられれば、それ特有の創造的な力を発揮するようになります。たとえば、ルターの「恩寵によってのみ」という言葉は、宗教改革者たちに不屈の勇気を呼び起こしたのみならず、キリスト教を大きく揺り動かす原動力となった点で、「言葉の力」の影響力の偉大さの好例といえるでしょう。

このように言語形成作用をとおして、より精確かつ的確な言葉を習得すればするほど、その人間にはますます「自己実現」の力が獲得されてゆくという事実は、臨床教育学的にどのような意味をもつのでしょうか。このことは人間自身が「言語」という媒介物によって自分の外的世界のみならず、自分の内的世界をも変貌させられることを意味します。

同様に「言語」の刻印力が自己変革を迫る宗教的な世界での例として、金子晴勇（1932-　）もまた極めて興味深い考察を私たちに提供してくれています。「我と汝の対話」で生じた「言葉の力」をとおして、私のなかに未だ知られざる自覚しえなかった「より高次の自己」が発見されるというのです。こうした自己変革による人間の新生が、「対話」における言葉の出来事として成立するためには、言葉を外的音声として聞くだけでは不充分であり、内的に聞く、つまり心の奥深く言葉を刻み込まなければならないのです。

第二に「対話」について考察してみましょう。その前に「対話」と対極にある「モノローグ」（独白）の形式についてまず述べてみたいと思います。私たちは、一方だけが語り、他方はもっぱら聞いて従うという言語活動を「モノローグ」と呼び、「命令」とか「指示」の言葉がその具体例として挙げられます。また「教授」や「教示」の言葉、あるいは「科学的叙述」の言葉も「モノローグ」に属します。それは自然を支配するにせよ、社会生活で権力を行使するにせよ、とにかく「支配の言葉」なのです。このように「モノローグ」の形式は明晰で、首尾一貫しており、容赦するところがありません。マックス・シェーラー（Max Scheler, 1874-1928）はこれを「支配者的思考」と指摘しましたが、こうした在り方が教育のなかに侵入するとどうなるでしょうか。ややもすると、私たち教師は教室のなかで子どもたちに「対話」形式を装った「モノローグ」的授業を振りかざしてはいないでしょうか。

次に「対話」（ダイアローグ）の形式について考えましょう。「言語」というものが本当の意味で面目躍如する有り様は「対話」としての形式なのです。現代社会において、「人間らしさ」を大きな危機から守ろうとすればそれは結局、人を「我と汝の対話」へ導いてゆき、人の心の中に「対話」への心構えとその能力を養わせることが切に求められるのです。最近言われ出した「インタラクティブ・ラーニング」などはまさにその好例でしょう。

「対話」の形式においては、もはや一方が他方を抑えて自分の主張を貫徹するのではなく、双方がともに対立関係の理性的解決を求めて共同の努力を尽くすことが求められるでしょう。ともに語り合う「我と汝の対話」では、一方の言葉が他方の言葉に灯をともし合うので、ここで初めて思惟が本当に生産的なものになり、まさしく「言葉の教育力の回復」が望めるものとなるのです。この意味で「対話」は人間の到達可能な最高の完成形態であり、それゆえに教師が子どもを「我と汝の対話」へと導いてゆくことこそが、「言葉の教育力の回復」というきわめて重要な教育的課題となりうるのです。そこで筆者は日本を代表する教育哲学者であった林竹二の教育思想とそれに裏打ちされた彼の教育実践を紹介することにより、「言葉の教育力の回復」の端緒を示してみたいと思います。

4　林竹二の「深さのある授業」について

林によれば、「深さのある授業」とは、たんなる知識の伝達ではなく自分自身との格闘を含んでおり、自分がこうだと思い込んでいた既成概念が、教師の「発問」や「子どもとの対話」によって揺らぎ出すこと——まさにソクラテス的吟味——から始まるのです。ふつうの授業においては、発問は授業を進行させるための手段にすぎないのですが、しかし発問は本来、外に現れない子どもの内部に探りを入れるための作業なのです。それゆえ教師の「発問」や「子どもとの対話」とは、子どもたちの意見を厳しく「吟味」にかけて「子どもの魂（内部）を裸にして眺める作業」である、といわねばなりません。教師の「発問」や「子どもとの対話」を通して、子どもの「借り物の意見」（俗見）を徹底的に吟味することにより、子どもは自分との格闘を始めるのです。この過程のなかで、自分の無知を悟ったものは大きな喜びを感ずるというソクラテスの「カタルシス（浄化）作用」の言説を援用しつつ、林はそれゆえに「教育」とはまさにカタルシス（浄化）作用にほかならないと明言します。

「言葉の教育力の回復」とは、林の言う「カタルシス作用」そのもので、その方法が俗見の「吟味」であり、人間の既成概念や通俗的見解というものを吟味し、人の心に垢のように付着している塵芥を洗い去り、そして魂を清める営みであると言いえましょう。このような「言葉の教育力の回復」を契機として、それ以前の教師と子ども、つまり克服すべき〈我とそれ〉の非人格的関係の位相が転換して、「言葉の教育力の回復」の後に真実の〈我と汝〉の人格的関係へと変貌してゆくのです。そしておそらく子どもたちが成長するとき、同時に教師の「教育的閉塞感」「空談」「俗見」もまた打ち砕かれ、教師の新しい教育観や子ども観が生み出されてゆくものと推察されます。換言すれば、真の「我と汝の対話」の過程において初めて子どもは「生きる力」を獲得し、同時に教師もまた新たな教育力を獲得しうるのであり、私たちはここに「言葉の教育力の回復」の可能性を垣間見ることができるのです。

参考文献

李奎浩（イ・キュホ）著、丹羽篤人訳『言葉の力』成甲書房、一九八五年。

金子晴勇著『対話的思考』創文社、一九八四年。

林竹二著『教育の根底にあるもの』径書房、一九八六年。

林竹二著『授業の成立』（林竹二著作集　第七巻）筑摩書房、一九八六年。

広岡義之著『ボルノー教育学研究——二十一世紀の教育へ向けての提言』（上）、創言社、一九九八年。

広岡義之著『フランクル教育学への招待』風間書房、二〇〇八年。

広岡義之著『ボルノー教育学入門』風間書房、二〇一二年。

フランクル著、諸富祥彦監訳、上嶋洋一・松岡世利子訳『〈生きる意味〉を求めて』春秋社、一九九九年。

ボルノー著、森田孝訳『言語と教育』川島書店、一九六九年。

ボルノー著、浜田政秀他訳『対話への教育』玉川大学出版部、一九七三年。

藪内聰和著「『考える力』を育む教育」、佐野安仁監修、加賀裕郎・隈元泰弘編集『現代教育学のフロンティア』世界思想社、二〇〇三年。

矢野智司著「巻頭言」『臨床教育人間学』、京都大学大学院教育学研究科、臨床教育学講座、二〇〇三年、年報、第五号。

第14章　「ケアリング」とは何か——ミルトン・メイヤロフの『ケアの本質』を中心に

1　はじめに

「ケアリング」についての哲学的＝人間学的考察を、ミルトン・メイヤロフ（Milton Mayeroff, 1925–　）著『ケアの本質』（*On Caring*）に依拠しつつ論じることにします。これは小著であり、かつ難解な専門用語をほとんど使用せずに論じられているにもかかわらず、ケアリングの本質に迫る哲学的あるいは現象学的な深さを兼ね備えた良書です。筆者の乏しい教育哲学的知見と照らし合わせても、メイヤロフが主張する「ケアリング概念」は、きわめて実存的で、筆者が学んできたドイツの教育哲学者のボルノー、ロゴセラピーを構築したフランクル、『我と汝』の哲学を構築したブーバー、さらには日本の独創的哲学者、森有正の思想と深く広く共鳴しあう思想を包摂していることに気づきました。

2　メイヤロフ著『ケアの本質』の特徴（その一）

(1) ケアの定義

メイヤロフは、一人の人格をケアするとは「最も深い意味で、その人が成長すること、自己実現することをたすけること」と定義しています。つまり相手が成長し、自己実現することをたすけることとしてのケアは、ひとつの過程であり、展開を内にはらみつつ人に関与する在り方なのです。それはちょうど、相互信頼と、深まり質的に変わっていく関係とをとおして、時とともに友情が成熟していくのと同様に成長するものなのです。

メイヤロフはひじょうにわかりやすいたとえで、「ケア」の本質について次のように説明しています。わが子をケアする父親は、その子どもが本来もっている権利を認め、成長しようと努力する存在として尊重します。その意味でケアすることは、自分の種々の欲求を満たすために、他人をたんに利用する在り方とは正反対のことであるといえるでしょう。

(2) メイヤロフとブーバーの類似性

私見ですが、特に「ケア」という概念がメイヤロフによって「他人を単に利用するのとは正反対のこと」と理解されている箇所は、ブーバーの〈我－汝〉の人間関係の考え方と極めて類似している例といえるでしょう。メイヤロフはブーバーの思想に強い影響を受けているのですが、そのブーバーによれば〈我－それ〉という根源語は、全人格を傾倒して語ることができず、相手を「それ」として事物化してしまうのですから、自分と他者の相互信頼と、深まり、質的に変わっていく関係は不可能です。極めて即物的な関わりしか生じない〈我－それ〉の我は、それゆえに相手を一方的に利用することしか考えないわけで、どこまでも相手を自分の都合のよい手段としてしか捉えないのです。相手を手段としてしかみなさないわけですから、当然のことながら相手の全人格をそのまま受け入れることを拒否し、その結果としてありのままの自分を差し出すこともしません。それゆえ〈我－それ〉関係は、ケアリングという在り方と対極的な位置にあるといえるでしょう。

こうした人間関係は、同様に次のような教育的弊害を生み出すことになります。すなわち、自分の能力や業績、他人との比較や、他の人々の評価によって、自分を理解してしまい、結局のところ自分自身をも、「それ」化して固定化してしまうのです。つまり、自分の可能性を自分自身で縛りつけてしまっているのです。他方、全人格を傾倒して初めて語りうる〈我－汝〉という根源語は、全人格的に触れ合う人間関係であり、「排他性」を基調とする「出会い」を特色とします。そこでは、相互信頼と、比較が消え失せた世界なのであり、このブーバーの主張はまさに、「ケアすることは、計量や深まり、質的に変わっていく関係とをとおして、時とともに友情が成熟していくのと同様に成長するもの」との意味で、ケアリング概念に深く関わる思想であるといえるでしょう。

(3) フランクルのロゴセラピーとケアの共通項

メイヤロフによれば、両親が子どもを、教師が学生を、心理療法家がクライエントを、夫が妻をケアする場合、これらすべてのケアには共通するパターンがあると主張します。こうした人間と人間の間のつながりだけでなく、さらには哲学的・芸術的概念、理想や共同社会等をケアするということもありえます。哲学や芸術の概念を理解し、共同社会という具体的な交わりと関わる場合においても、相手をケアするという意味では共通項を有するというのです。

この「相手が成長するのを援助するという共通のパターン」という視点もまたフランクルが自ら開発した「ロゴセラピー」と深い共通項を有しています。たとえばフランクルは『フランクル回想録』のなかで、人生の目的を一行で述べるとするならば、フランクル自身の人生の意味とは他の人たちがそれぞれの人生に意味を見出すのを手助けすることであると述べています。この視点はまさに、ロゴセラピーの本質である、「治療者がクライエントの人生の意味を見出す手助けをする行為」と同一のものといえるでしょう。そしてこのロゴセラピーの精神こそ、メイヤロフのいうケア概念、すなわち「その相手が成長するのを援助すること」とまったく軌を一にするものと筆者には思えるのです。

(4) 病気の子どものために、深夜に医師を迎えに行く父親の在り方

メイヤロフはケアの概念を以下の具体例で説明しています。たとえば病気のわが子のために深夜に医師を迎えに行く父親は、これを重荷とは感じないはずです。なぜなら、その父親はただ自分の子ど

もをケアしているだけだからです。またある哲学的概念について熟考しているとき、種々の観点から繰り返し思考しなおす過程は、押しつけられた重荷ではなく、メイヤロフにとってはその観念をケアしているだけなのです。

ここでメイヤロフが規定する「他者」とは、実際には誰でもよい一般的存在ではなく、ブーバーがいうところの「汝」としてのいつも特定の誰かであり何かでなければなりません。たとえば作者にとって、他者とは自らが構想している作品であり、両親にとってはわが子であり、市民にとっては自らの所属する共同体がケアの対象となるでしょう。この意味からもメイヤロフのケアリング論は、代替不可能な人間存在を前提とするブーバーの実存主義的思想に強く影響されているといえるでしょう。そのため、ここでブーバーの〈我‐汝〉論の特質について少し要約しておきたいと思います。

(5) メイヤロフの「ケアリング」とブーバーの〈我‐汝〉論の共通項

ブーバーのいう「汝」としての他者は、私に向かって、私の存在をゆさぶり、否定するかにみえるときがあります。しかし、その呼びかけを真剣に受け取り、汝に応答することにより、自己への囚われが破られるのです。ここに、囚われのない自発性や主体性が成立します。真の「出会い」(Begegnung)が生じる場合、そこには〈我‐汝〉関係が成立しているのです。真の出会いとは、たんに、新しい知識の獲得や新しい体験が機械的に増えることではなく、これまで気づかなかった自分に気づくことです。出会いとは、たんに知的に理解するというのではなく、自分の根本がゆさぶられ、自分の生き方が本質的に変わるという出来事です。「出会い」とは、対象を小手先で処理するようなことではなく、自分の存在全体が巻き込まれ、これまでの自らの在り方に変更が迫られる「経験」なのです。そこでは、「私」の存在の根本にぴったりあてはまり、思いがけない呼応が成立し、「私」が勝手に計画したり実行したりできるものではない、いわば運命的なものなのです。「出会い」においては、どこか独善的で自己閉鎖的な在り方が破られ、しかもその具体的な呼応において、自己に囚われない自発性や主体性が点火されることになるのです。

私見ではありますが、こうしたブーバー的な意味でのメイヤロフが規定する「他者」とは、実際には誰でもよい一般的存在ではなく、いつも特定の誰かであり何かでなければならないのです。そうであるならば、メイヤロフがいう作者にとっての作品、両親にとってのわが子は、ケアの対象であると同時に、ブーバーのいう取替えのきかない特定の「汝」以外のなにものでもないのです。

3　『ケアの本質』の特徴（その二）――フランクルと森有正を比較しつつ

(1)　メイヤロフの「ケアリング」とフランクルの「自己超越性」の共通項

メイヤロフは人格の成長について次のように考えます。ある人が成長するのを援助することは、少なくともその人が、何かあるもの、または彼以外の誰かをケアできるように援助することにほかなりません。またそれは、彼がケアできる親しみのある対象を発見し創造することを、励まし支えることでもあるのです。そればかりでなく、その人が自分自身をケアするように援助することであり、応答できるようになることをとおして、彼自身の生活に対して「責任」をもつように援助することです。

このメイヤロフの主張は、フランクルのいうロゴセラピーと同じ考え方です。たとえばフランクル著『宿命を超えて、自己を超えて』の第四章「ロゴセラピーとはなにか」のなかで、フランクルはロゴセラピーの特徴の一つである「自己超越」について次のように定義しています。「自己超越」とは、人間存在がいつでも、自分自身ではないなにものかへ向かっているという基礎的人間学的事実のことなのです。人間存在はいつでも、自分自身ではないなにかや誰かへ、つまり、実現すべき意味や、出会うべき他の人間存在へ向かっており、人間がほんとうに人間になり、まったき自分自身であるのは、何らかの課題へ献身的に没頭しているときなのです。何らかのことがらに仕えたり、他の人格を愛したりすることによって、自分自身のことを考えずに忘れているときなのです。このフランクルのいう「自己超越」の特徴である、「自分自身ではないなにものかへ向かっている状態」と、メイヤロフのいうケアリングの特徴である「ある人が成長するのを援助することは、その人が、何かあるもの、または彼以外の誰かをケアできるように援助すること」という捉え方は、どちらも自分が忘我の状態で「汝」としての相手に関わるという点で、基本的に同じ人間の誠実な在り方といえるでしょう。

(2) メイヤロフの「ケアリング」と森有正の「経験」概念の共通項

メイヤロフが次のように述べるとき、私たちはメイヤロフのケアリングの考え方のなかに、森有正の「経験」概念とみごとな共通項を見出すのです。メイヤロフは自分が自らをケアすることを援助する場合について、次のように考えています。自分をケアしたいという自分自身の要求に目を閉じることなく応答できることを通じて、自分自身の生活に責任をもつように自らを援助することが大切であると考えています。そのことによって自ら成長し始めるのです。つまり学ぶとは、知識や技術をたんに増やすことではなく、根本的に新しい経験や考えを全人格的に受け止めていくことをとおして、その人格が再創造されることなのであると表現しています。

一方、森有正もまた人間を真に成長させる「経験」概念についてほぼメイヤロフと同じ表現で次のように述べています。森によれば、「経験」とは私たちが現実に経過する行為を通して私たちの内側に獲得される「あるもの」であるのに対して、「体験」はたんに機械的に増大し瞬時に忘れ去られるものと捉えています。私たちは、日常、「体験」という偶発的な出来事に接触しているものの、それらはほとんど物象の変化という出来事と変わりがありません。「体験」概念の否定的な面を強調すれば以下のような問題をはらむことに私たちは気づくでしょう。すなわち、「体験」的在り方においては、私たちはすべてが主観の歪みのもとに置かれ、それに自己満足し、安易に安住してしまうと、森は人間の道徳的弱さを鋭く指摘するのです。つまり、森の考える閉鎖的でたんに機械的に増大し、瞬時に忘れ去られる「体験」では、人間はケアするあり方を構築できないのです。むしろ、体験と逆の「経験」には、それまで見えなかった「新しい現実」を開示する働きが仕組まれています。

森有正は、「経験」的生き方とは、「経験」を通して自己を乗り越え、自己の主観的な狭さを突破してゆくことを意味すると述べています。「経験」とは、ある根本的な発見があり、ものを見る目そのものが変化し、見たものの意味がまったく新しくなることであり、したがって「経験」が深化するにともない、その人の行動そのものの枢軸が変化していきます。「経験」そのものは自分を含めたものの本当の姿に一歩近づくことであり、客観的になることです。こうした自己を乗り越え新しい現実を開示する「経験」的生き方と、メイヤロフのいう根本的に新しい経験や考えを全人格的に受け止めてゆく「ケア」的生き方とはともに、軌を一にした実存的な人間の在り方といえるでしょう。

4　ケアの主要な特質

(1)　ケアをとおしての自己実現

メイヤロフの捉える「ケア」概念においては、他者が第一義的に重要なものとなることは言うまでもありません。なぜなら、他者の成長こそがケアする者の一番の関心事だからであり、たとえば、教師の関心は自分よりも学生に向けられる、とケアリングでは考えるのです。相手に焦点が当てられるとき、ケアする者は「無私」(Selflessness)の状態になるのですが、ここで無私の状態とは、最高の覚醒、自己と相手に対する豊かな感受性を意味します。このように、ケアする者は、自己の関心が他者に集中しているため、信頼、理解力、勇気、責任、専心、正直等に潜む力を自由に駆使できるのです。メイヤロフに従えば、人は自分自身を実現するために相手の成長を援助しようと試みるのではなく、自分のことを忘れて相手の成長を援助することによって、結果として自分自身を実現していることになるのです。

(2) フランクルの「自己超越」概念とケアする者の「無私」の状態の類似性

こうした考え方はフランクルの中心思想の一つ「自己超越」概念と軌を一にするものです。フランクルはその「自己超越」の考え方を、私たちの眼の働きにたとえて次のように説明しています。私たちの眼は「自己超越的である」といいます。すなわち眼という器官は、私たちの周囲の世界を視覚的に知覚する機能を有するのですが、その眼の能力は鏡に映ることを除けば、眼自身を知覚することは不可能です。自分の眼が眼自身を感じるときは、その眼は病気以外の何ものでもないのです。正常な眼は眼自身を感じることがないように、人間存在もこれとまったく同じであり、「自己超越」とは人間が自分を無視し忘れ去ること、自分を顧みないことによって完全に自分自身であり、完全に人間であることを意味するのです。フランクルは自己超越について、何らかの仕事に専心することや、何らかの意味を実現することによって、あるいは、ある一つの使命またある一人の人間、つまり伴侶に献身することによって、人間は、完全に自分自身になると、その核心を説いています。フランクルの「自己超越」とケアする者の「無私」の両者とも、忘我の状態になって、汝である他者に関わることにおいて、完全に自分自身になるところに共通点を見出せるのです。

5　人をケアすることの特殊な側面（その一）

(1)　自分自身をケアすること

ここまでは、他者をケアすることの意味について論じてきましたが、次にメイヤロフは自分自身をケアすることの意味も問うています。それでは、「自分をケアする」とはどういう意味でしょうか。それは自分自身のなかの成長しようという欲求に応えて、自分自身をケアすること、つまり自分自身の保護者となり、自分の人生に責任をとることであるとメイヤロフは考えています。

ケアの特性である、専心、信頼、忍耐、謙遜、正直の第一義性はそのまま、自分自身に対するケアにも当てはまるのです。この際、注意しておかなければならないのは、自分自身に対するケアは、いわゆる「自己中心主義」とはまったく異なる性質のものであるという点です。自己中心主義は、自己に病的に囚われてしまうことであり、その結果として他者の欲求に対して無関心になってしまいます。また自分を偶像化する危険性もはらんでおり、他人が自分を賞賛することを過度に期待する傾向に陥ってしまうのです。自己中心主義とは反対に、真の自分自身に対するケアでは、自己以外の何ものかあるいは誰かをケアするのです。メイヤロフは、もし私が自分以外の誰か、あるいは何物かをケアできないのであれば、自己へのケアもできないと考えました。

(2) フランクルの「自己超越性」とケアリングの類似点

こうした考え方はフランクルの思想と極めて類似していると思います。フランクルによれば、人間はあくまでも個人の外（メイヤロフでいえば自己と離れた何物か、あるいは誰かに役立つこと）にある意味や価値からの呼びかけによって、揺さぶられ、その意味や価値を実現しようとするところに、人間の本来の存在価値があると考えます。こうしたフランクルの思想が成立するためには、意味や価値が人間内部にあるのではなく、人間の外にあって、人間に呼びかけてくるものとして捉えられなければなりません。フランクルは、マックス・シェーラー（Max Scheler, 1874-1928）から強い影響を受けて、人間とは自己超越しうる存在であると考えるようになりました。

6　人をケアすることの特殊な側面（その二）

(1) ある根本的に新しいことが自分のなかに起こる

メイヤロフは、「私」がこの世界で「場のなかにいる」ことを次のように考えています。ある根本的に新しいことが、私たちの生活のなかに起こり、それはあたかも、ある人が自らの生に対して全面的責任を負うと決心したとき、その人の生に変化が見られるのに似ているというのです。

「私」は他の人と関わっているがゆえに「場のなかにいる」のであり、この「場」は絶えず新しくなっていき、そのつど再認識されます。そして、この「場のなかにいる」という感覚は、たんなる主観的なものに終始するのではなく、この世界で他の人と実際に関わっているという点では、むしろ客観的であるともいえるでしょう。こうしたメイヤロフのケアについての人生理解は、まさに森有正の「経験」概念そのものであるといっても過言ではないでしょう。

(2)「経験」(森有正)とは、行動そのものの枢軸が変化することである

森によれば、「経験」とは私たちが現実に経過する行為を通して私たちの内側に獲得される「あるもの」であるのに対して、「体験」はたんに機械的に増大し、瞬時に忘れ去られるものと考えています。私たちは日常、「体験」という偶発的な出来事に接触しているものの、それらはほとんど物象の変化という出来事と変わりがないといいます。「体験」概念の否定的な面を強調すれば以下のような問題をはらむことに私たちは気づくはずです。すなわち、「体験」的在り方においては、私たちはすべてが主観の歪みのもとに置かれ、それに自己満足し、安易に安住してしまうと、森は人間の道徳的弱さを鋭く指摘します。

森有正は、「経験」的生き方とは、受動的に身に味わうこととは反対に「経験」をとおして自己を乗り越え、自己の主観的な狭さを突破してゆくことを意味すると述べています。「経験」とは、ある根本的な発見があり、ものを見る目そのものが変化し、見たものの意味がまったく新しくなることであり、したがって「経験」が深化するにともない、その人の行動そのものの枢軸が変化するのです。森有正研究家の釘宮明美もまた「経験」を以下のように捉えています。他なるものと自己とが最も深

い接触をし、それによって自分がある変容や変化を受けて新しい行為へと転じられ、そこに「これが私である」と自己を定義する形が露れはじめること、こうした存在の仕方の転換、視野の転回が「経験」である、と。

7　ケアによって規定される生の重要な特徴

(1) 自分の生活のなかで、落ち着いてその中心・中核にいるということ

不動であり、一般的にその人の生き方と結びついている「場のなかにいる」ということには、ある安定性があるとメイヤロフは確信しています。これはどういうことを意味するのでしょうか。それは、「私」が自分の生活のなかで、落ち着いてその中心・中核にいるということを意味します。そしてその副産物として、この「私」がこうした安定性のなかに身を置くことによって、ストレスに対抗しうるし、結果的にこうした在り方は自分たちの根本的な生き方の拠り所になりうるということを示唆するのです。寄る辺ない現代社会にあって、「場のなかにいる」という考え方は極めて健全で貴重な教育的示唆であると筆者には思えます。

メイヤロフはこうした安定性を「基本的確実性」と表現していますが、この確実性は、既存の確かな知識を保持することでもないし、何らかの権威や信念にすがりつく在り方でもありません。むしろ表現のしかたとしては、「世界に根を下ろした状態」こそが「基本的確実性」の意味するところであ

り、この状態のおかげで、私たちは「開かれた存在」として他者を受容することができるのです。メイヤロフはそれに対し、あるものにしがみつくことは、新たに経験することに対して自分自身を閉ざしてしまい、いったい私たちは誰に、あるいは何にしがみついているのか、その確信がもてない状態にすると考えました。メイヤロフは「あるものにしがみつくこと」と表現していますが、これは森有正的に言えば「体験的な閉ざされた在り方」を意味するものと思われます。

(2) メイヤロフの「基本的確実性」と森有正の「冒険」概念の共通項

メイヤロフの「基本的確実性」は、絶対的保証を得たい気持ちから卒業することを求めるのですが、これはまさしく森有正の「冒険」概念に相当するでしょう。森は「冒険」概念について以下のような思索を展開しています。「経験」は異質の領域に向かって開けていますが、反対に「体験」は異質の領域に向かって閉ざされており、自己の「経験」の明証性のなかに静止する閉ざされた「経験」を意味するのです。人間の「意志」はこうした「異質の領域」に向かって開け、抵抗性と厳しさをともなったところで初めて生ずる人間の実存的在り方、つまり「経験」と深く関わると森有正は確信していたのです。さらに異質の領域に向かって開けている「冒険」という人間の在り方は「経験」そのものの基本的な性格であり、「体験」から厳しく分かつものであるという意味で、「経験」はすべての「冒険」の本質的特色であるといえるでしょう。

この意味で、メイヤロフの絶対的保証を得たい気持ちから卒業することを求める「基本的確実性」

は、森の言う「異質の領域」に向かって開けている「冒険」という人間の在り方、すなわち抵抗性と厳しさをともなったところで初めて生ずる人間の実存的在り方とその本質において極めて似通った同じ在り方を主張しているのです。つまり人間は、ケアリング（メイヤロフ）において、あるいは「経験」「冒険」（森有正）という在り方において、あるものにしがみつくことから解放され、新たな世界を経験することになるのです。

参考文献

釘宮明美「森有正の『経験』の思想」二〇〇四年。http://www.catholic-shinseikaikan.or.jp/gakushu/kansou/2004_9_12b.html
谷口竜男著『「われとなんじ」の哲学』北樹出版、一九八三年。

辻邦生著「解説」、『経験と思想』岩波書店、一九七七年。

中野啓明・伊藤博美・立山善康編著『ケアリングの現在――倫理・教育・看護・福祉の境界を越えて』晃洋書房、二〇〇六年。

広岡義之著『新しい教育学概論』創言社、一九九八年。

広岡義之著『ボルノー教育学研究――二十一世紀の教育へ向けての提言』（下）、創言社、一九九八年。

広岡義之著『フランクル教育学への招待』風間書房、二〇〇八年。

ブーバー著、植田重雄訳『我と汝・対話』岩波書店、一九八五年。

フランクル著、霜山徳爾訳『神経症Ⅰ』みすず書房、一九七三年。

フランクル著、山田邦男・松田美佳訳『宿命を超えて、自己を超えて』春秋社、一九九七年。

フランクル著、山田邦男訳『フランクル回想録』春秋社、一九九八年。

メイヤロフ著、田村真・向野宣之訳『ケアの本質――生きることの意味』ゆるみ出版、一九八七年。

森有正『遙かなノートル・ダム』筑摩書房、一九七六年。

森有正『経験と思想』岩波書店、一九七七年。

森村修著『ケアの倫理』大修館書店、二〇〇六年。

第15章 「経験」のなかの私、「体験」に先行する私——森有正の「経験」概念

1 『経験と思想』における「経験」概念と「体験」概念

森有正は『経験と思想』のなかで、執筆の目的についておおよそ次のように述べています。この稿全体の目的は、一箇の人間が「経験」から出発して自己の「思想」に至る過程を、私一箇の探り求める道筋に即して明らかにしようとすることである、と。つまり、森有正はまだ不可見のまま働いているこうした初期段階の「経験」を、「内的（あるいは内面的）促し」と呼び、その「経験」の全体が「一人の自分」というものの意味であることに気づき、さらに私たちの現実は私の「経験」そのものであり、そしてそれが私自体であることを確信したといいます。「経験」と「体験」とはともに一人称の自己、すなわち「私」と内面的につながっていますが、「経験」では「私」がそのなかから生まれて来るのに対し、「体験」ではいつも「私」がすでに存在しているのであり、「私」は「体験」に先行しまたそれを吸収するという本質的相違が存在します。

「体験ではいつも私がすでに存在している」あるいは「私は体験に先行し、またそれを吸収する」という森有正の「体験」概念の解釈はどのようなものなのでしょうか。「体験」概念とは、これから起こる未知な事態、たとえば児童生徒の問題行動の指導などを、既知の蓄積された技量によって対処しようとする立場であり、さらには日常的な問題を手際よく処理できるようになる在り方です。この効率性重視の在り方自体は教育的行為において必要なものにちがいありませんが、しかし他方でこうした「体験」概念に即した人間理解によって、開かれた「経験」の最も重要な教育的側面を見失ってきたこともまぎれもない事実であり、本章ではこうした教育学的課題を森の「経験」概念という切り口から掘り下げてみたいと思います。

2 森有正の「経験」概念とボルノーの「経験」概念の比較

(1) 森有正における「経験」と「体験」

森によれば、「経験」とは私たちが現実に経過する行為をとおして私たちの内側に獲得される「あるもの」であるのに対して、「体験」はたんに機械的に増大し、瞬時に忘れ去られるものと考えられています。私たちは日常、「体験」という偶発的な出来事に接触しているにもかかわらず、それらはほとんど物象の変化という出来事と変わりがありません。それとの関連で「体験」概念の否定的な面を強調すれば以下のような問題をはらむことに気づくでしょう。すなわち、「体験」的在り方においては、すべてが主観の歪みのもとに置かれ、それに自己満足することになります。森はここに人間の道徳的弱さが露呈《ろてい》していると鋭く指摘しています。

森有正は、「体験」的在り方と真逆な「経験」的生き方とは、「経験」をとおして自己を乗り越え、自己の主観的な狭さを突破してゆくことを意味すると述べています。つまり「経験」とは、ある根本的な発見があり、ものを見る目そのものが変化し、見たものの意味がまったく新しくなることなのです。したがって「経験」が深化するにともない、その人の行動そのものの枢軸が変化することになり、「経験」そのものは自分を含めたものの本当の姿に一歩近づくことになり、結果的にその生はより客観的になります。

「新しいものを自己の体験で理解しうるものに変化させようとする傾向」に徹底的に反抗し、自己を透明化し、「もの」が真に「もの」に還るのを待つ在り方そのものが「経験」を深めてゆく道にほかならないと考えた森有正はさらに続けて言います。体験的に成立してくるものに反抗し、最も深い意味で自分自身に反抗し、促しに従って自己を求めていくときに堆積してくるものが「経験」である、と。森有正研究者の釘宮明美によれば、他なるものと自己とが最も深い接触をし、それによって自分がある変容や変化を受けて新しい行為へと転じられ、そこに「これが私である」と自己を定義する形が露れはじめること、このような存在の仕方の転換、視野の転回が「経験」の本質なのです。

「経験」的在り方とは、このようなあるべき本来のものに向かっての歩みであり、その歩みを支えるのが「内なる促し」にほかなりません。その意味で「経験」とは、ものと自己との間に起こる抵抗の歴史であるともいえるでしょう。まさにこの「抵抗」こそが、自己の恣意性や主観性を破壊するための聖なる鉄槌《てっつい》となります。そしてこの打ちおろされる鉄槌の打撃に耐え、自己がくだかれ、新しい自己の誕生をもたらすものこそが森有正によって人間の「意志」と名づけられたのです。

(2) ボルノーの「経験」の苦痛性と「抵抗」概念

森有正の「抵抗」概念と同様、ボルノーもまた人間の生成に深く関わる「抵抗」概念の重要性について人間学的に以下のように考えています。おのおのの精神的運動は一つの抵抗に直面して初めて目的を達することができるのです。このことは精神生活の最も基本的な、その根本的意義においておそらく十分には評価されていない事実の一つであり、ある敵対者との対決においてはじめて、精神的運動は自己自身についての内面的確実性と明晰性に至るのです。「抵抗」概念を高く評価するこのボルノーの言説は、森の指摘する「経験」の不快感や苦痛性という思想とその本質において深く共鳴していると筆者は思います。

このような「抵抗」概念の重要性を唱えるボルノーは、「経験」とはその本質において不愉快なものであると確信しています。だからこそ、「経験」というものは、総じて辛い苦しい経験であり、その「経験」をひとは自分自身の身体でなし、誰も免れさせてはくれないのです。これとの関連で、ボルノーはガダマー(Hans-Georg Gadamer, 1900-2002)に依拠しつつ「経験」の苦痛性を以下のように鋭く説明しています。すなわち、生が乱されずに経過し、すべての期待が満たされる限り、すべては順調に推移し、そこでは何ごとも「私」に襲いかかることはありません。しかし期待が欺かれ、途上に予期しない妨害が出現するとき、はじめて人間は彼の経験を「する」（machen）のであり、この「する」という性格には、苦しみに堪えること、生の困難さに引き渡されているという意味が含まれるのです。ここでもボルノーの「抵抗」概念と森の「経験」概念に共通する「苦痛性」という人間の生を深める要素が含まれていることを私たちは容易に認識できるのです。

（3）ボルノーの「経験する」と「体験する」

ボルノーに依拠した「経験する」（erfahren）と「体験する」（erleben）の対比は次のようにも言い換えることができるでしょう。「経験する」が冷静な思考の基本概念であるといえるならば、「体験する」は強い感情に色取られています。ひとが何かを「体験する」とき、体験者は、体験されたものを完全に自分のなかに引き入れ、その「体験」によって満たされており、自分の立っている場所から一歩も外へ出ようとしないがゆえに、「体験」は常に主観的なものに横滑りする危険をはらんでいるのです。これに対して開かれた「経験」は、経験されたものを客観化しながら、はるかに多くの事態に関係しています。つまり、開かれた「経験」概念は厳しさをともなっており、事実性の厳しさや苦痛性がその概念のなかには表現されている、とボルノーは考えたのです。

(4) ボルノーにおける開かれた「経験」としての徳性

閉ざされた「体験」は自分自身のなかに閉じこもり、けっして自分を超え出て行くことはないので、「体験」の記憶だけが当の人間のなかに留まるのに対して、厳しさと苦痛をともなう開かれた「経験」は当の人間の持続的変化を引き起こす可能性を有するのです。この意味で、開かれた「経験」は閉鎖的ではなく、経験を訂正する新しい経験に対して常に開かれているために、「経験」は他人に対して、これまでの自己の枠を打ち砕く新しい試みでもあるとボルノーは理解しました。

この常に前進して深まる開かれた「経験」というボルノーの理解においてのみ、「成熟さ」がじょじょに形成されてゆくのであり、これは苦痛性と抵抗性をともなった「経験」概念におけるボルノーの一つの卓越した人間形成論とみてよいでしょう。ところが、人間がする「経験」のなかには、すでに退廃の危険性も一緒に含まれており、あらゆる「経験」には、永続的な固定化と硬直化の危険、すなわち「体験」への堕落が潜んでいるとボルノーは警告します。

3 森有正の「人称論」的視点からの人間理解

(1) 「日本人」における「経験」

森有正が『経験と思想』のなかで最も問題にした視点とは、「日本人」において、二人の人間が、自分一箇の「経験」にまで分析されえない、という一点に焦点づけられていました。換言すれば、

「日本人」におけるすべての「経験」において、それをもつ主体がどうしても「自己」というものを定義しない、ということが森における最大の実存的課題であったのです。なぜなら、「経験」をもつ主体が「自己」というものを定義し、先の課題を克服しない限り、真の思想や哲学、ひいては真の教育的実践は不可能となるからです。

ところが、日本人の「経験」（森有正はこれを「体験」と把捉する）は、多くの場合、一人の人間を定義するものではなく、むしろ日本人の「経験」（＝体験）は必ず「二項」から成立していると鋭く指摘したのです。一方とその相手方と二つのものが一つのコンビネーションを作り、それが日本人の「経験」（＝体験）というものの最後の対偶をなし、それ以下には下ってゆくことができない特殊な一つの「経験」の在り方を日本人は保有すると捉えました。「日本人」においては、「汝」に対立するのは「我」ではないということ、対立するものもまた相手にとっての「汝」であるという点を人間関係のなかで克服することこそが、道徳的・実存的問題として焦眉の課題となるのです。

(2) 日本語の特殊性

日本語の最も深刻な問題点について森有正は、日本語はそれ自体のなかに自己を組織する原理をもっている言語ではない、と言い切っています。以下の日本語の事例は森有正の真骨頂ともいうべき解釈です。「馬は走る」という文章を考えた場合、「馬」を主格にしてそれに動詞「走る」を加えてみたところで、たとえ文法的にはまったく正しい文章であろうとも、本来の日本語としては奇妙なものになります。しかし他方で「牛はゆっくり歩むが、馬は走る」と表現すれば、これは自然な日本語になります。特に、助詞の「は」のニュアンスが非常に微妙であり、その微妙さに対応する何かを加えなければ、どうしてもそれだけでは日本語として安定しないと森は分析しています。

「馬は走るものである」「馬が走ってくる」「馬は走るさ」「馬は走るよ」等々、その他無数のヴァリエーションが日本語では存在しますが、それらを規則化することは無意味に近くなると森は指摘します。もちろん「馬が走る」ということは可能ですが、それは「一頭の馬が走っている」光景と結びつく文章であり、現実が文章のなかにその影を落としているのです。しかしながら「馬は走る」では、この現実投射の度が弱く、どうしてもそれを補強するために、先述のように、それを言表する情況を映す助詞、助動詞、限定詞を加える必要が生じてきます。すなわち「……ものである」「……が……てくる」「……さ」「……よ」などの類です。これらは言葉の一部というよりも、言葉と現実を結合する「紐帯《ちゅうたい》」のようなものであるとしたうえで、ここでいう紐帯とは、それによって「現実」が言葉の世界に嵌入《かんにゅう》するという意味であると森有正は考えています。そしてこの「現実が言葉の世界に嵌入する」という在り方を森有正は、日本語における「現実嵌入」と特徴づけて、そこに潜む問題点をみごとに浮き彫りにしたのです。

このように、日本語には日本社会の現実が直接的に介入してくるので、自分一人の自覚的な表現ということが原理上、不可能に近いと森有正は指摘するのです。極端な言い方をすれば、日本語において「一人で考えること」が不可能であるということは、客観的な第三者を写すことが不可能であることを意味します。森は、この日本語の深刻な問題を、お互いに「二人称」である〈汝－汝〉という日本的な「二項関係」として定立しました。

（3）「社会」が成立する前提としての開かれた「経験」

人間はすべて一人ひとり独立している、という表現を否定する者はいないでしょう。その独立した「私」（一人称）からみれば、「私」以外はすべて「他人」（三人称）です。親子・兄弟・夫婦にしても、「三人称」（他人）であり、人と人との間にある深淵はどうすることもできません。この意味で、いかに親しい人といえども「他人」であり、彼・彼女は「三人称」でしかありえず、西欧ではこの「一人称」と「三人称」のよい意味での「冷淡さ」や「孤絶さ」をともなった関係が自明の前提として「社会」を成立させているのです。その際、「社会」が成立する基盤には、自己を乗り越え、自己の主観的な狭さを突破してゆく「経験」という人間の基本的態度が構成員相互間に存して初めて成立すると森は考えたのです。

「西欧」社会の上述の基本的人間関係に対して、他方で「日本社会」における人間と人間の関係は、このような「冷淡さ」や「孤絶さ」をもたず、むしろ「腹を打ち明ける」「以心伝心」などのことばで表現できるように融合的、癒着的、和合的、親和的であることが際立った特徴といえるでしょう。これとの関連で森有正は、和辻哲郎（1889-1960）を援用しつつ、日本人において最も著しい私的存在の形は「孤独な実存」ではなく「間柄的存在」であると主張するのです。

この日本的人間関係はただ一人の相手以外のあらゆる他の人の参与を拒む社会を意味するのみならず、一人になるという「孤独な実存」という「経験」を日本人はほとんどもつことができないという深刻な事実を森は鋭く指摘しました。和辻が説くような「間柄的存在」という本質から、日本人固有の「二人が秘密を共有する」という特殊な在り方が生じてくるのです。そこから二者の間には秘密はなく、すべてを許し合い、また要求し合う、という「日本人」独特の関わり方が成立すると、森自身は長年の滞仏経験の実感として分析していきます。

(4)〈汝－汝〉としての閉鎖的「二項関係」

そしてここから、森有正の極めてユニークな日本人論、ひいては日本に固有の教育的課題が展開されることになります。日本人同士の「私」(一人称)と「他人」(三人称)の関係は、この極めて排他的な融合関係のなかで「私」と「汝」(二人称)に転化していきます。これは現代においても、日本の多くの組織のなかで散見しうる事実でしょう。しかしここで注目すべき森の指摘は、この人間関係の転化の過程で、「私」のほうも相手にとっての「汝」に変化している、という奇妙な事実にあります。つまり「私」と「汝」がそこにあるのではなく、「私」もまた「汝」の「汝」に転化するがゆえに、そこには「私」(一人称)を消失したたんなる「汝の汝」と、「汝」(二人称)だけの関係が現出することになるというのです。そしてこの閉鎖的な在り方である〈汝－汝〉の関係を、日本人に独特の〈汝－汝〉の「二項関係」と森有正は特徴づけ、こうした人間存在の在り方を「体験」という概念でみごとに説明してみせたのです。

これとの関連で、一人の人間が「個人」になること、一人称単数の「私」になること、他の人々に対して「他人」となること、つまり個人がその人となるために自分自身への歩みを始めること、この個人的な「内的促し」（森有正）を、日本人は互いに殺しつづけてきたともいえるでしょう。この日本人独特の人間関係ゆえに、日本人の真の「主体性」の確立のむずかしさ、それにともなう学校教育における「個性を生かす教育」や「人間としての生き方・在り方についての自覚」などの教育的指導の困難さもその根底に存するものと筆者は推察します。

ブーバー（Martin Buber, 1878-1965）的な意味での実存的〈我－汝〉の関係に代わって、きわめて日本的かつ閉鎖的〈汝－汝〉の関係が人々の相互関係を縛るということ、つまり私は汝の「汝」であり、汝は私の「汝」であって、互いに三人称的な「他」としての「汝」の顔をもたないまま、「汝」同士の関係のなかでもたれあうということ、これが日本人に特有の〈汝－汝〉の二項方式と称される人間関係の在り方であり、そこでは個人としての「私」も「汝」も「彼・彼女」もけっして成立することはありません。私は常に「汝」的な私でしかなく、同様に、私の「経験」といえるものの内に常に「汝」としての「私」の経験が沁み込んでしまっているのです。

（5）「二項関係」は「社会」としての組織的機能を不全にする

「二項関係」は「私」と相手とが親密に、むしろ内密に醸し出す関係であり、二人だけのものであり、公開的・第三者的な性格をもちえません。もし公開されて真理として普遍性をもつようになると、その「二項関係」そのものが崩壊してしまうのです。〈汝‐汝〉という閉鎖的「二項関係」から、悪しき「親密性」あるいは「直接性」が生ずるのですが、これは本質的に「部分的」であるがゆえに、この性格は、一人の人間が「複数の二項関係」に入ることを可能にします。共同体の各人は、結果として、このような「二項」を相互に複雑にまた多角的に結びあい、そしてこの無数の関係は〈汝‐汝〉の私的関係であり、その性質上それらは排他的であるがゆえに、「社会」としての組織的機能不全に陥ることになるのです。〈汝‐汝〉の関係は、仲間うちに微温的な雰囲気を生み、その内側では相通じる意志の交流が存するものの、一歩外に出ると、外部の他者は未知のものとして不安を感じ、意志の疎通が不可能となります。

しかしながら他方で、西欧では「一人称」と「三人称」の関係が自明の前提として「社会」が成立しており、こうした日本独特の〈汝‐汝〉の二項関係が跋扈した人間関係にあっては、本来的・本質的「社会」は成立しないのです。特に日本の教育実践における真の「社会性」や「個性」の確立が叫ばれていますが、その意味でも近代教育学が置き去りにしてきた、開かれた「経験」概念の教育学的意義の研究はまさに焦眉の課題であるといわざるをえないのです。「二項」を相互に複雑に多角的にしかも極めて閉鎖的に結びあう結末はどのようなものになるでしょうか。極論すれば、それは根本的には「社会」あるいは「社会性」の否定を意味するわけであり、日本人の人間関係や言葉の使用は「社会」の否定の危険性をはらんでいるという森有正の憂慮は、まさに二十一世紀に入った今日の社会でますます現実味を帯びてきているといえるでしょう。

(6) 「親密性」は、本質的には人間の「意志」の問題である

〈汝‐汝〉という「二項関係」から生ずるこの「親密性」は、本質的には自然的現象ではなく、人間の「意志」の問題なのです。閉鎖的「二項関係」は、人間が孤独の自我になることを妨げるとともに、孤独にともなう「苦悩」と「不安」を和らげる作用を果たします。また〈汝‐汝〉という形態によって、その二人の人間が融合し、その結果、責任の所在が不明確になります。これは、現代日本社会における「教育的責任」の希薄化を裏付ける説得力のある考え方であると同時に、教育学が真剣に解決に向かって取り組むべき焦眉の課題でもあるでしょう。なぜなら、今日ほど「自己責任」という考え方が浸透している一方、責任の所在が不明確になる風潮が広がるなかで、真の教育的責任とは何かという根本的議論が教育界でも深まっていないように筆者には感じられるからです。

(7) 「社会」は本質的に道徳的である

暫定的な結論をここで述べるならば、開かれた本来的「社会」の在り方というものは、真の「自我」と同様に、反自然的であるべきであり、本来的「社会」はすべての道徳の源泉であるというべきでしょう。それと同時に、「自我」と「社会」とがその内部から不断に構成される「共同体」もまた、本質的に道徳的であるべきでしょう。ここで「道徳」というのは、たんに規範的であるばかりでなく、

不断に自我と社会に分極しようとする「人間存在」の運動そのものなのです。その意味でいえば、真の「道徳性」とはたえず「自然」に頽落《たいらく》しようとする人間を、「人間」へ向かって、すなわち「自我」と「社会」に向かって支えるものなのです。

4 森有正における「躾」の捉え方

(1) 日本の「躾」の考え方

森は、長期にわたる西欧滞在中に、先述との関連で次のような「躾」の問題に気づいたといいます。日本人の場合、子どもに対する唯一の合理的な態度は、子どもを「理解」することだと思っているけれども、問題はそれが親子の間だけに留まらず、社会的な面に持ち出される傾向が強いと、警鐘を鳴らします。すなわち本来、親子の間だけで秘めておかれるべきものが、他人の前に持ち出され、称賛すべきこととしてもてはやされることが日本人においては、しばしば散見されるというのです。

栄養がよくて、服装がきちんとして、マナーをよく心得ながら、そういう根本的な点に盲目な親子が横行する社会は、まことに見苦しいものであると、吐き捨てるように日本人の「社会性」の無さを森は痛烈に批判するのです。ここでも明確に、「親と子ども」という日本人独特の〈汝‐汝〉の「二項関係」が構築され、閉鎖的で体験的な〈汝‐汝〉という形態によって、その二人の人間が融合しその結果、「責任」の所在が不明確になっているというのです。こうした森有正の指摘は今から数十年以上も前の考察であるにもかかわらずまったく色あせず、事の本質において今日のわが国が抱えている教育問題の核心に触れる焦眉の課題でもあるでしょう。

ここからも日本人という集団の間で、「二項関係」つまり「二人称の方式」から絶えず自分が脱出して、「一人称‐三人称」のなかに真の開かれた「経験」を新しく構築していかなければならない責務が教育者に突きつけられていることが理解できるでしょう。それでは、なぜ特に日本人においては、本来的で開かれた「一人称‐三人称」の対応が、「二人称‐二人称」の〈汝‐汝〉という閉塞的・体験的な関わり方になりさがってしまう傾向をはらむのでしょうか。それはこの「二人称‐二人称」の次元では、非常に楽な生き方ができ、またそれが人間にとって一番居心地がよく、そこから脱出するのが億劫になるという道徳的問題が潜んでいるためであると森有正は鋭く日本人の閉鎖的在り方を批判していきます。

(2) 西欧の「躾」の考え方

ところが他方で日本と異なり、生命を賭けて自分で革命を起こしたりする精神を歴史的に持ち合わせている西欧においては、現在でも「社会」というものが生きていると森有正は指摘してみせました。こうした西欧「社会」のなかで子どもの教育、特に「躾」の根本になる事柄とは、子どもが「二人称」の〈汝‐汝〉関係に陥ることを防止することであると明確に言い切る森有正の「人間形成論」は、極めて論理的かつ説得力のある人間学的見解であると筆者には思われます。日本語で「甘える」という在り方を根本的に回避する考え方が西欧の子どもの教育の根本に、しかも伝統的な「躾」の教育のなかに存在すると、森有正は明確に言い切るのです。これが西欧において「社会」が機能している一つの理由といえるでしょう。

たとえば西欧では、電車のなかでも子どもには絶対に席を譲らない、あるいは大人の席には子どもを絶対に同伴させないなどのマナーは、すでに暗黙の了解事項であり、要するに子どもを大人が取り囲んで甘やかさないようにすることが、「社会」での共通認識となり定着しているというのです。別言すれば、西欧においては、開かれた真の「経験」作用が社会全体に伝統的に浸透しているということなのです。こうした子どもを甘やかさないという「躾」の根本には、子どもが〈汝‐汝〉の「二人称」関係に陥ることを無意識的に防御している西欧の人間関係が伝統的に流れていると森は考えています。つまり西欧文化において、人々は「二人称」の〈汝‐汝〉の関係はたんにいごこちがよく気持ちがいい反面、新しい「経験」に向かって自分を開く可能性を殺してしまうという深刻な不合理を含んでいることを熟知している、と森有正は解釈したのです。

5　日本語における「命題」と「現実嵌入」

(1) 命題について

ところで森は、「命題」という問題を専門的な論理学で定義されるような厳密な意味においてではなく、「判断を言語であらわしたもの」というごく普通の意味で捉えようとします。一つの命題には、主語と賓辞《ひんじ》（述語）があり、それが繋辞《けいじ》（動詞）によって結合されており、各項は完全に表明された概念あるいは表象で、その関係を肯定あるいは否定します。この「命題」の形をとることによって、主語が「三人称」として客体化され、それに対して主体が判断を下すということになります。こうして初めて、ある事柄に関して「命題」がたてられ、観念が確保され、その観念相互の間の論理的な関係も明らかにされて、一つの「思想」が形成されるようになると森有正は考えたのです。

（2）「現実嵌入」が言語の一部と化している日本語の問題点

前述のような操作は、すべての言葉が「命題」を構成することによっておこなわれます。それらの言葉は、それ自体のなかに意味を担う概念であり、その言葉のなかで「現実嵌入《かんにゅう》」が起こってはならないのです。なぜなら「現実嵌入」が起こると「精神」はその自由な操作をおこなうことが不可能となり、現実との接触から起こる「情動」に左右されて精神が精神であることを維持できなくなるからであると森有正は警鐘を鳴らすのです。

この「命題性」は西欧の言語文法の基本的性格をなしています。他方、「現実嵌入」が言語の一部となってしまっている日本語の場合、それは「思想」というものに対して、致命的であると森は鋭く批判していきます。なぜなら、「哲学」や「思想」というものは、「現実嵌入」を徹底的に排除することにより初めて成立するからなのです。森有正は具体的に日本語の固有名詞の以下の使用法のなかに

「現実嵌入」の具体例を見ています。

たとえば日本語において、ある文中に「田中さん」という固有名詞が現れると、その「田中さん」が何度でも繰り返され、「彼は・彼女は」と表現されることはありません。「その方は」という言い方は、代名詞であるかどうか非常に疑わしく、それらは一度文中に現れた「田中さん」という名詞を代表するものではなく、そのつど、田中さんという人自体のことなのです。話者とその相手とが一つの共通の了解圏を構成し、「田中さん」という人について二項関係が成立しているのです。

このような事例からも理解できるように、日本語の言葉そのもののなかに「現実」が介入してくると考える森有正は、それゆえ日本語では自分一人の自覚的な表現をするということが原理上、不可能であると主張します。一人で考えることが不可能であるということは、客観的な第三者を写すことが不可能であることを意味し、そこからお互いに「二人称」の〈汝‐汝〉すなわち「二項関係」になりさがってしまうわけです。

(3) 実存的事件としての「体験」から「経験」への上昇

これとの関連で森有正は、丸山真男の『日本の思想』冒頭の箇所を援用しつつ、我が国の歴史に思想の連続的発展がないこと、一つひとつの問題の時代を通じての深化の過程がないことをみごとに指摘しました。つまりこれはあらゆる時代の観念や思想に否応なく相互連関性を与え、すべての思想的立場がそれとの関係で自己を歴史的に位置づけるような中核あるいは座標軸に当たる思想的伝統はわが国には形成されなかったという指摘です。この丸山の「座標軸の欠如」という憂慮は、日本人独特の「二人称」の〈汝－汝〉すなわち「二項関係」という閉鎖的「体験」概念に起因すると森は分析したのです。

このような日本人独特の「二人称」の〈汝－汝〉すなわち「二項関係」が、「体験」へとそのまま頽落してしまうのか、あるいは開かれた「経験」へと透明化しつつ上昇して行くかは、事柄それ自体に内在していることではなく、むしろ個々人の「実存的事件」であり、「意志の問題」であると森は考えたのです。この領域の課題はたんに「躾」という教育的問題にとどまらず、日本語を日常言語として使用する私たちが担うべき「実存」をかけた根源的な問いかけともなるでしょう。

6 「経験」の教育学的意義と課題

（1）異質の領域に向かって開かれている「経験」

「経験」は一人称の「自己」を定義する、と森は確信していました。とするならば必然的に自己は「経験」の主体となりますが、同時に他の人間も当然それぞれ「経験」の主体となります。「経験」の本質を考えた場合、それぞれの「経験」は相互に置換することが不可能であり、他から見た「経験」は「三人称」としてしか現れません。「経験」の主体である他の複数の人間が相互の関係に入るとき、そこに「社会」が成立すると森は考えました。

この意味でのみ、真の「経験」は一人ひとりの人間にとって異質の領域に向かって開けており、「体験」はその反対に異質の領域に向かって閉ざされているといえるでしょう。換言すれば、「体験」という在り方は至るところで、閉ざされた「二項方式」を設定して行くことにほかならないと森は理解したのです。その上で森の思想から学べる重要な点は、先述の開かれた「経験」概念には、一つの明確な発展的方向性と採るべき態度が存するという事実です。それはすなわち、①「二項関係」から、②「一人称－三人称」関係（経験的関わり）へ、そしてさらには、③「経験の超越」へと段階的に人間の在り方が深化・発展してゆくという方向性であり、真の社会性や道徳性の深まりはこうした過程をたどる以外に形成されないという確信です。

こうした過程はすべて人間の「変貌」に関わり、この向かう方向は不可逆的であると同時に、「経験」の成熟の度合を示すものです。しかもこの様々な連関、深まり、超越、すなわちこれらを総合した概念としての「成熟」は、主体を定義する「経験」の内部でのみおこなわれるものであり、その純粋な主体面を森有正は「意志」と名づけたのです。そして人がいったん、「一人称－三人称」という真実の開かれた「経験」に目覚めるやいなや、もはや閉ざされた「二項関係」の安直な「体験」の世界に戻ることは不可能となります。このような根本的理由から、西欧では人間同志の私的な「二人称」関係はもちろん存在するものの、それが優位を占めずに、「法律」や「社会制度」という「三人称」的なものが優位を占めて「社会」というものを組織してきた厳粛な事実を理解できるのです。

参考文献

岩瀬慶昭著「講義『実存と社会』について」、中川秀恭編『森有正記念論文集――経験の水位から』新地書房、一九八〇年。

釘宮明美著「森有正の〝経験〟の思想」二〇〇四年。http://www.catholic-shinseikaikan.or.jp/gakushu/kansou/2004_9_12b.html

佐伯守著『自己と経験――森有正の世界から』晃洋書房、一九九五年。

杉本春生著『森有正――その経験と思想』花神社、一九七八年。

高橋勝著「経験の人間学の試み」『他者に臨む知』世織書房、臨床教育人間学会編、二〇〇四年。

辻邦生著「解説」、『経験と思想』、一九七七年。

ボルノー著、西村皓・井上担訳『認識の哲学』理想社、一九七五年。

ボルノー著、小笠原道雄他訳『理解するということ』以文社、一九七八年。

丸山真男著『日本の思想』岩波書店、一九七八年。

森有正著『古いものと新しいもの』日本基督教団出版局、一九七五年。

森有正著『遙かなノートル・ダム』筑摩書房、一九七六年。

森有正著『経験と思想』岩波書店、一九七七年。

和辻哲郎著『倫理学』(上)、岩波書店、一九六八年。

マ　行

ヤ　行

ラ　行

ワ　行

タ　行

ナ　行

ハ　行

サ　行

事項索引

ア 行

カ 行

マ　行

ヤ・ラ・ワ行

人名索引

ア 行

カ 行

サ 行

タ・ナ行

ハ 行

〈著者紹介〉

広岡義之
（ひろおか・よしゆき）

1958 年生まれ
関西学院大学大学院文学研究科博士課程（教育学専攻）単位取得満期退学
現　在　神戸親和女子大学発達科学部教授，博士（教育学）
専　攻　教育学（教育哲学・臨床教育学）
主要業績
著書　『ボルノー教育学研究――二十一世紀の教育へ向けての提言』（上・下），（単著），創言社，1998 年。
『フランクル教育学への招待――人間としての在り方，生き方の探究』（単著），風間書房，2008 年。
『ボルノー教育学入門』（単著），風間書房，2012 年。
翻訳　V. E. フランクル著，山田邦男監訳，『制約されざる人間』（共訳），春秋社，2000 年。
ジョイ・A・パーマーほか編著『教育思想の五〇人』（共訳），青土社，2012 年。
『imago 現代思想　四月臨時増刊号』「特集　ヴィクトール・E・フランクル　それでも人生にイエスと言うために」，青土社，2013 年。「実存分析と時代の問題」（ドイツ語，共訳），「意味喪失の時代における教育の使命」（英語，単訳）

教育の本質とは何か
――先人に学ぶ「教えと学び」――

2014年10月20日　初版第1刷発行　〈検印省略〉

定価はカバーに
表示しています

著　者　広岡義之
発行者　杉田啓三
印刷者　中村知史

発行所　株式会社　ミネルヴァ書房
607-8494 京都市山科区日ノ岡堤谷町1
電話代表　(075)581-5191
振替口座　01020-0-8076

中村印刷・兼文堂

ISBN978-4-623-07159-3
Printed in Japan

人はなぜ泣き、なぜ泣きやむのか？——涙の百科全書

人はなぜ泣き、なぜ泣きやむのか？

涙の百科全書

トム・ルッツ［著］
別宮貞徳・藤田美砂子・栗山節子［訳］

八坂書房

CRYING
The Natural and Cultural History of Tears
by Tom Lutz

目次

○本書は、Tom Lutz: *Crying — The Natural and Cultural History of Tears*, W. W. Norton & Company, New York, 1999の全訳である。

○［ ］は原著者による注記、また〔 〕は訳者による注記であることを示す。

泣かねばならぬ理由はいくらでもある、だが、たとえこの心臓が無数の星と砕け散ろうとも、わしは泣かぬぞ。

——ウィリアム・シェイクスピア『リア王』（一六〇六年）（小田島雄志訳）

過剰な悲しみは笑いを呼び、過剰な歓びは涙を呼ぶ。

——ウィリアム・ブレイク『天国と地獄の結婚』（一七九〇年）（長尾高弘訳）

この世の他の事物にあっては、われわれが涙を流すものほどそれだけの価値がなかったり、涙を流さぬものほど本来泣くべきであったりする。

——聖アウグスティヌス『告白』（三九七年）

謝辞

何よりご助言をいただき、原稿を読んでくださったポール・マンデルボーム、リック・マドックスの両氏のご厚意に感謝したい。本書執筆中、それこそ私が命をつなぐことができたのは、リンダ・ボルトン先生、エド・フォルサム先生、ジュディ、ロジャー・エイケンご夫妻、それにご理解、ご支援をいただいたアイオワ大学教養学部と英文学科の方々のおかげである。いつも遠くから、それぞれの形で変わらず励ましてくれる両親ときょうだいたちにも、感謝を述べたい。代理人のメラニー・ジャクソン氏、編集者のジル・ヴィアロスキー氏にはいずれも、どのような本にしたらよいかを決めるのにご助力いただいた。私をここまでに育ててくれたジェシー、ヤーリ、そしてコーディに、今一度感謝する。そしてローリー・ワイナー氏には、涙について書かないかとすすめていただいたことを含め、大変お世話になった。本書を捧げるだけでは足りないほどである。

また私がここまで来られたのも、ベッツィー・アムスター、ハンス・ブレダー、ケン・クミール、アントニオ・ダマシオ、パム・ガルヴィン、ジュリアン・ハンナ、ジェリー・ハープ、デイヴィッド・ヘイ、ケヴィン・コペルソン、サム・ロペス、アビー・メトカーフ、ヴァンス・ミューズ、ジョン・ミラー、スティーヴン・モルトン、E・N・ニエベス、マーサ・パターソン、ドナ・ポール、ジョナサン・ペナー、トマス・シェフ、キャロル・スポールディング、ネッド・スタッキー＝フレンチ、キャシー・ワインガイスト、バーバラ・ウェルチ＝ブレダー、ホリー・ウェルカーの諸氏のお力添えに負うところが大きい。

それから、リサーチやネタ、情報、アイデア提供にご協力いただき、励ましてくださった次の方々に御礼申しあげる。リッチ・アダムズ、アビー・アドーニー、ジョン・アドーニー、キャリ＝エスタ・アルバート、ダグ・アンダーソン、ブリジット・アンドリュー、スザンナ・アシュトン、キャシー・バルマー、ザ・ブルース・パトロール、レオ・ブローディ、ティム・ブライアント、キャスリーン・ディフレー、バリー・グラスナー、ベス・グウィン、マーク・ヘンダーソン、エレン・ジャグ、ジョニ・キンゼー、ポール・クライマン、ジョッシュ・コツィン、ジンジャー・マケラ、キム・マーラ、メアリー・モラン、ジェリー・ニーレーならびにジェリーズ・ビデオの店員の皆さん、スカイ・パルコウィッツ、ジュディス・パスコー、ジョーン・キノネス＝ペルドモ、ローラ・ライガル、ヘレン・ライアン、ニナ・サドコウスキー、ジョン・ステファニアク、アンディ・T、ステイシー・タイトル、ジェニファー・トラヴィス、ビデオ・ジャーニーズの店員の皆さん、トム・ワインガイスト、ジョン・ウィルコックス。

序章

なぜ涙なのか

泣くという行為は、人類共通のものである。いつの時代も、どの文化圏でも、感情の涙が流されてきた。誰でも、どこの国でも、一度は泣くはずである。たとえば、葬儀で人びとが泣くのはどの文化圏も同じで、そうでないのはバリ島くらいだが、そのバリの人びとにしても、人の死を悼んで泣かないわけではない。涙なしの葬式など、儀式が死後丸二年延期されでもしないかぎり、ありようはずがない。世界中どこでも、赤ん坊は腹を空かせたり痛がったりして泣き、子どもも欲求が満たされなかったり思い通りに行かなかったりすれば泣く。時代により、ところによって、感情の表わし方に差はあるとしても、おとなも実にさまざまな理由で、時にはさしたる理由もないのに（という人もいる）泣く。わが国アメリカでは、泣いたことがないと言い切る人（たいていは男性）もたまにいるが、そのような人も子どもの頃に泣いた記憶は必ずあるはずだ。

また泣くという行為は、人間特有のものである。わかっているかぎり、感情の涙を流す動物はほかにない。ゾウが泣く、ということが一部で言われており、たとえば調教師と再会したり、叱られたりしたときに涙を流すのだそうだが、このように珍しい特異とも言える涙については、未だ外部からの裏づけがなされていない。たとえば、ゾウの調教師だったジョージ・ルイスという人が、自伝の中で、サディという若いメスのゾウが叱られたときに涙を流した話を紹介した。以来、このサディは、ほかの生物も感情の涙を流すことの証拠として取り上げられるにいたったが、これだけでは証拠として十分とはいえない。ルイスが長年ゾウの調教にあたっている間に目の当たりにしたというのはあとにも先にもこの一例かぎりで、サディは二度と泣くことがなかったのだから、ルイス自身、自分が見たのが果たして本当に感情の涙だったのか、確信できないのである。プードルが泣いたという話もあるが、飼い主がそう言っているだけだし、アザラシ、ビーヴァー、イルカについても議論はなされているが、どれも立証されているわけではない。『ゾウがすすり泣くとき』という人をからかったような題名の著作で、動物の情動の実態を明らかにしようとしたジェフリー・マッソンとスーザン・マッカーシーでさえ、先のすすり泣いたというサディについて、つぶさに、しみじみと哀感をこめて描いておきながら、その後で、ゾウが現実には絶対に泣かない可能性も大いにあることを認めざるを得なかった。表紙の二頭のゾウも、泣いているわけではなくて、互いに鼻をからませ寄り添っているように見える。こんな鼻をもっているのはゾウだけで、すすり泣くのも、人間だけ。何かのために涙を流すのは、ダーウィンがいうように、「ヒト特有の表現」、泣くという行為は人間の特異性なのである。

それでいて、泣くという行為については、驚くほどわかっていないことが多い。わかっていることといえば、基本の生理学的プロセスの一部や、涙腺や涙管について少々、そしてそれに伴うホルモン活動や、引き金となる主な神経の一部、そしてそれによって活発になる脳のシステムの一部についてだろう。生理学者が感情の涙の化学成分を調べたところ、泣いているとき以外に目を潤おすために出ている基礎分泌涙、ないし生理的涙と称される涙とは、異なることがわかったという。それから、アメリカ社会では、男性より女性のほうが泣くことが多く、そのどちらよりも泣くことが多いのが乳児である。

しかし、それ以上となると、わかっていることはきわめて少ない。心理学と社会学の研究・理論は、興味深くはあるが、互いに相容れないことが多い。哲学的考察も、示唆には富むが、なにしろ哲学という学問の性格上、結論が出ない。歴史、人類学、生理学、神経学のいずれの学問も、それぞれの分野の中での疑問を提起し、それぞれの分野の中での答えに到達するのみだった。一七六〇年には、詩人のエドワード・ヤングが、「大学の講義にない学問」だから、「涙の原理」を研究すべきだと読者に勧めている。現に、涙は最近まで研究対象として驚くほどおろそかにされてきた。悲嘆学や涙学なるものは出現しなかったし、学問の現場でこれらの研究が行なわれることも、涙が科学として扱われることもなかった。もっとも近いものとしては、一九八三年にファン・ムルベ＝デル＝カスティーリョ博士が、医学の下位分野としてダクリオロジーすなわち涙器学が世に出てきたと発言しているが、これも医学誌や議会図書館の件名標目表に掲載されるまでにいたっていない。スウェーデン、アメリカ・テキサス州、オーストラリアの最近の研究では、涙の発生頻度が医師と患者、看護婦と患者の関係できわめて高いことがわかり、医学部や看護学部の履修科目にその対処法を学べる講座がないのは遺憾だとしている。泣くという行為が治療活動の中心になるはずのセラピストでさえ、大学や大学院の課程で特に勉強したわけではないことを認めている。

私たちが涙についてもっとも多くの知識を得ているのは、医学や心理学ではなく、人間が何かと泣きたがることを描いた、詩や小説、ドラマや映画に見られる数多くのシーンからである。こうした文化的な記録は豊富にあるが、それでも疑問点はまだ数多く残る。そもそもなぜ泣くのか。幸福の涙、うれし涙、親が子を誇らしく思う涙、哀悼の涙、挫折の涙、敗北の涙――これらにいったい何の共通点があるのか。勝利、成功、恋愛、再会、祝いのときの、心の内側が外へ表われ出てくるときのしるしが、もっとも深い喪失感を味わっているときと同じというのは、何を意味するのか。なぜある一定の感情をおぼえると泣きたくなるのか、また泣いているときなぜあのような感じがするのか。他人が泣いているのを私たちはどうとらえているのか。涙が神聖とされ、贖いと結びつけられているのはなぜなのか。なぜ、またどうやって私たちは泣きやむのか。どういう場合の泣き方が神経症的、あるいは病的とされるのか。泣けないことが病的とされるのはどういう場合か。正確なところ、涙はいったい何を表わしているのか。

涙は、その意味が理解されないことも多く、泣いている本人にはわかりきっている理由でも、肩を貸してやっている人間には見当もつかないことがある。逆に、周りの人間にはいやでもわかることなのに、涙で目をくもらせている本人はさっぱり気づかないことも少なくない。この喜怒哀楽の合図に、私たちは意味を読み違えたり、戸惑いをおぼえることがある。怒っているのか。傷ついているのか。恥ずかしいのか。理性を失っているのか……。それでいて、私たちはこうした感情の表現をあっさり無視してしまうか、わからないままにしておくこともある。しかし、涙が出ている事実は歴然としていて、その涙に意味のあることはあまりに明白だし、強い感情を伝えようとしていることははっきりしているので、私たちは少なくともそこでこれはどういうことなのかと考えてみる。赤ん坊が泣いたり、激しいやりとりを交わしていた友人が泣きだしたりすれば、差し迫った要求にこちらの意識を向けさせようとしていることにまず気づく。涙は、相手の反応を求めるのである。そして私たちは、慰めや同情の意思表示ではなく、相手の様子をうかがっているだけの愛想のない態度にはなっても、ほとんどの場合それに反応を示している。

涙の中には、その意味するところが一見して明らかなものがある。膝をすりむいたときの子どもの涙、子を亡くして泣く親――こうした涙は、その意味を読み取るのに、わざわざ考えをめぐらしたり、思い悩む必要はない。涙が出ているのを見て、ああそうかと、その意味するところを理解する。しかしこのようなときでさえ、私たちが他人の涙に対して取る反応は、どこかその場で取り繕ったものになる。相手が泣くことがはじめからわかっている場合、たとえば葬式のときに、泣いている会葬者に対してじかに言葉をかけることを求められれば、どうしてよいかわからなくなってしまう人が多い。泣くという行為はたいていの場合、複雑な「抑えがたい」感情をどうしても言葉に言い尽くせない、千々に乱れた思いを明確に表現しきれない、まさにそのときに起こるようだ。泣くときには、感情が思考を上回り、言葉で表現する能力が、涙というジェスチャーによる言語に圧倒されていることがわかる。

涙が、言葉による表現を押しのけるということであれば、その意味を言葉に表わすのが難しいのも驚くにあたらないわけで、こうしたわかりにくさに輪をかけているのが、泣き方の種類と原因の多さである。なにしろ涙は、見ていて嬉しく、あるいはしみじみと感じられることもあれば、危険、不可解、あるいは見せかけだけと思えるときもある。どの文化圏にも、いわゆる「空涙」のように、単なるエチケット違反ではなく、倫理違反になるものがあるし、中世のキリスト教会の司祭の場合のように、泣く行為が聖なるものとみなされることもあった（「恵みの涙」は、神からの贈り物であると同時に、神への捧げ物と考えられていた）。十八世紀ヨーロッパの上流社会では、泣くことはその人の徳の高さ、たぐいまれな心の細やかさの表われとされていたし、時代が変わり、スタン・ローレルやアート・カーニーをはじめ多くの喜劇俳優が泣きを見せるころには、涙はときに辛辣な、ときにそうではない笑いを提供してくれるものとなった。

このように、涙は多種多彩ながら、共通の糸に結ばれてもいる。赤ん坊が泣き出すのはミルクや安心を求めるサインであるのと同じで、涙は普通、欲求や願望、ないしは訴えのサインである。ある種の鬱病にかかっている人が泣いたりしないのは、欲求がかなえられる望みをすべて絶たれてしまったと自ら判断しているからこそといえる。すっかり孤立し絶望的になり、泣く気も起こらなくなったのだろう。欲求がなければ、涙は出ない。深刻な育児放棄を受けた子どもも、鬱病患者のようにそのうちにまったく泣かなくなる。ほったらかしにされるのではないかと不安になってむずかったりするのは、そうすることで抱き上げてもらえると信じている赤ん坊である。

混ざり合った情動、あるいは相拮抗する願望が同時に起きて——たとえば不安と願望、希望と絶望——涙が出る引き金になることも少なくない。恋人たちが流す涙は、相手の愛情を求める気持ちの表われであると同時に、その愛情を失うことへの不安の表われであると考えられる。人と死別して流す涙は、できることなら時間を戻し、奇跡を起こして失ったものを取り戻したいという願いと同時に、そんな願いはけっして叶わないという辛い認識を表わしている。喜びの涙、歓喜の涙は、この幸福なひとときがいつまでも続いてほしいという願いを表わすものと考えられる。そんなひとときなどあっけなく終わり、またすぐにつまらない日常が戻ってくることがわかりきっているからで、つまりそういった日常から逃れたくて泣いているわけでもある。

ファン・アイクの絵画『キリストの磔刑』（一四二〇年頃）では、何世紀にもわたるおなじみのレトリ

当時もっとも写実的な画家として知られたファン・アイクは、騒ぎの中心から離れたところで涙を流す人々を描いている。

ヤン・ファン・アイク
『キリストの磔刑』(1430年頃)
ニューヨーク、
メトロポリタン美術館蔵

ックを見ることができる。前景では女たちがひとかたまりになり、その背後でキリストが十字架につけられている。一人が十字架を見上げ、ほかの女たちは顔を背けている。瀕死のキリストを見つめる女は深い悲嘆に暮れているように見え、ほかの者たちは背を向けて涙を流している。この女たちの姿は、同じ場面を描いた無数の絵画に繰り返し登場する。たとえば、この絵の百年後にヘラルト・ダヴィットによって描かれたキリスト降架では、マグダラのマリアが涙を流さず、キリストの手に口づけをして嘆いている一方で、聖母マリアは下を見つめたまま、自分の悲しみと喪失感にひたって泣いている。これより初期の、十五世紀にコンラート・ヴィッツの弟子が描いた『ピエタ』では、二人の女がキリストの遺体に付き添い、三人目の女は目をそらして泣いている。これらをはじめ、多くの似た絵画でも、泣いていない女のほうが悲嘆に暮れ、遺体に釘付けになっているようで、泣いている女はむしろ目をそらしていたり、うつむいていたりする。泣くことによって、人は苦しみの原因から目を背け、内へと向かう。外界から離れ、自分自身の肉体的感覚、感情・意識へと向かう。いわば外界が、あるいはとにかく外から入ってくる情報を処理する能力が、感情に負けてしまうのである。

つまり、涙は複雑な、相容れない願望の表われだし、私たちが泣くのは、少なくともいくらかそれで気分がよくなるからである。涙に浄化作用《カタルシス》があるという説は、アリストテレス以前からあり、泣いた後すっきりするのは、涙によって可能になる「発散」のためだという。発散するというより、涙が感情を方向転換させると言ったほうが正確かもしれない。私たちの注意を思考から体のほうへ移すことで、泣くという行為は、私たちが感じている心理的苦痛を、そのことから注意をそらさせるだけで洗い流してくれる。不思議の国のアリスが小さくなって、自分が落とした涙の池で泳いだように、私たちが流す涙

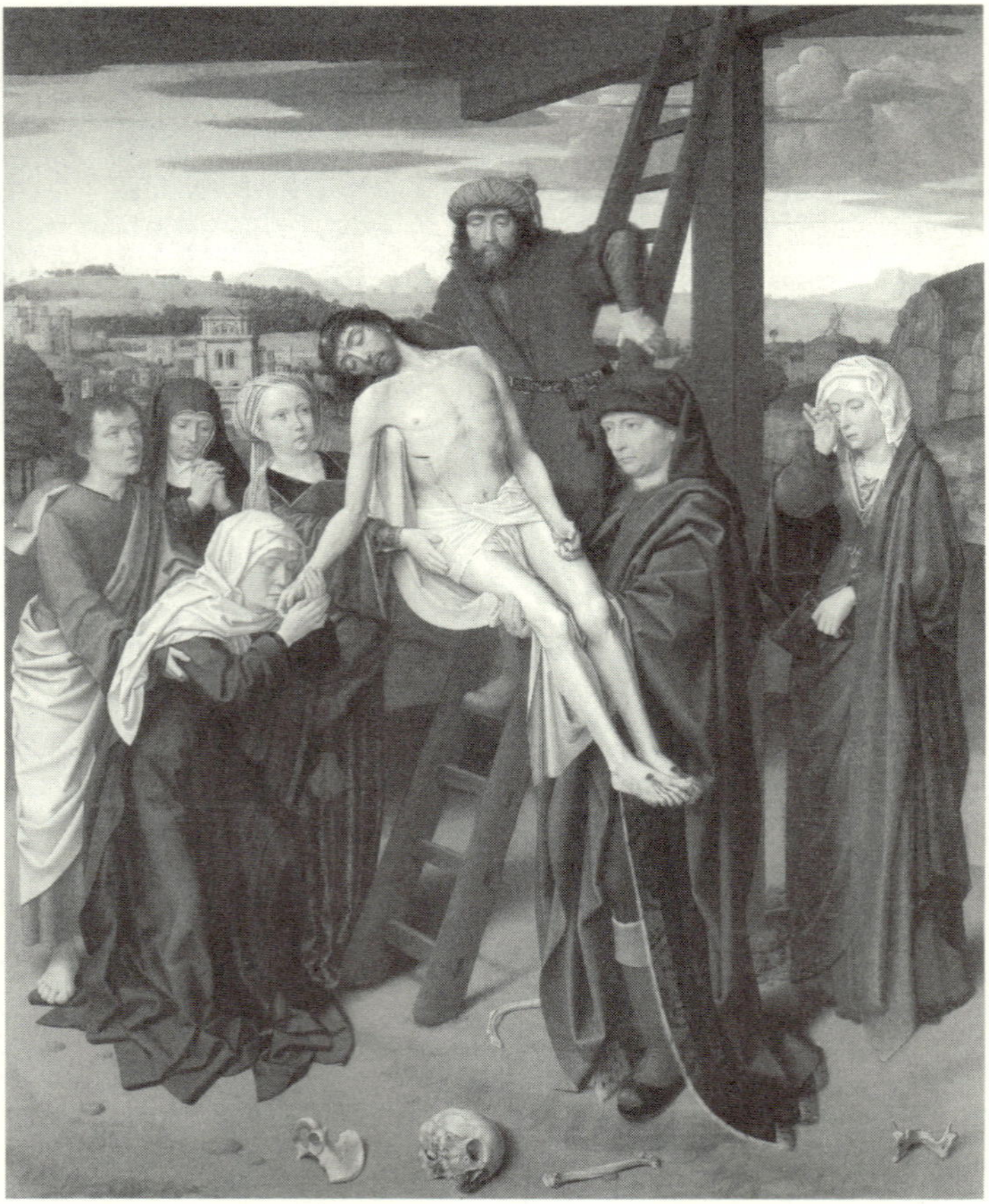

泣いていない人々が亡骸に寄り添い、泣いている女は離れたところに立っている。

ヘラルト・ダヴィット『キリストの降架』(1520年頃)
ニューヨーク、フリック・コレクション蔵

近代初期およびルネサンスの絵画において、涙はもっぱら宗教的な主題だった。泣いている女性が悲劇から目をそむけるこの場面は、何百回となく描かれてきたものである。

コンラート・ヴィッツ派の画家『ピエタ』（15世紀）
ニューヨーク、フリック・コレクション蔵

は、たとえ苦しみの表われであっても救いにもなることがある。あるいは、泣くと気が晴れるのは、泣くこと自体気持ちがよい、つまり肉体的快感が伴うためだということもある。このことは、古代バビロニアから十三世紀の日本、十八世紀のヨーロッパにいたるまで、さまざまな社会でよく知られていた。そしていま、『タイタニック』を見てまた泣こうとする若者があとを絶たないことからも、私たちは涙を流す快感を再認識しようとしているところなのかもしれない。

そうだとしても、それは一面でしかない。「私の言葉は私の涙である」とはサミュエル・ベケットの弁だが、多くの人にとってはその逆も真だろう。涙は一種の言語形態、コミュニケーションの基礎的な、ときに原始的な形態である。泣くという言語は、多種多様な目的を達することが可能で、悲しみばかりでなく願望を、わかってもらいたいという願いばかりでなく、知られたくないという願いを伝える。空涙を使えば、人を陥れることも、混乱させることも、ゆすることも、騙すこともできる。私たちは誰もいないところで泣くときでさえ、目に見えぬ相手がいることを想定している。このうえない悲しみに暮れているときでさえ、自分の涙が周囲の人間に及ぼす影響をよく心得ている。

こうしたコミュニケーション機能を備えているからには、涙が無言のジェスチャーと音声という次元のままで終わってしまうことはめったにない。涙はたいてい意味解釈を求めるもので、これを説明するためには、必然的に言葉に戻っていかなければならなくなる。言葉には実にさまざまな類語や言い方があるため、泣くことをタネにした表現は無数に生まれた。「ミルクをこぼして泣いてもはじまらない」(「覆水盆に返らず」と同じ)、ジャズの名曲「クライ・ミー・ア・リヴァー」、「目もつぶれるほど泣く」、

「泣いて慈悲を請う」、「読んで泣け」、「大人の女は泣かない」などなど、こうしたキャッチフレーズや慣用句、それに歌詞は、涙の文化の一面を表わしているが、私たち自身、泣くことについて解釈し、経験する際に、逆にこうしたフレーズの影響を受けているところがある。涙がこのようにとらえどころがないのも、泣くことをめぐる文化が、人生においてもっとも大事な営み、すなわち生、恋愛、性、死をめぐる文化と同様に、ごてごてと複雑なものに発展してしまったことと無関係ではなく、これらの営みをめぐる文化の場合と同じで、説明をして納得のいくときもあれば、かえってわからなくなることもある。

たとえば、一八三八年にチェロキー族がジョージア州からオクラホマ州に強制的に移住させられたときの行程は、必ず「涙の道」と呼ばれる。しかし似たような強制移住でも、ホロコーストで行なわれたものは、「死の行進」と呼ばれている（もっとも現在のドイツでは、東側から西側への玄関口となったベルリンのフリードリヒシュトラーセ駅を「涙の宮殿」と呼んでいる）。「涙の道」というと、チェロキー族の死の行進の恐ろしさを感傷過多に取り上げて悲しみを強調しており、飢餓や残虐行為よりも、むしろインディアンたちの心の持ちようがどちらかといえばやわだったことの方が目立ってくる。百年後には、テレビのゴミ散乱防止キャンペーンでインディアンの酋長が涙を流す映像が使われたが、これなどは、アメリカ先住民が奪われた土地と特別なつながりがあるという考え方だけでなく、自然そのものとも特別な心のつながりがあるという考え方を利用したものだった（涙を流すインディアンという設定は、今年コマーシャルとして復活するはずであったが、反対にあって中止になった）。どちらの場合も、涙は提喩（一部で全体を表わす比喩）として使われており、反駁を許さない議論を提示するねらいを持っている。

こうした比喩、イメージ、議論が文化の中で増殖していくことから、涙そのものの解釈も進化し続ける。いつの時代も、どこの国でも、涙の意味が純粋だったことはまれで、単純だったためしもない。したがって、涙という言葉を簡単に翻訳することは不可能である。できることといえば、涙を各種の言語、たとえば歴史、生理学、心理学、社会学、人類学、文学、哲学といった各分野の言葉に翻訳することだけで、それを以下の章で実践していく。いずれの分野も、泣くという行為の奥行き全体に焦点を合わせるわけではないが、それぞれがそれなりの明確さは得ていると思う。

涙は万代にわたって神話、宗教、詩、小説において重要な要素だったが、涙そのものを明らかにし、解釈しようとした文献は、最近まで異常なほど少なかった。おそらく、人間の基本的な営みのなかで、これほど直接的かつ持続的な関心が向けられてこなかったものものほかにないだろう。たとえば、笑いについて書かれた本が十あるとすれば、涙について書かれたものの割合は一にしかならない。総括を試みた書は生理学者のウィリアム・フレイの『涙――人はなぜ泣くのか』(一九八五年)一冊きりで、それ以外ではアーサー・ケストラーが一章分を割いた『創造活動の理論』(一九六四年)、それに精神分析医による著作が二点、特定の世紀のみ取り上げた文学評論が五、六点見られるばかりである。

これらはほとんど最近十年間に出版されたもので、この十年の間には社会心理学者、生理学者などによって新しい傾向の論文も専門誌上で発表されている。実のところ、人文学・科学双方が情動研究のルネサンスのまっただ中にあるといってよく、ここから明確な展望と面白い洞察(恒久的な洞察にはとうていならないにしても）が生まれることは間違いない。科学者と人文学者で意見が食い違うのは、この世界ではよくあることだし、それぞれの分野の中でも、基本的な問題で意見の不一致が広く見られる。科学者には、涙に含まれている化学物質と蛋白質は、濃くなると鬱病や潰瘍の原因になるので排出しなければならず、したがって泣くという行為は排泄の一形態であり、排尿行為と変わらないという人もいれば、涙は情動の過剰な高まりによって加熱ないし充血した目の冷却装置にすぎないとするダーウィンの説を支持する人もいる。また、心理学者、人類学者、哲学者の中には、泣くことが健康と成長のしるしであると考える人もいる一方で、日常から泣くという行為をなるべく排除すべきだと説く人もあり、さらにはいつまでも理性的に暮らせるように、情動を徹底的に廃棄したユートピアを夢想する人までいる。

こうした新しい傾向の研究は、大半がかつては不可能だった高度な手法・測定法を用いて行なわれたもので、これらの研究から明らかになった点がいくつかある。その一つは、泣くという行為にいくら共通点があっても、また葬儀、結婚式、別離など、いくら機会に類似性があっても、時と場所によって、また時と場所が共通していてもその主体となる集団・個人によって、解釈が著しく異なっているということ。心理的、社会的、政治的、文化的に掘り下げていったとき、泣くという行為が持つ意味は絶えず変化し、互いに相容れないことが少なくない。

涙について研究する人は、専門科学や専門学問の厳密さで、このごった煮のように見方が一定しないものの一面だけを分析するきらいがある。他の学問分野の場合もそうだが、このような専門化は弊害を伴う。ごく一部の例外を除いて、心理学者は人類学者や社会学者の論文を読まないし、社会学者は歴史学者の論文を読まない。人類学者、歴史学者、文学研究者はえてして互いの著述だけ、それも選ばれた少数のものしか読まない。基本感情というカテゴリーを打ち立てた認知心理学者も、そのようなカテゴリーはどうしても一定の文化、言語に固有のものになるという言語学者の主張など頭にはないらしい。人類学者は、研究対象にしている社会の情動文化を「西欧的」な情動の解釈と対比させるが、それではプラトンからダニエル・スティール〔現代のベストセラー作家〕にいたるまで、ずっと一つの固定した考え方がつらぬかれているといっているようなものである。たとえば、「情動」は西欧では「女性」に関連するものだと一部の学者は言うが、それも男性の「感性」やそれに伴う涕涙の歴史を知らないから、中世の戦士や修道士が涙を流したことが描かれている膨大な記録文学を知らないから、オデュッセウスやアエネアスのような古代の英雄戦士の情動表現を知らないからだろう。異領域の知の間で成果の交換がろくに行なわれていないことは、ある理論の熱狂的支持者がさまざまな学派の取り組みをことごとく否定することに何の疑問も持たない点に、もっともよく表われている。その好例が「社会構成主義」といわれる大きな流れで、こうした人びとは、文化というものはすべて社会的に構成されると考えているため、生理学や人の行動の経験的基盤を解釈しようとする他の試みを、語るに足らずとしてかえりみない。こうした誤った判断が広がり、さまざまな学問分野に影響を及ぼしている。それゆえ、いまや生理学者によって、泣くという行為と緊張の軽減の関係がきわめて詳細に明かされているにもかかわらず、精神分析医はこうした発見を医療の現場や理論に取り込むことなく、生理学者が十年も前に廃止してしまった解釈を相変わらず採用し続けるという結果になる。

本書では、芸術や科学のさまざまな涙のとらえ方を紹介し、それぞれの視点の有用性、その歴史、そして欠点について説明したつもりである。私自身、人文系の出身なので、どうしても文学書や哲学書の内容の豊かさ、複雑さを偏重してしまうところがあるが、科学系の文献もひとしく無視できないもので、両者の併用が必要だと感じている。そこで、第一章では、涙の歴史の中で、一種の快楽としての涙、宗教的表現としての涙、そして英雄戦士の基本的な行為としての涙というように、三つの異なる要素を追った。第二章では涙の生理学とその歴史を、第三章ではこの百年の涙の心理学を、第四章では涙の社会学について概観する。第五章では、他の文化の儀式で流される涙について人類学の観点から見た報告と、私たちの文化において人の死を嘆くことがどう考えられているかに焦点を当てる。第六章では、涙の使い方、たとえば政治やロマンスに涙を利用する法、また泣くことによって私たちの世界観がどう変わりうるかということに着目する。そして第七章で文学や芸術作品に見る涙の歴史をながめた後で、私たちがどのようにして泣くのをやめ、またなぜ泣きやむのか、あるいはなぜ泣きやめないときがあるのかについて述べ、本書の結びとしたい。

今日、泣くということについてどのようにとらえているかをたずねてみると、アメリカ人の大半は、二つのグループのどちらかに該当することがわかる。泣くグループとドライなグループである。ドライなグループ（泣くグループと比べるとごくごく少数の人びとで、ほとんどが男性といっていい）では、泣く行為について理屈や解釈を口にすることを気恥ずかしく感じているきらいがあり、泣くグループは、饒舌な理論家の傾向があった。泣くほうでは、たいていの人が泣くということはじつに不思議な行為だとしながら、それだけは確かだと思われる点がいくつもあると主張する。すなわち、泣くのは「本人にとってよい」ということ、「鬱積していた感情が解き放たれる」こと、そして存分に泣くことが健康によいことは間違いないというのである。こうした長所は、不思議ではなく、常識なのだという。

ドライなグループや、泣くグループに属している人でも泣いていないときには、涙を不名誉に思うふしがある。泣く人というのは、感傷的すぎるとか、ヒステリックであるとか、計算高いとか、「情緒障害」であるといった見方である。私たちも、自分の涙についてこのように否定的に感じることが多い。感情の波が去ると、当のできごとについてはせいぜいあいまいな記憶が残るだけで、精神状態が次の段階に入ると、私たちは自分の涙を改めて見直すといったことをよくやり、泣いていたときに感じたほど切迫したものではなかったことに思いいたる。泣いているときに自分の涙の本性を顧みると、たしかにふっと流れがせきとめられ、心の乱れが別のところへ発散されるような効果をもたらすことが多い。

そうすると、今度は別の大きな疑問がわいてくる。泣く理由はわかったとしても、ではなぜ、泣きやむのか。涙が不思議なのは、ただ単にきまったように繰り返し、それもきまって不意に出てくるからではない。こそ泥さながら、突然どろんをきめこむからでもある。涙は、物理的に見えるもので、目にしてしまったら無視するわけにいかないうえに、あっという間に消え失せることができ、後には結晶の痕がわずかに残るばかりだから、複雑なのである。私たちの感情生活の証の中で、涙ほど実体がありながらはかなく、誰の目にも明らかでありながら不可解なものはないだろう。

第一章

喜びの涙、恵みの涙、英雄の涙

一七五五年の作者不詳のイギリスの小論『人――人類を高めるための論文』は、人間性を向上させるためのさまざまな考えを紹介したものだが、その中に、「精神的な涕泣」が役に立つというものがある。

涙を流すという行為は、大きく分けて本物と偽りのもの、あるいは肉体的な泣きと精神的な涕泣の二種類あると考えてよいであろう。肉体的な泣きは、これを生起するものとして、心の中に実質対応する観念があるわけでも、純粋かつ多感な感情があるわけでもなく、ただ人体の仕組みによって起こる。これに対し精神的な涕泣は、人間性を高める心の中の本物の思いやり、気持ちから出るもので、また必ずこれらを伴う。一方、偽りの涕泣はきまって人間性を卑しめる。

この文章でも、人類の歴史を通じてもそうだが、涙にはよい涙と、「本物」でないものなど卑しむべき涙があるとされてきた。人の名誉になる涙もあれば、品格を貶める涙もある。こうした区別は、昔話や中世の修道院の物語、宮廷文化、そして現代の映画や状況喜劇の中で繰り返し取り上げられており、泣くという行為の文化史の永遠のテーマの一つになっている。「よい泣き方」と卑しい泣き方という区別はつねに存在し、これからもなくなることはないといえそうだが、何をもってよい泣き方とするかは、時代とともに変化している。たとえば、若い女性がレストランの床にしゃがみこみ、お許しくださいと言いながら父親の足に涙をこぼしたとしたら、十八世紀のイギリスの旅籠《はたご》で居合わせた人やその当時の小説の読者のように、それで当然だとか、心温まる光景だなどと感じる人は、まずいないだろう。同じことは、私たちが涙についてほかの判断を下すとき、たとえばその涙が自然なものか度を超しているか、本物か計算されたものか、気持ちをよくあらわしているか芝居がかっているかを判断する場合にもあてはまる。

生活史の専門家ならよく知っているように、俗事というのは、政治や外交や技術改革とは違って、歴史を見直すのに役立つものではない。生活のこまごまとしたできごとは、何かのついでに記録されるだけで、史料というものがあまり残らない。たとえば食文化史の場合、それらの歴史家が食べ物についての記述を拾ってこられるのは、食事の合間合間に交わされる会話のほうに重点を置いた日誌や小説や日記等の資料しかない。情動の歴史の場合、さらに障害となるのは、情動のやりとりの多くが、その時代の暗黙の知識、言いかえれば妥当性と意味の法則に依拠していることで、そういった法則はいかにその時代にうまく適合し、情動表現として豊かなものであるにせよ、ほとんどの人はそれを改めて法則として意識することはないし、はっきり口に出すことはましてや少ないのである。中世の生活史研究で有名なヨハン・ホイジンガが指摘しているように、情動の描写は誇張される（あるいは抑えぎみになると付け加えておこうか）きらいもあり、したがって人びとが地面にしゃがみこんですすり泣いたという記述があるとしても、文字通り人びとが実際にそうしたという意味には必ずしもならない可能性がある。加えて、場所や時代を問わず、同じ文化や価値観を共有する人の間でも、一つの情動反応や表現が実にさまざまに解釈されるのが、歴史家を悩ませることはなはだしい。ローストビーフはローストビーフ以外のなにものでもないが、涙を流すこととすすり泣くことの違いとなるとはっきりしない。泣くという行為はつねに本物とはかぎらないし、本物であっても悲しみのしるしであるとはかぎらない。

したがって、ここで紹介するのは歴史というより関連する逸話を集めたもので、各時代の涙の意味を明らかにしていくことよりも、いったん慣れ親しんだ涙のイメージを離れ、涙は自然のものだという今世紀の解釈を払拭して、あえて奇異なもの、意外なもの、特異なものに映るようにした。包括的な研究を行なった数少ない歴史家諸氏の著作（フレミング・フリース・ヴィトベルクの旧約聖書の涙の研究、サンドラ・マクエンタイアの三世紀から十世紀の「神聖な涙」の歴史、マージョリー・ラングの十七世紀イングランド研究、そしてシーラ・ページ・ベインとアンヌ・ヴァンサン＝ビュフォーの十七世紀・十八世紀フランスの涕泣の歴史）にもある程度助けを得ている。そして、あえて泣くという行為の三つの側面、つまり三種類の「よい」涙である英雄の涙、心からの涙、喜びの涙だけにしぼった。

「ワインのように飲み」――甘美な涙

涙に関する最古の記述は、紀元前十四世紀のカナンの粘土板に彫られている。これは、考古学者の手により出土した北西シリアの村の名をとってラス・シャムラ文書と呼ばれており、紀元前十三世紀はじめに地震で壊滅した古代都市、ウガリットの粘土板やその断片からなっている。ウガリットは、古代ギリシアや他の文献には文明と学問の進んだ有名な都市として登場しているが、正確な場所については、一九二九年にラス・シャムラでウガリットの墓が発見されるまでわかっていなかった。その後の発掘調査で見つかった文字板に、古代中東の複数の文化で崇められた大地の神、バールをうたった物語詩が彫られていた。その断片の一つで、バール神の妹、処女神アナトが兄の死を知ったときの話が語られる。当然、この知らせを聞いたアナトは涙を流す。定評ある翻訳によると、アナトは「飽くほど泣きつづけ、涙をワインのように飲んだ」という。この史上最古の涙の記述は、涙が悲しみによってもたらされること、そして満腹感や、一種の中毒状態さえ引き起こすことを示唆している。

翻訳にあたった学者のヴィトベルクによれば、ここで語られているバールとアナトの物語は、ヘブライ以前の古代カナンにあった笑ったり泣いたりする儀式に関係があり、その名残りと思われるものは旧約聖書など多数の文献に出てくるという。春に行なわれるこの儀式は、部族の全員が砂漠に移動し、そこでまずはゆっくりうめき声を出したり叫んだりすることからはじまり、しくしくと泣きだしたのがすすり泣き、むせび泣きに変わる。それから何日かすると興奮してヒステリー発作を起こしたあげく、げらげらと笑いだし、それが忍び笑いに落ち着いていって、日常に戻る。こうした儀式では、狂ったように泣くことと騒々しく笑うことは、対極にある情動表現ではなく、一つの連続体の一部であり、情動表現を基本的な喜びと社会的結束のみなもととする考え方にもとづいていた。

泣くことは、物語の中で強力な効果も発揮している。アナトの涙で、バールが生き返るのである。エジプトのオシリス神の死の物語でも、似たようなことが起きている。女神イシスは、兄のオシリスが死んでいるのを見つけ、その体にすがって泣くのだが、その涙もまた、死んだ神を生き返らせる。同じようなことは、メソポタミアの神マルドゥクとタマス、イシュタルとギルガメシュの物語でも語られている。こうした神話はどれも、季節ごとに行なわれる儀式に関係があり、神の死は秋と収穫を、涙はとりわけ春雨とともにやってくる再生を表わしているという説が、学者の間では長く唱えられてきた。

しかし、涙と再生や新しい生命との結びつきは、春分の祭りだけにとどまるものではなかった。ヘブライ人がカナンの地に移住したのち、バール神を崇める人びとから採り入れたと思われる泣く儀式は、旧約聖書にその名残りを見ることができる。「涙と共に種を蒔く人は／喜びの歌と共に刈り入れる。／種の袋を背負い、泣きながら出て行った人は／束ねた穂を背負い喜びの歌をうたいながら帰ってくる」と「詩篇」の作者は記している。旧約聖書の「涙とともに蒔く者は、喜び叫びながら刈り取ろう」というこの教えは、新約聖書でも改めて強調されている。「ルカによる福音書」の「今泣いている人びとは、幸いである、あなたがたは笑うようになる」や「ヨハネによる福音書」の「あなたがたは悲しむが、その悲しみは喜びに変わる」では、この主題を神話的背景から浮かび上がらせ、改めて日常の原則として取り入れている。このくだりの種蒔きと刈り入れは、生命の営みを暗示しており、それを「詩篇」第四二篇は「昼も夜も、わたしの糧は涙ばかり」と表現する。ここで「詩篇」の作者は、単に複雑な霊的たとえを出しているのではなく、感情の涙を総体的にとらえ、涙には滋養があり、糧になることも示唆していることになる。

泣くことが糧となり喜びであるとする変容の儀式・原理のたぐいは、ギリシアの史料にも数多く登場する。ホメロスの『イーリアス』では、「悲しみにひたりたいという思い」や「悲しみにひたって満足すること」について語られている。古典学者のW・B・スタンフォードによれば、ホメロスの詩には、たとえ話の内容が痛ましくても、聴衆が心地よく聞ける作用があるという。たとえば、吟遊詩人デモドコスがトロイアの馬の話をしたとき、オデュッセウスは失った仲間や時間を思い出し、辛い思いをするにもかかわらず、心地よい涙にひたる。心地よい涙は、こうした美的なものに対する反応にとどまらない。メネラオスは、戦争で死んだ者たちを思うときの気持ちを、次のようにオデュッセウスに〔訳注─著者の誤認。オデュッセウスにではなく子のテレマコスらに対して〕語っている。「館に坐っていくたびもすべての者を歎き悲しんではいるが、ある時には悲嘆の中に慰めを見出し、ある時には歎きをやめる。人はすぐに冷たい悲嘆に飽きるものだ。」（高津春繁訳）メネラオスは悲しみ以外どんな感情もおぼえず、そのうちに涙が出てきたので、飽きるほどどっぷりとそれにふけったということだから、ここでの涙は悲しみの補償になっているところがあり、浄化とは逆のものになる。もっとはっきり書かれているのは、エウリピデスの『トロイアの女たち』である。

涙のなんと心地よいことか、悲しみの歌のなんと甘美なことか。
飲み食いをするより、わたしは悲しみの歌を歌おう。

ここでは、「悲しみにひたりたいという思い」にあたるのが喜びと甘美な満足感を求める気持ちであり、食べ物や飲み物より充足感があるとされている。涙を流すことはきわめて心地よいもので、歓喜で「震える」こともあるという。

紀元一世紀のローマの哀歌では、涙を流す喜びは恋愛の喜びと結びついていた。涙を美しさのしるしとしてとらえ、「飾りになる涙」（lacrimaeque decorae）によって泣いている人が恋人の目にいっそう美しく映ると語ったのは、おそらくウェルギリウスの『アエネイス』が最初だろう。若い男が涙を誘惑として使えることをはじめて示唆したのは、オウィディウスだった。「涙もまた有効だ。涙があれば、どんなに堅固なものでも動かすことができる。できることなら、頬を涙でぬらして女に見せてやることだ……自分の涙を女の乾いた口にふくませてやるのだ。」オウィディウスは、泣くのが苦手な女性は空涙を流すことを覚えたほうがよいとも勧めている。こうした涙は、なにしろ相手を口説き落とすためのものだから、喜びを与える効用があるが、そもそも口説き落とすのに使えるのは、涙が喜びと結びついているからだろう。同じ紀元一世紀の詩人、プロペルティウスが書いているように、「恋しい女の目の前で泣ける男は幸いだ。恋はあふれでる涙を大いに好む」のである。

涙によるこのような恋の喜び、滋養、満腹感、自己陶酔の概念は、西欧の歴史を通じて散見される。涙を流すことの喜びは宗教的なものからきている場合が多く、痛み、悲しみ、苦しみいったものとはそれほど関係がないことが多い。聖トマス・アクィナスは中世の大作『神学大全』(一二六七～七三年)で、涙が苦しみを和らげることができるかという疑問を呈し、快いものであるからできるという結論に達している。まず、涙が悲しみを和らげるのは、「有害なものは閉じ込めて出さないようにしているとなお有害である……ところがこれを外へ逃がしてやると、霊魂の目ざすものはいわば外のものへと分散し、心のうちの悲しみが軽減される」からである。言い方を換えると、気分がよくなるのはマイナスの感情が「分散する」からということになる。次に、「その人の気分に準じていてそれに見合っている」行動は「その人にとって必ず快い。さて、涙とうめきは悲しんでいる者あるいは苦しんでいる者に見合った行動である。したがってそれらはその人にとって快いものとなる」。笑いはそのときの心の状態に見合っていれば快いものであり、涙を流すこともまた同様なのだという。

しかし、アクィナスもカトリック教会の嘆きの考え方には別の側面があることをよく心得ていたはずで、それだけではいささか率直さに欠けるとのそしりを免れまい。初期のキリスト教会の聖職者は、涙にはいくつもの種類があるとして複雑な説を打ち立てていた。ある説では、涙は痛悔の涙、悲しみの涙、喜びの涙、恵みの涙と四つに分かれており、また別の聖職者は若干異なる分類を行なったが、どの説にも必ず甘美と喜びに満ちたあふれた涙というカテゴリーが含まれている。『告白』第四巻で、聖アウグスティヌスは次のように問いかける。「人の死を悼み、涙を流し、悲しみ、嘆くなど、人生の苦い刈り入れで取れる果実がこのように甘いのはどうしたことか。」涙が甘美なのは、神に気づいてもらえる可能性があるからなのかとアウグスティヌスは考える。「それとも泣くこともやはり苦いものであるのに、以前は愉快だったことに嫌悪感を抱くようになると、その嫌悪が続いている間だけ快いと感じるようになるだけのことだろうか。」アウグスティヌスは「なぜ涙は悲しんでいる者にとって甘美なのか」と神に問う。四世紀に聖ヒエロニムスがエウストキウムに宛てた書簡では、宗教的な喜びの涙が描写されている。「大量に涙を流した後で、天を仰いでじっと目を見張っていると、天使の群れの中にいるような気がしてくるときがあります。」ヒエロニムスはそう読者に語りかける。それで「嬉しく晴れやかな気持ちになって歌う」のだという。六世紀の教会指導者、聖グレゴリウス一世（グレゴリオ聖歌で有名な大グレゴリウス）は、泣くことを「グラティア・ラクリマールム」と呼んでいるが、これは恵みの涙、あるいは涙という賜物のどちらとも解釈できる。フェカンのジャンは、次のように神に祈った。「涙のの「詩篇」の注釈で、「嘆くことは魂の糧になる」と、涙で腹が満たされるという考え方を裏づけるようなことを書いている。また、フランスの歴史家ジュール・ミシュレによれば、聖王といわれたルイ九世が「涙の贈り物」を受け取るとき、その涙はいつも「心ばかりでなく舌にも美味で楽しいものに思われた」という。セビリャのイシドルスは七世紀に行なった「詩篇」の注釈で、「嘆くことは魂の糧になる」と、涙で腹が満たされるという考え方を裏づけるようなことを書いている。

E・M・シオランはこれを「官能の苦しみ」と呼んだ。ルーマニア出身でパリに住むシオランは、一九三七年に初版が発行された『涙と聖者』の宗教的感情の考察で、泣くこととの官能的快楽を中心に取り上げている。聖者の姿が後世の人びとを惹きつけるのは、彼らの信仰心の厚さ、業績、尊さゆえではなく、その苦しみに認められる官能性、涙によって表わされた官能性ゆえであるとシオランは考える。「もしも涙がなければ、私たちは聖者というものには、せいぜい中世のどこかの小さな田舎町で起きた政治的策略と同じ程度の関心しか示さないだろう。」シオランによれば、涙のもたらす「幸せな無知」が聖者の喜びとなるのは、泣くことによる「忘我の炎がいっさいの知的活動をほろぼすからだ」という。そしてニーチェの「涙と音楽を私は区別することができない」という言葉を引いて、「涙は音楽を形にしたものである」と、涙も音楽のようにそれだけで芸術の一形態であること、美化された体験であると同時に、美化された作品であることを示唆している。涙をプラスチックの真珠のようにモデルの頬にのせて様式化したマン・レイの有名な写真も、シオランの著書と同じパリの文化から生まれたもので、美としての涙と体験としての涙との関係を強調すると同時に、その区別を曖昧にしている点に、シオランとの類似がうかがわれる。

このようなモダニズム的な涙の美化も、その端緒はウェルギリウスの「飾りになる涙」に遡ることが

マン・レイの写真は典型的なモダニストの涙の表現だろう。

マン・レイ『涙』（1932-33年）

できるのだが、中世の聖者、修道士、神秘主義者にとっては、涙は現実であり実のあるものにほかならなかった。涙は美ではなく体験で、聖アウグスティヌスが言ったように「神の柔らかな枕」に頭を埋めるのにも似た官能的なものであるにせよ、悔悛や痛悔で流される苦く熱く苦しい涙のように不快なものであるにせよ、とにかくなんらかの体験に結びついていた。十四世紀のイギリスの神秘主義者ウォルター・ヒルトンが『愛の棘』（一三七五年頃）という奇矯な題名の書に示したように、苦い涙が甘美な涙に変わることもある。「葡萄の木の水分が太陽の熱によってワインになるように、苦い涙もまた愛の情熱によって心の慰めというワインに変わるのである。」神秘主義者の甘美な涙も、美的なものに対する反応としての涙と大差ない場合もあった。一四三〇年代にイギリスで女性としてはじめて自伝を著した（実際のところは口述した）マージョリー・ケンプは、トランス状態の中で神々しい音楽を聞いたといい、そのときのことを次のように述べている。「それはこの世で聞くどんな旋律よりもすばらしく、どんなものとも比べようがないほどだったので、それを聞いたこのしもべは、おおいにむせび泣き、天の至福を渇望して、心からの敬愛の涙をとめどなく流した。」

こうしたイメージは、十七世紀になっても宗教作家によって使われ続け、いっそう強くなっている。ヘンリー・ホーキンスは『パルテネイア・サクラ』(一六三三年)の中で、涙は世の「リビア砂漠」のオアシスであると書いている。涙は「造り主の乳」で、神がご自身の胸から人びとに飲ませるのだという。世俗の詩、小説、戯曲にも、涙を流す喜びについて数多くの記述がある。フランスの劇作家ラシーヌのヒロインが流した涙をある批評家は「アプロディーテーの涙」と述べているし、十七世紀と十八世紀に役者や監督、劇作家や小説家、詩人たちがいちばんの目標としたのは喜びの涙をあふれるほど生み出すことで、劇場の観客や小説の読者たちが賛辞を贈ったのも、もっとも大量に涙をしぼりだした作品であったことは間違いない。中世の修道院で一人の女性が、自らその「花嫁」になったキリストの降臨が体の深奥まで達して感涙にむせび、涙に体をぬらして寝台の上で我を忘れもがいているさまは、私たちからすれば明らかに性的な描写に見える。しかし神秘体験をしている本人はそのようにとらえているわけではなく、十一世紀にフェカンのジャンが「愛する主よ……涙の喜びを与え給え……私を上から下までぬらし給え」と祈ったのも、当人は性的な含みには少しも気づいていないものと考えてよいだろう。十八世紀の世俗の作家は、このような連想にははるかに敏感だった。ぬれる、「液体のほとばしり」、筋肉の痙攣、恍惚、そして射精を思わせると言ってもいいような泣くという行為は、とくに恋物語の中では、すべて性的なものを示唆するために使われていた。

古今に例をみないほどウエットで涙もろかった一人に、『若きヴェルテルの悩み』(一七七四年)の主人公ヴェルテルがいる。ヴェルテルはロッテへの恋心を友人ヴィルヘルムに次のように書き送る。「ああ君の首にすがって、歓喜の涙を存分に流しながら、胸のうちにたぎっているこの思いをすっかり話してしまえたら。」ロッテは「その手を[ヴェルテルの]目もつぶれんばかりの涙でぬらす慰め」を与えてくれるといい、ヴェルテルはその場面をヴィルヘルムに説明している間にも、そのときに感じた喜びと絶望感を思い出して、また「子どものように泣きじゃくり」始める。ロッテとヴェルテルは、ロマン派の詩人クロップシュトックの頌歌を吟じあっては、互いの体に触れ、涙を流す。ロラン・バルトは、ヴェルテルのちょっとしたことでも「すぐに泣き崩れる性癖」を、明らかに性的な行為として扱っている。バルトの言葉によれば、「ヴェルテルが涙を抑えようともせずに好きなだけ流すのは、春情をもよおした肉体、液体がほとばしって、びしょぬれになった肉体の命ずるままに従っているものだ。それが、ともに泣く、流すという行為に、そしてロッテと二人でするクロップシュトックの詩の読誦を締めくくる甘美な涙となる」。

十八世紀末から十九世紀前半には、喜びの涙はロマン主義の到来とともにかえって増えることになる。ウィリアム・ワーズワースのはじめて出版された詩「ヘレン・マライア・ウィリアムズ嬢が悲しい物語に涙するのを見て」(一七八六年)には、次のような四行連がある。

彼女が涙をこぼした――紅い潮が湧きたち、
ぞくぞくする血管をゆるゆると流れはじめた。

僕の目は涙でかすみ――脈はゆっくり打っていた、
そして僕の胸にたまらなく甘美な痛みがこみあげた。

ヘレン・マライア・ウィリアムズ自身も詩人で、涙のもたらす「ぞくぞくする血管」や「たまらなく甘美な痛み」を好んだ。この時代の文学では、泣くことは喜びの表現として広く使われており、ジェイムズ・フェニモア・クーパーの小説のように意外なところにも出てくる。クーパーの小説『スパイ』（一八二一年）では、妹の忠節を疑ったヘンリーがその妹に許しを請い、泣きながら「彼女を胸に抱き、わだかまりは消えているのにあふれ出てしまった彼女の涙を、口づけでぬぐい取ってやった」ので、妹も兄も深い喜びを味わうことになる。しかもこうしたことは、文学の中だけの誇張ではなかったようで、ロマン主義の全盛期に成人したトマス・ジェファソンなどは、涙を流す喜びをよく知っていたらしい。たとえばジェファソンは、パリで思いを寄せていた女性に宛てた手紙の中で、「天の手で打たれた人といっしょに涙を流すことほど崇高な喜び」はないと書いている。ジェファソンはそうした自分の感情が相手にそっくり受け入れられるものと思い込んでいるわけで、事実ある種の誘惑として、自分が恋愛の達人であることを示す一種の証拠として用いているのである。

十八世紀半ばのフランスの修道士で、修道院を去ったのちに小説家となったアッベ・プレヴォは、おそらくジェファソンの涙の解釈にも影響を与えたと思われる小説の中で、涙には「無限の甘美さがある」と述べている。プレヴォとその支持者たちは、この甘美さというのが、ジェファソンの「崇高な喜び」のように官能的なものであることを心得ており、スターン、マッケンジー、シャトーブリアンの小説やフェヌロン、ラシーヌの戯曲では、愛のきずなを確かめあった恋人たちが感泣しながらたがいの首に抱きつく。当時これらを読んだり観たりしていた人びとも、性行為そのもののように、液体の交換が行なわれるこのきわめて親密な行為には、十分通じていた。

十八世紀以後は、泣くという快楽にふけること自体はなくなりはしなかったが、そうした行為について語られることは減っていく。一七五五年の小論で取り上げられていた、肉体的にだけ泣くことと「精神的な涕泣」との区別が再びクローズアップされるようになり、十九世紀になると、文学、戯曲、論文で涙を流す喜びが中心的に語られることはしだいに減って、明らかな性的含みというものも消えていった。一八八一年にはアルフレッド・オースティンが「涙は魂の夕立」と歌い、エラ・ウィルコックスも『喜びの詩集』(一八九二年)の中に、「ほろ苦い慰安の薬」で傷心の人びとを救う「神秘的な涙の婦人」を歌った「涙の婦人」という詩を収めているが、トマス・ジェファソンやゲーテが意識していた性的な喜びというものは見当たらない。

ここで無視できないのは「魂」とか「神秘的」という言葉が使われている点で、これから見ていくように、涙を流す喜びは十九世紀になって再び宗教的な言葉で描写されるようになる。涙を流す世俗的な喜びも相変わらず歓迎されはしたが、十八世紀やそれ以前の記録に見るような激しく強い調子で語られるということはなかった。列挙を得意とするウォルト・ホイットマンは、聴衆がもらい泣きしたときに演説家として感じる喜びを「喜びのうた」につづっており、インディアン・オジブワ族出身のジョージ・コプウェイは、子どもの頃の一八二〇年代に聞かされた物語に涙したときのことを、一八五〇年代になって次のように語っている。「中にはこの上なく胸躍る話もあって、それがあまりに面白いので、話の間に子どもたちを見ると、涙がいっぱいにあふれ出ていて、言葉にできぬほどの大きな思いが、胸にたぎっているようだった……そのころのことを思い出すと、愉快なこころもちになる。」涙のエロティシズムの長い歴史と比較すると、ずいぶんとおとなしくなったものである。涙に官能的な力を認めるかつての解釈をヴィクトリア朝の感情文化風にうまく表現した作家は数少なく、その一人、ヘンリー・ジェイムズは『アスパンの恋文』(一八八八年)で、登場人物を次のように描いている。「泣いていたのは明らかだった。それもかなり泣いたらしい。ある種原始的な孤独な激情を今にして奔らせながら、ただひたすら、心ゆくまで、気が晴れるまで、泣いていたのだろう。」

十九世紀も末近くになると、心理学者が涙の精神生理学を研究するようになる。ヘンリー・ジェイムズの兄、ウィリアム・ジェイムズによれば、長時間泣いているときでも、その間に実際に「涙を流して泣く」時期と、「涙の出ない悲嘆」、すなわち絶望とわびしさを感じているのに実際に涙は出てこない時期とが、交互に現われる傾向があるという。このサイクルのうち、気持ちよさを感じるとすれば涙を流して泣いているときのほうであると、『心理学の原理』(一八九〇年)の中でジェイムズは述べている。涙が出ない悲嘆のときは一様に不快なものだが、「泣く発作を起こしている間は高揚感が生じ、ずきずきするようなそれなりの快感がある」。次章で見ていくように、涙と快感については後年、ウォルター・B・キャノンやシルヴァン・トムキンズといった一部の生理心理学者が二十世紀半ばに示唆に富む議論を展開しているが、それらは多かれ少なかれ別の議論のついでになされた報告という域を出ず、ジェイムズの指摘をまじめに取り上げた生理学者はいなかった。涙を流すことの快楽については、どうしたことか未踏のままに終わっている。

現代においても、少なくとも一部のコミュニティの間では、旧世紀の人びとが経験していたような涙を流す快楽に回帰したのではないかという兆候が見られる。たとえば、フィギュアスケートの選手権試合を見ていて、やたらに泣きじゃくることに気づかない人はいないだろう。キリスト教ペンテコステ派の一部の祈禱会の儀式は、古代カナンの祭りのように涙にどっぷり浸かったものとなる。二十世紀半ばには、後で心理学の章で詳しく見ていくように、泣くことを奨励する心理療法の流派が相次いで出現し、その中で快楽が取り上げられるようなことこそなかったが、それらの療法の成功は、おそらく患者たちが泣くことで得た満足感による。そして同じ時期には、ハリウッドが「お涙頂戴もの」の手法を完成させていた。

私たちの多くが日頃から涙を快いものとして味わっている場といえば、これだろう。すなわち、芸術やエンターテインメントに対して私たちが反応を示すときである。「笑った」、「泣いた」という月並みな感想を聞いて、私たちはそれらを美的快楽の公理的表現、つまり本や芝居、映画から得られる快楽の種類を示す基本的表明として受け止める。『タイタニック』の未曾有の興行収入に貢献している十代の若者は、明らかに涙と気持ちよさの関係を理解している。この映画を十回以上は見ており、そのたびにおびただしい涙を流したという十代の若者たちに、ジャーナリストのデアダー・ドランがニューヨークでインタヴューを行なった。「はじめて見たときはローズが救命ボートから飛び降りたあたりから泣いたんだけど」と、十六歳の少年は言う。「二回目のときは映画がはじまってクレジットが流れるときからもう泣いてたね。」十七歳の少女は泣きながら帰宅したが、あまり泣きじゃくるので、彼女の言葉によれば、「うちの両親が帰ってきて、二人して『変だよ、どうかしちゃったんじゃない』って言うの」。こうした若者たちは、悲惨でメロドラマティックな悲劇を見せられるのを承知でこの映画を観に行っている。ドランによれば、だからこそ、つまり「泣きたいからこそ」行くのだという。「十一回半見た」という少女は、アイメイクをするのをやめ(「ふだんはしっかりするほうなんだけど」と少女)、ティッシュ箱を持ち込むようになった。見に行くたびに襟のまわりがぐしょぬれになるという若者もいた。十代の若者の中には、自分が泣くことを感情の解放すなわち鬱積した感情の発散としてとらえている子もいたが、気持ちいいから泣くことが大事だと思っている子もいた。ある少女はこう説明する。「泣いたほうが絶対いいと思う。だってそのほうが何倍も映画を楽しめるんだもの。」

誠意の涙小史

しかし気持ちがいいというのは、泣くと聞いてたいていの人が真っ先に思い浮かべることではもちろんない。涙といえば苦しみ、喪失、痛みの表われであると判断するのが当然で、『タイタニック』でレオナルド・ディカプリオの扮する人物も、歓喜や幸福感の中で泣くことも多少はあっても、嘆き、悲しみ、絶望の中にあって泣くことのほうがはるかに多い。映画でディカプリオが演ずる主人公は、人びとを救出し(あるいは救出しようとし)、その過程で命を落とす役で、文句なしに誠実な好人物だった。そして私たちがそう判断するのも、一つにはディカプリオが泣くからである。ロマン派の詩人たちが心得ていたように、また「精神的な涕泣」の小論の作者がいっているように、涙には「純粋かつ多感な感情」から出るものとそうでないものとがある。皮肉な見方をすれば「純粋な」と「多感な」は反意語といえなくもないのだが、とにかく誰でも、泣いている人の誠意が本物であることを示すための涙、そして事実それを示す涙というものを、受け止める側として経験している。現に、私たちはどんな感情表現よりも、涙こそ純粋な気持ちの精髄、汚れのない純真さの表われ、誠意を液体に凝縮したものだと思うことが多い。

こうした考え方にもまた長い歴史があり、やはり旧約聖書に登場しているが、ここでは泣くことが神への祈願の一形態となる場合があった。たとえば、「詩篇」の記者は祈りの中で涙を多用していて（「主よ、わたしの祈りを聞き助けを求める叫びに耳を傾けてください。／わたしの涙に沈黙していないでください」）、祈りをこめた涙は応えられると考えている。こうした祈りをこめた涙は、快い涙とは正反対であることが多い。神に対するこの上なく苦しい嘆願を行なうときに流されたものもあり、そのような涙は普通「苦い」涙と表現されている。涙を流すことは、自分の着物を引き裂いたり、粗布をまとい灰の中に座ったりするのと同じく、一種の自己卑下により、ヤハウェに服従を宣言することによって、働きかけようという試みだった。

泣きながらする祈りは普通、戦いの前にささげられた。「士師記」には次のように書かれている。「イスラエルの人びとは皆、そのすべての軍団と共にベテルに上って行き……泣いた。」「マカバイ記二」の一三章一二節には、ユダヤ人が攻撃の前に「共に同じ祈りを三日間通してささげ、助けを求めて叫び、断食し、地にひれ伏して、憐れみ深い主に嘆願した」とある。そして神は、そのような涙ながらの祈りには、戦いの中だけでなく、いつも応えたという。病にかかっていたヒゼキヤが、祈りながら「涙を流して大いに泣いた」とき、神は「わたしはあなたの祈りを聞き、涙を見た。見よ、わたしはあなたをいやし」たと答えている〔「列王記下」二〇：五〕。聖書に出てくる祈りをこめた涙は、ヘブライ文化の新しい習慣で、動物の生け贄や着物を引き裂くといったそれ以前の神への捧げ物に徐々に取って代わるようになったのだ。紀元前五世紀ごろの預言者ヨエルは、イナゴの大襲来の後、神の言葉を引いてユダヤ人に神を賛美することを思い出させる。「今こそ、心からわたしに立ち帰れ／断食し、泣き悲しんで。衣を裂くのではなく／お前たちの心を引き裂け。」ここでは、涙は単なる捧げ物ではなく、ヨエルが示唆しているように、もっとも純粋な形の捧げ物である。衣服を引き裂くことは誰にでもできるが、祈りの中で心を引き裂くことは、真摯な者にしかできない。衣服を裂くのは最低限の心の投資ですむが、涙はその人が「心から」流さねばならないというわけだ。

福音書の時代になると、涙は一般的に本物の信仰のしるしとして使われるようになり、マグダラのマリアと一般に解されている「この町」に住む「一人の罪深い女」の、四つの福音書すべてに出てくる物語も、その一例である。もっとも詳しく記述されているのは「ルカによる福音書」で、「後ろからイエスの足もとに近寄り、泣きながらその足を涙でぬらし始め、自分の髪の毛でぬぐい、イエスの足に接吻して香油を塗った」という。それに対し、ファリサイ派の人はその女が宗教家の世話をする者としてふさわしくないと異を立てるが、イエスはたとえ話でこれをたしなめ、女に向かって言う。「あなたの罪は赦された……あなたの信仰があなたを救った。安心して行きなさい。」この話の中で、女はいっさい口を利いていない。女の信仰は、涙によって示され、証明されたのである。

このような聖書の中の心からの涙の描写は、涙の歴史の中で聖書の喜びの表現よりも重要な位置を占めるようになる。涙は、嘆願の一形態としてのみならず、泣いている人の正直と清廉潔白の証明としても、ある種の力を与えられるようになるのである。四世紀に書かれた聖アウグスティヌスの『告白』では、アウグスティヌスが救われることを祈って泣き、悪の行ないを改めるように嘆願して泣いた母のことが語られる。その母を安心させようとして司教がかけた言葉は、「このような涙の子はけっして滅びまい」だった。アウグスティヌスの母の心からの涙には、息子の魂を救う力があるということである。第五巻で、アウグスティヌスは自分には「険しい道を離れてあなたの［神の］懐へ泣きに行く者たち」に加わることはできないと言う。なぜ人びとがそうするかもアウグスティヌスは感得している。「あなた［神］はやさしく彼らの涙をぬぐわれる。そうすると彼らはいっそう泣くが、その涙もそのときにはもう喜びの涙になっている。彼らを生まれ変わらせ、慰めるのが血と肉を備えた人間ではなく、主であり造り主であるあなただからである。」ここでアウグスティヌスは、自分がそのように涙を流して神と交わることができないことを説明し、現代でいえば誠意の基準にもなる自己認識の概念を持ち出す。「私は自分自身さえも見出せなかった。ましてあなたを見出せるはずはなかった。」自分を知っている誠実な人間こそが神を知るのであり、そのような人間の涙が祈りとして神に捧げられたときに、慰めと新生という形で祈りが聞き届けられる。つまり祈りも慰めも、涙という形に表われるのである。

涙は旧約聖書の中での意味から徐々に進化を遂げており、アウグスティヌスの神との個人的な関係もそうした重要な変化を示すものだろう。「むせび泣いてもあなたの耳に悩みが届かないなら、私たちにどんな希望があるというのか」とアウグスティヌスは問う。ヒゼキヤは天に向かって叫び、イスラエルの軍団の嘆きは天にとどろいたが、アウグスティヌスの涙ながらの祈りは、心の中で直接神に捧げられる。このように人の目を離れ、泣くという行為を独りでしたことで、アウグスティヌスは中世の涙の文化にたいへんな貢献をした。母親が死んだときも、アウグスティヌスは泣きたいのをこらえ、葬儀では涙を見せない。しかしあとで一人になると、祈りの中で「彼女のために、そして私のために」神に涙を捧げる。「抑えていた涙が一気にあふれ出したので、それらを流れ出るにまかせ、私の心をあずける枕にした。この涙の中で、私の心は休まった。私がこうして泣くのは、その意味を取り違えて厭わしく思う人びとに聞いてもらいたいからではなく、ただ一人、あなたに聞いてもらいたいからである。」人前の儀式の中で泣くことは、アウグスティヌスにとって「この世的なものへの愛着が強いという罪」になっただろうが、独りで泣くことは神への偽りのない捧げ物である。

このように、聖アウグスティヌスが涙を区別してとらえ、その意味を明確にしようとした後で、今度は修道院指導者たちがさまざまな泣き方の分類を試みる。大修道院長イサークによれば、涙には四種類あり、四種類の感情ないしは内省から生じるという。「私たちの心にささる罪の棘によってもたらされる」涙もあれば、「永遠の善を思い、死後の栄光を望むことから」生じる涙もある。ときには実際に罪を犯したことに対する罪意識からではなく、裁きの日を恐れて泣く場合もあると大修道院長は述べている。そして最後に、「自己の認識によってではなく、他人の苦難や罪によって生じる涙というものもある」という。このように、罪の意識、畏敬、恐怖、同情と四つの異なる感情が、それぞれ種類の異なる涙をもたらすとされていた。八世紀のアングロサクソン人高位聖職者アルクイヌスは、四種類の涙を機能別に解説している。「罪の汚れを洗い流すとともに、失った洗礼を取り戻す湿った涙がある。肉の脆くなるのを抑え、快楽の甘美になるのを加減する塩辛く苦い涙がある。不信心の冷たさに打ち克つ暖かい涙がある。過去の罪から清められた者を教化する清い涙がある。」

しかし修道院制度というものが始まった当初から、一つの考え方が主流をなしていた。すなわち、涙は神からの贈り物であると同時に、神への捧げ物でもあるというものである。四世紀初めの修道院制度の始祖だった聖アントニウスは、弟子たちに神の見ているところで泣くように教えている。「師の戒律」では、修道士は泣くときには悔い改めの心が伴わなければならないとされていた。六世紀の「聖ベネディクトゥスの戒律」は、泣くときには心からの祈りが伴わなければならないと教えている。聖ベネディクトゥスによれば、涙は祈りの一手段であるのみならず、清くあることのできる唯一の形でもあった。「神が重んじられるのは私たちの汚れのない心と悔恨の涙であって、多くの言葉ではないことを知っておかねばならない。」およそ千年後となる十四世紀になっても、ドイツ人修道士のトマス・ア・ケンピスは、汚れのない心を得る手段として「涙という賜物を求める」ことを若い修道士たちに勧めている。しかしもっともわかりやすいのは、アッシジの聖フランチェスコの例だろう。シオランによれば、聖フランチェスコが老年になって視力をなくしはじめたとき、「医師たちは涙を流しすぎたことが原因と判断した」という。こういう眉唾物の話は、いかに涙が神的なものと結びつけられていたかを示している。聖フランチェスコは嘘偽りのない人物であり、その問いかけには自然界のものすべてが答えるような信頼できる人物だったから、文字通り目もつぶれるほど泣いたということだろうか。

中世の女性神秘主義者もまた、泣くことを宗教体験の中心としてとらえていた。十四世紀のテシュのエリザベトは、その『啓示』によると、たびたび「自分の罪を思って身も世もなく泣いた」が、「あまりひどく泣いたので、しゃくり上げたり慟哭するのを抑えることができなかった」。エリザベトは、キ

聖フランチェスコは泣きすぎて失明したといわれる。

ダニエーレ・クレスピの画風による
『落涙する聖フランチェスコ』（17世紀）
フロリダ州立博物館蔵

リストの降臨による「魂の酩酊」を体験したとき、そのような祝福を受けるのにふさわしくないので、大いなる恐れをもって涙を流し、悲しむ」必要があると感じたという。マージョリー・ケンプも、「慈悲と許しを求めて異常なほどはげしく泣いた」といい、またときには恵みを求めて何時間も「存分に、非常に騒々しく」泣いた。そしてときには「泣き声があまりに大きく、あきれるほどだったので、人びとを仰天させた」という。

心からの涙は、ほかの多くの信心の務めでも大切にされ、それは祈りに伴う個人的なものであるか、儀式としてのものであるかを問わない。たとえば「嘆きの壁」は、きわめて厳粛な気持ちになると同時に、涙を流すことが求められる祈りの場となっていて、壁で泣くことはその人の宗教的感情の深さを示す。毎年行なわれるイスラム教のメッカ巡礼、「ハッジ」で涙を流す特殊な集団は「泣くスーフィ」と呼ばれており、その涙は本物の神秘体験をしたしるしであると考えられている。そして今でも、涙は現代キリスト教でその人の感情が本物であることを伝えるのに使われており、テレビ伝道師のように、本物らしさをいちばん出さなければならない人がたいがい泣くのはそのためだろう。ファティマの聖母をはじめとする奇跡の出現も涙を流す姿で描写されるなど、涙は宗教的真正性を保証するのにたいへんな説得力がある。聖像までもが涙を流したと言われるゆえんだろう。

ウィリアム・ジェイムズは『宗教的経験の諸相』(一九〇二年)で、信仰には二種類のタイプがあるとしており、一つは「精神が健全」で明るく、ジェイムズに言わせれば若干うわついたタイプで、もう一つは鬱状態で心情的につらく、内容の濃いタイプだという。エルサレムの神殿の壁の前で嘆いたり、カトリック神秘家の涙を流す像の前で泣いたり、中世の聖人が涙を流したりしたことは、ジェイムズの観点に照らせば、どれも「精神が健全」とはいいがたく、「病んだ心」の行為である。これは批判ではない。ジェイムズの見るところ、神経症的に泣く人びとのほうが、精神が健全な人よりも宗教体験が濃く、本物で深い。彼らのほうがむしろ、教会に通っていても涙を流さない精神が健全な人びとにはない真正性があるということである。

十六世紀のイエズス会創立者ロヨラの聖イグナティウスなどは、ジェイムズが「病んだ心」とみなしそうな一例だろう。イグナティウスは長さ四十ページの日記一冊に、自分が泣いたときのエピソードを百七十五も紹介しており、その一つには次のように書かれていた。「涙がとめどなくあふれた。何かを理解したわけでも、誰かの姿を認めたわけでもなく、ただ、非常に強い愛、暖かさ、神的なものへの愛慕、そして驚くほど深い魂の充足をおぼえていた。」このような魂の深い充足感と神的なものを渇仰する心によって、現実世界の認識や通念さえもかき消えてしまったのだという。真情あふれ、誠実で、いっさいのものから解き放たれたロヨラの豊かな涙は、没入と同時に分離の営み、世界と交わるものであると同時にその距離を強く意識させるものでもある。涙によって「人の解釈や認識」を離れ、宗教的な純粋抽象の世界に入っている。ロヨラの著書その他数多くの宗教書において、関与と逃避、没入と分離、自己認識と世界の否定とは、力強い涙の抱擁の中で融合している。

十六世紀末のイギリス世俗文学に「聖なる涙」観が持ち込まれるようになったのは、ロバート・サウスウェルの功績だと考えられている。『マグダラのマリアの弔いの涙』で、サウスウェルは涙をまるで弁護士であるかのように描写する。「あなたの涙の勝ちだ。これほどの大雄弁家であれば、どんな訴えも通ってしまうだろう。どれほど厳しい被告席に立たされても、沈黙すればたいへんな説得力があり、抗議すれば圧倒的な力がある。涙は、屈することで勝ち、請うことで支配する。」涙を弁護士に見立てることで、サウスウェルは賛美の涙、美と快楽の涙、そしてこれまでとは若干形の異なる嘆願の涙を一体化した。涙はどれほど厳しい被告席に立たされても、「屈することで勝ち」、「請うことで支配する」。続けてサウスウェルは、実に雑多な比喩を用いる。「あなたの目の清い小川の中ではまだ天使たちが水浴びをしているのにちがいない。そしてあいかわらずあなたの顔に散りばめられている、あなたの涙からできたこの真珠のしずくは、男の炎をあおって燃え立たせる油となろう。」ここでは、涙は罪を洗い流すものではなく、天使が水浴びする水たまりであり、真珠のしずくであり、油でもあるが、それでも泣いている人の代弁者の役目を果たしていることに変わりはない。

「大雄弁家」、真珠、そして天使の遊び場といった涙の解釈は、十八世紀になっていっそう世俗化はするが、涙の従前の性格が失われることはなかった。今や誠実な人間が涙を捧げる相手は、神ではなく他人、特に恋する人となっていた。そのような涙に対しては慰めが返され（あるいは返されず）、新たな喜びの涙に火がつき（あるいは火がつかず）、ここにもっとも理想的な形の交わり（あるいは報われない苦しみ）が生まれる。

ゲーテのヴェルテルは、ここでも格好の例となる。暗い顔をして、世の冷たさ、不公平をなげくヴェルテルは、こっけいなほど自分のことしか頭になく、自己欺瞞ながら、その哀願の涙は、いたって真剣なものだった。そして何ごとも一途にならずにはいられず、自分の欲望を示さなければ生きていけない彼は、涙ながらの祈りにもロッテが応えてくれないのを知ると、絶望の果てに自ら命を絶つ。

このことからわかるように、ヴェルテルはロマン主義文学の主人公というだけでなく、不運なお人好しでもあるが、その涙は本物であり、中世の聖なる涙の直系である。ヴェルテルは「思いこがれるように涙を流して天を」仰ぐ。「目に涙をいっぱいためて」ロッテに言う。「また会えますとも。この世でも、あの世でも。」そしてヴィルヘルムに次のように言う。「どうか私をあのひとのような人間にしてくださいと、寝床の中でどれほど涙を流して祈ったかは、神さまだけがご存じです。」〔訳注―著者の誤認。これはヴェルテルがロッテの発言をそのまま伝えたもの〕聖者の涙が神に愛を主張し、その慰めを求めるものだったように、ヴェルテルの涙と祈りもまた、愛を主張し、ロッテの慰めを求めるとともに、ヴェルテルの実直さ、心の純粋さを証明するものだった。結局ヴェルテルの涙は雄弁家としては成功しなかったが、ときにいっしょに過ごしたり、二人でロマン派の詩を読んで泣く気にさせるのには役立った。すでに別の男と婚約していたロッテは、ヴェルテルの愛に報いることはできなかったが、その涙ながらの主張の誠意と、真実については何の疑いも持たなかった。

これより三年早くイギリスで出版された小説、ヘンリー・マッケンジーの『情け深い男』は、イギリスの感性志向の小説のはしりと言われることが多く、イギリス版ヴェルテルといったところである。お涙頂戴本としてこれ以上のものはないということの作品も、涙は捧げるものという前提に立っている。たとえば語り手は、旧友を思って次のように言う。「そこでわたしは君に一掬の涙を捧げた。君の思い出のうえに落とす心からの一滴を受け取ってくれと。」主人公ハーレイは情け深い男で、悲しい身の上話を聞かされると「一掬の涙をたむける」。ハーレイはよくそうした話に感動し、旅の道中で不幸な人びとに出会うたびにお金も涙もくれてしまう。「ハーレイは男の手にギニー金貨を何枚か握らせた……――

男はわっと泣きだし、そして去っていった。」もらったほうも、ハーレイに涙をたむける。「『すまないね』と彼は言った。『これっぽっちの端金しか差しあげることができなくて』——女はわっと泣きだした。」このような「たむけ」は親しい間柄でも起こり、父親と放蕩娘が和解する場面では、娘が床にしゃがみこみ、「父親の足を涙でぬらし」たとある。これは明らかにベテルでのイエスの話を参考にしたものだろう。父親も「娘の首を抱いてともに涙を流し」、その罪を許す。

マッケンジーはこうした涙が修道院の遺産であることを明らかにする。「世の中というのは、あまり楽しい思いができるところではなかったよ、チャールズ」とハーレイは言う。人の感情は、世間から見て細やかすぎる場合があり、泣くということも、物思いや現実離れした身勝手さの表われのように思われがちだ。しかし天の国では、涙は欠点ではなく優しさの本質だと考えられている。それならそれで、地上にも繊細な涙によって小さな天国をもたらすように努力できるのではないかと、ハーレイは言う。実際、涙は世間に徳をもたらす一つの方法である。ハーレイはその施しに感謝して涙を流す「堕落した」女に次のように言う。「あなたの涙に徳があるのだよ。」女の涙は同情を促したばかりでなく、その心が正直であること、本質的に汚れがないこと（世間的な意味では「汚れがない」わけではないのだが）を証明したのである。

小説の中の涙は、自然な感情移入の結果の場合もある。ハーレイが会ったばかりの少女をその両親の墓に連れていく場面などはこれにあたるだろう。「少女は再び泣いた。その目から流れ出る涙を、ハーレイは口づけをしてぬぐい取ってやりながら、口づけをするたびに自分も涙を流した。」ハーレイの涙には美的刺激に対する反応と思われるものもあった。「そのとき羊飼いが角笛を吹いた。その音色の不思議なもの悲しさに、ハーレイはすっかり圧倒されてしまった——奏でられるのを待っていたとしか思えないような調べであった。ハーレイはため息をついた。涙をこぼした。——そして我に返った。」またその涙は、悲しい話を聞いた反応というだけのこともあった。飼い犬トラスティが死んだと聞いて顔を「涙でぬらす」。しかしいずれの場合でも、修道士ではないのに、心の狭い人びとやそのけちな利害とは無縁で、上流社会に属しながら貧しい人の苦しみを和らげたいと願い、世間から神経過敏と思われることを恐れない、新しいタイプの人物像として描かれている。誠実で、思いやりがあって、どこか浮き世離れしている。そんなハーレイは、十八世紀の感性礼賛が生んだ理想の人物像だった。

十八世紀のほかの作家も、涙と誠意のこうした関係をいっそう強めている。たとえば、その哲学的著作や小説の中で同様のことを述べたのが、ルソーだった。ルソーによれば、洗練された感情というのは、人が「自然状態」のときに感じる原始的感情に劣る、まがいものである。人は、罪悪感や自尊心といった近代的感情、洗練された感情にとらわれているときよりも、心の底から泣いているときのほうが、自然状態、神的な状態に近いのだという。サミュエル・リチャードソンの『パメラ』の中からほんの一例を紹介すると、ヒロインの老父が娘を誉められて泣く場面で、周りの人びとは老父の「正直な心がそうして目に表われる」のを見ても驚かない。ジャック・アンリ・ベルナルダン・ド・サン゠ピエールの有名な田園詩『ポールとヴィルジニー』(一七八八年)では、ポールがヴィルジニーに次のように告げる。「君の感動的な涙で、迷信の火が消えた。」これらの作家全員にとって、涙はシオランが中世の聖者の涙に関して「真実のよりどころ」と呼んでいるものを象徴しているのだろう。

十八世紀の感性志向がロマン主義流に修正されると、肉体はいっそう真実を示すものとされるようになる。ドイツのロマン派の大詩人、A・W・シュレーゲルが作詞をしたフランツ・シューベルトの歌曲「涙の讃美」では、次のようにうたわれる。「言葉が何ほどのものか。言葉を並べ立てるより一滴の涙のほうが多くを物語る。」〔訳注―曲中にはこのような趣旨の歌詞は見あたらない〕ほかのロマン派作家にとっても同じだが、涙がこの歌で真実を語るとされるのは、言葉のように偽ることができないからである。こうしたロマン派の見解を受け継いだ最後の大物、ロラン・バルトはもう一歩進めて次のように言う。「涙によって私は一つの物語を語っている。悲しみの神話を生みだしている。だから私は、これからも悲しみともうまくやっていける。耐えてゆける。涙を流すことによって、私の言葉のメッセージではなく、肉体のメッセージ、どんなメッセージよりも『真実』のメッセージの受け手となる、熱心な対話者を得ることになるからだ。」

涙にはどんな言葉よりも大きな意味があるというのは、肉体にはどこかしら真実が宿っているというのにひとしい。バルトとシュレーゲルが、コミュニケーションの形態として泣くことが言葉よりも優れているとするのは、肉体は生来正直であり、文化や社会が改悪できるものではないので、このように理想的な肉体が意思伝達をするのに、涙は絶対不可欠な表現形式だと考えるからである。十九世紀半ばには、エミリー・ブロンテがロマン主義的手法で次のような詩節を残している。

わたしの胸にいつわりがあったなら、
行く手を茨に阻まれることはなかったのに。

この魂が安らぎを失うことはなかったのに。
この涙もけっして流れはしなかったのに。

ブロンテにとって涙は胸のうちに偽りがあれば出るはずのないもの。ロマン派の有名な詩人はみな似たような心情を表現している。

十九世紀後半以降も、宗教心をあらわにした涙や、涙、涙の信仰表現はあいかわらず信心の務めにつきもので、詩や小説の中でも頻繁に描写されている。ハリエット・ビーチャー・ストウ作『アンクル・トムの小屋』（一八五〇年）のエヴァ、チャールズ・ディケンズ作『骨董屋』（一八四一年）のネルの臨終の場面は、十九世紀半ばの感傷主義において涙に変容力、超越的力が与えられていたことを示す数多くの描写の、ほんの二つの例にすぎない。実際、このストウ夫人の著作、ディケンズの小説、ルー・ウォレスの『ベン・ハー』、エリザベス・ステュアート・フェルプの『開かれた扉』をはじめ、十九世紀アメリカのベストセラー小説といえば、みな信仰と涙の関係を明確にしたものばかり。つまり、天への扉が開かれるとき、人は楽園をかいま見、恐れと至福の涙を流す、というつながりである。物語の中で、この扉が開かれるのは聖人君子や善良な人物が死に瀕したときで、したがってこの扉はそばで付き添っている人びとが、すでにあふれ出ている悲しみの涙を通じて目にすることになる。『アンクル・トムの小屋』では、数日間死の床に伏しているエヴァから励ましを受け、なぐさめを与えられた家族や召使いが、悔い改めと恐れの涙をとめどなく流す。そしてエヴァの死を見届けた瞬間、それまで邪険だった老嬢のおばオフィーリアは、人を愛するとはどういうことなのか、ようやくわかったと告げる。「イエスさまの愛というものをあの子から教わった気がするの。」語り手は続けて次のように言う。「ミス・オフィーリアの声には、その言葉以上のものが表われていた。そして、頬を伝い落ちた心からの涙には、その声以上のものが表われていた。」

こうした書物によって、心からの涙はかつてないほど多くの読者、聞き手を獲得した。そして、これらの作家全員が関わっていた社会批判の内容――ストウ夫人にあっては奴隷制度批判、フェルプとディケンズにあっては産業主義の弊害に対する批判――に照らせば、作家たちが描いた準宗教的ともいうべきこうした涙は、現代社会の妥協と腐敗の、一種の対策として提供されたのであって、涙の真摯さは、いわば社会の欺瞞を埋め合わせるものとして機能していた。

これを裏づけるのが、当時の読者の証言である。議員だったダニエル・オコンネルは、『骨董屋』のネルの死の場面を読んで泣きだし、「なんで殺してしまうんだ!」と叫んだ。そのとき汽車に乗っていたオコンネルは、窓から本を捨ててしまったという。俳優のウィリアム・マクレーディは、ディケンズには人を不愉快にする力がある、しかし同時に「利己的な気持ちになるのを抑える」力もあると言った。『エディンバラ・レヴュー』誌の批評家、フランシス・ジェフリーは次のように記す。「読み終わって昨夜は大泣きをしたが、今朝になってまた泣いてしまった。この涙で、心がすがすがしくなったように思う……これほどすばらしい子どもの話を読むと、『天の国はこのような者たちのものである』ことを痛感する。私たちおとなが、俗世に触れて汚れてしまったことは慚愧に堪えない。」ジョン・フォースターはディケンズに次のように書き送っている。「このネルちゃんの死は、気持ちと感情の規律のようなもので、あとあとまでためになると感じました。」小説の中で流された涙は、ネルのような十九世紀のヒロインたちを堕落した世界からそっと抜け出させると同時に、読者の利己的堕落を浄化するのに役立ったのである。
ネルとエヴァが死を迎えるとき、二人はどちらも泣くが、それは死ぬのが恐いからではなく、天国へ行くからであり、家族や友人たちも、目の前で起きている死が聖別された死であることを認めて泣く。汚れのない小さな魂が肉体を離れるとき、この聖別された子どもたちと周囲の人びとは天国をかいま見る。ここで読者は（十九世紀にあってはこれを読み聞かせてもらっていた人びとも）同じように泣き、啓示の喜びにつつまれる。このように泣くことは、登場人物と読者の双方にとっていわば涙にぬれた汚れなさの儀式であり、その人の価値のしるし、証明である。涙がこの世の罪を洗い流し、汚れなさの再生を告げる。

現代の読者からすれば、こうした涙は多少やり過ぎの感がある。感情が本物かどうかという問題が、やたらに日々の暮らしの中に入り込んでくるのは、ありがたいことではない。自分の気持ちにそこまでこだわるのは自己陶酔的で子どもじみているように思われるし、実際問題としてたまったものではない。感情表現のしきたりを無視して欲望や嫌悪をいちいち剥き出しにし、バスの中でもスーパーの中でも泣いていては、精神障害か情緒不安定だと思われてしまう。また、ある感情をあらわにすると、それが過ぎ去った直後だけでなくずっと後でも、思わぬ結果になりかねないことを私たちはよく心得ている。人は感情表現のしきたりを覚えるのと同じようにして、感情を抑えることを覚える。さして嬉しくもないものをもらっても驚いてみせたり、ろくに知らない人の葬式でも悲しげな表情をし、時に涙ぐむといったことまでする。そしてよほどのことがないかぎり、人前で泣くのを堪えるようになる。

ヴィクトリア朝的感傷文化のめめしさにうんざりしたオスカー・ワイルドは、次のように書いている。「ネルの死を読んで笑わないでいるためには、石のような心を必要とする。」オルダス・ハクスレーも、ディケンズの全盛期から現代にいたるまで、ディケンズの感傷主義は考えることを拒否する姿勢から生まれたものだ主張する数多くの批判者の一人で、「ただ感情におぼれているのだ」と述べている。真実の涙、たむけの涙、共感の涙、信心の涙、偽りのない正直な心の究極のしるしとしての涙。現代人にとっても、これらはけっして馴染みがないわけではない。基本にある発想は、現代においても涙の文化の一部をなしている。しかし感情生活の実態は、十八世紀・十九世紀のこうした書物が訴えようとしているものよりずっと複雑で、それほど無垢でもない。なにより屈辱の涙、落胆の涙、ごまかしの涙など、誠意とは無関係の涙もある。

涙のこうした裏返しの側面は、感性、ロマン主義、感傷主義を生みだした文化においても語られており、涙に対して批判的、懐疑的な人はこの時代にもいた。しかし、おセンチともいうべきこうした風潮に対する同じような批判は、実はそれよりはるかに昔からあった。アリストパネスの喜劇、イソップの寓話、アプレイウスの『黄金のろば』、ペトロニウスの『サテュリコン』には、いずれも涙偏重を揶揄した場面がある。プブリリウス・シルスは前一世紀に「相続人の涙は仮面をかぶった笑いである」と書き、チョーサー、ボッカッチョ、ラブレーといった初期近代の偉大なユーモア作家もみな嘘泣きの場面を描いている。十一世紀イタリアの修道院の副院長だった聖ペトルス・ダミアヌスは、捏造による「類の涙は天のしずくによってもたらされたのではなく、地獄の汚水溜めからほとばしったものである」と書いて、中世教会の一般的解釈を示した。大修道院長イサークによれば、空涙は経験的に心からの涙とは見るからに異なったものであり、見せかけだけの涙は「けっして自然の涙のようにおびただしくはならない」という。

涙と誠意の関係は単純にほど遠く、その原因の一端は誠意そのものがけっして単純ではないところにある。パスカルは次のように書いている。「事物は色々の性質を持っており、心は種々の傾きを持っている。おもうに事物にして単一なるものとして心に映るものは何もないし、心はまたいかなる事物にも決して単一なるものとして現われない。我々が、同一事物に対し、泣きもすれば笑いもするわけはそこにある。」(津田穣訳) 言い換えれば、徹頭徹尾の誠意は実際にはありえないということだ。誠意に関する有名な警句を一つ、『ハムレット』から引用しよう。

なにより肝心なのは、自己に忠実であれということだ、そうすれば、夜が昼につづくように間違いなく他人にたいしても忠実にならざるをえまい。
(小田島雄志訳)

この言葉の主、知ったかぶりでごますり屋のポローニアスは、目の前にいる人間のごく基本的な感情も見抜けないような人間で、他者の理解のみならず、自己認識も遺漏だらけに見える。中古車販売員の「ご安心ください」のように、ポローニアスの忠義賛歌もこれではぶち壊しだろう。

そこで、心からの涙の多様な描写とあわせるように次々と登場してくるのが、不誠実と胸中の一物の描写である。イギリスの劇作家、ジョージ・チャプマンの『未亡人の涙』(一六一二年)では、「若くして夫に先立たれた女の涙がどういうものか、泣いていてもその実、仮面の下で笑っているにすぎず、喪服を着ていても袖の下で笑っている」ことは、誰もが知っていると、登場人物が語る。モリエールの『人間嫌い』（一六六六年）では、主人公アルセストはなにかにつけて泣き、本人は「正直で誠実なところが自分の天分」と主張するが、自己欺瞞で計算高い愚か者である。感性文化の最盛期にあって、ショデルロ・ド・ラクロは『危険な関係』（一七八二年）で、涙が数々のつまらぬ権力闘争や策略の中で駆引きとして使われてきたことを明らかにし、フランス貴族の無情さ、自堕落な生き方にメスを入れた。十九世紀後半のフランスの教区司祭ジョセフ・ルーは、「笑って歯を見せる人あり、泣いてよい心根を示す人あり」と書いた。ルイス・キャロルの『鏡の国のアリス』（一八七一年）に登場するセイウチも、カキを気の毒と言いつつ食べてしまうのだから、これまた別種の誠実な不実だろう。「『泣けてくるよ』とセイウチくん／『きみらの気持ちよくわかる』／すすりあげつつえらびだす／とくべつでかいカキひとつ／ハンカチひとつおしあてた／目には滂沱のなみだ雨。」（矢川澄子訳）誠意、そして誠意を示す涙に対する批判にも、何よりも重要な徳として祭り上げられてきた涙に匹敵する歴史がある。

空涙には、いちばんわかりやすい例でいえば、文句なしにまやかしの誠意、潔白、愛を訴える働きがある。プブリリウス・シルスは前一世紀に、「女たちは嘘をもっともらしくするために涙を流すことを覚えた」と書き、カトーは二世紀に次のような格言を残している。「女は泣くとき涙で罠をしかける。」女性に対するこのような非難は、泣くのは欲しいものを手に入れるための姑息な手段だとする考え方にもとづいている。J・K・モーレーは「この世でもっとも強い水力は女の涙である」と、本気とも冗談ともつかぬことを言った。O・ヘンリーは登場人物の一人を次のように描写している。「泣くことによってかえって目の輝き、優しさが増すところを見ると、さぞいい妻になることだろう。」オスカー・ワイルドは「泣くことで十人並みの女は救われるが、美人はだいなしになる」と書いた。ここでワイルドとO・ヘンリーが示唆しているのは、涙によって男から見た女の魅力が増しうるということで、すでに指摘したように、この発想には長い歴史がある。「女は涙を宝石のように身にまとう」という作者不詳・年代不詳の格言があり、宝石や化粧のように、涙は長きにわたり女が男をたぶらかすときの武器の一部とみなされてきた。「女の言い分が間違っているのは泣きだす前まで」という皮肉な格言は、涙が自己正当化の道具にもなることを示唆している。

こうした見方は息が長い。著名な心理学者アルフレート・アドラーが女の「涙の暴挙」と称してこれを論じたのは、二十世紀半ばだった。そのような暴挙と危険を前にして男がやるべきことといえば、魅力に抵抗することだろう。『マルタの鷹』で、ハンフリー・ボガートがメアリー・アスターの哀れっぽいしぐさを演技と見破ってやったのは、まさにそれだ。「いやあ、うまいものだね。実にうまいものだ。」こう言ってボガートはタバコに火をつけ、首を振りながら、女の手腕に感心したようにほほえむ。アスターはボガートの手を借りるために頼りなげに泣く素振りをして見せたわけだが、策略を見抜かれると金を払うなどと言い出す〔訳注―著者の誤認。アスターは実際は泣いていない。ボガートのしぐさも違う〕。しかし、たいていの映画や本、ミュージカル、歌では、女の涙に直面した男は降参を表明し、異口同音にこう言う。「わかった、わかったから泣かないでくれ――なんでもするから、泣くのだけはやめてくれ。」これがときにコメディの材料になり、ときにシリアスに描かれる。

しかし、感情に訴える恐喝は女の専売特許というわけではもちろんなく（怒った専制君主、いやそれを言うなら怒ったオセローを思い出していただきたい)、男も涙を武器として操っている。女が涙という手を使わざるを得ないのは、個人的にも文化的にも感情的にも、ほかの形の力に頼ることができないからにすぎない、と主張するフェミニストもいる。こうして見ると、涙はさまざまな理由で虐げられている人びとの武器ということになる。涙には、聖書の記述に見られるように、また怒られた子どもが泣くときのように、相手に対する服従・降伏を知らせる力があり、そのために泣いている人は——たとえばメアリー・アスター——本人が意図しているよりも相手の要望に屈し、下手に出ているように見えてしまうことがある。この場合の涙は、ぺてんというよりも、援護射撃だろう。つまり涙は、降伏を知らせることによって相手の反撃をそらす力があるわけで、立場が弱いと感じる人にとっては、やはり極上の武器ということになる。

語源を考えれば、空涙(crocodile tears すなわち「ワニの涙」)で他の目的が隠せるのもうなずける。ワニは、獲物を呑みこもうとして顎をめいっぱい開ける。このとき涙管が押され、生理的な涙が押し出されるかっこうで出てくる。つまり本物のワニの涙は、実のところ感情面でなんの意味もない。比喩で使われるワニの涙、すなわち空涙は、感情の陽動作戦、相手に「歯向かう」ときの一種のカムフラージュである。『オセロー』では、デズデモーナが泣くと、オセローは猜疑から声を荒らげ、その貞操を責める。「ええい、悪魔め、悪魔め! 大地が女の涙ではらむものなら、こいつの流す一滴一滴がそら涙を流す鰐になるだろう。」(小田島雄志訳)しかしオセローは思い違いをしているのである。真実は、このセリフから受ける印象、すなわち不実を犯した女が泣いている、というのとは別のところにあることを、シェイクスピア本人がよくわかっている。デズデモーナは嘘泣きをしているわけではなく、不実でもない。妻の涙をいとも簡単に偽物と思いこんだために、オセローは自滅する。デズデモーナの涙は本物、心からのものだった。しかしオセローは、自分の目より格言を信じた。

さて、相手に降参を知らせることにもなる涙は、人間版しっぽを巻く犬といったところ——涙を流すことで私たちは、すでに屈辱を受けているのだからこれ以上はどうか傷つけないでくれと伝えているわけである。こうした訴えは、心からの場合もあれば、見せかけだけの場合もあり、心からと同時に戦術の場合もある。私たちが胸のうちに秘めている動機が何であれ、涙にはこちらに共感するよう相手に働きかける力がそなわっている。オセローの悲劇は、主人公がこの共感を抑制し、デズデモーナの涙に応えるのを拒否した点にある。しかしその一方、涙は人を寄せつけまいとするとき、相手が接近しすぎるのを食い止めるときにも使われ、オセロー自身そうやって目に涙を浮かべ、デズデモーナを遠ざけている。ノーマン・メイラーが『奇跡』(一九九七年)の中でキリストに「番人が見張りをするように私の目に涙が立ちはだかった」と言わせているように、涙は自分を守り、丁重に扱うよう相手に求め、感情の駆け引きにもっとコストをかけさせる手段ともなる。

涙のこうした裏返しの面は、心からの涙を小説に導入するのがことのほか上手い作家でさえ熟知していた。『アンクル・トムの小屋』のエヴァの母親は、周囲の人間の目をごまかすのに何かにつけて泣きだす憂鬱症の女で、泣くほうが泣かないより不誠実な場合もあることを、ストウ夫人は示している。また、ディケンズは『オリヴァー・トウィスト』でバンブル夫婦を描くにあたって、策略として使われる涙の典型例を示している。新婚二カ月の夫婦が喧嘩をし、熾烈な権力争いを繰り広げる場面である。「バンブル夫人はいまや決定的瞬間が到来したこと、どちらか一方に支配権の決着をつけるために、一撃が、それも必然的に最終のとどめをさす一撃が加えられねばならぬことをとっさに感じ、今はなき前夫に対するこの言葉を聞くが早いか、椅子に崩れ込み、大きな声で、あんたは血も涙もない人でなしだと、ひきつけを起こしたように泣き出した。」（小池滋訳）しかしちょうどその前にバンブル氏が妻をにらみ倒すのに失敗したように、バンブル夫人も涙で夫を釣ったり、罪悪感を抱かせたりするのは、不首尾に終わった。「ところがバンブル氏の心は難攻不落だった。彼の心臓は防水が施してあったので、洗濯のきくビーバーの皮の帽子が、雨に当たれば当たるほどますます見栄えがよくなるように、彼の神経も涙の滝の雨に当たると、ますます強く丈夫になるのであった。涙は弱さの証拠なのだから、結局吾輩の力が暗黙のうちに認められたわけなのじゃと、大いに愉快になり得意になったからである。」それどころかバンブル氏はもっと泣けと妻をけしかける。『肺が広がり、顔が洗い清められ、眼の運動となり、気持ちが静まるのじゃ』バンブル氏が言った。『だからせいぜい泣くがいい』。」ここでバンブル夫人は、勝負に敗れはしたが、格闘にはまだ負けていなかった。夫人が「手による攻撃ではなく、涙の攻撃をまず試みたというのは、前者よりも後者のほうが面倒がかからないから」だったが、それが効かないとわかると、片方の手で夫の襟首をつかみ、もう片方の手で夫の頭に「拳固を（特別に猛烈なやつを正確な場所に）雨あられと降らせた」のである。

不実の涙にはほかの形態もある。たとえば、涙を流す聖像というのも、実はちゃんと仕掛けがあるとして、今やすっかり茶化しの対象になっている。最近でも、カール・ハイアセンが小説『ツイてるね』（一九九七年）で、フロリダの小さな町の礼拝堂の所有者が足踏みスイッチを押し、落涙させるからくりを描いた。この所有者はそこを流行らせようとして、定期的に涙に香りをつけたり、赤い色素を加えたりする。こうした話は、あながちハイアセンの誇張とばかりも言えない。一九九二年三月十日、オハイオ州ステューベンビルの床屋を改造した聖ジュード礼拝堂で、用務員をしていたトニー・ファーンウォルトが聖母マリアと十五分間にわたる会話を交わした。その顕現の後、礼拝堂の像が涙を流しはじめた。そこで、バーナード司教がすぐに地元と全国のメディアに連絡した。一部の報道によると、その後この小さな礼拝堂に大勢の人が詰めかけ、バーナード司教は懐に「十分の一献金」ががっぽりと入ったため、いつでも「仕事をやめ、礼拝堂をたたんで、フロリダに引っ越す」つもりだと友人たちに話したという。察するに、ファーンウォルトと司教の懐を潤した信者たちは聖像が涙を流すのを見て、あるいは流すと信じて、驚くと同時に、霊的なものを感じ、あるいは畏敬の念を起こしたのだろう。そこへもってきてバーナード司教がちょっと食えない感じの人物ときていたので、皮肉なメディアはこのさわぎを茶番として報じたのである。

一九九五年には、イタリアで十三もの聖像が涙を流したと報道され、そのうちチヴィタヴェッキアという町の聖像が血の涙を流したと言われたことから、カトリック教会ではその血液が像の所有者のものと一致するのではないかと考え、確認のためのDNA検査を要求した。本物かどうかの判断基準として従来のものは時代遅れかつ神学的に疑問があるとして、近代的なものへの切り替えをはかったのだろう。神学者や宗教学者の間では、涙を流す処女マリア、たとえばルルドのマリアなどの有名な顕現は心理的現象で、それ自体に宗教的な意味があるわけではないこと、尋常でない精神状態の中で発生する民間信仰だということがかなり前から言われていた。最初にルルドやそのほかの地で顕現を見たとされる子どもたちにしても、はじめからそれらがマリアだとわかったわけではなく、そうした解釈を大人が押しつけたのだった。
もう一人の「マドンナ」のヒット曲、「ライク・ア・プレイヤー」（一九八九年）のビデオクリップには、涙を流す聖像が登場する。ビデオではこの聖像が人となって動きだし、神学的に正統とはさらに言い難いような仕種をしながら、マドンナの性的な誘いに応えはじめる。ここで宗教的象徴が使われているのは、マドンナのイメージの中核となっている性的不適合感を増幅させるためで、いわばマドンナの場合は社会通念上の性的異端なのであって、宗教的異端ではない。したがって、涙を流す聖像が使われているのも、この意外な組み合わせに悲劇的な恋愛のニュアンスと意義を持たせるためだろう。しかし涙を流す聖像は、非信者にはぺてんか単なるシンボルとしか見えないとしても、当然、信者には非常な説得力をもって強く心に迫ってくる。これらを奥深いと感じる人、感動的と感じる人にとっては、申し分なく真正な宗教的役割を果たしている。とどのつまり、誠意というものは見る人次第、言ってみればその人の目の潤み具合による。

英雄の涙

どたばた喜劇の傑作『アダム氏とマダム』（一九四九年）で、キャサリン・ヘプバーンとスペンサー・トレイシー演じる法律家夫婦は、浮気をした夫を殺害しようとした女の事件で、夫が検事、妻が弁護士という立場に分かれて対立する。日中は法廷で争い、夜は自宅で夫婦喧嘩と仲直りを繰り返す二人は、どちらも自分こそが正しく筋が通っていると一歩も譲らない。あるときヘプバーンが喧嘩の最中に泣きだすと、トレイシーは降参とばかりに両腕をあげる。「ほうら、きた！　またそういう甘い汁を使う……女の涙は酸より強い、どんな男でも簡単に落とせるってわけか？　しかし今度ばかりは通用しないぞ。こうなったら陪審員がくるまで好きなだけ泣いてなさい。それで君の言い分が正しくなるわけじゃないんだから。」数週間後、二人に離婚の危機が訪れたとき、トレイシーは泣きはじめ、どうやら効果があったのを見てとると、様子を見てもう少し泣く。ヘプバーンももらい泣きをはじめ、二人はよりを戻す決意をする。その後、トレイシーは妻を引き留めるために嘘泣きをしたことを打ち明ける。「でもあの涙は本物だったわ」とヘプバーンが言いだし、トレイシーも同意する。「それはそうだが」とトレイシーは言う。「僕は泣こうと思えばいつだって泣けるんだ。男だってやろうと思えばできるんだよ。ただふだんはそんなこと思いつかないだけさ。」

ありていにいうと、ヘプバーンもトレイシーもけっして無理に泣いたわけではなく、涙をコントロールできるというトレイシーの主張も男にありがちなはったり気味のところがある。男は泣くことなど思いつかないと言っているのも、実際に思いついたのだから、誇張であることは自明だろう。この掛け合いが書かれた当時は、心から泣くにしても、戦術として泣くにしても、ヒステリックに泣くにしても、とにかく男は泣かないもの、女は泣くものというのが、アメリカ文化の表向きの路線だった。しかし、男は昔からさまざまな理由で泣いてきたという厳然たる事実がある。

聖書においては、これまでに見てきたように、男は戦いの前の祈りの中で、ヘブライ人の運命を嘆いて、またその他さまざまな理由で泣いている。ダビデはアブサロムの死に泣き、アブラハムはサラが死んで、ヨセフはベニヤミンに会って、イエスはラザロの死に涙を流した。よく知られていることだが、英語の聖書の中でもっとも短い文は、「イエスは涙を流された」(Jesus wept) である。紀元前五八七年のエルサレムの都の破壊を嘆いた五篇の詩歌からなる「哀歌」では、男性の語り手がはげしく涙を流す。「わたしの目は滝のように涙を流す」と、この作者は歌う。「わたしの目は休むことなく涙を流し続ける。／主が天から見下ろし／目を留めてくださるときまで。」(「哀歌」では、いたるところで涙が流される。エルサレムの都自体が「夜もすがら泣き」、シオンへの道も「嘆き」、城門や城壁は「呻いた」とされている。)「哀歌」の語り手のような男性は泣くもの、はげしく何度でも泣くものと思われていた。

15世紀の画家メムリンクはよく涙を描いた。

ハンス・メムリンク画
『荊冠のキリスト』(1490年頃)
フィラデルフィア美術館蔵

古代ギリシア文化では、男も女も、身内を殺されたり家族と再会したときなど、わりあい自由に泣くことができた。しかし、男は家族の名誉が危うくなると泣くものとされた一方で、女に関してはそのようなことはなく、女は孤独や恐怖から泣くことができたが、男はできなかった。『オデュッセイア』でペネロペイアがオデュッセウスに会いたくて泣いたように、女は不在の夫を慕って泣くことができたが、一方の夫である英雄は、その故郷から、活躍の場から、また縁者たちから離れているために泣く。『オデュッセイア』に描かれているミュケーナイ文明では、妻たることはペネロペイアの役割の中で重要な部分だったはずだが、夫たることはオデュッセウスの社会的責任の中でとくに重要な部分を占めてはいなかった。重要なのは、オデュッセウスがよき指導者であり、よき戦士であり、よき友人であること、有能な跡継ぎがいることであって、夫であることは、責任よりも権利を伴うものだった。夫であることは全うすべき役割というより、単なる事実にすぎなかった。

オデュッセウスは十年かかって帰還するまでに実によく泣いた。ようやく帰郷を果たしたとき、変装をしていたオデュッセウスは、子どものころの乳母に会い、(このときまだオデュッセウス本人だとは知らない)その乳母は、オデュッセウスが若いころ勇敢に猪を追った話をする。乳母はオデュッセウスの足の傷が、猪から受けたものとそっくりであることに気づくが、かつての主人に間違いないと確信するのは、オデュッセウスが乳母の話に涙を流しはじめたときだった。乳母の話に対し、涙を流すという本人にしかありえない反応を最初に示したことで、オデュッセウスの男としての、そして英雄としてのアイデンティティが確立されるのである〔訳注―著者の誤認。泣いたのはオデュッセウスではなく乳母である〕。ペネロペイアは行方不明のオデュッセウスを思って涙を流す。「数々のつらい思い」が心に重くのしかかって眠れぬペネロペイアは、「心ゆくまで泣いた」とホメロスはいう。オデュッセウスは心配から泣くことはなく、心ゆくまで涙を流すこともない。しかしペネロペイアは息子のテレマコスがいなくなったのを知ると、

長い間口もきけず、両の眼は涙にみち、言葉は喉につまって出なかった……部屋には椅子がたくさんあったのに、それに腰かけることもできず、見事な部屋の敷居に痛ましく歎きながらくずれ伏した。館じゅうの婢女たちは、老いも若きも、みんな后を囲んですすり泣いた。（高津春繁訳）

男はこうした心配のために泣くことはなく、女のように泣いて気を失うようなことはないものと考えられていた。女にとっての涙は、気絶すれば否応なしにそうなるわけだが、動作の終わりを意味するものだった。それに対し、男の涙は次の行動へと駆り立てる力になることが多かった。また、女は涙を隠す必要もなかったのに比べ、男はときとしてそうすることを求められ、アキレウスも「紫色の海にぬれた目を向け」るために「一人でその場を離れた」という。戦士は泣くものとは考えられていたが、同時に、一人で泣くべき時をわきまえなければならないとされたのだ。そしてこうした英雄たちがもっとも涙を流したものが、彼ら自身の英雄的行為にほかならなかった。

英雄叙事詩は、ギリシア時代から中世にいたるまで、ありとあらゆる涙にあふれていて、湿っぽい。アングロサクソン人の叙事詩『ベーオウルフ』では、デンマーク王フロトガルが和平をもたらした礼と

してベーオウルフに十二の宝石を贈った後、「英雄の首を抱き、口づけをし、灰色の頭から涙を流した。」シャルルマーニュの戦士で、十二世紀の『ローランの歌』でその名を不滅のものにしたローランは、存分に泣き、気絶までする。ローランは友オリヴィエが戦で死ぬと、「勇士ローラン、流涕してこれを悼む。かつて地上にかくばかり悲しめる人の声を聞かず」といい、その後馬上で気を失う。ローラン自身が死んだときには、シャルルマーニュが「悲嘆にたえざるもののごとく、髭かきむしれば、武将の面々も涙を流し、二万の軍卒、ことごとく気を失いて倒れぬ。……その場にありおう将士にて、不憫にたえかね／なきくずおれぬものはなし」（佐藤輝夫訳）だった。現代と八百年前とで涙についての認識にどれほどの隔たりがあるのか、これを実感するために、鎧を着た二万人の騎士たちが涙を流し、気絶して落馬する光景を頭の中で思い浮かべてみるといい——こんなことを違和感なくやってのけられるのは、モンティ・パイソン〔一九六九から七四年にかけて放送されたBBC制作のお笑い番組で人気を博したグループ〕くらいのものだろう。

英雄武将のこの種のすさまじいほどの涙もろさは、中世日本の武将たちの叙事詩にも見ることができる。十三世紀のこの一大叙事詩、『平家物語』では、男たちが大泣きをする。武将、平維盛は「今日こそは、明日こそはと思っているのに」と言って泣く。僧侶の慈心房尊恵は、死と生まれ変わりの絶え間ない連鎖から逃れる方法を教えてほしいと、涙を流して請い、その方法を教えられると歓喜の涙を流す。後白河法皇は、都落ちした中宮（建礼門院）のまずしい暮らしぶりを見て「あふれる涙をとめかね」、また「御涙にむせばれた」。法皇が涙を流すのは、単に知己である中宮が落ちぶれたからではなく、中宮の現在の状況が婚姻によって十分に庇護されなかった結果だからである。男は、崇高な理想にも涙した。女が仏性についての歌を歌うと、それを聞いた「平家一門の公卿、殿上人、諸大夫、侍にいたるまで、みな感涙にむせんだ」。女は日本の叙事詩の中でも泣くが、永遠の真理や世の問題より個人的な関係、倫理や耽美といったことより恋愛に関して泣くことが多い。西欧の英雄物語のように、ここでも男は戦争、和平、理想に関して、女は家庭内の人間関係に関してもっともよく涙を流している。

泣かないことこそ男のストイシズムと徳の極致だとする考え方も、「古い」とか時代遅れといった面があるとはいえ、現代の感情文化を構成する要素として誰もが認めるもので、それ自体長い歴史はあるが、ここまでざっと見渡してきたように、泣かないことは、歴史の大半を通じて男らしさの基準だったわけではない。むしろ、男の涙を御法度とする風潮が主流になるのは二十世紀も半ばになってからで、その時点でも、映画俳優や流行歌手が涙を流しているのを見ればわかるように、この禁も完全には守られていない。(おもしろいことに、こうした風潮は日本の文化においても同様だった。日本で男の感情抑制志向が全盛を極めるのも二十世紀に入ってからで、映画でも、たいていは酒に酔っていることを理由にしているものの、男の涙は頻繁に見られる。)男の涙は、現代の文化においても衰えることがなく、英雄的な涙も今も変わらずに流されている。注目すべき一例として、『ランボー』のラストで主役が男泣きするシーンがあり、ここでシルヴェスター・スタローン演じる主人公は、亡くした戦友を思って悲しみの涙を、わが身の不遇を嘆いて苦悩の涙を流す。もっともランボーは、ヒーローとしてはタイプが不明瞭で、ジョン・ウェイン(ときとして目を潤ませたり、涙がこぼれる前に目をこすったりすることはある)のようなタフガイではないし、かといってクリント・イーストウッドのようなネオ・タフガイでもない。ランボーは、反戦運動家と治安部隊という対立する文化にまたがったグリーンベレー出身のヒッピー、長髪で反体制的な怒りをあらわにする、いわば勲章をつけたマッチョな殺し屋である。一九八二年に映画が公開されたとき、『ヴァラエティ』誌はこの映画を「社会的に無責任」と評した。ランボーの置かれた極限の状況が、周囲の男たち、つまり明らかに社会的制約の中にある男たちにはできないような行為へと走らせる。ランボーは恐れを知らず、肉体の痛みも感じないが、心に負った傷から泣き、うめき、そして叫ぶ。英雄であるがゆえに泣くものとされていたギリシアの英雄とは違い、ランボーはその勇壮ぶりによって（スタローンが前作で扮したロッキーのように）泣くことの禁、男としての禁を破る権利を得る。浮浪者に間違われたときとは違い、ランボーは涙を流すことで、当局者に対していわば次のように言えるのだ。「俺はやるべきことはすべてやってきたんだ。社会的役割をちゃんと果たしてきたんだ。」この役目は果たしたという達成感があったからこそ、ランボーは涙を流すのであり、観ている者も涙を誘われるのである。映画を見て泣いたという男女についての数少ない研究のうち、一九五〇年にイギリスで行なわれた調査によれば、映画を見て泣いた男性の大半がもっとも泣けると答えたのは、ヒロイズム、愛国心、勇敢な行動だったという。

〝ストーミン〟（モーレツ）・ノーマン〝ザ・ベア〟シュワルツコフは、マッチョなニックネームと勲章をいくつも授かっている男だが、湾岸戦争の終盤にバーバラ・ウォルターズからインタヴューを受けた際、ウォルターズにインタヴューされた人はたいていそうだが、立ち入った質問に答えている間にどっと目に涙があふれた。ウォルターズは驚きを隠せない。「だって将軍って泣かないものでしょう。涙なんて浮かべたりしませんよね。」シュワルツコフはこう答えた。「グラント将軍だってシャイロー（の戦い」から戻ってきて泣きましたよ。シャーマンも戻ってから泣きました……リー将軍も犠牲者を出して泣きましたし……リンカーンも泣きましたね。」

シュワルツコフは、将軍は戦闘では泣かずに後で泣くものだとも付け加えた。湾岸戦争中、シュワルツコフは部隊の前で泣かなかったが、それは深刻に悩むことがなかったからではなく、立場上そうするわけにいかなかったからだった。「彼らだって将軍に泣かれては困るわけですからね。自分にとってそのへんのことはとても大事でした」と、シュワルツコフはウォルターズに語っている。しかし、クリスマスイヴの礼拝では兵士たちの前でも泣けた。礼拝では自分も別の役目を務めており、司令官ではなく父親のような存在、感情共有のための中心的存在だったからだという。

喜び、誠意、そしてヒロイズム。この中で、一つ目はおおむね主観的、二つ目は双方向的、三つ目は建て前として客観的といえるだろう。つまり、喜びというのが人の感じ方の謂で、誠意というのが内的状態を相手に示したものだとすれば、ヒロイズムの涙は、個人的なものでも、誰かに見てもらうことをはっきり意図した涙でもない。オデュッセウス、ランボー、シュワルツコフをはじめとする英雄の涙は、戦士やその記者が示しているように、戦略的な涙などではなくて、追憶の涙だろう。オデュッセウスはしきりに涙を隠そうとしているし、ベーオウルフ、ランボー、シュワルツコフが流す涙も内的状態を示そうとしたものというより、自然に出てきたもののように思われる。ただ、シュワルツコフの場合は戦略的だったという可能性もないわけでない。インタヴューの後で政治家として出馬する話が出たり、タフガイというだけでなく、指導者としてもあらゆる面で役割を果たせる、バランスの取れた人物とたたえられたりしたからだ。政治家志望として、ゲストを泣かせることで有名なテレビ番組に予備調査のために出演したのだとすれば、番組でシュワルツコフが流した涙は、心からの涙もしくはその逆のものということになるだろう。しかし、シュワルツコフ本人が戦争中に流したと語った涙は、ヒロイズムの涙にほかならない。さらにまた、これら三種のよい涙、すなわち喜びの涙、心からの涙、ヒロイズムの涙には、おのおの対応する悪い涙、すなわち苦痛の涙、空涙、弱虫の涙というものがある。

三種の涙の小史が示しているように、涙に対する人びとの認識はつねにいくつかの要素で構成されており、それらの配分に変化はあっても、構成要素自体は何千年もの間、一貫して変わっていない。涙のいちばんのよさは喜びの涙にあるとされた時期もあれば、心からの涙、感情的ヒロイズムの涙にあるとされた時期もあり、さらにはこういったよいとされる涙のおのおのの裏返しの面、すなわち身勝手、不実、臆病ゆえの涙も、やはりそれぞれの比率に変化はあったものの、つねに涙の文化を構成する要素だった。判断の基準となるものはたびたび入れ替わっても、基本的なテーマはくりかえし浮上してきた。涙についての問いの中でもっとも多かったのは、本章の冒頭を飾った心から泣くことに関する小論の言葉を借りれば、その涙は本物か偽物か、天国への道になるのか地獄への汚水溜めとなるのか、というものだった。しかしもっと正確にいえば、百パーセントが快楽、苦痛、誠実、不誠実、恐怖あるいはヒロイズムの証となる涙などない。混じりっ気なしの涙というものはないのだ。もっとも基本の生理学的な次元においてさえ、涙は混合物であり、不純物である。次章で見ていくように、涙はみな同じように生産されているわけではなく、比喩で言われている通りに機能するものは一つもない。

第二章
涙の生理

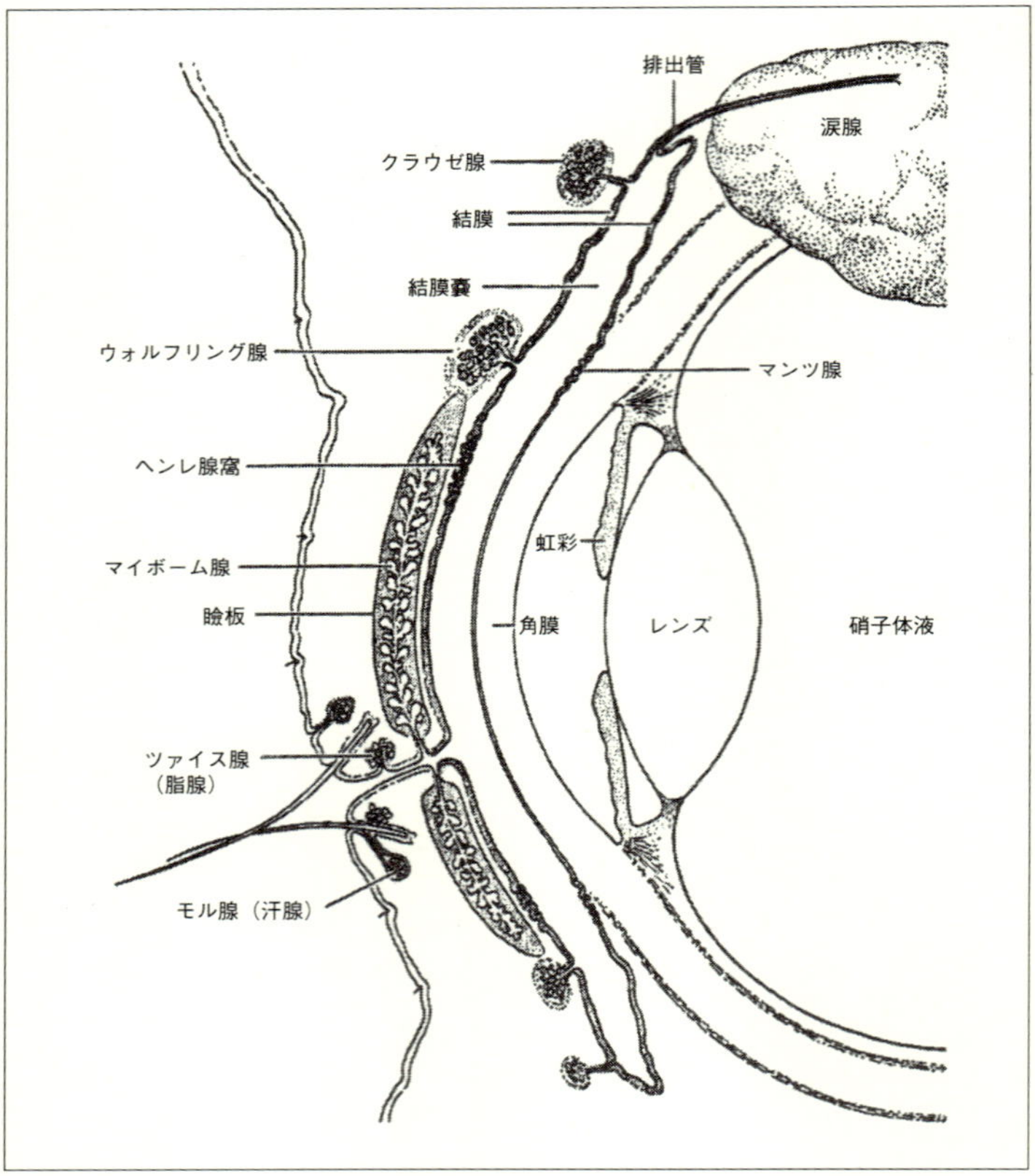

涙腺図

トム・プレンティスの著書（1964年）より

角膜の表面はけっして完全な球面ではなく、くぼみや皺があって平らではない。涙には目の表面のこうした凸凹を滑らかにする役目があり、そのおかげで現に経験する視界が得られているのである。このようにつねに涙の層で被われていないと、ものが正しく見えなかったり欠けたりするし、目を動かすのも不可能で、病原菌にやられることにもなる。ちょうど感情の涙が、世間との距離をとる透明のバリアを形成すると同時に、世間の非難、報い、喜びそして苦しみへの道を開くように、潤いを保った目の表層は、外界から私たちを守ると同時に、外界へのアクセスを可能にする液体膜なのである。

涙は、ロンドンの眼科医エイブラハム・ワーブの表現を借りると、「液体のサンドウィッチ」になっており、内層は目の表面に接している粘液層、中間層は水層、外層は水分がすぐに蒸発してしまうのを防ぐ油層でできている。生理学者と眼科医によって現在確認されているところでは、涙には基礎的な涙、反射性の涙、心因性の涙の三種類があり、基礎的な涙は、眼球を潤しておくために常時分泌されている涙、反射性ないし刺激性の涙は、タマネギを切っていたり、目を突っつかれたりしたときに出る涙、心因性ないし感情の涙は、一定の感情の状態に起因し、かつそうした感情を伝える涙である。これら三種の涙は、機能のみならず成分も違っていて、化学物質、ホルモン、蛋白質の濃度がそれぞれ異なる。

涙器の解剖学的構造が現在のような形で理解されるようになったのは、ようやくここ百年のことにすぎない。涙器は、分泌系統と排出系統からなり、前者が涙を出し、後者がこれを排出する。前頭骨の浅いくぼみと眼球の間には主涙腺があり、主に刺激や感情が誘因となる涙を大量に流す役目をする。主涙腺より小さい副涙腺は数が多く、主に基礎的な涙の分泌に役立っている。これを細かく見ると、まず両眼の結膜の中にクラウゼ腺が二十数個、瞼板《けんばん》の上の境目にウォルフリング腺が数個あって、水層を形成している。やはり結膜にある杯細胞とマンツ腺からは涙の内層を形成する粘液が分泌されており、瞼にある四十六のマイボーム腺（瞼のふちにあるツァイス腺と睫毛の根元にあるモル腺も）からは蒸発を遅らせる脂質、すなわち油分が出ている。これらの副涙腺は、全部合わせても涙腺の十分の一程度の大きさにしかならない。

基礎的な涙は、一分間に一～二マイクロリットル、一日に一五〇～三〇〇グラムの割合で途切れることなく出ている。涙は連続的に補充されるが、一部は瞬きの間に蒸発し、一部は涙点（上下の目頭の、涙乳頭と呼ばれる組織が少しだけ盛り上がった部分に一つずつ開いている孔）から排出される。涙は涙点から小涙管を通って涙囊に入り、さらに涙囊から鼻涙管を通って鼻に排出される。涙が特別大量に出たとき、すなわち情動や刺激や目の病気によって大量に流れ出ると、涙点はこれを処理しきれなくなり、瞼から外へあふれだす。涙点は直径およそ〇・二～〇・三ミリ程度と肉眼でも見える大きさなので、涙との関連はかなり早くから指摘されていたが、涙の出所であると考えられることが多かった。

情動の生理学は、きわめて古い科学であると同時に、きわめて新しい科学であるとも言える。西欧における情動の生理学理論は、紀元前五世紀の「ヒポクラテス文書」の著述家たちとともにはじまってお

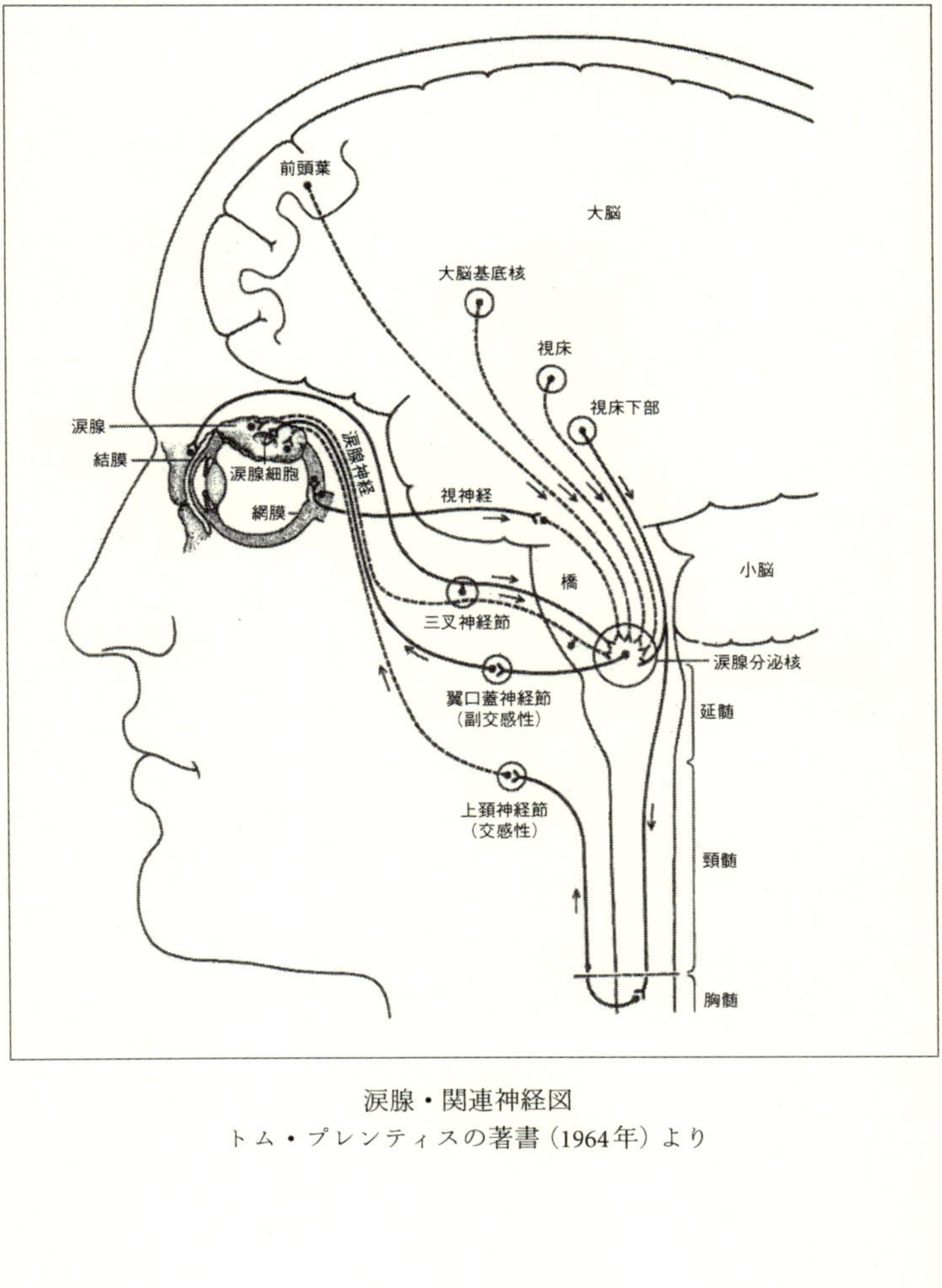

涙腺・関連神経図
トム・プレンティスの著書（1964年）より

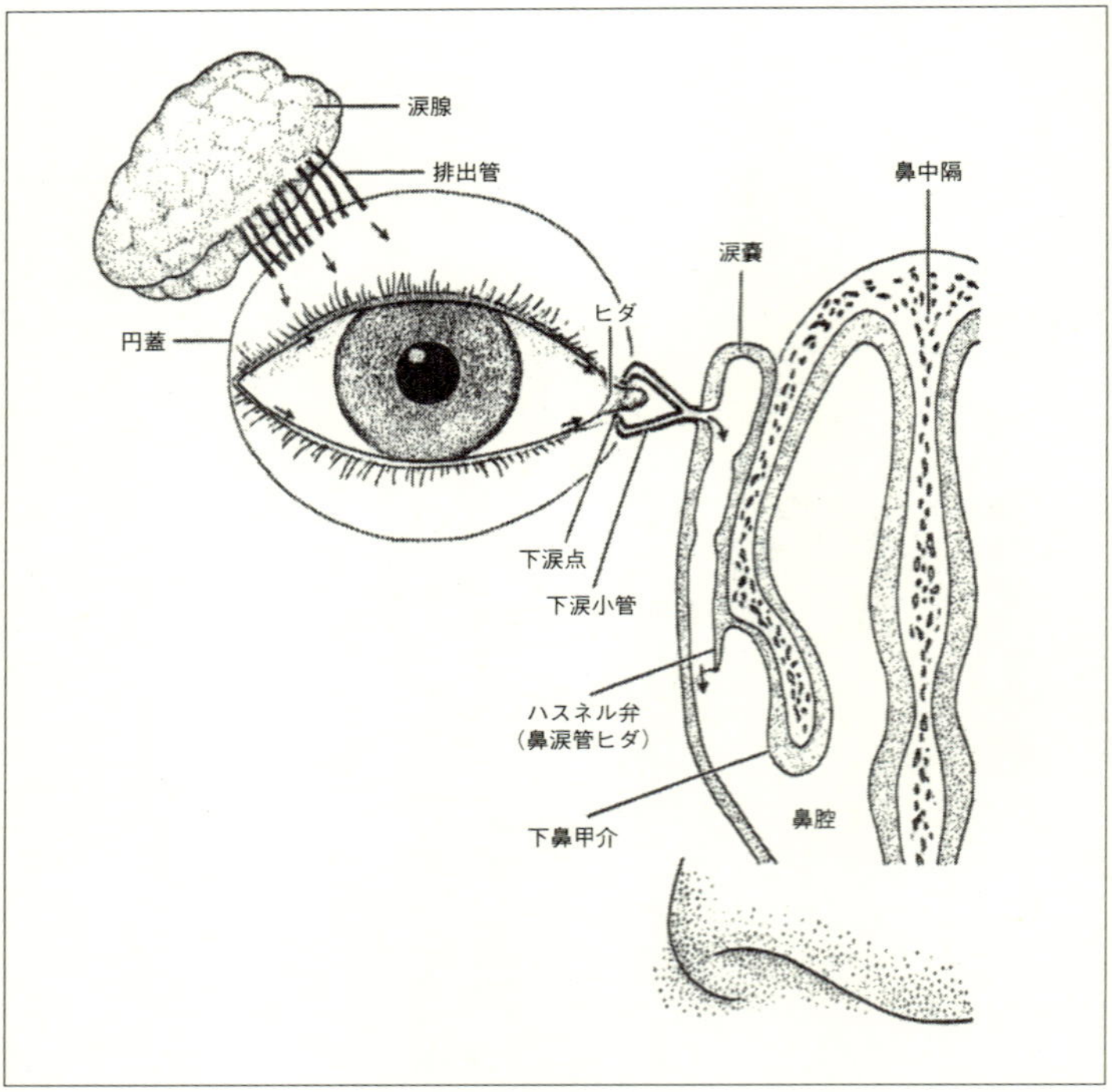

涙の流路を示した図
トム・プレンティスの著書（1964年）より

り、したがって医学そのものと同様に古いことになる。一方、近代情動生理学が間違いなくはじまったと言えるのは、ようやく一九三〇年代になってからで、それより十年前に内分泌学、ホルモン放出腺研究が発展を遂げた後のことである。したがって、分野としては新物理学より新しく、今でも論争が絶えない。ジャック・ジョージ・トムソンがその教本『情動の精神生物学』（一九八八年）で指摘しているように、「科学的真実というものは確率論的であって絶対的ではない」ため、競合するパラダイムや研究分野が非常に多い（ほんの一例をあげると精神生物学、神経心理学、神経生理学など）ばかりでなく、同じ研究分野にあっても根幹にかかわるような意見の相違が出てくる。先に挙げた下位区分においても、体と情動の役割の研究方法はそれぞれ若干異なっており、そのすべてにおいて認められているような情動の総論がない。また基本的な解剖学のパズルでも、足りないピースがまだいくつか残っている。たとえば、涙腺を制御している神経繊維の中にはその正確な経路が解剖学者にもわかっていないものがあり、関連する脳の活動の全体像を明らかにできるまでには到底いたっていない。

しかし、情動体験においては少なくとも複数の相互作用系が働いていることはわかっている。フロリダ大学精神生理学研究センターのピーター・J・ラングは、情動生活を分析するには、言語的活動と認知活動、自発運動量、そして体性筋と内臓の持続性活動レヴェルの変化といった、生理学的活動に注意を向けなければならないと主張する。これらに加えて、アイオワ大学医学部とカリフォルニアのソーク生物学研究所の神経科医、アントニオ・ダマシオ教授は、種々の脳回路をはじめ、他の神経・生理の系統とそれらの下位組織にも注目していくことが研究者には必要だと指摘している。これらの諸系統が単独で機能することもある反面、感情の発現によって、これらの系統すべてに同時に活動が生じることもあるという。

こうした一般法則を超えた領域では、いろいろと論争が起きている。人類に共通する基本的な感情と顔の表情の普遍的特性を発見できたと考える研究者がいる一方で、そうした普遍的特性の存在を否定する研究者もおり、それぞれの情動に特有の生理学があると唱える学者もいれば、そのようなものはないと唱える学者もいる。乳児が小児に、小児がおとなに成長していくのにしたがって情動に変化が生じることについては異論はないが、実際に変化するのは何なのか、変化の中で、生物学的要素、文化的要素が占める割合はどの程度なのか、実際に変化しているのは情動なのか、それとも単に感じる能力、表現する能力、制御する能力なのかについては、意見の一致を見ることがほとんどない。最後に挙げた識別に関しては、そもそも情動というものを測定可能な感情や表情と見分けることが不可能なのだから、このような識別をしようとすること自体が間違っているという研究者もいる。こうした論争には長い歴史があり、古いものでは戦線が張られたのが二千年前になる。もっとも涙に関する過去の生理学的考え方は、ヒポクラテス学派の医者から二十世紀初頭にいたるまで間違いだらけで、現代の最新の神経生理学を啓発するところはなきにひとしい。それでもヒポクラテス、デカルト、ダーウィン、そしてジェイムズの考え方は、私たちの涙に対する文化的認識全般に大きな影響を与えており、今なお与え続けている。

流涙研究の歴史

ヒポクラテス学派の医師たちは、涙は直接脳から出ると考えていた。ヒポクラテス文書やルネサンスまでのヨーロッパの医学では、涙は体液、すなわち血液、粘液、黒胆汁、黄胆汁という、基本の四種類の体液に関係するもので、人の健康と性格はこれらの体液によって決まると考えられていた。これら四種の体液は腺から分泌され、そのバランスが崩れると病気になる。そこで根治するには、瀉血、浣腸、催吐、あるいは涕泣によって、余分な体液を浄化することが必要だとされた。

ギリシア医学で過食を避けることと浄化が重視されたのは、エジプト人医師の影響を受けたものだろうと、歴史学者の間では見られている。エジプト医学では、排泄物が主な病原体であると考えられていた。糞便、もっと正確にいうなら whdw が排泄物の中の病原体と考えられ、血管や他の系統から侵入して体内に広がり、各部位を感染させる恐れがあるとされていた。そのため、解毒の確保と頻度を高めることがいちばんの医学的予防・介入方法だとみなされた。ヘロドトスはエジプト人が浣腸と催吐による自浄を毎月三日間かけて行なっていたと語っており、ディオドロス・シケロスは「毎日のときもあれば、三、四日おきのこともあった」と述べている。

ヒポクラテス学派の医師はこの基本的発想を敷衍し、よけいな体液は浄化が必要だと説いた。胆汁の蓄積（ヒポクラテス学派では風向きの変化や他の環境要因によってもたらされるのではないかと考えられていた）は潰瘍の原因になるが、潰瘍は胆汁を浄化すれば予防できる。癲癇性の発作は体液の浄化が不十分な結果起こるとされたが、それは体液が呼吸を遮るために血液の流れが遅くなり、脳に空気が行きわたるのが遅れるからで、その結果脳はますます「湿気」を帯びて加熱し、いっそう体液の解毒ができなくなって、最終的に発作が起きるのだという。「この病気はこのように、体内に入って出ていくものから成り、広がるものであるから、これを理解して治療するのは、他の病気と同じで難しいことではない。」涙を流すことでよけいな体液が体内から出されるので、癲癇や他の「脳の病気」の場合には泣くのがよいとされた。しかし涙自体も浄化の必要があるという。ヒポクラテス文書の一編では、「涙は脳から出る体液」だからよけいなものは絞り出す、すなわち泣くことで浄化する必要があると強く訴えている。

西欧医学ではさらに千五百年にもわたってヒポクラテス学派の説が支配的だったが、ここに、涙のカタルシス（ギリシア語で「浄化」あるいは「清め」の意）に治癒力があるとする考え方が加わる。ガレーノス（一三〇年～二〇〇年頃）は、涙が涙点から出るという誤った解釈を示したが、涙が脳ではなく腺で作られることをはじめて唱えたことになる。しかし大方の医者は、ヒポクラテス学派の説を支持し、九世紀のフンネン、十世紀のアル・ラージー、十七世紀のカッセリオらはみな涙が脳から分泌されるものと考えた。イギリス人医師のティモシー・ブライトは一五八六年に涙が「脳の糞便のような体液」であると書き、フランス人医師のローラン・ジュベールは一五七九年に「脳は圧迫を受けると大量の涙を放出する」と書いた。ブライトとジュベールは、恐怖や悲しみといった情動が原因で「収縮」が起こって心臓から脳に体液が絞り出され、ブライトの言葉によれば、「脳の中のもっとも水っぽくもっとも透明な排泄物」の排出を助ける、と考えた。

十七世紀以降の医学論文では、四体液説は医学の考え方の中で次第に中心的地位を失い、新しい様式の生理学が紹介されるようになった。十七世紀後半になると、「カタルシス」という語はほとんどの場合、腸の中身の排出に関してのみ使用されるようになり、形容詞「カタルティック」も、下剤の効果が強いことを意味した。そのため、十七世紀の自然哲学者にして化学者だったロバート・ボイルも、一六六七年に「大黄、センナ、その他のカタルティックな野菜の浄化機能」と書いている。「カタルシス」が当初の意味を取り戻すのは、一八九〇年代になってジークムント・フロイトとヨーゼフ・ブロイアーが心理学にこの用語を再び導入してからである。

もう一人、十七世紀の哲学者・科学者で、情動の近代的な哲学的・生理学的考察を行ない、新しい形で情動と精神と肉体を結びつけた人物がいる。その人ルネ・デカルトは、『情念論』(一六四九年)の序文的な内容をもつ書簡の中で、次のように書いている。「私は説教者としてではなく、倫理学者としてでもなく、一物理学者として情念を論じるつもりだ。」もとよりデカルトの著作は、一般に純粋な物理学ないしは生理学とみなされるようなものには達していないが、それは一つには、デカルトもまた感情の涙に関して、根拠のない説を唱えずにはいられなかったからである。デカルトは当時の血液の循環に関する新解釈を採り入れ、神経が脳と結ばれていることや、あらゆる感覚、知覚に必要なことは知っていたが、その一方で、脳や神経には「動物精気と呼ばれる非常に微細な気体ないし空気」が含まれ、これらの「極微体」が体内を移動することで筋肉を動かし、動作を可能にすると考えていた。デカルトの見るところ、こうした筋肉の動きは、次世紀に発達することになる神経系の電気的・化学的活動理論と結びつくものではなく、精神や精神的なものと密接に関係していた。大脳辺縁系や神経生理学の他の側面についても、デカルトの知識には同じように正しいものと誤ったものとがあった。

したがって、泣くことについてデカルトが行なった説明が、一部は正しく、大部分が間違っていたことも驚くにたりない。涙には視力を助ける機能と潤滑的機能とがあると、デカルトは理解していた。そこで、感情が高まると血液が目のほうへ流れると考え、チャールズ・ダーウィンが十九世紀に再発見したように、この血流が涙の生産を促すのではないかと解釈した。しかしデカルトは、水蒸気が凝結して雨になるように、人体の蒸気である「動物精気」が、凝結によって汗や涙に変わるとも考えていた。血流を増加させる要因があれば、動物精気の流れもまた増加すると信じたために、熱い血液が冷たい蒸気と目の中で出会うと、その蒸気が凝結して涙になると考えたのである。

『情念論』は、身体が心ないし頭の助けを借りずに自力でなしうることを切り分け、それによって身体と頭（と心）の関係を探ろうとした。たとえばデカルトは、親しい友人から顔の前に手を突き出された場合を例にとる。このようなとき、私たちは相手から傷つけられることはないとわかっていても、ひるんで目をつぶる。それは、私たちの体が「心」ないし頭の介入なしに、仕組みとして反応してしまうからである。恐怖というものは、精神的ないし心理的な媒介を待ってくれない。目の中に刺激物が入った場合も、痛みを覚え、それによって傷ついた部分への血流の増加と涙が必要になることで、同じように作用するというわけだ。

この基本的な考え方、つまり認知活動が一切なくても身体は刺激に反応しうるという考え方は、その後に出てきた「末梢論」や「身体心理学」と称される数多くの情動理論の核になっている。そしてこれらの情動理論は、心を特別な臓器としてとらえる「唯心」論と対置される。（唯心論もその後、唯脳論と認知指向の理論とに分かれる。）しかしデカルトは、身体心理論者というわけでもなかった。たしかに先の例では、情動は身体的反応にすぎず、涙が思考、反省ないし道徳的意志の力を借りなくとも起こりうる身体的事象であることが示唆されてはいるが、同じ著作の他の箇所でデカルトが示しているのは、唯心論の立場である。泣かない人は「たちの悪い性質」を帯びており、「憎しみや恐怖を感じやすい……

これらの情念は涙の材料を減らすからである」と記す。同じ理由で「涙もろい人は愛情や憐れみの情にかたむいている」から、泣くのは徳の高い人である証だという。人にもっとも涙を流させる情念は憐れみだが、それは憐れみが愛と悲しみの結合したものだからである（デカルトは、情動はすべて基本となる六種の情念、すなわち驚き、愛、憎しみ、欲望、喜び、悲しみが結合したものだと考えた）。そしてデカルトは次のように言う。「愛は心臓に大量の血液を送り込んで、目から大量の蒸気を発生させ、悲しみの冷たさはこの蒸気の動きを鈍くし、涙に変える。」

たしかにここでは、涙が純粋に身体的なプロセスの結果であることが示唆されてはいる。しかし、このプロセスを発動しているのは、根底的には道徳的な反応にほかならない。人が泣くのは、蒸気の凝結が原因であって、凝結は一定の温度になって起こるだけだから、そのことは私たち自身ではどうすることもできない。しかし、そもそも多量の蒸気が出るのは私たちが熱くなるからで、つまり愛情を惜しみなく大いに与え、したがって熱くなることの多い人ほど、結果的に涙を流しやすい。要するに、愛情に満ちた人ほど、涙もろいことになる。

デカルトによれば、情念に対して起こるこうした純粋に身体的な反応にも、それぞれ道徳的な目的があるという。「それらは有益なことをしようという意欲を精神に起こさせる」とともに、そうした意欲を持続させる。そしてこれらを実行するものも、知的ないし精神的な手段ではなく、身体的手段である。つまり、情念は、精神に働きかけて「これらのことを成就するのに役立つ動作を体にさせる」よう促す。つまり、恐怖なら危険から逃げようという気を起こさせ、憎しみなら有害な関係を避けようという気を起こさせる。

こうした考え方は、ハーヴェイをはじめとする医学者の新しい医学的研究成果をもとに、古典派の情動理論を修正したもので、デカルトがこれを展開したのは、ちょうど解剖が生理学研究の主要手段になり、体液説という古典的パラダイムに代わって、腺、血液、臓器生理学を新たな方法で解釈しようとした試みが出てきた時期だった。そして新たな科学的研究成果が、次に現われる偉大な情動生理学者、チャールズ・ダーウィンのお膳立てをすることになる。まず、デカルトの一世代後のデンマークのステノ（ニルス・ステンセン）が、羊の頭の解剖をもとにした『眼腺およびその新しい血管の解剖学的観察による涙の真の供給源の解明』（一六六二年）で、はじめて涙というものを全面的に見直した概論を発表し、重要な事実を誤って伝えた（たとえば涙点が涙の排出口ではなく供給される場所だと考えた）ものの、涙腺の中心的役割をはじめて指摘した。フランス人解剖学者で医師のジャック・フランソワ＝マリー・デュヴェルネは、一七四〇年代に瞼と涙腺に付いている重要な筋肉を解明した。しかし、涙の供給源が涙腺にあること、そして涙の経路を決定的に論証したのはジャン・ジャナンが最初で、ようやく一七九二年になってからである。一七九七年にはヨハン・ローゼンミュラーが腺の構造を明らかにし、一八四四年にはマルティーニが副涙腺が存在する（場所までは突き止められなかったが）という仮説を立てた。一八二〇年代にはカール・エルンスト・フォン・ベーアが涙液排出系を発生学の面から研究し、一八六〇年にはハンガリー人医師のヤン・ネポムク・チェルマクが涙腺を衰えさせる神経をいくつか特定している。

デカルトとダーウィンの間にも、哲学色のもう少し薄いものなら情動分類法はいくつも生まれているが、デカルトの六種の基本情念体系を練り直して、ますますカテゴリーを複雑化させたこうした分類法は、いずれ劣らぬあほらしい内容になっている。中でももっとも複雑をきわめるのが、共産社会主義的哲学者シャルル・フーリエの『人間の精神の感情と社会および文明への影響』（一八五一年）に紹介されているものだろう。フーリエの主張では、感情は四種類に分けられる。まず、それぞれ基本の感覚器官と関係がある「感覚的」感情が五種類、「情動的」感情が四種類、「配分的」感情が三種類と、「基礎」ないし基底をなす感情が全部で十二種類、別の分け方では、五感に関係がある「精神の感情」が五種類、「魂の感情」が七種類あって、これらがさらに友情、セクト、愛、親子関係の四つのグループに分かれる。そしてこれら十二種類の分類目内には、さらに不均等に分布する三十三のジャンル、百三十五の種、四百五のヴァリエーションがあるという。なんとも支離滅裂な分類法だが、そのうちフーリエはこれら十二の情念が音階だの（愛は「ミ」、ないし「長三度」というように）アルコールだの（愛は濃い白ワインというように）とも関係があると言い出したので、忠実な弟子たちを除いて誰からも見向きされなくなった。そして、やがては解剖学と生理学の進歩によって、フーリエと歴史上の珍品ともいうべきその同類たちは完全に見限られる。

こうした生理学的発見と哲学的思索の双方の助けもあって、今なお影響力があるダーウィンの著作、『人及び動物の表情について』（一八七二年）が登場することになる。ベーアやチェルマクをはじめとする実験的生理学者とは違い、ダーウィンが興味を抱いたのは、デカルトと同じく、広く情動全般の、とりわけ泣くという行為の身体的な起源と機能をさぐるという大きな問題だった。私たちが情動を表に出すのは苦痛を和らげるためだと、ダーウィンは結論づけている。たとえば、乳児がほんのわずかな痛みでも火がついたように泣くのは、もっぱら不快感を伝えることが目的なのであって、そのように声をあげて泣くことには、明らかに進化論的な優位性がある。すなわち、空腹を訴えられるほうが、訴えられない赤ん坊より乳がもらえる。だから、泣くのは哺乳類の標準的な行動で、涙も、助けを求めるときに偶然表われる二次的な結果にすぎないという。

自説を検証するのに、ダーウィンは泣いている乳児の写真を六種類用意し、どの写真でも乳児が眼のまわりの筋肉を激しく収縮させている点を指摘している。

はじめに収縮する筋は皺眉筋と思われ、この筋が眉を鼻の付け根に向かい下方内側に引っ張って、眉間に縦皺を作り、眉を寄せた状態になる。同時に、額の横皺が消える。眼輪筋の収縮も皺眉筋とほぼ同時に起こり、目の周囲全体に皺を作る。ただし眼輪筋の収縮は、皺眉筋の収縮による若干の援護を受けると、たちまち力を増すように思われる。最後に鼻錐体筋の収縮が起こるが、この筋が眉と額の皮膚をさらに下方へ引っ張り、鼻の付け根に短い横皺を作る……これらの筋がはげしく収縮すると、上唇に達する筋も同様に収縮し、上唇を引き上げる……上唇が持ち上がると、頬の上側の肉も引き上げられ、それによって両頬にくっきりとした皺が刻まれる。これが小鼻付近から口角とその下にかけての鼻唇溝である。

この後ダーウィンは、口のまわりの筋肉に起こる変化、呼吸と血液の循環に起こる変化、その他泣くときに伴う身体的表出のあらましを、同じ調子でことこまかに説明している。ここでダーウィンは、『心理学原理』（一八五五年）で似たような主張を行なったハーバート・スペンサーの範にならっているのだ

感情表出時の顔面筋収縮を示した写真。

チャールズ・ダーウィン

『人及び動物の表情について』（1872年）より

が、ダーウィンの生理学のほうがスペンサーより具体的かつ正確で、そのテキストは今でも表情研究の一次資料となっている。

しかし、こうした筋肉の収縮が何を意味しているかについて出された結論となると、ダーウィンのほうが疑わしい。ダーウィンの主な結論は、「涙を流して泣くのは付随的な現象にすぎず、眼の外側をなぐられたときに涙が分泌されたり、網膜に明るい光があたるとくしゃみが出たりするのと同じで、目的はない」というものだった。子どもは両親に助けを求めるため大声をあげて叫ぶが、そのときに絶叫が長引くと、それに伴って呼吸が増加し、眼球と周囲の組織が充血するために「眼の血管がパンパンに張る」。この張りによる圧力上昇から静脈と動脈を守るために「はじめは意識的に、やがては習慣的に」眼のまわりの筋肉に収縮が起こる。涙はこの収縮によって涙管が圧迫を受けて出てくるのだが、分泌されるうちに、加熱して充血した眼球を冷やす働きもある。涙を流す行為は、このような顔の筋肉の収縮の結果であって、そうした収縮は「猛烈な」呼吸によって引き起こされたものである。感情の涙も、このように反射性の涙と同じだという。

ダーウィンは、泣く行為に関する文化的な違いを軽んじていたわけではない。ニュージーランドの女性が「意のままにいくらでも涙を流すことができ、そのために集まって死者を悼み、『この上なく感動的に』泣けることを誇りとしている」という話を引用しているし、自然科学者サー・ジョン・ラボックの『開化起源史』(一八七〇年)から、ニュージーランドの先住民の首長が「大事なマントを船乗りたちに粉をかけられて台無しにされ、子供のように泣いた」という話も引いている。サンドウィッチ諸島〔ハワイ諸島の旧称〕では涙は悲しみではなく幸福のあかしと考えられているという、フランスの外相シャルル・ド・フレシネの報告も引用しているし、正常な人より精神異常者のほうがよく泣き、クレチン症患者にいたってはまったく泣かないという、精神医学者サー・ジェイムズ・クリッチトン＝ブラウンの話も紹介している。

しかし、情動文化にこうした地域差があるにしても、涙の原因はつねに同じで、純粋に身体的なものだ、というのがダーウィンの主張だった。すなわち、涙は筋肉の収縮の結果で、収縮によって涙腺が圧迫を受け、涙が分泌されるという。こうしたプロセスがそれぞれの文化的信仰や願望によって発動するとはいえ、生理的プロセスであることに変わりはない。

この筋書きではしかし、人がなぜときに静かな悲しみの中で、事前の叫びやそれによって誘発される身体活動の増加がなくても泣けるのか、その説明がつかなくなることは、ダーウィンも気づいていた。そこで、ダーウィンが持ち出してきたのが、習慣である。すなわち、涙が出るのは人が発達させた情動表現の習慣のためだという。ある一定の作用（および人の習慣的な反応の結果よく使われるようになった神経回路）が習慣的に涙と結びつき、本来あるはずの一連の連鎖がほんの一部分しかなくても、連動で涙が出るようになる。たとえば先のサンドウィッチ諸島では、子どものころから痛みによって泣くよりも、笑いすぎて涙が出ること（この場合も急速に血液が眼に送り出される）のほうが習慣になっていたはずで、そのために涙が悲しみではなく喜びに関連づけられるようになったのだと、ダーウィンは推測している。

もろもろの習性が身に付きやすい人生の早い時期に、もしも乳児が、嬉しいときに大声で笑う（こ

ダーウィンは役者に笑っているポーズと泣いているポーズとをとらせ、両者における顔面筋収縮の類似性を示した。

ケンブリッジ大学図書館蔵

のとき血管が膨張する）ことが習慣化し、そのように笑うことが、具合の悪いときに火がついたように泣くのと同じくらい頻繁で、しかも絶え間がないと、のちの人生において、二つの異なる心理状態にあっても、同じように大量かつ恒常的に涙が分泌されるということも起こり得ると思われる。わずかな量の涙の分泌であれば、穏やかな笑いもしくは微笑み、あるいは嬉しいことを思い浮かべるだけでも十分だろう。

同じように、声を上げずに穏やかに泣くのも情動の習慣による。人は泣くたびに実際に眼球が充血した幼いときに情動の習慣を身につける。しかしおとなになると、関連する心理状態になりさえすれば、いつでもこのプロセスを開始できるようになる。言ってみれば、実際に不調が起きはじめるずっと前から体の防御システムが作動するようなもので、加熱がはじまる前に涙で目の冷却をはじめるわけである。

同じように、適応生物学と習慣を組み合わせたものが、ちょうど二十年後に現われるウィリアム・ジェイムズの説の特徴となっている。ハーヴァード大学のジェイムズとコペンハーゲン大学のC・G・ランゲ教授は、共同で研究したわけではないのに、一八九〇年代に非常によく似た結論を出した。二人の学説は合わせて情動のジェイムズ＝ランゲ説と呼ばれることが多く、今世紀前半にはもっとも影響力のある感情理論となった。ジェイムズとランゲは、ダーウィンのように感情はあくまでも身体感覚であると唱えた。情動を感じることとは、自分の身体を感じること、紅潮、赤面、うずき、涙を感じることである。はじめに感情が起こるときに、理性的思考がそれを助けているわけではない。怒りや恐怖といった身体感覚を覚えてはじめて、認知的な感情というものがあらわれる。たとえばアドレナリンが血管を駆けめぐるのを感じ、そこではじめて恐いとか興奮しているというように判断する、という。

ジェイムズは身体について何の裏づけもない哲学的な考察を述べているわけではない。ハーヴァードではもともと比較解剖学の教授であり、最新の生理学と心理学実験に則ってこれを書いている。ジェイムズは、感情は反射作用に似たものだと主張した。一般には、まず心の中で何かを知覚すると、それに対する反応（これを私たちは感情と呼んでいる）が心の中で起き、その反応に伴って一連の身体的変化が起きるのだと考えられているが、これは順序が逆で、身体的反応がなければ、この段階で感情はまだ起きないというのである。ジェイムズは『感情とは何か』の今やすっかり有名になった一節で、次のように自説をまとめている。

しかし私が主張するところでは逆に、刺激を与える事実が知覚された直後に身体的変化が起こるのであり、このとき起こった変化を感じることがすなわち感情なのである。世間の常識では、不幸があり、悲しくなって涙を流すとか、クマに遭遇し、恐くなって逃げるとか、敵に侮辱され、腹を立ててなぐるというふうに言われている。しかし、私がここで正当性を主張する仮説では、この順序は間違っており、一つの心理状態が別の心理状態によってすぐに誘発されるのではなく、その間には必ず身体的表出が入る。もっと論理的に言うなら、泣くから悲しい、なぐるから腹が立つ、震えるから恐いのである。

だ。

ジェイムズの説明は常識に挑戦しているように見える。感情は思考からは生じないという考え方は支持しがたい。しかしこの仮説で、感情の別の側面の説明がつくということはある。たとえば、それぞれに対応する身体の状態というものがなければ、一定の感情を思い浮かべることなど不可能というのがそうだ。

歯を食いしばっていない状態、あるいは頭に血が上る感覚がない状態での怒りというものを想像してみてほしい。ジェイムズの単に震えるから恐いのだという説には賛成しかねても、もし震えがなければ、心臓の鼓動が聞こえなければ、髪が逆立っていなければ、アドレナリンがどっと出ている感じがなければ、ほんとうに恐がってはいないのは確かだろう。私たちは身体を「感じる」とき、体の中から情報を得るときに、自分の感情がどのような状態にあるかを認識しており、この情報がなければ、「感覚」というものも得られない。もちろん、情報は明確でないときもあり、涙が出るのがほっとしたからなのか、感謝の気持ちからなのか、錯乱しているからなのかはっきりしないこともある。しかし、体に訪れた状態の変化を感じるということをやらなければ、ただただ思考するばかりになる。ジェイムズの表現で言うと、怒っているという身体のサイン、つまり、握り拳や食いしばった歯、心拍の上昇、アドレナリンの分泌、寄せた眉といったものがすべて取り払われてしまったら、考えなり態度なり判断なりは残るかもしれないが、もはや感情を体験していることにはならなくなる。したがってある程度は、泣くから悲しく、プリプリしているから腹が立つと言えるだろう。

歴史学者の間では最近、ジェイムズの説がけっして天才の思いがけないひらめきといった類のものではなく、精神と肉体の関係についての似たような発想の影響を受けた文化にあって生まれたものだ、と言われている。たとえばロビン・ウォーホールが指摘しているのが、ジェイムズの情動理論と、フランスの哲学者フランソワ・デルサルトの著述に基づいた運動、ダンス、演技の技術論との類似性である。デルサルトの支持者は、ごく目立たない肉体的変化によって感情が表現され、そうした身体的変化を演じてみせることで、まず役者が、つづいて観客が、該当する感情を体験すると考えた。このように人為的な感情は、ごく単純な動きで引き起こすことができるという。たとえば、目に関連した表現は、すべて二種類の筋肉だけにかかっている。眉を上げ下げする筋と、瞼を上げ下げする筋である。どちらにも適当な位置というのは三つしかない（上げ、下げ、常態）から、全部で九種類の感情ができる。ジェイムズ説で言われているように、体は特定の思考が挿入されなくても情動反応を示しうる。ジョゼフ・ローチによれば、ヴィクトリア時代の複数の自然主義者（ジョージ・ヘンリー・ルイスなど）の一元論的な見方など、ジェイムズの情動のとらえ方に直結するものだという。さらに付け加えるなら、世紀の変わり目に優生学が広く関心を集めたこと、人類の進歩全般について種を基盤とした解釈がなされるようになったことも、身体を第一に考える似たような見方の存在を示唆するものだろう。ただし系統立った情動理論として、ジェイムズ＝ランゲ説にそれまでになかったものが含まれていたことはやはり否定できない。

しかし以後の批評家が（早くも一八九四年にはジョン・デューイーが）指摘しているように、単に泣くから悲しいというはずはない。ジェイムズの説では人の情動体験を決定づけることになっているきわめてよく似た身体状態でも、その感情の意味はまったく異なる場合がある。デューイーが例に取るのは、激しい試合をたたかった後、フィールドから引き上げてくる二つのチームの違いである。選手たちは全

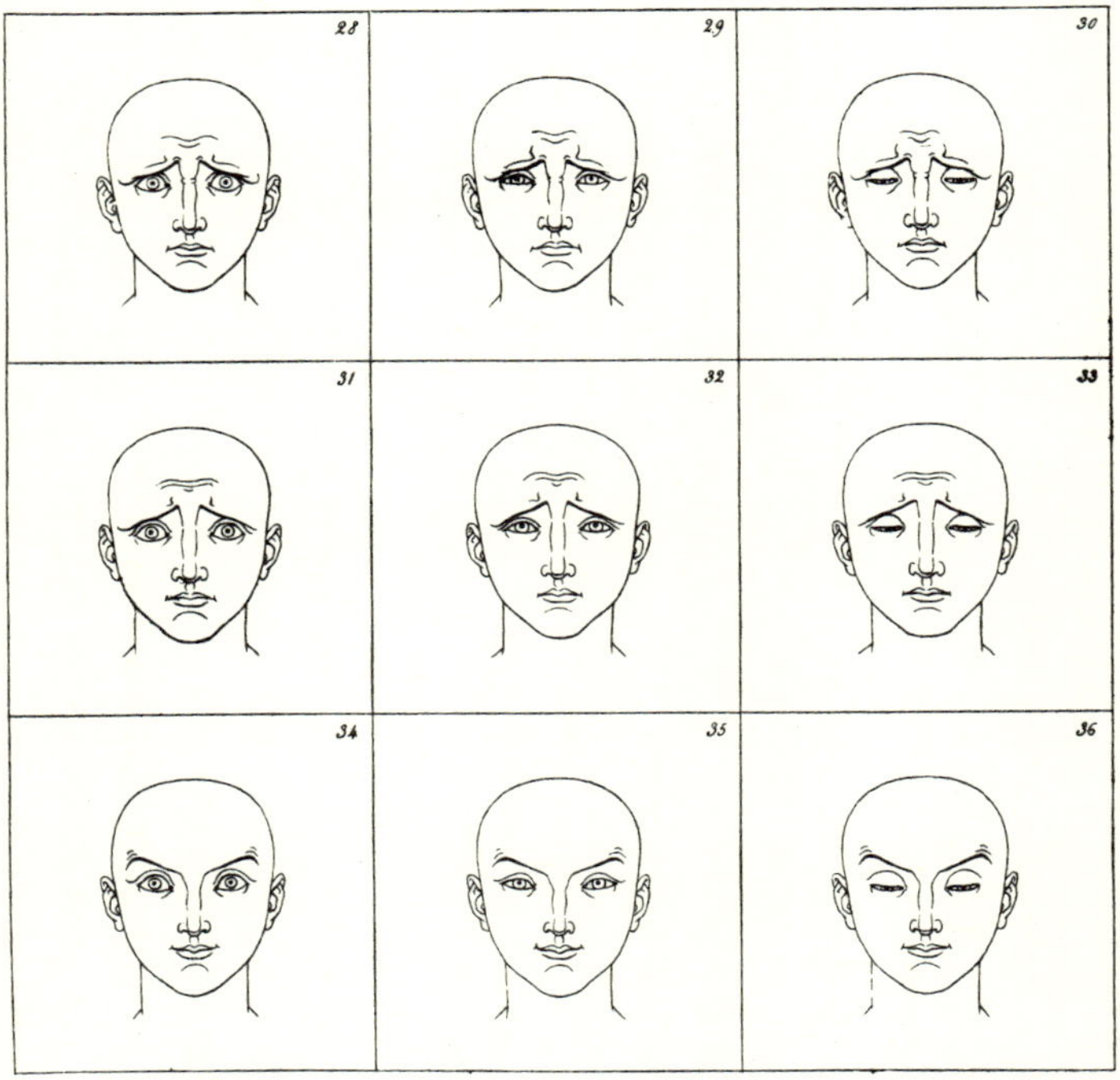

デルサルトのシステムにおいてできる9つの表情。

アルフレッド・ジローデ
『擬態、表情および身振り――デルサルトの
システムによる感情表現の実践法』（1895年）

員、長い戦いによって肉体は極度の興奮・疲労状態にあるが、勝ったほうは喜び、負けたほうは不機嫌になる。この感情の違いを生むのは、思考の違いである。ここにもう一つ、頭を悩ませる問題をつけ加えてもいい。感情は違っても、思考の中身は同じ場合がある。音楽評論家のマルコム・バッドが指摘しているように、「同情とシャーデンフロイデ（他人の不幸を喜ぶ気持ち）は、どちらも誰かの不幸や失敗を思うのに伴って生じる」が、両者は根本的に異なっている。また、車のドアに指を挟んでしまったときのように、これといった考えがなくても泣くことがある。

一九二〇年代になると、ジェイムズとランゲの結論は、さまざまな学派の科学者や社会科学者の攻撃を受ける。行動主義の父といわれるジョン・B・ワトソンは、一九二四年にジェイムズ説が「最近ようやく持ち直しかけていた情動の心理学を後退させるものだ」と述べた。そして、生理学研究にとってはさらに重要なことに、ハーヴァード大学の生理学者ウォルター・B・キャノンがジェイムズ説を攻撃し、一九二〇年代、三〇年代になって、半分はダーウィン的な機能主義に、半分は内分泌系の働きに関する新発見にもとづいた情動生理学理論を展開しはじめた。

キャノンは、英国の生理学者C・S・シェリントンが集めた証拠を用い、ジェイムズ＝ランゲ説に対して説得力ある反論を示した。シェリントンは、イヌの臓器を外科的に中枢神経系から切断し、脳が心臓、肺、肝臓から情報が得られないようにしたが、情動反応には何の影響もなかった。イヌは手術を受ける前と同じような恐怖、喜び、攻撃性を示したのである。そこでキャノンもシェリントンの実験をネコでやり、同様の結果を得た。また、キャノンはフランスの研究（正確にはグレゴリオ・マラニョンというスペイン人の研究で、フランスの医学誌に掲載された）でアドレナリンを注射された患者の話も引いている。患者は全員、情動そのものではなく、情動に似たものを感じたと報告した。「恐いような感じがした」、「理由もないのに泣きたいような」気持ちがしたという。本物の情動を感じたと語った者はひとりもいない。したがって、情動は身体の状態だけで成立するものではないとキャノンは主張する。

キャノンの研究の中心にあったのは、体の機能を安定した状態に保とうとして調節するプロセスである、ホメオスタシス（恒常性維持）の考え方だった。似たような説は初期の生理学者も提示しており、たとえば、一九一五年にはジョージ・W・クライルが、泣くことを含むあらゆる情動表現は、その時点では実行していない身体行動を予想し、緊張が生じた結果だと主張した。泣くことで高ぶっているエネルギーが放出され、常態に戻れるというのである。しかしクライルの説明が根拠としたのは、筋肉の萎みの測定結果にすぎなかった。一方キャノン（その少し後にはバードも）は、このように筋肉に表われる影響が、自律神経系と内分泌系による体の調節に続いて起こるものであることを証明する手がかりを与えた。キャノンは、間脳の視床、すなわち脳幹という脳の中の原始的部分と脳の進化の上でこれより新しい大脳とをつないでいる部分が、情動の活動拠点であると考えていた。系統発生上、視床が脳の中のもっとも古い部分であることが、感情に流されるという感覚を説明する手がかりになると、キャノンは考えたのだった。「このような強い衝動が作り出されているのが、脳の中でも認知的意識と関連がなく、したがってぼんやりと脈絡なく強い感情の高ぶりを喚起する領域であるといえば、外からの力に押さえつけられるような、取りつかれているような、あるいは支配されているような感じがするのも説明がつくだろう。」

キャノンによれば、情動は単なる破壊的・反理性的な力であるどころか、各種の非常事態に直接対応し（いちばんわかりやすい例が、闘争・逃走反応だろう）、非常事態に直面した後にバランスを取り戻す、いわば「人体の知恵」の一端だという。キャノンは、ジェイムズやデューイーが主に依拠していた論理的ないし推論的条件から、脳構造の局在化と神経発火パターン、そしてホルモン活動重視のほうに見事に論点をシフトさせた。別の言い方をすれば、身体中心型の感情研究を近代化したわけで、彼はまた脳の活動についても研究していたため、情動の認知研究にも絶大な影響を与えた。ロヨラ大学のアーノルドの評価説、コロンビア大学の心理学者シャクターとシンガーの認知喚起説など、後に出てくるさまざまな認知説は、一九六〇年代、一九七〇年代の情動研究において支配的地位を占め、それにつれて認知心理学も学術研究全般で支配的地位を占めるようになった。シャクター、シンガー、アーノルドをはじめとする認知説派はみな、キャノンの研究成果を土台にしているが、議論を「生理学」から、生理学が認知心理学に与える影響に移した。シルヴァン・トムキンズも心理学の面でキャノンの先例にならい、次章で取りあげるように理論を発展させた。今やキャノンの研究の生理学的側面が大いに拡大応用されるにいたったわけで、これは、脳の活動を観察する新しい手法と他の技術的進歩に負うところが大きい。情動にかかわる身体と情動にかかわる脳とは、ほんの半世紀前に考えられていたよりも、はるかに複雑な実体だったのである。

その生理学研究がのちに電気療法と生検を生むこととなったデュシェンヌは、被験者の顔面筋に電気ショックを与えて感情表出のシミュレーションを行なった。感情の生理学における普遍性を示すため、古典期の頭像が使用されている。

G・B・デュシェンヌ『人相のメカニズム——あるいはG・B・デュシェンヌ（ド・ブローニュ）博士による感情表現の電気生理学的分析。74の電気生理学的写真で構成されるアトラス付き』（1862年）

情動脳

脳の解剖学的構造をかいつまんで説明するのは難しい。それは単に、脳の中にはおよそ百億から一兆にものぼるニューロンと百兆を超えるシナプスがあって、そこで情報を伝達する側の神経と受け取る側の神経とが一つ一つ繋がっているからということではない。末梢神経系、すなわち脳と脊髄以外の神経系では、生理学的機能と解剖学的構造を特定するのは容易だし、作用もきわめて単純で、互いに関連することが多い。たとえば、指先の感覚を伝える求心性（知覚）神経は、疑いなく指先からはじまり、比較的たどりやすい神経経路を通って情報を中枢神経系に伝達していて、指の筋肉に命令を伝える遠心性（運動）神経も、同じ経路を逆方向にたどるだけである。一方の脳はといえば、神経の結合体がはるかに複雑に絡んだ構造になっており、その中で、この組織がこの機能に結びついている、と容易に特定できるものはほとんどない。

十九世紀以降、生理学者たちは脳の機能の地図を作成しようと試みており、特定の神経機能の解剖学的位置を示す全体図を描くことが可能なように思われた時期もあった。脳の損傷の有名な事例、機能不全のあったことがわかっている脳の検死解剖、それに動物実験をやると、必ず特定の部位で一定の諸活動が行なわれていることを示す結果になった。たとえば、ウェルニッケ野が損傷を受けると、言語処理に障害が生じ、このような損傷を受けた人では、言葉を発することはできても、順序がでたらめになる。ブローカ野が損傷を受けると、言語理解には影響はないが、発話を妨げられる。これらの野の名称の由来となったポール・ブローカとカール・ウェルニッケは、神経科医の先駆者で、十九世紀半ばに特定の局所的脳損傷と特定の障害の関係をつきとめた。しかしその後、言語理解と発話には、たとえば「聞く」

のに関係する六つの中枢、「読む」のに関係するいくつもの脳構造など、他の脳構造の複雑な絡みが関わっていることが明らかになる。

数十年前、研究者たちが気づいたのは、特定の中枢神経が損傷を受けることによって、ある系統が機能不全になるほどの障害を生じる可能性はあるが、だからといって、損傷を受けた神経が必ずしもその系統をつかさどっている「制御」系であるとは言い切れない、ということだった。それはたとえば、貨車後部の連結器が壊れると、後に続く貨車も全部そこに取り残されることになるが、その貨車自体が機関車ではないのと同じだと、ある神経生理学者は説明する。神経生理学者や精神分析医によってさらに複雑な系統や部分系統が特定されると、場所と機能の間には単純な一対一の関係があるとするそれまでの概念は、神経中枢群の相互関係を重視したもっと複雑なモデルに取って代わられるようになった。脳の三大解剖学的区域（伝統的に後脳、中脳、前脳とされる）でさえ、完全に他と分離された生理学的機能を持ってはいない。

大まかに言うと、進化の上で脳のもっとも古い部分である後脳は基礎的な低レヴェルの処理に、前脳はもっと複雑で理性的な活動に関係があるとされている。後脳は自発運動、消化、心拍、血圧、呼吸を調整する役割をするが、そのことからわかるように、後脳は情動反応にとって重要である。しかし、たとえば手を挙げるとか、さらには感情の涙を流すというようなことには、脳の三大区域全部の活動が関わってくる。そこで、神経科医は純粋に解剖学的な手法はとらずに、情動体験に関わっている各種の局所神経回路網、系統、系統のシステムの目録作りを試みている。

中脳は前脳と後脳の間にあり、主要経路となっている。中脳には情動の決め手になる三つの部位がある。痛みの部位（脳室周囲系）、快感の部位（内側前脳束）、そして網様賦活系（ＲＡＳ）である。ＲＡＳは、感覚器官から情報を受け取り、この情報を使って中枢神経系の覚醒状態を調整する役割をする。

解剖学者は、一九三〇年代のジェイムズ・Ｗ・パペッツの研究にならって、情動体験の間に稼動している脳系統の集まり（後脳、先の三つの部位、および前脳の奥にある若干の小さな構造）を辺縁系と呼んだが、一部の神経科医の間で今でもこの表現が使用されているのは、その部位の場所にかかわらず、情動に関係しているもっとも重要な脳構造が多く含まれていて便利だからである。後脳の中でも、進化の上で古いほうになる延髄は、心拍の制御などの無意識の作用にかかわる辺縁系の中でも重要な部位となっていて、同じように重要なものに、扁桃体という、大脳の側頭葉の奥にあるアーモンドに似た形の灰白質の核があり、これは進化の上ではかなり新しいものに入る。感情生理学の重点を神経中枢から神経回路、特に辺縁系に移すきっかけを作ったパペッツは、この回路を「情動脳」と呼んだ。

パペッツの影響を強く受けたポール・Ｄ・マクリーンは、さまざまな種の辺縁系を研究し、哺乳類の脳がそれより前の爬虫類の脳を精緻化したもので、進化による基本的な変化は、発声を可能にする部位が新たに加わったことと指摘した。進化の上でもっとも古い発声は、「分離泣き」で、もっとも初期の哺乳類は夜行性で森に棲んでいたことから、この泣き声によって親が子どもを探しだせるようになり、群れの中でのコミュニケーションが可能になったのではないかとマクリーンは主張している。また、こちらは推論の域を出ないが、離れたときの反応として泣くことは、人類の進化における別の基本的要因に結びついているのではないかとマクリーンは言う。人類の大脳が目覚ましい発達を遂げたのは火の発見に関係があることを示す証拠がいくつかあること、初期の原人の暮らしにおいては火が大きな部分を占めていたことから、こうした原人の目に煙が入ったことが、反射性の涙を出す能力のある種の進化の確保につながり、やがては死者が火葬されるときなどに反射性の涙と別離が結びついて、人の死が涙と関連づけられるようになったのではないか、と推論した。

それはともかくとして、脳は進化を遂げていくうちに、辺縁系の一部としてきわめて分化した核、中枢、構造をいくつも発達させてきたことは間違いない。たとえば、神経科医は最近、記憶系を二種類に分け、一つを陳述記憶、もう一つを情動記憶としているが、これらは系統の中で違う部位を使用する。陳述記憶の重要な中枢は、大脳の各側脳室床面の隆起部分にあたる海馬にあり、情動記憶は扁桃体と関係があるとされている。この二つの構造は協力して働くこともあるが、必ずしもそうではない。ジョゼフ・ルドゥーは海馬が損傷しても潜在・情動記憶には影響がないことを示し、J・P・アグルトンは扁桃体が損傷を受けるとこれらの記憶が破壊されることを示した。すなわち、扁桃体に損傷があり海馬が正常な人では、衝撃的な事件に居合わせたことと、そこで起きたことについてははっきり覚えており、その時に恐ろしいと思ったことまで理解しているが、そのことについての情動記憶はない。逆に、扁桃体が正常で海馬に損傷がある人では、自分を傷つけた人間に対し、その人物についても傷を負ったことについても明確な記憶がないのに、強い恐怖の反応を示すという。

しかし通常の情動体験では、それ以外にも「情動脳」の中のいくつもの部位が使われており、それらの部位と同時に、内分泌系やそのホルモンを含めた他の系統も使用されている。特に気分にムラの多い十代の若者、更年期の女性、あるいは攻撃的な男性に「ホルモン」という言葉をあてはめてみれば、複雑で著しく感情的な行動もすべて納得がいくという人もいるだろう。しかし、ホルモンもやはり制御中枢ではない。ホルモンの放出で、脳内の一定の活動が喚起されたり、抑制されたりすることはあるが、ホルモンそのものを誘発できるのは、脳である。内分泌腺には、下垂体（他の内分泌腺の多くを統制するため、「高位の分泌線《マスター・グランド》」であるとされている）、副腎（腎臓とは関係ないが、腎臓の上に位置する）、喉の甲状腺と副甲状腺、膵臓、生殖腺、松果腺などがあり、全部が何らかの形で情動体験に関係している。たとえば、甲状腺ホルモンの分泌が増えると涙の量が増え、甲状腺が萎縮すると涙がまったく生成されなくなることもある。下垂体から出ているホルモンには（他の腺のホルモン分泌を促す各種刺激ホルモン以外に）大きく分けて二つあり、一つは成長ホルモン、もう一つがプロラクチンで、これらは母乳の生産を促すと同時に、涙の生産にも関係している。

そのようなわけで、神経系、内分泌系、呼吸系、体温調節系、心臓血管系はすべて情動体験に重要な役割を果たしており、情動体験もこれらの系統すべてに影響を与えている。しかし、情動体験にかかわっている人体の部位は生理学者によって特定されてはいるが、わかっていないことはまだ多い。たとえば、涙と下垂体の活動の相関は特定できていても、それが何を意味しているのかについては、まだはっきりした答えが出ていない。一部の研究者の間では、下垂体以外の主な内分泌腺は人為的に誘導されると情動反応（不安など）を引き起こすものが多いので、下垂体はこれらの腺を稼動させるホルモンを出し、情動反応を統制していると唱えられた。しかし別の研究では、むしろ下垂体が情動によって動かされることが示されており、そのため実は涙のほうが腺の中に随伴活動を起こさせている可能性もある。

もう一つ例を挙げよう。情緒的に恵まれなかったり、心に傷を負ったりしている子どもは、そうでない子どもより成長ホルモンの分泌量が少ないといわれる。そこで一部の研究者は、情緒障害は成長ホルモンの不足が原因だと断定するようになった。ところが、ここに次のようなケースがある。成長ホルモンのレヴェルが低い男児が、鬱状態にありそのために育児怠慢な母親から離され、里子に出された。男児はすぐにホルモン量が増え、それに見合うように急に発育がよくなった。その後、両親の折り合いがついて家に戻ってきたときにも、さらに発育が進んだので、少なくともこの男児のケースでは、情緒障害がホルモン不足の原因となっていたのであって、その逆ではなかったと見られる。ホルモンは、また脳の中枢、心肺活動、その他身体の中で情動に伴うものはすべて、情動体験に関してはニワトリと卵の関係にある。関連があることだけは間違いないが、決定的な上下関係ないしは因果関係をあげることはできない。

これと同じような問題が、情動体験の間に使用される系統を理解しようとする試みの中で出てきた。フィニアス・ゲージのケースは、おそらく神経学史上もっとも有名な症例だが、それは一つには、これが、情動の脳の中での局在性の証拠とも反証ともなりうるためだろう。一八四八年、ヴァーモント州で鉄道建設の工事をしていたゲージは、火薬をしかけて岩盤を割り、そこへ仲間が線路を並べていく作業にあたっていた。このとき、手順が狂って爆発が早くに起こったため、持っていた鉄棒が爆風で吹き飛び、ゲージの左の下顎から頭蓋骨を貫通し、脳の前部を割いて頭頂部を突き抜け、脳の一部、血、骨のかけらをひきずりながら三〇メートルほど離れた地点へ落下した。長さ一メートル、直径三センチ近く、重さ六キロ弱の鉄棒は、フィニアス・ゲージの脳を直撃したが、その命までは奪わなかった。それどころか、ゲージは牛車にまっすぐ上体を起こしてほとんど一マイルも揺られ、ろくに助けも借りずに診療所まで歩き、診察の間も身を起こしていた。傷の消毒を受けている間も、明瞭な口調で事故が起きた経緯を説明した。以後、ゲージの驚くべき生存は神経科医の関心を集め、その頭蓋骨と鉄棒はハーヴァード大学のウォーレン・メディカル・ミュージアムの展示ケースに保管されている。ゲージの事故と同じころには、ブローカとウェルニッケがそれぞれ脳の機能的分化を発見し、脳の各部位とその機能の地図を描きはじめていた。ゲージを診た医師ジョン・ハーロウも、脳の機能について仮説的結論（結局は間違っていたのが）を出した。

しかし事故後、ゲージはつらい経験をする。体のほうは回復し、医師たちの行なった検査でも、左目の視力を失った以外は、知覚力も、言語能力も、運動能力も完璧に保たれていることがわかった。ところが、性格が一変してしまった。以前のゲージは、責任感があり、社交的な朗らかな男で、ゲージが現場監督に当たっていた鉄道作業員たちにも、世間の人びとにも好かれていた。しかし、鉄棒が頭蓋骨を貫通し、何立方センチかの脳の中身を奪われてからは、無理もないことながら、人が変わってしまった。最初にゲージを診察し、その後も診つづけた医師によれば、ゲージは「気まぐれで無責任、どうかすると以前では考えられないような口汚い言葉を使い、仲間に敬意というものをほとんど払わず、自分の欲求と相容れなければ、制止されたり、忠告を受けたりすることが我慢ならぬようで、時にしつこく、それでいて移り気、優柔不断で、将来の計画をいくつも立てたかと思うと、立てたそばからもう断念している」ような人間になったという。医師や周囲の人びとの助言や勧めもまったく効き目がなかった。仕事が見つかってもその気性ゆえにすぐに首になるか、キレて自ら辞めてしまった。しばらくはニューヨークのバーナム・ミュージアムで、例の鉄棒とともに見せ物になっていたこともあった。十三年後、ゲージはサンティアゴからヴァルパライソ、サンフランシスコを放浪した末、三十八歳で世を去る。事故後、「ゲージはもう前のゲージではない」と、友人たちが口を利かなくなってから長い月日が経っていた。

ハンナ・ダマシオ博士は、ゲージと同じような重い外傷性脳損傷患者の詳細な臨床研究を行なってきた。ゲージの頭蓋骨も調査し、コンピュータの画像処理を用いてゲージが患っていた神経障害の再構築を試みた。その結果、鉄棒によってゲージが受けたもっとも大きなダメージが、前頭葉と中脳・後脳をつなぐ重要な連結部分の切断だったと推論した。そのため、これら低次の脳構造が、大脳皮質の意思決定・階層化機能から抑制を受けることなく、したい放題に火を噴き、「ゲージの情動と知的機能のバランスが崩れた」という。ゲージの情動は、理性的能力から切り離されたために、争いや癇癪へとゲージをつきうごかすようになり、論理的思考のほうは、情動機能から切り離されたために、自分自身の利害を勘定に入れる適切なさじ加減ができなくなった。ゲージの話は、オスカー・ワイルドの名言、「感情はひとを迷わせるのが取り柄だ」(福田恆存訳)が現実になった悲劇だろう。

しかし、ダマシオとその夫であるアントニオ・ダマシオ、さらにその研究チームが示した結論の中でもっとも重要なのは、理性と感情が互いに対立するものではないこと、情動能力が喪失するとそれだけで判断力に悪影響があり、理性が正しく機能するためには情動が必要だということだった。アントワーヌ・ベカラ、ハンナ・ダマシオ、スティーヴン・アンダーソンは実験で、研究チームのメンバーが考案した賭けトランプを前頭葉損傷者にやらせた。被験者は、賭け金の高い組と、賭け金の低い組のどちらからも好きなようにカードを引けることになっていた。もらえる金は少なくても、損も少ない組からカードを引いたほうが結果的には得点が高くなるしくみなので、統制群の患者の大半は、もっぱらこちらから引き、終始そのやり方を変えなかった。統制群の中でいわゆる「ハイリスク」を好むタイプの患者でも、たまにリスクの高いカードに手を出しはしたが、後でリスクの低いカードを選ぶようになった。一方、前頭葉に損傷がある患者は、決まってリスクの高い組から引き、ゲームに負けた。

神経科医が言うには、問題は情報の処理にあるのではない。統制群のテストでは、別種の損傷のために数学・判断の能力が正常に機能していない患者でも、ゲームを学習し、最後にはうまくやることができた。問題は、前頭葉損傷患者の場合には、脳の中で感情と関係がある大脳辺縁系と、理性的認知の中枢である大脳皮質との間で、正常な量の相互作用が行なわれなかったことだと、アントニオ・ダマシオは説明する。この程度の意思決定に必要とされる神経中枢は、全部そろっていて異常はなかった。フィニアス・ゲージのように、患者たちには考える力も、選択肢を検討する力も、必要な情報を処理する力もあった。全員、情動を感じ、体験する力があった。ただ、感情と理性・推理能力の間の連絡が断たれていた。

ダマシオは、情動の神経学の現状について書いた革新的な著書、『デカルトの誤り』（邦題『生存する脳』）で、デカルトが心と身体とを切り離したこと、情動の純粋に認知的な側面だけを強調したことが、以後の情動研究に深刻かつ有害な影響を及ぼしたと示唆する。しかしすでに見てきたように、デカルトは基本的感情を刺激に対する反応としてのみならず、人間の思考と行動を構成する形態としてもとらえていた。心身分離という顚末の元凶になった人物を強いてあげるとするなら、それはデカルトではなくて、むしろプラトンではないだろうか。プラトンが『パイドロス』の中で、感情と理性を、魂という馬車を引くアンバランスな二頭の馬として描いている有名な話がある。理性の馬は白く、「その姿は端正、四肢の作りも美しく、うなじ高く……鞭うたずとも、言葉で命じるだけで馭者に従う。」他方、感情の馬にあっては、「その形はゆがみ、贅肉に重くるしく、軀の組み立てはでたらめで、太いうなじ、短い顎、平たい鼻、色はどすぐろく、目は灰色に濁って血ばしり、放縦と高慢の徒、耳が毛におおわれて感がにぶく、鞭をふるい突き棒でつついて、やっとのことで言うことをきく」。（藤沢令夫訳）プラトンは、感情と理性をはっきり対立するものとして描いているから、誤りはデカルト以上に明らか。脳の生理学は、そうした心身二元論がつねに、必ず間違っていることを示している。理性の白い馬だけでは、フィニアス・ゲージを職場に引き留めてはおけないし、ダマシオの患者たちを賭けに勝たせることもできないのである。

情動反応の中には、脳の中の理性をつかさどっている中枢を迂回して、というより、脳全体を迂回して、脊髄から身体反応を引き起こすものもある。「驚愕」反応はその好例である。幼児は眠っているときでも大きな音に対して驚愕反応を示す。認知を必要としない。あるいは、デカルトが例としてあげたように、親しい友人から顔の前に手を突き出された場合もそうだろう。そのときの状況をどのようにとらえていても、人は恐怖を体験しうる。逆に、一にも二にも認知だという場合もある。特に複雑な情動は、私たちが「対象ないしは状況のカテゴリーと、一次情動の間で系統的な関連づけ」のしくみをつくることによって生じると、ダマシオは論ずる。一定の心象が記憶の中に蓄積されるとき、それとともに「身体情報」が刻み込まれる。私たちが一定の心象、たとえば人と喧嘩をしたことや、いっしょに過ごした穏やかなひとときのことを記憶にしまっておくとき、そのときに体験した情動と感情の情報があわせて蓄積される。こうした感情はもとよりそれだけで蓄積できるものではなく、その心象を思い出すときにいっしょに思い出され、そこで再燃する。涙が出るほど苦しかったときの記憶には涙の「マーク」がつき、そのときのことを思い出すとまた涙が出るということが起こる。たとえば、結婚式＝涙あふれる喜びの光景というふうに結びつけていると、結婚式に出席して、あるいは教会の前を通りかかったり、テレビのチャンネルを回していて結婚式を見かけたりしただけでも、涙が出てくることになる。よその赤ん坊を見ただけで涙ぐむような人も、同じ理由でそうなる。

ダマシオの言っていることが正しいなら、私たちは、論理的な思考を経ないで――回想という認知過程はベースになるにしても――情動反応を示す場合もあるということになる。私たちがある状況を知覚によって認識するとき、認知できるのは頭の中の分類にその状況が合致するためで、その分類を構築しているのがすなわち記憶だが、その記憶の中にあるダマシオのいう「ソマティック・マーカー」（身体信号）が、脳の奥深くにある神経核を始動させ、自律神経系、運動系、内分泌系等にメッセージを送るため、それによって、認知心理学者が不可欠と主張する実際の思考の連鎖を経ないでも、情動体験が引き起こされるという。

またダマシオは、時としてこれらの脳構造が、身体の情動反応を模した情報を神経で中継していき、実際には身体に情動反応を引き起こさずに身体反応を「まねる」こともあるとしている。つまり、たとえば実際にはホルモンは出ていないのに、ホルモン刺激を感じているように思わせる信号を、脳が自分自身に送る場合があるという。さらに、こうしたシステムがいっぺんに作動する場合というのも当然ある。そうした場合、まず脳が知覚するより先に身体が反応するウィリアム・ジェイムズ方式のシステムによって一次情動反応が起こる。それと同時に、二次反応が起こり、この二次反応の中で、まず始点も終点も脳にある情動反応が、同時に始点は脳にあるが次に身体反応が生じる（あるいはその逆）二次反応が起きる。さらにその二次反応の中で起こった身体反応を自律神経系が知覚し、追加情報として中継することで、果てしなくループしていくのである。

こうした多重フィードバックループを中心に据えているのが、コンスタンティン・スタニスラフスキーとリー・ストラスバーグ、そしてその弟子たちが提唱したいわゆる「メソッド演技」である。メソッド演技とは、情動の唯心論的見方と末梢主義的解釈の双方を応用したもので、役者は舞台で演じることになるものと似たできごとを、自分の「感情記憶」の中から探し出してくることが求められる。このように聞くと、役者はたとえば、飼っていた犬が死んだときのことを思い出して舞台で涙を流しているのかと、早合点してしまいそうだが、それだけではなく、そのときに着ていた服の感触、部屋の温度、心臓の鼓動が脈打つ感じ、涙が頬をつたう感じなど、そのできごとの「感覚記憶」に意識を集中するよう指導を受ける。愛犬の死を思い浮かべるだけでは不十分で、悲嘆に暮れて泣いている人のイメージをかき立て、それによってそのような人になりきるためには、体の感覚を思い出し、感じ直さなければならないのだ。

この場合、認知と感覚の配分は、役者によって個人差がある。ある演劇学校に、特に悲しいことを考えなくても、体で思い出すだけでいつでも泣けるという女生徒がいた。そこで、やってみせてほしいと頼むと、がくっと頭を垂れ、荒い息をしはじめた。あっという間にむせび泣きがはじまり、涙が頬を流れだしていた。呼吸が速くなったこと以外は、それらしい刺激もなしにである。似たような方法で泣いてみせてくれた別の生徒は、はじめのうちは涙を出すために死んだ飼い犬のことを思い出していたが、今では泣いているときの身体感覚を思い出すようにしていると言っていた。

実のところ、たいていの役者は、自分がやっている感情労働をはっきりとは意識していない。泣くことに関係している脳と体のさまざまなシステムからなっている複雑なフィードバックループのどこが入り口なのか、はっきりとは意識していない。悲しいことを思い出して号泣の幕を切ることもできるが(ある役者は、しゃれではないが、映画『黄色い老犬』に出てくる犬のイェラー〔泣き叫ぶ者の意〕を思い浮かべていたという)、身体の状態を再現することによってもそうなる。泣いているときのように顔の筋肉を収縮させたり、断続的に苦しそうな呼吸をしたりするだけでも泣いているような感じになることは、デルサルトも指摘していた。一定の感情状態を示した顔の表情の体系を打ち立てたポール・エクマンは、理由を伏せたまま被験者に特定の顔の筋肉を収縮してもらう実験を行なった。実験の前と後で、被験者の気分の評価判断を行なった結果、デルサルトの推測通り、顔の筋肉を収縮させるだけで、被験者の苦痛感が増すことがわかったのである。

そうなると、心と体とは、哲学の歴史をよそに、一体不可分ということになり、社会の常識とも食い違わなくなる。私たちが実感として知っている強い情動体験も、身体と脳のさまざまな部位間では複雑な相互作用が働いているという、パペッツからダマシオにいたる生理学者の考え方の裏づけになるだろう。私たちはともすれば、自分の中の愛や恐怖や不安などが、それこそプラトンの言うように、せっかくの理性という白い馬を圧倒するだらしのない向こう見ずな欲望の馬そのもののように思いがちだが、そもそも理性がなければ愛するということは起こりえないこと、理性がちゃんと働いていても恐怖が全部取り除かれるわけではないことは、考えてみればすぐにわかる。一見、身体に支配されているようなときでも、その身体というのは実は精神・理性の力を借りてはじめて私たちを支配できるのだし、同様に、理性を要する善悪の判断を行なうときでも、そのたびに感情の力を借りているのである。

フィニアス・ゲージの話では、感情に流されるとどうなるか、つまり判断という仲介なしに怒りやフラストレーションにまかせて行動するとどうなるか、ということばかりが印象に残るが、それでは、ゲージがそれほどまでに流されていた、おぼれていたというのは、具体的にはどんな状態を示すのだろうか。酔っぱらった状態だったのか、混乱していたのか、打ちひしがれていたのか、畏縮していたのか、ぐったりしていたのか、完膚無きまでに叩きのめされていたのか。ここでどんな形容が浮かぶかは、当然私たちが涙をどう認識しているかということにも関係してくる。なにしろ、泣き沈む、泣きくずれる、涙におぼれるといった用例に見ることができるように、私たちの文化においては、泣くことは何かに負ける、やられることだという認識が広く浸透しているのだから。

副交感、快感、涙の成分

流涙、カタルシス、快感。これら涙の異なる機能を生理学レヴェルで理解するには、涙の生化学成分とさらに二つの生体システム、副交感神経系と快感領域について考える必要がある。

生理学者は神経系を中枢神経系（脳と脊髄）と末梢神経系（身体の他の神経細胞で構成される）の二

つに分類している。末梢神経系はさらに自律神経系と体性神経系に分かれており、機能は別々ながら互いに連絡している。体性神経系は、皮膚と骨格筋から情報を受け取ってこれらを制御するニューロンで構成され、意識によって動かすことができる。自律神経系は、心臓、肺、腎臓、肝臓など、その大部分が自律的に機能し、人の意識の影響を直接受けない臓器をつかさどっている。どちらの神経も、情動体験で活動していることは明らかである。

自律神経系はさらに交感神経系と副交感神経系に分かれており、ここに、私たちのお目当てのものがある。これら二つの神経系は、物理的にも機能的にも、別個の系統である。交感神経は脊髄神経から眼、唾液腺、肺、心臓などにメッセージを送るが、副交感神経はこれらの器官への連絡を脳神経の第十脳神経（迷走神経）によって行なう。生理学者が明らかにしているところでは、交感神経は体が特別な活動をしている間に内臓の生理活動を調整する働きをし、副交感神経は体が恒常状態に戻ろうとするとき、あるいは安静時にこれを調整する働きをする。別の言い方をすれば、交感神経の主な働きは特定の行動をするために体の準備を整えること、副交感神経の働きは体を安定した状態に戻し、その状態を維持することである。

過去わずか半世紀の間に細かい体系化が行なわれたこの分け方は、情動の生理学の解釈に明らかな波紋を投げかけている。一つの説として、すでに述べたように、情動の機能は身体に行動を起こす準備をさせることであり、恐怖に伴って生じる逃走・闘争準備などはその典型だといわれている。そうだとすれば、情動は交感系と結びついていることになるので、何人かの研究者がその証明に乗り出し、それによって泣くという行為が交感神経系によって統制されていることを明らかにしようとした。対するもう一つの説は、すぐに見当がつくだろうが、泣くという行為が副交感系によって統制されており、特別あるいは活発な活動の後で始動し、そうした活動から恒常的な安定状態に戻るのに伴うものにすぎないとする考え方である。つまり問題は、泣くという行為が、覚醒過程の一環として起きているのか、回復過程の一環として起きているのか、ひいては泣くという行為が何らかの著しい変化をもたらしうるのか、すでに何らかの変化が起きたことを示す合図にすぎないのか、ということとなる。

カリフォルニア大学バークレー校のジェイムズ・グロスとその研究チームで、百五十人の女性に映画を見せたところ、うち三十三人が泣いた。泣いた人は、「交感神経刺激、副交感神経刺激、体性刺激の複雑な混合」を示しており、交感神経活動が起きているのだから、「泣くという行為の生理的回復仮説ではなく生理的覚醒モデル」を裏づけるものだと、グロスは主張した。しかし、近年の大半の研究成果（それも多くはグロス自身のデータ）が指し示しているのは、交感神経系ではなく副交感神経系で、現在ではほとんどの研究者が涙をコントロールしているのは副交感神経系であると見ている。たとえば、交感神経系の重要な神経に麻痺が起きることは、涙の量が増える原因になるが、副交感繊維だけが含まれる第七脳神経（顔面神経）が麻痺すると、涙の抑制が起こることがわかっている。言い換えると、泣こうと思ったら、交感神経系ではなく、副交感神経系が無傷の状態であることが必要らしい。涙をつかさどっているのが副交感神経系であることは、泣くという行為が情動体験のピーク時ではなく、ピークを少し過ぎた時点、「正常」な状態に戻る過程であることを示した最近の研究でも裏づけられた。これで、もし泣くという行為が起こるのが体がすでに恒常状態に戻り始めた後ということにでもなれば、カタルシスの涙についての心理学理論（次章で取り上げる）などは、修正を迫られることになってしまう。

ウォルター・キャノンは情動と恒常性維持機能の関係を研究する間に、痛みと快感の生理学、そしてこれらと情動体験の関係に着目するようになった。キャノンの考えでは、恐怖によって情動が生じるのは、アドレナリンが反射的に分泌されるからだった。彼の学説ではアドレナリンが重要な位置を占めているだけあって、その話の中で取り上げられるのも単に交感神経系ではなく、「交感神経＝副腎系《アドレナル》」だった。キャノン以後の痛みの研究者の間では、アドレナリンではなく、脳幹における苦痛領域、快感領域、網様体賦活系の三つの並列構造が注目された。そのような三つの構造が存在すること、快感・苦痛体験の決め手になっていることについては異論は出されていないが、どのようにして相互作用が行なわれているのか、また精神・情動のもっと大きな成り立ちの上でそれらがどこにあるのかについては、完全な意見の一致を見るにはいたっていない。

快感領域沿いの一定の箇所に電極を埋め込んだヒトもそれ以外の動物も、一時間に最高一千回の自己刺激をするという。快感領域に沿ったある一定の箇所を刺激すると、強いオルガスムの快感を覚えるという被験者がおり、その一方、同じ箇所に刺激を受けていても、それよりはるかに刺激の少ない、穏やかな幸福感を感じたと報告する被験者もいた。ある実験では、被験者が特に快感を覚えているわけではないのに、わざわざ特定の箇所を刺激しつづけたこともあり、これなどは、刺激を何度でも受けたいという欲求からくるものだったと見て間違いない。苦痛領域の複数の箇所を刺激する実験でも、苦痛、軽い抑圧感、無感覚（刺激が繰り返されるのを回避する欲求を除く）と、同じようにさまざまな反応が現われた。快感領域と苦痛領域とは、複数の箇所で相互に繋がっており、ヒトもそれ以外の動物も、快感領域には刺激を受けようとし、苦痛領域が刺激を受けるのは回避しようとするのがほとんどの場合だが、この二つの領域の区別は、考えられているほど明確ではないことが、複数の実験で示されている。また、もう一つの可能性として、苦痛と快感とはきわめて密接に連結していて、時として私たちの解釈がその違いを作り出しているにすぎないということも考えられる。つまりこれはマゾヒストとサディストの主張するところでもあるのだが、彼らの言い分を生理学者がある程度支持している形になる。またこの説は、なぜもっとも苦しい体験をしているときと、もっとも快い体験をしているときのどちらでも涙が生じるのか、という謎を解決するかすかな糸口になるかもしれない。しかし、こうした問題を扱っている生理学研究では、まだまだ答えよりも疑問のほうが多いのが現状だろう。

何より、まだ根本的な疑問が解決していない。そもそもなぜ涙なのか。一部の生理学者は、この疑問の答えは涙の成分にあると主張した。涙には水、ムチン、油に加えて、抗菌作用をもつ免疫グロブリンなどの蛋白質、ブドウ糖、尿素、そして塩分が含まれている。一九五七年には、ＵＣＬＡの研究者ロバート・ブラニッシュの調査で、感情の涙のほうが反射性の涙と比べて蛋白質の濃度が高く、各種の蛋白質、リゾチーム、グロブリン、アルブミンの量も、両者の間で異なることがはじめて明らかにされた。この翌年、二度にわたってブラニッシュと同じ研究が行なわれたが、このときは結果の再現にはいたらなかった。しかし二十年後、ブラニッシュの研究成果をウィリアム・フレイが裏づけることになる。

フレイは、被験者に涙を流させるため、タマネギの刺激を与え、典型的なお涙頂戴ものの映画を見せて、十五センチの試験管に涙を採取した。ちなみに、タマネギを思いついたのは、『じゃじゃ馬ならし』で役者一に次のような助言が与えられる場面からだという。

だが思いのままに涙の雨を降らせるのは女の芸、あの小姓にそのまねまではできぬというのであればいい手がある、タマネギを使うのだ、それをハンカチにくるんでおいて、いざというとき目にこすりつければ、いやでも涙が出るはずだ。

（小田島雄志訳）

もっともフレイが感情の涙を誘発するために使用したのは、シェイクスピアの一場面ではなく、もっと現代的な素材、テレビ映画の『ブライアンの詩』（若くしてガンで亡くなったフットボール選手の実話をもとにしたもの）、『チャンプ』、『白い丘』だった。『白い丘』は、フレイが試した映画の中で抜群の効果があったという。さて、映画の間にフレイの被験者から採取された涙は、タマネギで採取された涙より量が多かっただけでなく、蛋白質が二〇パーセントから二五パーセントも多く含まれていた。感情の涙と反射性の涙では、成分の配合がまったく異なるというブラニッシュの主張が、これで裏づけられたのである。

フレイの研究に続いて、N・J・ファン・ハーリンゲンが一九八一年に感情の涙には血漿《けっしょう》の四倍ものカリウムが含まれていることを発見し、フレイもまた他の物質の濃度を測定したところ、涙には血液の三〇倍のマンガンが含まれていることを発見した。マンガンの集積は死後の慢性鬱病患者の脳にも見られるため、フレイは涙腺がマンガンを集めて除去し、泣くことによって鬱病が回避される可能性があるという理論を立てた。この理論は私たちが精神衛生のために泣くという考え方の生理学的根拠になるもので、それが実はフレイの結論である。

フランス王立アカデミーの総裁シャルル・ル・ブラン（1619-1690年）による、絵画指導に使う感情の素描集の一葉（1794年版より、初版は1698年）。

フレイは複数のホルモンも涙から検出している。その一つ、副腎皮質刺激ホルモン（ACTH）は、ストレスにもっとも敏感に反応する指標であることが血中レヴェルでわかっている。やはり、泣くことで過剰なACTHが除去され、ストレスが解消されるということかもしれない。フレイによれば、流涙も、排尿や排便のように、人体の老廃物除去法の一つにすぎないという。しかし、涙が排泄の一手段だとする説では、一つ大事なことが見落とされている。発汗や排尿と違って、泣くことは老廃物を除去する手段としては、あまり効率的ではない。涙の大部分は、再び体に吸収されてしまうからだ。涙管から排出されるとはいっても、生産された涙の大半は涙小管に流れ込み、鼻涙管を通って鼻腔に抜けていく。激しく泣いた後では、涙管は涙の量に対応しきれなくなるので、一部は瞼からあふれ出すが、それでも鼻涙管でかなりの量がはけてしまうので、泣くという方法はどう考えてもきわめて効率の悪い除去形態にしかならないのである。

　ほかにもいくつかの医学研究で、泣くことは体によいという結論が出されている。たとえばピッツバーグ大学看護学部のマーガレット・クリポーは、健康な人のほうが大腸炎や潰瘍がある人よりもよく泣き、涙についても肯定的にとらえていることに気づいた。しかし、こうした研究はすべて単純相関に依存しており、どのケースにも他の説明が可能である。よく泣く人は辛い体験をした後で心の平静を取り戻すのがうまいのだとも考えられ、本人が泣いたといっている行為も、単にそのような素早い復帰と同時発生的に起こったものかもしれない。言い換えれば、涙が出ないことと潰瘍は、どちらも同じ身体状態、たとえばストレスが軽減されていない状態ないしは神経系の機能不全といった状態からくる別々の症状とも考えられるわけで、泣けないのは単にその人がまだストレスのたまった状態から抜けられないことを示しているだけかもしれない。鬱病性障害になると、脳にマンガンが堆積すると同時に涙が抑制される可能性もあり、どちらか一方がもう一方の原因になっているわけでないことは、ちょうど脊髄の切断で歩行も呼吸も困難になるが、当然その患者の呼吸障害が歩行障害の原因になっているわけでも、その逆でもないことと同様である。

それに、たとえフレイとクリポーが因果関係を突き止めていたとしても、両者の研究は、複雑な情動を人が自分ではどうすることもできない生理的プロセスの副次的効果として片づけている点、健康を気質による偶然の産物とみなしている点で、やや還元主義的なところがあることは否めない。たしかに、今や研究によって、ストレスを強く感じる性格の「タイプA行動パターン」と、それに関連して起こりやすくなる病気について、いろいろなことがわかっているから、感情と健康の間になんらかの関係があることは、世間でも認識されており、感情の座が肉体にあることも、ほとんどの人がある程度信じるようになっている。たとえば、嘘発見器テストは、目で見ても気がつかないような体の現象、すなわち神経活動、心拍、血圧に基づいた皮膚電気反応の変化を測定するしくみになっているわけだから、目に見える行動レヴェルでは隠せてしまうような感情でも、身体を細かく計測すれば、検知可能なのだと理解できる。プロザック、ゾロフトなど、情緒障害治療薬が次々に登場してくること、そして、そうした薬が社会にだんだん受け入れられるようになっている事実などは、情動の生化学的側面に対する現在の認識をもっとはっきりと示すものだろう。それも単なる生化学ではなくて、脳生化学である。こうした新しい向精神薬が発見される前には、情動行動における脳の役割に対する私たちの認識がいかに不完全であったかを示す例として、情緒障害を正すために行なわれていた「フロンタル・ロボトミー」、前頭葉白質切除という、過激な手術があった。こうした野蛮かつ無駄な措置は、一九五〇年にソラジン（クロルプロマジン）が発見されて終止符が打たれたが、そのソラジンも、脳内の化学物質を変化させることで効く薬だとされている（重要な神経伝達物質の発見のきっかけをつくったのは、実は麻薬の研究だった）。したがって、ハート〔心臓〕とかガッツ〔腸〕とか比喩的な表現はいろいろあるにせよ、体の情動面の中枢は脳にあると、私たちは考えるようになっている。

それでいてたいていの人は、ある意味でデカルトのように、感情の座は魂にある、もっと現代的にいうなら、感情はその個体の個別的な心の現象であるとも考えている。最新の社会科学の検証では、別の問題、すなわち情動は、その情動表示が特定の時点で特定の文化の中で持つ特定の意味抜きでは、理解できるものではないことが示唆されている。人体の生理学的情報は当然ながら膨大で細目にわたっており、私たちはここ数十年の間に情動との生理学的相関についてかなりの知識を得た。ニューロンの一群が脳、脊椎、軀幹部で別々に発火され、各腺でホルモンの分泌が起こり、神経伝達物質が生成され、化学反応が起きるという具合である。しかし、生理学はまだ発展途上の科学であり、細胞、腺あるいは器官の中での表出活動という単純な活動から一歩抜け出て、生理学という大きな問題になると、まして心理学や社会学ということになると、専門家のコンセンサスはいともあっさり崩壊してしまう。パペッツが探究を進め、情動面を制御しているメカニズムが神経中枢ではなく神経回路にあるとしたように、今や私たちの間でも、この回路の領域が神経系から体全体に、さらに体から社会にまで及んでいる、という認識になっている。治療法としてのロボトミーの失敗は、情動を脳中心に見る考え方の不徹底を示す確かな証拠だろう。ロボトミー全盛の一九四〇年代、この手術による「改善」を示した数値は、もっともポジティブな概算でさえ、わずか三五パーセント程度にすぎず、不安や抑鬱状態といった意識体験が減った患者は多かった反面、笑ったり泣いたりといった情動行動が異常に増えるケースも少なくなかった。このことは、神経生理学者の現在の認識からすれば、完全に説明のつくものである。つまり脳の一定の領域に、一定の情動体験を抑制したり、引き起こしたりする力があるとしても、それらは全体の回路構造の一部にすぎない。デカルトでさえ認識していたように、情動体験には松果腺や体温調節系も関係してくるし、ダーウィンが指摘したように、呼吸器系や体中の筋肉も関係してくる。日常の比喩表現でもさんざん言われてきたように、心臓《ハート》（他の臓器もだが）と神経とは密接に関わっている。そして、生理学者、社会学者、人類学者が示してきたように、情動というのは本質的に社会的なものなのだ。

この点をはからずも裏打ちすることになったのが、フレイの研究で明らかになった別の事実である。フレイは、感情の涙に含まれるプロラクチンの量が、刺激性の涙と比べてかなり多いことに気づいた。プロラクチンは、涙腺の神経伝達物質受容体を制御する物質で、男女どちらも生産するが、女性のほうが圧倒的に量が多く、受容体自体も女性では男性の二倍ある。プロラクチンは乳汁生産もつかさどっており（乳糖の「ラクトーズ」、授乳の「ラクテーション」と同じで、プロラクチン prolactin の語根も乳《ラクト》）、月経周期、妊娠期間、育児期間で分泌量が異なる。プロラクチンの値が異常に高い（高プロラクチン血症）女性では、不安、敵意、抑鬱症状の全部あるいはそのいずれかのレヴェルが、プロラクチンの値が低い女性より高いことがわかっている。これらの事実を総合してフレイが導き出した結論は、次の二つだった。一つ目は、プロラクチンの生産量の違いが、女性のほうが男性より泣く機会が多い理由になるということ、二つ目は、泣くという行為に備わっているもう一つの機能が過剰なプロラクチンの除去で、この除去は鬱病を回避するためにはぜひやらなければならない、ということである。

ところが、別の実験（オムーア、オムーア、ハリソン、マーフィー、カラザーズ）で、リラクセーション法の訓練を受けた女性は、負の感情も、泣く機会も減り、プロラクチンの値も低くなったことがわかった。言い換えれば、プロラクチンの値が高かったのは、抑鬱状態の結果であって、原因ではないのかもしれないということである。さらに別の実験では、プロラクチンの値が高い男性は不安のレヴェルはたしかに高かったが、このホルモンが抑鬱状態のレヴェルに関係していることを示すものは特に認められなかった。抑鬱状態と関係があるプロラクチンの値と、涙に含まれているプロラクチンの値の関係だけでは、プロラクチンの作用、抑鬱状態、あるいは涙について学説を立てるのには不十分なのだ。少なくとも、フレイのように涙と生理的機能の間に直接の因果関係があるとする説は、別に制御中枢があると仮定した研究が出てきて、片っ端から否定されている。

たとえば、オランダの研究者たちはフレイの仮説を検証し、プロラクチンの値が高い女性でも、統制群と比べて特に泣きやすいということはなく、泣くことに対する認識（総じて楽になるというもの）も統制群と変わらないことを示した。ロッテルダムのヘレンダウリング生物社会心理医学研究所のこの研究者たちは、男女双方について、涙を流すことと自尊心や対処能力の問題と定義される「神経症的傾向」の間に相関を見出すことはできたが、涙を流すこととホルモンレヴェルなどの生理学的計量値の間に相関を見出すことはできなかった。つまり答えは生理学ではなく、心理学にあることを彼らは示唆するのである。

男女間で涙を流す割合の異なる原因が、プロラクチンのレヴェル以外の生理的要因にある可能性を示した研究者もいる。北海道大学の岡田文彦は、男性では通常、何か作業をしているときよりも、安静時において、脳の右半球（右脳）と左半球（左脳）の血流レヴェルにかなりの差があるが、女性と抑鬱状態の男性では、どちらの脳半球にも活動レヴェルに違いが見られないことを発見した。これは、女性のほうが男性よりも泣くことが多く、抑鬱状態になりやすい理由と何か関係があるかもしれない、と岡田は言う。しかしこうした研究成果も、やはり仮説の域を出ない。

涙が多すぎても少なすぎても

妙な話だが、泣かないことに関しても、女性のほうが男性より困った問題を抱えている。女性は、ドライアイや、シェーングレン症候群などドライアイと関係があるきわめて重い病気になる確率が、男性よりはるかに高いのである。男女とも、加齢とともに涙腺が萎縮するので、体が分泌できる涙の量は、六十五歳には壮年期の六〇パーセント、八十歳には三〇パーセントに減少する。基礎分泌の涙が減ると、眼が炎症を起こし、刺激性の涙が出る。そのため、皮肉なことに、涙目が慢性ドライアイの一症状になることもある。ドライアイ症候群は、涙腺から十分な涙が出ない場合（乾性角結膜炎と呼ばれる状態）、あるいは涙の急速な蒸発を防ぐ油分が十分に出ない場合に生じる。充血、熱い感じ、光がまぶしい、ゴロゴロする感じ、そして涙目は、すべてドライアイの症状である。軽いドライアイでは、人口涙液や潤滑剤としての眼軟膏が主な治療法となっているが、もっと重い場合には、涙の排出を遅らせるため、涙点、すなわち眼の排水管を一時的に、あるいは永久にふさいでしまわなければならないこともある。

ところが、その排水管がふさがれることが原因で起きる障害もある。そうした閉塞症がもっともよく起きるのが鼻涙管で、そうなった場合、涙がとまらず涙嚢に目やにが溜まり、やがて感染症を起こす。そしてこの感染症で、涙腺からの供給ダクト自体が塞がれてしまうと、角膜上皮糜爛《びらん》や角膜瘢痕《はんこん》になることがある。ドライアイの中でももっとも重いものは、シェーングレン症候群という、涙腺の変性疾患によって生ずる。シェーングレン症候群では慢性的な炎症が起こり、やがて涙腺が完全に破壊された状態になるので、常時、人工的に眼を潤してやることが必要になる。

シェーングレン症候群は、深刻な影響が出るはなはだ恐ろしい病気である。（シェーングレン症候群については、特にミネソタ州セントポールのセントポール・ラムゼイ・メディカル・センター内ドライアイ涙研究センターの眼科長兼所長のJ・ダニエル・ネルソン博士が研究を続けており、インターネットと手紙による相談に応じている。）そしてやはり、この病気にかかるのは男性より女性のほうが多い。少なくとも断続的にドライアイに悩む女性は一千万人にも上り、中でももっとも状態がひどくなるのがホルモン活動の活発になる時期、すなわち妊娠期間、授乳期間、月経期間、経口避妊薬の服用中とされる。そこで、南カリフォルニア大学ドヒニー眼医学研究所の研究者らで、ドライアイ患者のホルモンのレヴェルを調べることになった。

意外なことに、女性のドライアイにもっとも多く見られた共通の生理学的要因は、男性ホルモンの値が低いことだったと、この研究の指導的立案者アナ・マリア・アザローロは言う。この研究でも、涙の生産に「女性」ホルモンであるプロラクチンが必要だということは認めているが、テストステロン、それにアンドロゲンと呼ばれる別の「男性」ホルモンも、同じように涙の生産に重要であるという結論が出た。女性では、これらのホルモンの分泌量がもともと男性より少なく、テストステロンの値が極端に下がると、涙腺が萎縮し、うまく機能しなくなる。テストステロンとプロラクチンとは相互に作用しながら腺を調節しているが、男性ではテストステロンのほうが、女性ではプロラクチンのほうがはるかに多く分泌されるため、この研究の執筆者の一人、ドワイト・W・ウォーレンによれば、「男性と女性では、涙腺に構造上、生化学上の明白な差異」がある。しかし、男女どちらの場合も、プロラクチンあるいはテストステロンの分泌が過剰あるいは不十分だと、腺の正常な働きが妨げられる可能性があり、女性が授乳期にドライアイになりやすいのはそのためだという。

この対極にあるのが、涙の量が異常に多いケースである。現在入手できる研究データによると、アメリカでは、成人が泣くのは平均で月に三回から四回、一度に五分程度である（後で述べるように、男女間の格差は大きい）。幼児が泣くのは、もちろんおとなよりはるかに多いわけだが、どの程度多いのか、はっきりしたことはわかっていない。ある研究では、正常な時間は一日約三十分とされているが、二時間強という報告もあった。ただ大半の医師は、一日二時間を超えるのは長すぎ、このように一定以上の時間泣くことをコリックと呼んでいる。コリックは、全米の幼児の一五から三三パーセント（ソースによって異なる）に起こるといわれ、二カ月から十一カ月続くが、この間、一日に二時間から十八時間も泣く。パターンは世界各国で共通しており、ピークが夕方であることもその一つである。医師や親が、結腸《コロン》に起きる痛みと関係があるのではないかと考え、コリックと呼ばれるようになったもので、コロンという言葉はギリシア語に由来する。現在、ペンシルヴェニア州立大学のシンシア・スティフターがコリックの原因を調査しており、発育上の問題があるのではないかと考えて、胃筋電図による分析を行なっている。泣き声の音響解析では、スティフターが正しいことを示す結果がいくつか出ている。コリックの赤ん坊の泣き声は、イライラ、揺らぎ、ノイズの割合、緊張感が、コリックではない赤ん坊よりも高く、このことは、単なる気性の問題というより、調節障害を示唆している。これ以外にも、さまざまな病因（心理社会的要因、腸、神経、気性、ホルモン）を唱える医師があり、また、あやして泣きやむタイプとそうでないタイプの二つに分ける医師もいるが、この分け方は世間の常識にもかなうものだろう。前者のタイプは、ゆすったり、風呂に入れたり、子守帯「スナグリ」を使うだけで違うが、後者ではそうはいかない。しかし、現在のところ、原因は確定しておらず、治療法もわかっていない。

このように症状がその病気の定義になっているようなケースでは、誤診の可能性というものも高くなる。コリックといわれるものの九〇パーセントは誤診だと主張する看護婦・看護士もいるが、なにしろ過剰に泣くことをコリックと呼んでいるだけだから、誤診といえるのかどうかも定かではない。コリックと診断されている赤ん坊でも、実際には（あるいは同時に）、下部食道括約筋が機能不全になり胃の中の食べ物や胃液が食道を逆流して、胸焼け、消化不良、痛みを引き起こす、いわゆる胃食道逆流が起きていることが多い。しかし逆流と診断されて、治療をした後もなおコリックが継続する場合があるから、ほかにも何らかの原因がある（実際に胃食道逆流も起きていたのだとしても）ということだろう。

素人や代替療法士などはさまざまな理由づけをしており、考えられる原因として、ミルクのアレルギー、ガス、胃の律動不整、気性、ストレス、過剰刺激、カルシウム不足、遺伝的素因、飲ませ過ぎ、劣悪な育児や、ある調査で言い切っているように、「家庭内の過剰な怒り、不安、恐怖あるいは興奮」そして「おそらくはまだ判明していない他の多数の要因」をあげている。この長いリストを見ると、こうした議論がいかに事例証拠にばかり頼っていて、科学的知識が乏しいかがわかろうというもので、あげられている原因はどれも、別の報告ではまったく問題にされていなかったりする。たとえばガスがコリックの原因ないし症状になるのかということについても、異論が出ている。ガスの苦しさで泣くことは考えられるが、泣けば乳児はさらにガスを吸い込むので、よけいに苦しくなる可能性がある。家庭不安も、赤ん坊が毎日泣き叫ぶことの原因ではなくて、結果であることのほうが十分に考えられる。

コリックは「自然治癒する障害」である。つまり、特に立ち入らなくてもひとりでに消えてしまうもので、多くの場合は三カ月、遅くとも十八カ月以内には治まる。しかし、どちらにせよ悩める両親にとっては遅いわけで、こうした親たちは少しでも平和が訪れることを願って、思いつくかぎりのことを試し、あちこちで聞きかじってきた助言に従おうとする。ヴァイブレーター付きの揺りかご、ドライヴ、おむつ、シメチコンその他のアンチガス薬剤の投与、アレルギーの出ない調合乳、「ポジティヴな姿勢」、パウチ型抱っこひも、揺すってあやす、間断のない音（掃除機、衣類乾燥機、白色雑音まで）を聞かせる、湯たんぽやあんか、ハーブティー、おしゃぶり、げっぷを出させる、電動スイングラック、ベビーカーで散歩、ガスを出させるために両足を上下に動かすなどの運動、消化酵素、制酸剤、温浴などなど。母乳で育てている母親は、抗生物質の服用や乳製品、カフェイン、タマネギ、ニンジン、豆類、ブロッコリその他のガスがたまりやすい食品、香辛料の効いた食品、刺激の強い食品の摂取を避け、カルシウムのサプリメントを飲むように勧められる。カイロプラクティックやホメオパシーのほか、ディル油ないしディル水、重炭酸ナトリウム、それに三パーセントから五パーセントのアルコールを成分とするナース・ハーヴェイの「グライプ・ウォーター」（腹痛止め水薬）のような能書きの立派な民間薬が喧伝されたりする。そしてこうした治療法には、必ず批判する人間が現われる。一九八五年に、音楽プロデューサーでソングライターだったテリー・ウッドフォードが、本物の心臓の鼓動音を録音したテープの販売をはじめた。ウッドフォード自身の宣伝資料では、湯たんぽやおしゃぶりを使わなくても、テープをかけるだけで、泣いている赤ん坊の九四パーセントが眠りにつくとされ、このテープはなんと百万本も売れた。しかし、ケース・ウェスタン・リザーブ大学のダグラス・K・デッターマンの研究で、コリックでも何でも、心音を聴かせること自体には赤ん坊をあやす効果がないことが明らかにされた。整骨療法士はカイロプラクターを非難し、医学界はホメオパシーを一蹴する。「グライプ・ウォーター」などはアメリカでは事実上違法で、通常は税関で没収される。ネット上のチャットでは、子を持つ親が、自分たちはこの方法でうまくいったという治療法を勧め、さらには、自分たちはだめだったけれども他の人には効くのではないかと、可能性がありそうな治療法を次々に紹介する。

たいていの人は何か「効く」ものに出会うまで、先に挙げた民間療法をほとんど全部ためしてみる。しかし、この症候群はいずれは消えるものなので、親たちも治療法があたったのか、赤ん坊が偶然泣かなくなったのか、判断のしようがない。親はそうやって延々と新しい方法を試すため、赤ん坊がコリックを卒業するころには、決まって実験の途中ということになる。ヌムール財団のある医師の言葉を借りれば、「赤ちゃんの粉ミルクを何度も変える人がいますが……たいていの場合、何度もミルクを変えるうちにいつのまに三カ月経っており、ほうっておいてもコリックがなくなる頃なのですが、親のほうは、粉ミルクを変えたからだと思い込むわけです」。

中には、赤ん坊ではなく親たちのための処方箋を書く医師もいて、たとえば耳栓や、ベビーシッターを雇うことを勧めたりする。親たちにしてみれば、手当たり次第に試すのは、何かやっている実感がほしいためという場合もある。ネット上のある自助グループでは、解決策として泣くことを勧めている人もいた。つまり友人に電話をして泣くのである。別の人は、長々とありふれた治療法を勧めた後で次のように言った。「それでもだめなら、ほかの部屋へ行って壁を叩くの。」またこれは、何にでも科学的正確さを求めることのパロディに聞こえなくもないが、ユタ医科大学の小児科医による医学誌『臨床小児医学』に発表された研究論文で、コリックの赤ん坊がいる親では、ストレステストで点数が高くなる可能性が五・七倍になるという結果が出ている。オハイオ州コロンバスの小児病院でベリンダ・J・ピンヤードが行なった調査では、コリックの赤ん坊がいる母親のほうが、「体の機能障害、恐怖感、思考の混乱、抑鬱状態、不安感、疲労、敵意、衝動的思考・行動を訴え、自分のいたらなさや劣等感を感じている」ことがわかった。シンシア・スティフターとその指導下の大学院生ジュリア・ブラウンガートが行なった研究で、コリックが止んでから数カ月経った後では、赤ん坊のほうには後遺症は認められないが、母親のほうは、子どもの世話・育児に向いていないと感じている場合が少なくないことが明らかになった。たとえば、四カ月にわたって一日十八時間も叫び続けたという子どもの母親は、六カ月が経った今でもまだ娘とのつながりを完全に感じることができないと訴えていた。

人のライフサイクルのもう片端においても、いつまでも泣くという症状が、病的笑い《ラフィング》や病的泣き《クライング》（PLC）と呼ばれる卒中後の現象として起こり、情緒不安定、偽性球情動、感情失禁ともいわれている。こうしたさまざまな名称の下で、病的泣き《クライング》は、十九世紀後半以降、脳損傷の現われであると認識されてきた。その場合、障害ないし損傷が起きているのは、脳の橋、中脳、間脳、前頭葉、延髄核にかけての領域など、さまざまな部位が考えられ、継続的な笑い・泣きから発作性ないし痙攣性の笑い・泣きまで、さまざまな形で症状が現われる。こうした損傷が起きるのは、ほとんどの場合卒中の後で、したがってほとんどの場合高齢者ということになるが、いったんその部位が損傷すると、特に誘因らしいものもなく、同時にPLCが発生する。しかし感情は伴わないことが多く、患者は何時間も泣くが、格別嬉しいわけでも悲しいわけでもなく、医師には何も感じていないと報告する。

しかも涙は無意識のうちに出てくる。患者は泣こうと思って泣くことはできないし、いったん泣きはじめると自分の意志で泣きやむこともできない。患者自身は泣いているときでも必ずしも不快に感じているわけではないので、いちばん苦しむのは子や孫や配偶者ということになる。発作的に起こった泣き《クライング》は、二十四時間あるいはそれ以上続くこともあり、その間患者のそばにいる人間は、この絶え間ない苦悩のメッセージとも受け取れるものを、努めて無視するようにしなければならない。この涙が脳の損傷によるものだということはわかっているが、わかっているのはそれだけだと言ってもいい。この涙の具体的な理由と、正常な涙との関係は、未だ謎に包まれている。

コリックや病的泣き《クライング》については、純粋に身体的問題に原因があるということなのだろう。これらの涙には、たとえばストイシズムの鍛えすぎで男性が泣けなくなったり、深刻な抑鬱症で泣くことがまったくできなくなる「心の天気図がない」状態に陥る場合のような、文化的決定因や心理的決定因はない。それでいてコリックには、親と子、夫と妻の基本的関係に影響するような社会的側面もある。異常な泣き方という謎に対して、このように生理学的な解答が与えられても、社会的事実としての謎は、ほとんど変わることはない。ホルモンについて新事実が明るみに出たことにしても、同様である。女性の方が男性より頻繁に、しかも長い間泣くのは、男女間の生理学的差異に関係しているとされるが、しかし基本的に、それが今のところわかっていることのすべてである。換言すれば、泣くということに関して、解剖学も生理学も避けては通れない分野ではあるが、それらは一部にすぎないということである。はるかに重要なのは、さまざまな社会で、男女の関係を体系化している社会的区別であり、行動規範であり、エチケットであり、役割である。涙の生産は生理学的プロセスにはちがいないが、社会的・心理学的な観点から解釈しない限り、涙を流すということを理解するのは無理だろう。

第三章
涙の心理学

エドワード・オールビーの戯曲『三人の大柄な女』（一九九四年）の冒頭で、一人の老女が泣きはじめる。ト書きによると、老女のすすり泣きは「自己憐憫にはじまるが、次第に泣くために泣くというふうになり、ついには自分が泣いたことに怒りと自己嫌悪を覚える」にいたる。老女が泣きやむと、身の回りの世話をする女性が入ってきて、ぽんぽんと枕を叩き、通りいっぺんの月並みな文句をならべる。「さ、これですっきりなさったでしょう。よく泣いたら、気が晴れるものなんです。」老女はすかさず言い返す。「じゃあまずく泣いたらどうなの。」存分に泣くと、鬱積していた感情、抑圧されていた感情が吐き出せて楽になる。そう言われたことに対して、年寄りのひがみでつっかかったわけである。女性の訓戒めいた文句は、人類の発見と策がいろいろに詰まったものだが、およそ戒めの言葉の例に漏れず、本質は突いていても、他の要素は見て見ぬ振りという部分がある。第一「よく泣く」という言い方自体、他にも泣き方があることをにおわせているようなものだ。実際に、泣くということは、オールビーが示唆しているように、発散よりも自己憐憫や怒り、自己嫌悪にひたる要素のほうが強い場合もある。

それはともかく、この女性の一言は、古くはヒポクラテス、最近ではウィリアム・フレイのように、標準的な医者の忠告内容と同じである。つまり、泣くのはカタルシスになるから、当然本人にとってよいということだ。ひとくちにカタルシスといっても、長く複雑な由来があって、生理学、モラル、心理学、美学、精神世界と、さまざまな分野の考え方が無節操に入り乱れている。たとえば、美的鑑賞の喜びの中で「存分に泣く」のは、フレイの言うような、よけいなマンガンを除去する手段として存分に泣くのとは明らかに違った印象になる。また、中世の神秘主義者が流したとされる「聖なる涙」は、心理学者なら治療中の患者のカタルシス泣きに実は非常に近いものだと主張しそうだが、聖アウグスティヌスは納得しまい。

カタルシス的な考え方はつねに今世紀の俗流心理学やさまざまな治療計画の中心にあったが、実験心理学者の大半が注目してきたのは涙の別の側面だった。現代はまさに心理学の時代で、すでに見てきた生理学を含め、泣くという行為をどの角度から取り上げてみても、心理学に結びつかないものはないといっていいほどなのだが、心理学そのものは、けっして一つに統合された科学ではない。P・T・ヤングは一九二七年に次のように書いている。「感情心理学において今日見られる混乱と矛盾は、周知のとおりである。心理学者の間では、もっとも基本的なことで意見が一致していない。」七十年後のいまでもこうした多様性は相変わらずで、心理学の標準的な教科書には対立する情動理論が二十以上も載っている。そのため、以下はやむを得ずそのうちの一部に絞りこんだ概観である。

本書で取り上げるカタルシス理論、行動主義理論、認知理論は、生理学理論とともに、すべて今世紀の学問的心理学・臨床心理学の中核をなしてきたものばかりで、さまざまな可能性を網羅している。たとえば、認知理論には泣くことはそれより重要な精神的プロセスの生理的副次効果にすぎないとするものがある一方で、人の社会性・コミュニケーション能力に欠くことのできない部分とするものもある。

行動主義理論には、涙を流すことにまったく触れていないものがある一方で、精神衛生にむしろ有害だとみなしているものもある。中には、ジョン・B・ワトソンなど、乳児でさえ泣いても無視すべきだと唱える心理学者もいる。子どものときにそうやって介抱されると、おとなになって神経症になり、一生を精神分析医の診察台で泣いて終えることになりかねないという。セラピーにおいても、泣くことは意味のない随伴現象だとするものもあれば、精神衛生へのもっとも重要な近道と考えているものもある。

カタルシス

ヒポクラテスの一世紀ほど後、アリストテレスが『詩学』の悲劇論でカタルシスに触れている。カタルシスという語が使われたのは一度きりで、美学史上、もっともよく議論される文章といわれてきたくだりである。

悲劇とは結局、厳粛であるとともに、ある程度の規模を持ち、それだけで完結した一連のできごとを模倣したものである。快い装飾を施した言葉を用い、そのような各種の装飾を作品の各部分にちりばめながら語られる。説話形式ではなく戯曲形式により、同情や恐怖を喚起するできごとを描くことで、これらの感情のカタルシスを達成する。

アリストテレスがこの文で「カタルシス」という語を使ったのは、「浄化」を意味するため、あるいは洗浄や清めといったもっと一般的な意味を表わそうとしたものだったのかもしれない。しかし、悲劇を観ることでこうした感情が「浄化」され、そのような感情が取り除かれるというのだろうか。あるいは何らかの形で「清め」られるということなのか。恐怖なら取り除いてもらいたいと思うが、同情を取り除いてもらう必要があるだろうか。そもそも、そうした感情を「清める」とか、洗浄するとは、どのような意味になるのか。

アリストレスが恐怖や同情を覚える能力を除去することを望んでいるわけでないのは、ヒポクラテスが人生に必要な体液を全部取り除くことを望んだわけでないのと同様だろう。ヒポクラテス流カタルシス療法の目的は、よけいな体液を取り除くこと、余分に生産されて老廃物と化した体液を体から洗い流し、人体の四種類の体液を、適量かつ清浄な状態に保つことにあった。アリストレスが悲劇について訴えたのも、そういうことであるはずだ。つまり、これによって私たちの中には多すぎも少なすぎもしない適度の同情と恐怖が残り、ある種純粋かつ健康的にこれらの感情を体験できるということである。

アリストテレスの悲劇論は、プラトンが『国家』で劇場を非難したことに対する反撥と長く考えられている。プラトンによれば、悲劇と喜劇とは、いずれも情熱を喚起するものであり、したがって理想的国家においては、安定を妨げる力として禁ずべきものの一つだった。完璧な国家にあっては哲学者がその元首となるように、各人の頭、各人の理性が、必然的に知性と敵対する感情と欲望を支配するのでなければならないと、プラトンは説くのである。

プラトン――と以後に現われる数多くの非難者が廃棄したかったのは、芝居が持つ、情熱に訴える力だった。そこでアリストテレスは、これを擁護するため、芝居はそうした情熱を刺激するものではなく、むしろ浄化ないし清めるものだと説く。アリストテレスによれば、悲劇というのは、どのような情熱を引き出そうと、認知的帰結がある。つまり、恐怖や同情の感情は喚起されるが、同じプロセスで浄化ないしは清められるので、結果的には、問題となるような情熱の転変が心に生じることはないというのである。私たちが悲劇を観て流す涙は、いわば霊的な家を掃除し、理性と情動を正しい場所に戻してやっているしるしである。このように、アリストテレスはカタルシス体験の認知的側面を取り入れている。

アリストテレスとヒポクラテスの考え方が相半ばしたような見方も、古典期の多くの作家によって唱えられた。紀元一世紀には、オウィディウスが次のように書いている。「涙を流すことによって、私たちは怒りを分散させている……涙を流すと気が晴れる。悲しみは涙によって満たされ、運び去られる。」その半世紀後にはセネカが、「涙は魂を楽にする」と書いた。涙を有益なものと解釈したのは、むろんギリシア人やローマ人ばかりではない。古代ヒンドゥーには「涙で血色が良くなる」という格言が、イディッシュ語には「涙を流すと心が軽くなる」という出所不詳の格言がある。これらの格言においても、泣くことは身体ばかりでなく、同時に心なり、精神なり、魂なり、気持ちなり、気分にもよいとされた（比率はみな違う）。このような感情的、精神的、知的、身体的な状態が互いに重なり合い、融合しながら雑然と結合したものが、数千年にもわたる涙の解釈と誤解の核を、そして前世紀の心理療法の核をなしてきたのである。

ヒポクラテスの四つの体液の浄化・清めの概念は中世まで持続することになるが、カタルシスの概念についても同様で、美学、栄養学、宗教と、実にさまざまな分野にわたる。十二世紀にはアラン・ド・リールが、悲嘆することは「罪を正すいちばんの薬である」と書いた。十三世紀に制度化されたカトリックの告解には、カタルシス的な考え方の影響が明らかに見て取れる。「おしゃべり療法」の原型ともいうべきこの制度は、懺悔のみならず、浄化、清めの要素があると考えられ、涙が伴うことが多かった。祈りの中で流す涙は、後で述べるように、別の役割も果たしていたが、カタルシス的な効果はつねにあった。神学者・哲学者のラルフ・カッドワースは、一六七八年に次のように書いている。「現世的な体が水で洗われるように、霊的な体はカタルシスの蒸気で清められる。」アメリカの牧師コットン・メイザーは、精神と肉体の健康の指南書『ベテスダの天使』(一七二四年)で、体と魂の両方の浄化を勧めている。十九世紀には、宗教色はやや薄れるが、すぐにカタルシス的とわかる考え方が、サー・ヘンリー・モーズレイによって表現されている。「涙という はけ口を見つけられない悲しみは、いずれ体の他の部位を泣かせることになるかもしれない。」

このような次第で、今日にいたっている。心理学者のジェフリー・A・コトラーは、心理療法の中で泣くことに関する近著で、カタルシス的涕泣を説明するのに、人には感情の貯蔵タンクというものがあり、涙はいっぱいになるまでその中に溜まっていくとしている。上までいっぱいになると、超過分があふれ、眼から出てくるというわけである。このときその超過した涙を放出することが必要なのは、そうしなければ苦痛が蓄積し、さまざまな形で神経症を引き起こす恐れがあるからだという。コトラーはたとえとしてこのように言っているにすぎないが、この手のたとえは、前世紀の心理学文献にあふれかえっている。つまりカタルシスの涙は、日常生活の中でたまった不安と消極性を体から洗い流してくれるわけである。

涙を流さないでいるうちに苦痛がたまり、その後急激にあふれ出すという類のとりどりのたとえは、多くの生理学研究にも浸透していて、涙の役割は抑鬱症を引き起こす毒を取り除くことにある、としたフレイの説などもその一例である。カタルシスは、今世紀に生まれてきた新しいセラピーの長い歩みの中で、唯一変わることのなかった概念だろう。私がインタヴューを行なった現場のセラピストたちは、泣くことはよいことだと口を揃え、いまや決まり文句ともなっている表現を使ってその理由を説明する。いわく、人は「自分の感情に触れて」いなければならない。抑圧、すなわち感情を「おさえる」ことはためにならない。感情は「全部出してしまう」必要がある。もっとも彼らの大半が語ったところによると、泣くという行為は、セラピストになるための訓練の中で直接取りあげられたわけではなく、授業でその理論立てが行なわれたり、話し合われたりしたことがあるわけでもなくて、泣くのがよいというのは、単に自明のことだと思っているようである。セラピストだけではない。ストレスの危険を訴える医師、男性の寡黙を批判するフェミニストをはじめ、感情表出を一身に体現している大勢の人びとが、泣くという行為はそれ自体が目的になるものではなくて、健康、成功、安心、解放の手段だと考えるようになっている。テキサス州で看護士・看護婦について行なわれた調査では、この職種の全段階において、つまり看護学生から正看護士・看護婦、指導教官にいたるまで、涙を流すという行為は建設的かつ健康的だと考えられていることがわかった。

こうした見かけの単純さとは裏腹に、泣くのがよいという考え方には、さまざまな仮定が複合的に絡んでいて、そうした仮定も、細かく見ていくと疑問符がつくようなものばかりである。治療法の理論づけと研究が行なわれるようになって一世紀を経てなお、涙が実際にカタルシスになるという確かな証拠はなく、むしろならないことを示したものさえある。泣いた後、すっきりして気持ちがよくなることは、みなわかっている。しかし、一杯ひっかけた後、豪華な料理を食べた後、あるいは合法ないし非合法の薬物を吸った後で気持ちよくなることも、たいていの人がわかっているが、だからといって、こうした行為が精神の安定や心の健康の確保に必要だとは考えていない。あるいは認めない人もいるのかもしれないが、多くの人は、癇癪を起こした後でも気持ちがよくなる。しかし、正当な怒りなら我慢しないほうがいいということはあっても、癇癪を起こして大声で罵倒することが心の健康に必要だとは、必ずしも考えられていない。行儀の悪さはカタルシスだとは認められないのだ。つまり泣くことだけが、感情の世界で特別な地位を保持している。ヒルによる瀉血がもはや合理的な治療法だとは考えられなくなっているように、涙のカタルシス性についてもそろそろ見直す時期にきている。医師としての道を歩みはじめた当初、カタルシスの価値を信じていたジークムント・フロイトがやったのが、まさにそれだった。

フロイトは医学生だった一八七〇年代、ちょうど十五歳先輩にあたり、ヒステリー症の治療が専門だった有名な医師・研究者、ヨーゼフ・ブロイアーと親しくなる。ヒステリー症というのは、一定しない症状群や機能不全群につけられる診断名で、一八七〇年代当時は、神経系が物理的な損傷を受けたことによるものか、心気症的な詐病からきているというのが、一般的な見方だった。ところがブロイアーは、フロイトとともに、ヒステリー症は精神的トラウマが原因の神経症であると唱えた。二人は共著『ヒステリー研究』（一八九五年）で、「ヒステリー患者はもっぱら追想に悩まされている」と推論する。そこで、ヒステリー患者の症状に直接関係しているとされたのが、誘因となるトラウマの存在だった。たとえば、身内の臨終に立ち会っているときに腕が痺れてしまった女性が、後にヒステリー症状として腕が麻痺するようになったり、弟の腰の手術に立ち会った男性が、つねに腰が痛むようになったりするのである。フロイトとブロイアーの説明は、ヒポクラテス的な浄化の概念に依拠している。すなわち、トラウマの記憶は「体内の異物のように作用する」もので、「侵入後ずっと活動をつづける因子とみなさなければならない」という。治療の目標はこの異物を取り除くことにあり、この目標を達成するために二人が開発したのが、精神療法のいわゆる「カタルシス法」だった。

一八八〇年から一八八二年にかけ、ちょうどフロイトが医学部の最終試験を受けていた時期に、ブロイアーはベルタ・パッペンハイムという女性の治療にあたっていた。後に（症例報告では患者名を仮名にするという慣習にならって）「アンナ・O」と改名されたパッペンハイムは、精神分析史上もっとも有名な患者の一人となる。「おしゃべり療法」という名称を最初に思いついたのは、フロイトでもブロイアーでもなく、実はこのアンナで、最終的にフロイトの研究の中心になるのも、カタルシス法ではなく、おしゃべり療法だった。

カタルシス療法では、患者にトラウマとなったできごとを思い出してもらい、そのときの負の感情を「できるだけまざまざと」再体験させる。アンナ・Oは、水を飲むことに嫌悪感を抱き、水分の多い果物を食べるだけで喉の乾きを癒していたため、重い脱水症状になっていた。そこでブロイアーは、アンナを催眠状態にした。するとアンナは自発的に、かつて使用人がコップで犬に水を飲ませたことを話しはじめた。話しながら、アンナはその使用人には隠して、けっして表には出さなかった怒りと嫌悪をすべて感じ、声に出した。そして直後に一杯の水を所望し、以来わけもなく飲めるようになった。ブロイアーはこのような突然の症状の消失に「大変驚き」、カタルシス理論の源泉はこのできごとにあると書いている。その後ブロイアーは、アンナが訴えていた神経痛、震え、視覚障害（複視、弱視、巨視）、咳、字が読めない、「髑髏の頭をした父親が見えた」といった他のヒステリー症状も、同じ方法で消した。たとえば、ひどかった幻覚症状は、アンナが「不安と恐怖にふるえ」ながらも、催眠状態の中で幻覚体験すべてと、その幻覚の誘因になったトラウマ体験とをすべて再現できたときに消失し、アンナは心がすっかり「楽になった」という。

この方法は、『ヒステリー研究』の序論で要約されている。「個々のヒステリー症状は、われわれがそれらの症状を生み出すことになったできごとの記憶を明るみに出し、それらのできごとに伴っていた感情を喚起することに成功したとき、そして、患者がそのできごとを細大もらさず話し、そのときの感情を言葉にしたときに、たちどころに、かつ永久に消滅したのである。」実際には、これは容易なことではなかった。年代順に遡って思い出していくため、アンナ・Oはその症状を誘発することになったトラウマ体験にたどり着くまで、実に三百回近くにも及ぶ聴覚の異常（すべてブロイアーが逐一記録している）を再体験することになった。しかも、これはアンナが訴えていた数多くの症状の一つでしかなかった。

フロイト自身がカタルシス療法を用い、修正を加えながら、これをあらためて理論化する頃には、ブロイアーがアンナ・Oを診てから十年近くが経っていた。はじめての症例となったのは、四十歳の女性で、フロイトは「エミー・フォン・N夫人」と呼ぶ。治療中に気づいた夫人の症状には、次のようなものがあったと書かれている。激しいチック、舌打ち、習慣のように「動かないで！――何も言わないで！――さわらないで！」と大声でののしる。ののしるのは、幻覚を追い払うための呪文ではないかとフロイトは述べている。治療計画についても書かれている。夫人は毎日温浴をし、日に二回、催眠状態にされてフロイトの手で全身マッサージを施された（なるほど「さわらないで」となるわけだ）。催眠状態でマッサージをする間、フロイトは夫人に何が気になっているのかを話すように促し、症状の原因の分析を試みる。夫人は一応「除反応」によって多くの記憶を解放した。すなわち、辛いできごとを感情のうえで再体験したため、フロイトも、症状の原因の一部は突き止められたと考えたが、カタルシスは成功したのに、全治にはいたらなかったことを認めている。

このようにカタルシス療法を用いたはじめての症例について書き立てながら、フロイトは早くもその効果のほどに疑問を持ちはじめていた。フロイトとブロイアーは、辛い記憶はすべて治療対象になるはずだといわんばかりに、「カタルシス」と「除反応」という語を、置き換えがきく語のようにして使っていたが、何年か後、フロイトは後者のみを使用するようになり、情動の解放という意味合いも薄れていた。後のフロイトの理論では、カタルシス体験で特定の症状が取り除かれることはあっても、根本的な問題は手つかずになる可能性があるので、情動の解放だけでは、全治は無理だということになっている。それどころか、カタルシス体験というのは、症状が長期化しようとしているときにも起こりうるという。フロイトは一九二四年に書き加えた注釈で、早計に失した感はあるが、次のように述べている。

「今日の分析医なら、誰しもこの症例報告を読んで同情の笑みを禁じ得ないと思う。」

『ヒステリー研究』の中でフロイトが少しだけ触れている別の症例のほうが、純然たるカタルシス療法にはるかに近い。「マティルデ・H嬢」は「十九歳の美少女」だったが、両脚の部分麻痺を訴え、数カ月後には抑鬱状態になった。フロイトは、そのころは普通に行なわれるようになっていた催眠術をマティルデ嬢にもかけ、回復を促す「命令と暗示」を与えた。フロイトによれば、「彼女はそれを深い睡眠状態で聞きながら、おびただしい涙を流した」が、病状に目に見えるような変化は起きなかった。ある日、マティルデ嬢はとうとう問題の誘因、すなわち婚約解消のことを語り、号泣した。その後の診察では、フロイトが催眠状態の間そして後にどんなに促しても、二度と同じことを語ろうとはしなかった。フロイトはそれでも催眠術をかけ、するどい暗示を与えつづけたが、そのつど「涙にむせびはしても、けっして答えようとはしなかった」。ところが、婚約破棄からだいたい一年が経ったと思われる日に、マティルデ嬢の抑鬱状態が消え失せた。そのため、カタルシス説の支持者の間では、これこそ感情の解放で十分治癒する証拠だと唱えられるようになった。しかし当のフロイトの考えは違っていたようで、この症例で「治療が大成功したので、面目をほどすことができた」と、自嘲ぎみな言い方をしている。

この「成功」例は、実は本文ではなく、脚注に追いやられるかっこうになっているが、それも『ヒステリー研究』の中でフロイトがすでに、ブロイアーのカタルシス療法において重要なのは情動の解放ではなく、体験を言葉にする行為だという認識に傾くようになっていた（理論的分析にはまだ数年待たなければならなかったのだが）からだろう。言葉で表現することが欠かせない、とフロイトが考えるようになったのは、抑圧されていた体験を再び意識したことが、それによって証明されるためである。精神分析中に情動を再体験すると、記憶が正確になるが、そのこと自体は大事ではない。肝心なのは、一定の記憶と情動の結びつきを見直すこと、再度その情動を心に描くことでそれらの力を弱めることである。精神分析中に泣いたということは、その記憶が持つ真の意味そして力にアクセスしたことを意味する。トラウマになっている記憶を言葉で表現すると、取り返しのつかない過去からその記憶が取りもどされ、現在の意識の中に組み込まれる。しかし、記憶が意識にのぼるのに伴って泣くこと自体に治療効果があるわけではない。

フロイトは一九〇九年にクラーク大学で講演を行ない、米国に精神分析を紹介することになったが、その中で、『ヒステリー研究』に収録されている話もいくつか焼き直し、若干の敷衍を行なっている。この講演でもフロイトは、トラウマ体験で喚起された情動を患者が抑圧するという主張、こうした情動は「閉じ込められて」、症状に転換するという主張は変えなかったが、『ヒステリー研究』ではまだ理論化されていなかった新しい概念を紹介した。欲望の対立という概念である。患者は、節度を保ちたいという欲望を優先させると、そうした倫理上あるいは美学上の理由で受け入れ難くなる別の欲望を抑圧しがちになる。このとき、症状に転換するのは、抑圧された願望であって、抑圧された情動ではない。したがって、精神分析で立て直しをはかるべきなのは、感情の経済ではなく、本能《リビドー》の経済である——つまり人がため込んでいるのは、くじかれた欲望であって、くじかれた感情ではない。

この違いは大きい。情動的エネルギーではなく、リビドー的エネルギーがノイローゼに向かうのであれば、あるいは、抑圧されることでノイローゼになるというのであれば、情動を表出するだけでは何も変わらないことになる。たとえば、患者が泣くのが、親の衝撃的な死に際して抑圧していた情動を表出するためであるなら、患者は泣くことでトラウマを「一掃」し、その影響を消すこともできるだろう。しかし、患者が泣くのが、ほかならぬ親に生きていてほしいという願望を断たれたためであるなら、いくら泣いたところで、すでに通い慣れてしまった悲しみへの道すじに変化が起きるはずもない。患者は失ったものではなく、願望と折り合いをつけなければならないことになる。

そこで登場するのが、一九二〇年代のフロイトの名言「かつてエスであったものを自我にしなければならない」(高橋義孝・下坂幸三訳)である。意識しなければならないのはエスの実現不可能な夢、遂げられない欲望であり、そうしなければそれらの威力を弱めることはできないと、フロイトは考えるようになったのだ。私たちが過去を追体験するときに感じる情動は、その欲望を意識するときの副産物にすぎない。過去の情動は、とうの昔に過ぎ去ったものだから、二度と同じものを感じることはできない。情動が、体の中に何年も貯めこまれ、ウイルスや瓶の中の炭酸ガスのように、再び表に出る機会を待っているということはありえない。はじめに欲望をくじかれたときの泣き方にきわめてよく似た泣き方を今になってすることはもちろんあるが、その間ずっと涙が体の中で待機していたわけではない。私たちが泣くのは、そのできごとないし欲望を思い出すか、認識したときに、それらが今でも強烈な感情を喚起するからであって、それは一つには、そのできごとに対する私たちの認識が、そのとき以来進化していないためである。「マティルデ・H嬢」の場合のように、あるいは故人の死後何年経ってからでも涙が出ることからわかるように、泣くこと自体に治癒効果があるわけでない。また、精神分析の中で新たに泣くこと、つまり精神分析を受ける過程で欲望の対象を改めて「喪失する」ために、新たな悲しみがそこで喚起されている場合もある。こうフロイトは考えた。

このようにしてフロイトはカタルシス療法に見切りをつけたが、そうしなかった向きも医学界には多かった。一九三九年にはトマス・M・フレンチ医師が、患者が泣きはじめたときに喘息発作がやんだと主張し、だから泣くのは喘息の治療になると言い出した。一九四一年にはレオン・ソールとC・バーンスタインが、ある患者は泣いているときには蕁麻疹《じんましん》（湿疹）が出ていないのに、泣いていないときには出ていることに気づいた。H・J・ショーヴァンとW・B・サージェントは、一九四七年の『メンタルサイエンス』誌の寄稿論文の中で、乱舞によって治療を行なう古代ギリシアの宗派、コリュバンテスについて好意的な評を寄せている。グレゴリー・ジルボーグは、医師ではなく歴史学者だったが、『医学的心理学史』（一九四一年）で、浄化目的で患者の中の恐ろしい記憶を喚起したギリシア・ローマの医師たちをたたえた。モーシェ・フェルデンクライスは『体と成熟した行動』（一九四九年）で、体の緊張のカタルシス的除去を促進すればフロイト式療法はうまくいくと唱えた。一九五四年には、パーシヴァル・シモンズが『矯正精神医学会誌』で治療法の文献の批評を行ない、カタルシスこそ心理療法の成功の主因だと説いた。

フェルデンクライス、シモンズをはじめとする人びとがカタルシスについて身体中心の理論を唱えているのは、ヴィルヘルム・ライヒの影響を受けたもので、フロイトと親交のあったライヒは、フロイトが見切りをつけた概念にいわば強硬に戻っていった人物である。ライヒはその奇抜な考え方や行動（雨を降らせる装置の発明をはじめ、本業以外のいろいろな活動に手を出していた）で、はじめは精神分析学界から、やがてはサイコセラピーの世界からも完全に追放されることになる。宇宙全体に質量ゼロの「オルゴン」というエネルギーが満ちているという説を打ち立てたライヒは、このオルゴンが人間の体内に蓄積すると神経症になり、オルゴンのバランスは定期的な性交渉によってのみ保てると説いた。そして、数ある物理療法の中でも、体の「防御網」、すなわち人が社会の成員になりきるのに抵抗して築いていく「鎧」を破壊するために、泣く、叫ぶ、触る、蹴る、枕をたたく、といったことや、吐き気反射刺激を奨励した。ライヒによれば、あらゆる患者にとって、最終的な治癒の契機となり、かつ最終的な治癒を可能にする行為は、快感かつ充足感のある性行為だという。フロイト式療法が目指したのは、心理的防御網を取り壊すことで、それによってヒステリー症状であるかの腕の麻痺など、身体症状が取り除かれたわけである。一方、ライヒ式療法が試みたのは、身体的防御網を攻撃し、それによって性格の変化と心理的統合を起こすことだった。ライヒの理論の多くは主流の精神分析医からは一様に否定されたが、身体重視の観点と技法とは、以後さまざまな主観主義指向のセラピーへと受け継がれていく。

まず、一九七〇年代になって、カタルシス療法が盛大かつ派手に復興を遂げる。新しい精神治療技術や流派がいくつも現われるが、こうした傾向は、アメリカ文化の中で自己表現が重視されるようになり、フィリップ・ラーヴのいう「経験志向」が深まった六〇年代のカウンターカルチャーに負うところが大きい。『情動の氾濫』という、あまり読書意欲をそそらない題名の一九七六年の論文集では、主観主義指向のセラピーが「現在の若者世代、すなわち冗漫さに対する不信感、情緒障害を観念的に解決しようとした試みに対する不信感をさまざまな形で表明してきた世代」の要求に応える形で復活したことを、はっきりと評価している。編纂にあたった心理学者ポール・オルセンは、こうした傾向を歓迎し、「患者の情動を直接刺激する方法は、おそらくこの二十年間にメンタルヘルス業界が目の当たりにしてきた治療動向の中でもっともすばらしく、有意義なものだろう」という。ここで言われている「情動」とは、オルセンにとっても、オルセンが取り上げた大半の療法においても、心理的な実体ではなく、もっぱら身体的な実体であって、刺激というのも多くは物理的手段によるものをいい、その効果の測定も、身体的表出の度合いによって行なわれる。

こうした形で情動の刺激が行なわれるようになったことは、関心の対象が思考から身体に移ったことを示すもので、そのような変化は、オルセンも認めているようにライヒに負うところが大きいのだが、ライヒの影響力はその後さまざまな新局面を展開していった。『情動の氾濫』には、ゲシュタルト療法、心理劇、構造的身体統合、生体エネルギー法、再悲嘆療法をはじめ、もっと息の短かった流派も含めてさまざまなテーマの論文が紹介されている。そしてこれらに共通するのは、治療のエンカウンターではその一環として情動の表出が必要だという立場である。寄稿者の一人の表現を借りると、「神経症は感情の病」だからだ。

たとえばアーサー・ヤノフの「原初療法」では、「心を全開にして、いちばん深奥にあるもっとも原初的な感情を、あますところなく表現する」ことが求められる。このセラピーは三週間の集中治療の中で行なわれ、外界から遮断された患者が幼児の状態に戻り、その状態で、泣いたり叫んだりするようにいわれる。「叫んだり泣いたりといったことは、あく抜けによって出てくるもの」と、原初療法士で精神科医のシドニー・ローズは言う。患者は、親や保護者から情動反応を示すことをいわば邪魔されていたのだが、原初療法を受けることで、「中断されていた過去のシナリオを最後までやり遂げ……その当時には意識することを否定されていた情動をここで感じる」ことができる。一年、あるいはそれ以上続く治療の中で、患者は徐々に「最奥部にあった情動、すなわち患者が長年の間、感じないようにつとめてきた情動にけりをつけられる」。

ヤノフは『原初からの叫び』(一九七〇年)で、日常生活の中で泣くだけでは不十分だとしている。たとえば、映画や演劇を観て流す涙は、「たいていは感情の解放によって出てきたもので、まったくの原初的な感情に広がっていった結果ではない。解放のプロセスは、むしろ全部の感情は感じないようにしてしまう。感情を損ない、頓挫させてしまうことで痛みを和らげるのである」。そこで、アリストテレスが考えるようなものよりはるかに徹底した、過激なカタルシスが必要だとヤノフは言う。つまり患者は叫び、声をあげて泣く必要があるのだ。自身の分派を「強い感情療法」と呼んでいるローズは、いずれはこの技法の効果が証明されるだろうと信じている。ヤノフは、この技法で患者の九〇パーセントが「治癒」したと主張している。二人の主張の真偽を確かめたくても、第三者によってそのような研究が行なわれることはまずないだろう。

泣くことで治療する心理療法の流派は、ほかにも多数存在する。「新アイデンティティ療法」のダニエル・カスリールも、叫びを基本的な治療手段に用いている。「叫ぶことで子どものころから抑圧されてきた感情が解放され、この解放によって得られる解放感が、性格に重要かつポジティブな変化をもたらす。」ヴァージニア大学メディカルセンターの精神病学教授ヴァミク・ヴォルカンは、一九七〇年代、親しい関係にあった人の死を悼むことがうまくできなかった患者を対象に、再悲嘆療法を編み出した。患者は「喪失感によって生じる感情を体験し、表現する」よう指導されるが、これがセラピーで行なわれる作業で、またこれができるようになれば治癒したことにもなる。元労働組合のオルグだったハーヴェイ・ジャキンズは、辛い体験をしている友人の力になろうとしていたとき、その友人が話のたびに泣き出すことに気づいた。そこで、トラブルを解決しようとあれこれ理屈を並べるより、黙って友人が泣くのを聞いてやるほうが大事だと判断する。その友人は泣くごとに、少なくともしばらくの間は気分がよくなるらしく、理性的で、おだやかになった。この発見をもとに、ジャキンズが開発したのが「再評価カウンセリング」である。感情を抑圧されるほど、人は分別のない行動に出るとジャキンズは言う。そこで、少しでも理性的な生活をするためには、感情の発散が役に立つ。再評価は、カタルシスの後に自然に行なわれるのだという。

サンタバーバラ大学の社会学名誉教授で、感情社会学という成長分野の先駆者でもあるトマス・J・シェフは、カタルシスに関する自説を『ヒーリング、儀式、戯曲におけるカタルシス』（一九七九年）にまとめている。今日までの研究成果は、カタルシスについて確かな結論を引き出せるほどのものではないことを、シェフは認めている。しかし、当初は民間のカウンセラーとして、後には公認結婚相談員、家庭相談員、児童相談員として実務経験をつむうちに、シェフはフロイトとブロイアーは正しかったと信じるようになった。「たとえば泣くというような情動表現は、生物学上、必要なことである。泣くという行為自体は本能的なもので、赤ん坊は生まれてくるときから泣く能力を持っている。この能力は学んで身につけたものではない。学んで身につけたのは、泣くのをこらえる能力である。泣くことや、他のカタルシス的プロセスを抑えるのは、人が後で身につけたことで、個人にも社会にも、きわめて重要な影響を及ぼすと、私は考える。」後に別の研究に移ってしまったシェフだが、泣くことには大きな治療効果があるという考え方には依然変わりはない。

一九七〇年代に登場した主観主義指向のセラピーの中でも、もっとも息が長いものといえば、アレグザンダー・ローウェン医師のはじめたバイオエナジェティックスと、アイダ・P・ロルフが生み出した構造的身体統合法の二つだろう。有名な「ロルフィング」をエサレン研究所で開発したロルフは、激しい感情を喚起するのに直接の物理的操作を行なった。ロルフは、「心理的なひっかかりは、体、肉、骨の中に記録され、そのまま永存する」と、いったいいつの時代の人なのだと問いたくなるようなことを言う。激しく強い痛みの伴うマッサージと手技によって、関節を「解放」するロルフの技法は、心の乱れによって調子の狂った四大「セグメント」を、体が整えようとするのを横から手助けするものである。ロルフィングに伴う苦痛と涙は、身体と精神の両方の緊張が解放されたことによる必然的結果であるという。

ロルフのセラピーを受けた人びとによれば、ロルフィングで体験する感情と涙の氾濫のすさまじさは、マッサージの痛みによるものの比ではないらしい（マッサージの痛み自体も相当なものである）。患者たちは一時間半以上は泣いたが、それほど激しく泣いたことはかつて一度もなかったと言う。この体験の激しさが、著者がインタヴューを行なった人びとにとっては、ある患者が言うように「いちばん奥にあるものに届いた」、あるいは別の患者の言葉を借りるなら「奥深くに埋まっていた感情が生き返った」証拠だった。

一九七〇年代には「バイオエナジェティックス」の創始者アレグザンダー・ローウェンが、アメリカ中の患者にセラピストのオフィスで枕を叩いたり枕に突っ伏して叫んだりさせ、また「深い」泣きを実践させて、患者が抑圧された感情と接することによって自分自身と接するのを助けた。ローウェンは肉体を心理的ないし性格的問題の収納庫と考え、顔の筋肉、長い骨格筋、関節に現われた緊張を読んで、患者の抱えているトラブルが何であるかを知る手がかりにする。ローウェンの技法では、たとえばバイオエネルギー分析研究所のジョン・ベリスのように、情動のフラッディング（氾濫法）を、認知ワークを含むセラピーの一環として行なうことを奨励する施術者もいるが、ローウェンは情動体験だけで十分だと述べている。『身体の言語』（一九五八年）と『引き裂かれた心と体』（一九六七年）で、ローウェンは心的エネルギーと身体的エネルギーの区別を廃し、「人体に宿る根元的エネルギー」である一つのエネルギーの存在を提唱して、これを「生命エネルギー」と呼んだ。喪失感には涙が必要であり、涙が出てこないと、その喪失感が肉体の緊張に変化する。情動は表現されないままでいると、体の中で動きがとれなくなる。したがって、肩がいかっているのは不安を、猫背なのは引け目を、背すじがまっすぐで硬いのは融通が利かず頑固なことを示すのだが、これらはすべて涙が流されなかった結果である。逆に今度はこうした身体の緊張が情動体験を妨げ、抑鬱症につながっていくような悪循環がはじまる。そこで、ローウェンは怒りを発散するために、患者たちに寝台を叩いたり、蹴ったりすることを勧める。この発散で、体から鎧のような緊張が取り除かれ、患者は再び感情を覚えることができるようになり、その後で泣く。

緊張と抑圧を自覚するだけでは役に立たないとローウェンは主張していて、その点がフロイトとは大きく異なる。必要なのは、感情の激発と涙だという。「悲しいことを認識できるのと、泣けるのとは別の話である。」俗流心理学の現場にいる大方の人のように、ローウェンもそれで自説が証明されると思っているのか、そうなるからそうなるという、表現を変えただけのトートロジーに近い説明を並べ立てる。「泣くこと、すなわちすすり泣くことは、緊張を解放するいちばんの早道、もっとも深い方法で、体の中に緊張状態を生み出すような『ストレス』は、泣くことによってことごとく発散させる必要がある。」分析医はマッサージとエクササイズを通じて緊張の生じた体の鎧を取り払い、患者が泣きはじめるよう

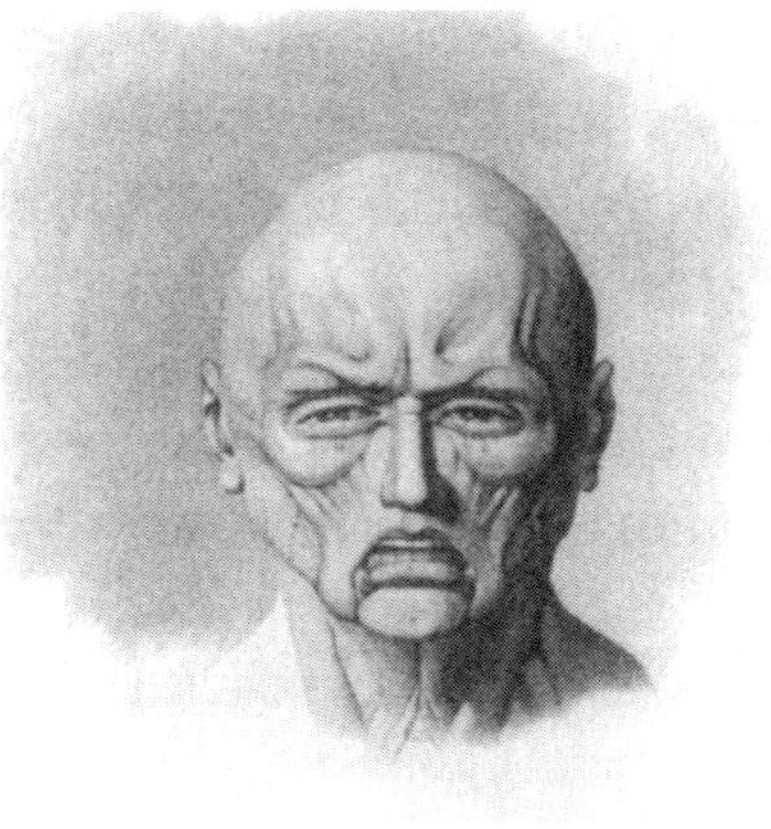

解剖学者ジョージ・スタッブスの素描を手本に感情表現で使われる顔面筋を描いた版画。裕福なアマチュア画家向けに出版された版画集のなかの一作。

C・ナイト『点刻彫版——感情のエコルシェ風表現』(1815年)

に手助けをすることはできるが、効果を発揮するのはマッサージではなく、泣くという行為なのだという。

近年の著書『ナルシシズムという病い』(一九八三年)でも、ローウェンは「苦境に立たされている人は泣く必要がある」と説く。この著書では、涙を出す手助けをしてやったことで、心の健康を求めていた人びとが目を見張るような回復を遂げた事例が、いくつも紹介されている。その中で、ある患者について次のように述べている。「幸い、泣くことを通してメアリーが自分の抱えている悲しみの一端に触れ、それをいくらかでも解放する手助けをしてやれた。それによってメアリーは否定的なものを払拭し、自分の現実を理解し、身体的自我と接することができるようになって、かつてなかったほどの力を得た。」なぜそうなるのかについてローウェンは説明していない。それが起こったという単なる事実をもって、説明に代えているにすぎない。

一九七〇年代、八〇年代にセルフエンパワーメント(自己啓発)というものが流行るようになると、泣くことは精神の一テクニック、人間の内なる力をフルに引き出す一種の原始的技能として扱われるようになった。こうしたセラピーは、その有用性に太鼓判を押す患者や元患者がいるのが特徴で、実際に、当のセラピストたちに負けず劣らず熱心にそのセラピーを勧めたがる患者が、必ずいる。著者がこれまでに涙の有益な価値について聞いたコメントの中でもっとも強烈だったのも、こうしたセラピーのセッション中に泣き、深い体験をしたという人たちの話だった。こうした体験は、実際に体験した人たちがそう感じたと言っているのだから、ある意味ではたしかにカタルシス的なものだったのだろう。生まれ変わったように感じたというのだから、涙を流すセラピーのセッションは、ある程度はカタルシス的なものだったにちがいない。しかし、ウェンディ・エレン・デイヴィスの最近の博士論文で、別の可能性が指摘された。デイヴィスが二百人近い大学生の泣く習慣や姿勢を調査したところ、女性（男性よりもよく泣き、ストレス対策として泣いていた）では、心理的にも「ＱＯＬ」（生活の質）という面でも、泣いてよかったと答えていることがわかった。ところが、標準的なストレス・インヴェントリー（コンピュータによるストレス検査）と、健康状態についてのアンケート調査を行なったところ、泣くことは、健康状態をよくするどころか悪くすることを連想させる結果になっていること、そして、涙はストレスを軽減するうえで何の役にも立っていないことがわかった。つまり、涙を流したときの自己評価と、インヴェントリーの示す客観的な健康・ストレスのレベルとが、まったく一致していないのである。

カタルシスの概念、除去による純化の概念には、なるほど身体的な響きがある。吐くことで毒や病原体が取り除かれるし、誰だって便秘にはなりたくない。泣くという行為が一種の排泄行為であることは明らかで、排尿、発汗、排便、痰などの他の排泄行為のほとんどは、体内の不要になった老廃物の除去を行なうものである。宗教的な含みというものも無視できない。告解、洗礼、悪魔祓い、断食、聖水、インディアンのサウナ小屋――こうした魂の清めや浄化は、世俗化してしまったものもあるとはいえ、今でも儀式や比喩として健在である。しかし、セラピストたちの説明はどれひとつとして現代の神経科学と合致しておらず、その効能について反復可能な研究というのも実施されたことがない。この理由について一部の心理学者は、基本的なところでカタルシスの精神的形態と身体的形態が混同されてしまっているためではないかという。しかしもっとわかりやすい説明をした学者もいる。つまり、そうした患者は泣くことで解放感が生じているわけではなく、解放感を味わっているときに同時に泣きが起きているだけだというのだ。

おそらく、カタルシスの概念が根強く残っているのは、そして今でも私たちが存分に泣くと気分がすっきりすると考えるのは、そのためだろう。カタルシス仮説は、フロイトや研究専門の心理学者、それに神経科学者の大半が否定しているにもかかわらず、大衆の意識の中にはしっかりと埋め込まれている。実写のイメージにおいても、たとえばSFカルトムービー『ミクロの決死圏』で、ミクロ化して人間の静脈内に侵入した潜水艇が再び外の世界に出るのに涙をつたって目から吐き出されたり、「人気ブランド」Joop!の宣伝で藪から棒に「涙は魂の不凍剤」というコピーが流れたり、いろいろなジャンルで登場している。しかし、生理学者や実験心理学者は、涙は副交感系によって分泌を促されるのだと結論しており、その結論が正しいとすると、涙が出る前に、魂をいわば解凍しているものが別にあるはずなのだ。

行動主義

フロイトが自我の心理学を展開し、キャノンが感情生理学という新しい概念を生み出していたのとちょうど同じ時期に、もう一つ新たな心理学の流派が現われた。この流派もまた、涙を流すことについては一家言持っていた。もともとは、条件反射についてのパブロフの研究から出たものだったが、行動主義という名をつけ、一般的手法としてはじめて理論化したのは、ジェイムズ・B・ワトソンだった。動物とヒトの両方を対象に室内実験を行なう行動主義者は、ジェイムズ流心理学の内観的・哲学的傾向や、フロイトの研究の、彼らに言わせると根拠のない理論の類は、まっこうから否定する。心理学が真の科学になるために必要なのは、あくまで測定が可能な行動、外からの観察が可能な行動の解釈にこだわり、純粋に科学的な仮説法・実証法にこだわることだと、ワトソンは唱えた。具体的にいうと、たとえば情動反応の研究をする場合、ワトソンは幼児の頭の真後ろで巨大な鉄板をハンマーでやかましく鳴らして、基礎的な情動反応と考えられている驚愕反応を測定した。ノーム・チョムスキーなど後の批判者たちは、こうした手法をとる行動主義者のことをハトと詩人を一緒にするような輩と一蹴しそうだが、一九二〇年代から一九六〇年代のB・F・スキナーの全盛期にかけ、行動主義はアメリカの学術心理学界の流派の中で抜きん出た勢力だった。行動主義は、心理学の様相を一変させたうえに、今やその心理学の中にすっかり溶け込んでいるが、典型的なフロイト主義や一九二〇年代の生理学のように、その行き過ぎや盲点も十年の区切りごとに明確になってきている。しかし、心理学は意識の科学ではなく行動の科学であるべきだとした行動主義は、一九二〇年代には社会科学の最前線にあるとみなされていて、行動主義をそこまで押し上げたのはワトソンにほかならなかった。

行動主義の「父」ワトソンは、心理学史上でも屈指の面白い人物だった。ジョンズ・ホプキンズ大学の教授にして『実験心理学会誌』の編集者であり、とかく論議を呼んだものの、動物とヒトの行動研究者として評価も高かった。ワトソンがアメリカでも何本かの指に入る著名な心理学者だったのは、一つには学術論文ばかり書かずに一般の読者向けの本や多数の雑誌記事を執筆したからでもある。一九二〇年代には、大学院生との淫行を目撃され（研究室のデスクでというもっぱらのうわさ）、ジョンズ・ホプキンズから即座に解雇された。その後はJ・ウォルター・トムソン広告代理店に就職し、やがて副社長に就任して、心理学を広告業界に応用する。広告業界に身を置いている間も大衆向けの心理学本を書き続け、育児書の『乳幼児と子どもの心理学的ケア』は一九二八年に刊行されるやベストセラーとなった。この育児書の指南を進みすぎだと考える評者も一部にはいたが、ほとんどの人がワトソンの権威に従った。

十九世紀には、育児や幼児期について論じた多くの著述家が一様に、人間というものは基本的には善人に生まれついており、たとえ悪の道に導かれることはあっても、正しく教えさえすれば、良心的で、社会に適応できるおとなに成長すると考えていた。そのような中で、子どもの生活は一種の楽園で、幼児期の涙は、平和な日々の間に、いわば道路上の徐行帯のように、点々とばらまかれたものである。こうした考え方が、ルソーからその後のロマン主義者の幼少期カルチャーの中心にあり、二十世紀の心理学者の多くも似たような見方を維持しつづけていた。たとえば、ドイツの心理学者ヴィリヤム・シュテルンは、『幼児期の心理学』（一九一四年）で、泣くことは「満足と上機嫌という慢性状態」の中の、短い間奏曲であると書いている。シュテルンがこのように書いたのは、精神分析の趨勢と、フロイト自身が幼児期の性と攻撃性について精神分析的見方からすれば「災い」だと呼んだことを、意識した反発だった。

一九二〇年代には、すでに有名な子育て本にもフロイト式発想の影響が現われるようになる。つまり、子どもは本来悪いものだから、親の管理、厳しいしつけ、そして疑ってかかることが必要だという点が新たに強調されるようになった。たとえば、フロイトの息のかかった育児書には、涙に対する相応の不信感、子どもが泣くのは単なる感情表出ではなく計算である、という考えが見て取れる。このいささか斜に構えた解釈は、子どもというのはつねに家庭の中で卑劣な暴君になる瀬戸際にあるもの、回避するにはなんらかの規律を課すしかない穏やかならぬ状態にあるもの、という前提に立っている。フロイト的発想ではあるが、行動主義的表現に言い換えてワトソンが出した結論は、子どもがどんなふうに泣いても、ことごとく無視しなければならないということだった。母性なるものも、愛情の関係としてとらえるのではなく、技術者と同じように、おおむね職業として考えなければならない、とワトソンは説く。世の母親たちは、何千年にもわたってこの仕事をしくじり、自身の子に、ひいては人類に、ありとあらゆる害毒を与えてきたように思われる。そろそろ母親の遂行するこの間違いなく重要な任務に、わずかでもプロ精神というものを吹き込んでやる時期に来ているのではないか。そうワトソンは指摘したのである。ワトソンの告発は、母親が外で仕事をする時間が増え、家族というものをもう一度立て直す作業が進行中の昨今、もっともよく耳にするものとはちょうど逆をいく。親が子どもと過ごす時間が少なすぎるというのが今日の認識であるとするなら、ワトソンの信条は、「度を超した母親の愛情」と題された章に集約されている。

度を超した母親の愛情は、何より赤ん坊を大泣きさせる原因になる。「子どもがいつも泣いてむずかっているという事実は、その子どもたちが困った状態、よろしくない状態に置かれていることを示すものだ。物事を消化できず、おそらくは内分泌系がすべて不調なのだろう。」そしてその全責任は、母親にあるという。

イヴ以来、世の母親は、子どもが社会に出て成長していくのを見守ってきた。母親は、月日を経るにしたがって家のなかで子どもが泣くことがだんだん増えていくことに気づく。一日に百ぺんも泣くような子は、世の中に何百万といるが、私たちはそういうとき「駄々っ子だ」と言う。そして、責めを負うべき自分たち自身の肩ではなくて、子どものほうに非難の目を向けてしまう。

後の行動主義者は、幼児や子どもに注意を向けると、そのたびに褒美を与えているのと実質的に同じだと主張した。泣くたびにかまってやると、かまってもらいたくて泣くようになるという。しかし、ここでワトソンが言っているのは別のことである。甘やかされて駄々っ子になるとワトソンが考えるのは、幼児の泣き声に母親や乳母が反応するからではなく、抱きしめたりキスしたりするからである。

危険が潜んでいるのはそこだという。

母親は、幼児がうれしがって、笑ったり、喉を鳴らしたり、声を立てたりすることを知っている。キャッキャッと言って、ふっくりした腕を伸ばすことも知っている。若い母親にとって、これ以上いじらしく愛らしいもの、これ以上胸躍ることがあるだろうか。そこで母親は、なんとしてでもこの胸躍る思いを手に入れようとする。赤ん坊を抱き上げ、キスをして抱きしめ、揺り動かし、愛撫し、「お母さんの子羊ちゃん」などと呼んで、ついには母親とスキンシップしていなければいつでも不快でみじめに感じるようにしてしまうのである。

ワトソンによれば、問題のネックは、この「母親とのスキンシップ」があまりに楽しく快いので、子どもはそれに飽くことがない点にある。昔から「節操のない子守」が、むずかっている赤ん坊をおとなしくさせるために直接性器を刺激するという手段に頼っていた（実際、〔コロンビア北部の〕コギ族から〔アリゾナ州の〕ハヴァスパイ族まで、さまざまな文化でこのようなことが普通に行なわれている）のも、けっして偶然ではないと、ワトソンは言う。そうやっておおいに甘やかされた子どもが、成長しておとなになると、その先死ぬまでこのレベルの情愛と刺激を求めるようになるが、おとながそうした包み込むような愛情や性的快感に出会うことはまずないので、欲求不満で面白くないということになる。親がわが子のためにしてやれる最善のことは、赤ん坊が数ヵ月になったら裏庭に出し、落ちても這い出せるほどの穴を掘っておき、そうして問題解決の能力を発達させることである。一人ぼっちになって穴に落ちることで、赤ん坊は自立した人間に成長すると、ワトソンはいう。

ワトソンがこのように甘やかしたりなだめたりを禁じているのは、精神分析をはっきりと敵対視していたわりには、フロイト的発想に相当依拠していたように思われる。たとえば、フロイトの『性の理論に関する三つの論文』（一九〇五年）で、典型的な母親が子どもに対して取る行動について、以下のように書かれている箇所などがそうだ。

母親は撫でさすったり、キスをしたり、揺り動かしたりして、明らかにまったくの性的対象の代用として子を扱っている。母親は、そのもろもろの愛のしるしが、実はわが子の性衝動を目覚めさせ、のちにこれが激しいものになる下地を作っていることを知ったら、おそらく仰天するだろう。本人は、自分のやっていることが性的なものではなく、「純粋な」愛情だと思っている。実際、保育上やむを得ないとき以外は、この刺激が子どもの性器に及ぶようなことは慎重に避けている。たしかにフロイトは母親たちがわが子を性的に興奮させていると考えているが、当の母親たちが必ずしもそれを気に病まなければならないと言っているのではない。注意する必要があるとしているのは、「親の過剰な愛」だけである。世の母親は、

わが子に愛を教えるという務めを果たしているにすぎない。なにしろ、子どもはこれから精力的な性的要求をもった強い有能な人間に育たなければならず、生きている間に人が本能によって命ぜられることをやり遂げなければならないのだ。親の愛が過剰なのが害毒になるのは本当で、それは性的に早熟な子になるためばかりでなく、甘やかされることで、後の人生において少しの間でも愛なしではいられなくなり、あるいは少しの愛では満足することができなくなるからである。

過剰な愛は問題だが、フロイトにとってはワトソンのように絶対の信条というわけではなかった。いかに性的な影響を受けるといっても、母親の慈しみは子どもの正常な発達に必要だとフロイトは考えていた。

ところがワトソンは、「普通」の子育てでもつねに害毒があるという姿勢を崩さなかった。フロイトとワトソンの考え方は、どちらも一九二〇年代にアメリカ中の新聞雑誌で取りあげられ、議論されたが、二〇年代といえばちょうど、社会が感情の行き過ぎにはらはらしていた時期だった。たとえば第一次大

戦は、野蛮な激情のおもむくままに行動した結果であったと考えられていた。二〇年代の社会・文化の急激な変容ぶりは、新しい形の豊かさによってスポイルされた幼稚なフラッパーと伊達男による文明への攻撃だ、という見方もされた。内分泌系の働きが明らかになったのもこのころで、人には抑えなければならない原初的な生物学的情動があるということも、高級紙、大衆紙によって一般に広まった。たとえばある大衆誌の記事は、「気をつけないとあなたも感情のえじきに！」と（見出しで）警告した。このことは、幼児が泣くことについていうと、「過保護」ないし「甘い」母親が、よしよしと慰めてやることで、めそめそした陰気なおとな、自分の原初的情動の奴隷と化したおとなを生産してしまうことを意味した。一九二四年には、連邦児童局から母親たちに対して、授乳時以外はけっして抱き上げないようにとのお触れが出ている。「甘ったれたやかましい赤ん坊になり、家庭内の暴君になって絶えず要求しつづけ、母親を奴隷にして」しまいかねないというのである。

つまり、科学の味方にまわってスキンシップによる愛情を否定したのは、行動主義だけではなかった。しかも、ワトソンの知名度もあって、当然のように、行動主義の分派、あるいは行動主義という名でなくても、新しい名を冠したものが無数に現われた。たとえば、行動主義の科学的精密性が薄れてしまったのは通俗化のせいだとしたアルバート・P・ワイスは、自身の行動主義のブランドを一九二八年に「生物社会心理学」と命名した。ワイスにとって、生物社会心理学と行動主義の優位性は、それ以前の心理学の大半が「文学」だったのに対して、科学的であるという事実にあった。行動主義者は、裏づけもない帰納法や、他人の意識への不当な侵入を拒否していた。そこで、ワイスは次のように結論する。「従来、感情という語でひとくくりにされてきたものも、促進と阻害という生物学的要素の文学的表現なのかもしれない。」促進というのは、行動を楽にするような楽しい気持ちのときに起こる。いやな気持ちであれば、行動が阻害される。他の行動主義者も、情動を似たように単純化して解釈していた。ハーヴェイ・A・カーは、一九二五年に次のように書いている。「したがって情動を仮に定義するなら、きっかけになるようなある状況によって本能的に誘発され、その後その状況にいっそう適した効果的反応をするように促す身体の再調整である、ということになろう。」一九三八年には、B・F・スキナーが「情動というのはもとより反応などではなく、多くの点で欲動に似た力の一状態である」と言っており、ここでも、情動は動作ないし行動に与える影響だけが重要であることを示唆している。

こうした行動主義者の観点からすると、オールビーの芝居で老女が「よく泣いた」などというのは、ありえない話になってしまうのではなかろうか。老女が泣いたのは、促進と阻害のどちらかでなければいけないわけだが、促進だとすると、単に身のまわりの世話をする女性の呼び出し手段になってしまうので、これは明らかに違う。では阻害かというと、オールビーのト書きの内容から判断するとそのとおりだろう。自己嫌悪と同じで、泣くと、どうしても現実的・社会的欲望が阻害される。行動主義者の観点からすれば、こうした結果をもたらすのはむしろ「まずく泣いた」場合でなければならない。初期の行動主義者が、泣くことも行動として観察すべきであって、観ている側が泣いている人間の認識など知る必要はないとしたのは、涙の研究にとって大きな貢献だった。行動主義的手法の弱点は、認識によって生じる違いを説明できなかったことである。

今や世の実験心理学者はみな、そして臨床系の大半も、少なくともある程度は、行動主義者であるといえる。つまり、被験者にそれぞれの考えていることや感情の説明をしてもらう必要がなく、測定可能な身体的な変化、動き、動作、さらに細かい生理学的測定値に依拠した実験結果を、みな信じている。意識は研究しないという当初の原則も廃止され、おおかたの心理学者は、さまざまな要素の組み合わせを想定して（したがってこれを研究して）いるが、それらの要素を総合しても、それまでの行動主義の流派の基本原則のどれかに、ピタリはまるということはない。一九六〇年代のアメリカの感情心理学者の重鎮だったシルヴァン・トムキンズは、行動主義の中でもその原型に近い厳格な流派が、この学問分野の中で勢力を失ったのを見て喜んだ。「心理学は、意識を抜きにして行動だけに取り組むようになってから、静かな、夢も見ないような眠りの中を、半世紀にもわたって歩んできたことになる」と、トムキンズは一九六四年に書いている。「それが今、この状態から目覚め、少しずつ意識を回復しはじめているのである。」

認知主義

一九二七年十月十九日、オハイオ州スプリングフィールドのウィッテンバーグ・カレッジで、注目すべき会合が開かれた。まず、ウィーンからアルフレート・アドラーが、パリからピエール・ジャネットが、ハンブルクからヴィリヤム・シュテルンが、コペンハーゲンからカール・ヨルゲンセンが到着し、ウォルター・キャノン、ハーヴェイ・カー、カール・シーショア、ロバート・ウッドワース、ジョセフ・ジャストロー、モートン・プリンス、ウィリアム・マクドゥーガル、ナイト・ダンラップ、ジェイムズ・カテル、エドウィン・スロッソンその他二十名あまりの心理学者が、情動についてのシンポジウムに出席するため国中、世界中から集まってきた。コーネル大学の心理学教授で、アメリカの実験心理学成立の立て役者、E・B・ティチェナーが議長をつとめる予定だったが、会議の数カ月前に死去し、デューイー、コフカ、ソーンダイク、ヤーキースほか国際的に有名な情動の研究者数名も出席できず、「深くお詫び申しあげるとともに、会の成功を祈念する」とのメッセージを送った。

会合には、当時のさまざまな方法論を代表して行動主義者、機能主義者、生理学者、精神分析学者、統計学者が出席していた。ジャストローの『現代心理学における情動の位置』、エイヴリングの『情動、意欲および意思』、マーガレット・ウォッシュバーンの『情動と思考』といった論文に見られるような、情動への新たな取り組みも萌芽を現わしはじめていた。のちに認知的アプローチと呼ばれるようになるものである。ジャストローは、情動の心理学的考察が発展すれば、研究者は思考、感情の両面にわたって「動機」を理解できるようになると予言した。エイヴリングは感情が認知に与える影響を示した実験について述べ、ウォッシュバーンは同じテーマについて「運動仮説」すなわち生理学に基づく理論立てを行なった。出席者全員が行動主義を意識していた――中には行動主義と不祥事を起こしたその創始者に対して辛口の批判を浴びせる者もいたが、以前なら百パーセント、メンタルなプロセスとして切って捨てられたものの研究でも、同時に身体的プロセスへの留意を怠らないようにすることの必要性を認めているところに、行動主義的な考え方の影響が現われていた。

こうした二元的傾向は、一九二〇年代後半以降、認知心理学が発展を遂げていく中でつねに中心的特徴としてあった。そしてこの分野全体で、疑似生理学的なフロイト的考え方、極端に生理学的な行動主義的考え方、研究所仕込みの実験主義、さらには徹底した「文学的」理論に対する不信感が一点に集まってきた結果、認知、感覚、知覚、条件付け、そして生物学を一つに統合し、表現するというさまざまな試みが生まれた。たとえば、ポール・ヤングは一九四三年に、情動を「人全般に生じる心理起源の激しい変動で、行動、意識経験、内臓機能と関連を持つ」と定義している。認知心理学は、年を追って人気を得、行動主義的手法の大部分を取りこみながらも、次第にその行動主義に取って代わるようになる。そして、コンピュータ科学の成果による情報理論のめざましい発展とともに、認知は内観の対象という色合いを次第に薄め、回路、評価、計算という側面からとらえられることが多くなっていく。身体も相変わらず重視されたが、身体的興味の中心は内分泌学から神経生理学に移行するのである。

一九七〇年代後半のカタルシス療法の波を概観したマイケル・ニコルズとメルヴィン・ザックスは、カタルシスを身体＝情動的カタルシスと、認知＝情動的カタルシスに分けている。前者は純粋に身体的体験であり、後者はフロイトの除反応説のように、そのプロセスにどれほど身体的変化が伴おうと本質的に精神的なものである。身体＝情動理論を代表するのが、ライヒ、ヤノフ、ロルフなどで、情動は蓄積されるという考え方に依拠しているが、この理論は、結局二十世紀後半には根拠がないとみなされるようになった。認知＝情動療法では、患者はトラウマとなっている感情を単に再体験させられるというのではなく、普段は負の感情を想起してしまうために避けている記憶をあえて引き出し、治療中にこれらを頭の中で解釈構築しなおすことだけを目標に感情の再体験をさせられる。

ニコルズとザックスの身体的カタルシスと認知的カタルシスという分け方は、ジョゼフ・ルドゥーが、扁桃体と海馬の機能の違いだとしたもの（第二章参照）と連動しているとも考えられる。ルドゥーが明らかにしたように、情動を感じるのと、情動を伴う事象の意味を構築し、思い出すのとでは、使う脳の部位が異なり、それらは個別に機能することも、連携して機能することもある。感情的な理解に訴えるようなものでも感情そのものに影響がないことがあったり、感情が必ずしも理解に影響を及ぼさないのは、このためとも考えられる。だから、俳優が熱い演技をするとき、昔の心の傷を思い出しながら泣くと同時に、自分の涙が観客に与えている効果のほどを計るというようなことができてしまう。私たち素人にしても、心から涙を流しながら、他方でその効果を最大限に発揮するために、慎重に程度を加減するということはよくやる。セラピーの中でも、涙の誘因となる記憶が変わらなくても、またおそらくは特に意識してその記憶を呼び出すようなことはしないでも、何度でも繰り返し泣くことができる。

認知理論では、蓄積されるのは記憶のほうであって、感情ではない。認知心理学者によれば、感情が私たちの中に残り、そうして抑圧された感情を涙でもって洗い流せると考えるのは、たとえとしての表現に騙されているだけだという。そうではなくて、ダマシオによれば、記憶というのは、いちばん最初にある事象によって起こった生理的反応が、そのつど起こるように「マーク」されるものである。過去のあるできごとでいつまでも泣けるのは、その記憶に涙のマークがついているからであり、泣くたびにまたマークがつけられる。そこで、その記憶の解釈自体を修正して、別の感情のマークをつけ直さないかぎり、次にその記憶を呼び出すときにも、また泣くことになる。裏切りや侮辱を受けたことを思い出すとき、一年、二年、十年、二十年と経つうちに、引き出される記憶が違ってくるのは、裏切りの内容を違ったふうに考え直していたり、侮辱を受けたことにだんだんと慣れてくるせいである。記憶の中に残る心象の多くは変わらないままだが、記憶を再訪するたびに、その記憶と情動との連動を修正するこ

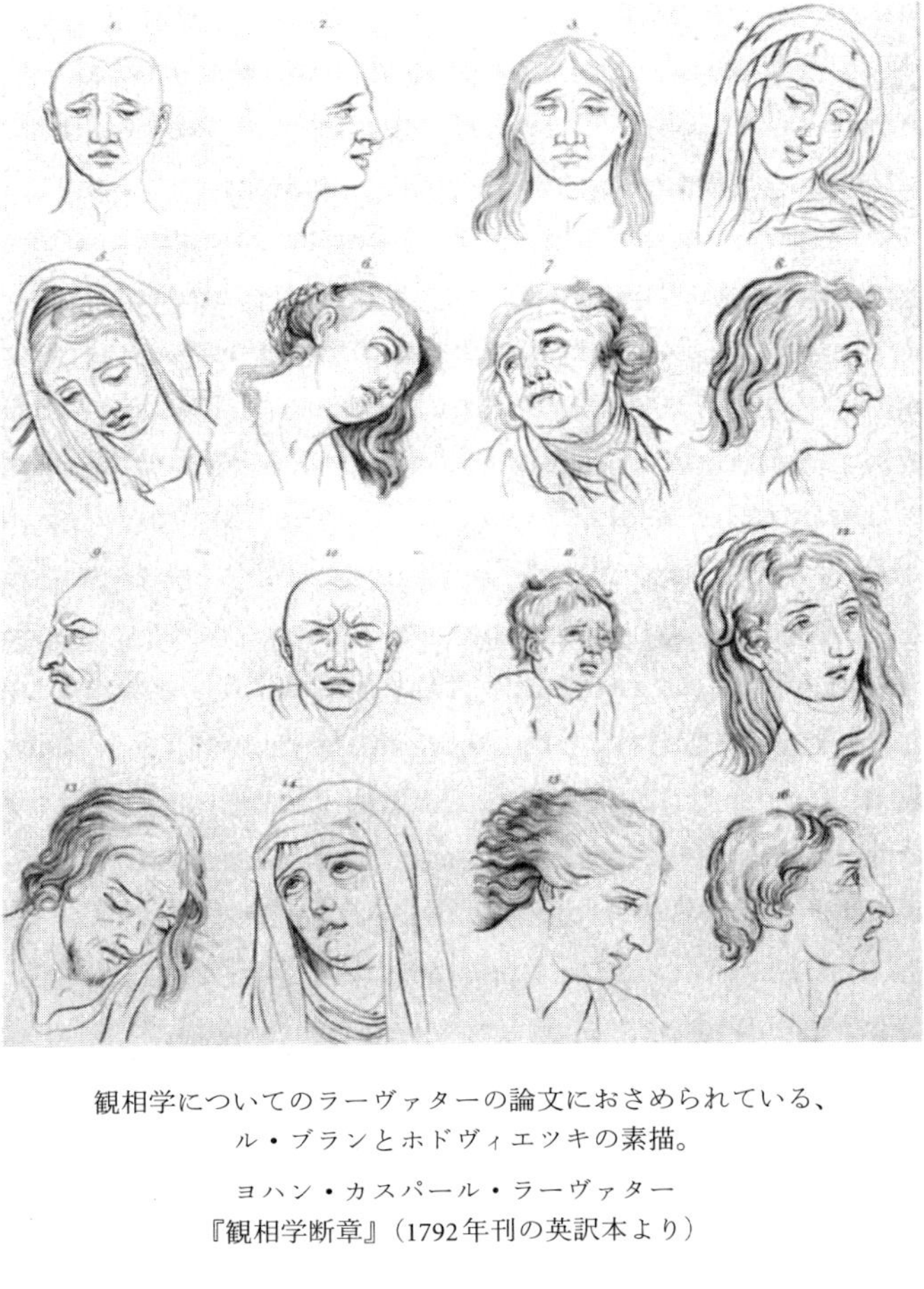

観相学についてのラーヴァターの論文におさめられている、
ル・ブランとホドヴィエツキの素描。

ヨハン・カスパール・ラーヴァター
『観相学断章』(1792年刊の英訳本より)

とが可能なのだという。

フロリダ大学の教育心理学教授、バリー・ギナーによると、身体＝情動カタルシス説では、表現されない情動が蓄積して、それを吐き出さなければその人が正常に機能できないので、「入れ物」モデルが採用されているという。「入れ物」モデルは、フロイトが『ヒステリー研究』で用い、フロイト自身のニューロンの研究成果（詳しいことがわかってきたのは最近だが）から生まれたもので、中のエネルギーがいっぱいになると、神経系の最適均衡が崩れるというものだった。つまりいったんこれが崩れると、均衡を取り戻すためにニューロンが発火しなければならない。カタルシス説はほとんどがこの「入れ物」ないしは「水圧」モデルを採用しており、ヤノフなども、「原初の苦しみの溜め池」には水抜きが必要だと訴えている。そこへ、一九六〇年代のゲシュタルト療法で有名なフレデリック・パールズが、別のモデル、すなわち「未完の行為」モデルを採用するようになり、「入れ物」モデルを「アリストテレスとフロイトの排便理論」と呼んだ。カタルシス的考え方を敬遠したことに関してはパールズもフロイトと同様で、欲求をベースに考えていた。情動とは、パールズによれば、何かを終結させたいという強い願望である。たとえば、逃げたいという欲求が未完に終わったものが恐怖であり、誰かに近づきたいという欲求が未完に終わったものが憧れである。未完の行為が未完のままになっていると、つまり、社会的ないし心理的にやる必要のあること、あるいは一定の行動を取らなければと思わせるプレッシャーがなくならずにそのままになっていると、切迫感、つまりはじめに行動が頓挫したことによって生じた感情がいつまでも頭をもたげてくる。だから、情動はある行動がしたいという衝動だというわけである。

パールズと似たような理論を展開したのが、同じ時期のマグダ・アーノルドで、アーノルドの情動

「評価説」は、学術心理学にきわめて大きな影響を与え、その著書『情動と性格』(一九六〇年)も、心理学者の間で情動の認知理論の起源と考えられることが多い。(しかし当時、心理学はどの分野についても正確で細かい来歴はろくに把握されていなかったと思われる。アーノルドと似たような考え方は、すでに述べたように、一九二〇年代から広がりはじめていた。)アーノルドは、情動とは「よいと評価したものには近づこうとし、悪いと評価したものからは遠ざかろうとする感じ方の傾向」であると唱えた。したがって、刺激から遠ざかろうとして感じるのが恐怖、対象に近づこうとして感じるのが愛ということになる。アーノルドの見方自体は、実は古くからあったもので、たとえば、十七世紀に情動の働きは行動を妨げたり促したりすることだと主張したオランダの哲学者、バルーフ・デ・スピノザや、十八世紀にスピノザの説を拡大し、知的活動すなわち認知を取り込んだ英国の哲学者、ヒュームの著述(ヒュームの場合、情動によって認知が決定し、それによって行動が決定する)にも見ることができる。アーノルドはさらに、情動を表出情動と不満情動とに分けた。不満情動は、行動したいという衝動がくじかれているもの(泣きが伴わない悲しみ、逃走が伴わない恐怖)であり、したがって表出情動(泣きが伴う悲しみ、叫びが伴う恐怖)の逆ということになるが、その表出情動は、別の行動を表出で代用しようとしたものである。情動は、行動傾向だから、情動に従って行動してしまえば、それらが喚起されるようなことはなくなる。子どもが泣くのも、おとなが泣くのも、評価に基づいての行動であると、アーノルドは主張する。子どもの場合は、空腹であるという評価、泣けば誰かが食べるものをくれるという評価であり、おとなの場合は、怒りを覚える原因があるが、社会的圧力、恐怖などなどによって怒りを表出できない、という評価である。

こうした評価は、認知がほとんどないような場合でも起こりうるとアーノルドは指摘する。たとえば、森の中でクマを目撃した場合に恐怖が生じるが、こうしたすばやい認識（recognition）は、その綴りのとおりである。つまりクマを見て感じる恐怖は、以前に到達した理解を再認知（re-cognize）しているのだという。初期の刺激＝反応実験で、幼児はヘビともウサギとも怖がらずに遊ぶが、そのどちらも条件づけによって直接の恐怖の源泉になりうることが証明されている。このような特に無意識的・条件反射的な例においては、評価説はアーノルドが参照している生理学者の説と大きくは変わらない。しかし、情動反応を生んでいる評価自体が、もっと意識的で複雑な思考プロセスを経て生まれたものである場合がある。

アーノルドの情動の認知理論は一九六〇年代に多くの心理学者によって敷衍されたが、そうした心理学者の中でも注目すべきは、スタンレー・シャクターとジェローム・シンガーである。二人は一九六二年に、のちにシャクター＝シンガー説、あるいは情動の「認知喚起説」と呼ばれることになる理論を紹介した。シャクターとシンガーは、一九二四年にマラニョンの行なった実験をまねるのだが、このマラニョンの実験というのが、二百十人の被験者にアドレナリンを注射し、それぞれどのように感じているかを聞き出すというもので、キャノンも自説を証明する根拠に用いていた。（このように、一九二〇年代を振り返るかっこうになっていること自体、情動の認知研究のはじまりが一九六〇年ではなく、一九二〇年代であったことを示すさらなる証拠となる。）アドレナリンは、交感神経系の活動に似た作用があることで「交感神経興奮」剤として知られ、血圧の上昇、心拍の増加、呼吸促拍、筋血流・脳血流増加を引き起こす。マラニョンの被験者のうち、三分の二強が身体症状はあるものの、感情的なものは感じないと報告し、残り三分の一弱が、疑似情動反応のようなものを感じたと述べた。疑似情動反応を感じたという被験者は、大半がほんとうに楽しいとか恐いと感じたのではなく、楽しいとか恐い「ような」感じがすると報告したのである。そこで、ごく一部の被験者に対して、マラニョンのほうから感情的な話題を持ち出したところ、それらの被験者はみな本物の感情を感じると伝えた。そこからマラニョンは、被験者たちが具体的に感情を頭に思い浮かべてはじめて、アドレナリン投与による血のめぐりを感情として解釈したと推測したのである。

シャクターとシンガーはマラニョンをまね、次のような実験を計画する。まず、被験者には、ビタミン栄養剤が視力にどのような効果があるかを調べるためにビタミン剤を投与し、視力の検査を行なう、と説明する。被験者は、実際には半数がアドレナリンを投与され、半数が偽薬を投与される。この実験計画の内容からわかるように、認知心理学は感情中枢である辺縁系の研究と密接に結びついていたのだが、この実験の目的は、認知というものが、刺激を受けた辺縁系の情報を人が解釈するにあたって、いかに重要な役割を果たしているかを調べることにあった。そのため、アドレナリン群のみ、別々の説明を受ける群に分けられた。第一群には、ビタミン剤の副作用として、心拍の増加、手のふるえ、顔のほてり・紅潮などが起こると説明する。第二群には、副作用のことはまったく知らせない。第三群には、足がしびれ、痒くなるほか、少々頭痛がすると告げる。このように、正情報群、無情報群、誤情報群に分ける。

シャクターとシンガーは、各群の被験者に薬剤を投与後、感情的な行動をとる実験者側の協力者、つまり「サクラ」といっしょにした。各群の被験者が、有頂天にふるまうサクラと、激怒するサクラといっしょにされた。あらかじめ副作用があると説明を受けた被験者と偽薬を投与された被験者は、サクラの行動の影響を比較的受けなかったが、無情報群と誤情報群は、自分の興奮を怒りか多幸感だと考えた。そこで、シャクターとシンガーは、情動体験の発現に評価が影響を与えるだけでなく、その体験をどのように解釈するかにも影響すると結論した。喚起のみで、情動が生まれるのではない。喚起と感情の認知的評価が合わさって、はじめて情動体験になる。この理屈からいけば、泣くということも、その意味を私たちが判断してはじめて、その意味するものになるのである。

一九六〇年代、七〇年代に代表的な著作が多いシルヴァン・トムキンズも、認知と自律神経系の関係、特に泣くこととの関係について理論を打ち立てている。トムキンズは、シャクター＝シンガーの実験を「実験の上でも理論の上でも、重大な欠陥がある」とした多くの心理学者の一人である。シャクター＝シンガーの研究は、情動体験の中で認知がかかわっている部分に着目した点で、心理学に影響を与えたことは否定できないが、実験結果には実験者の結論と矛盾する部分があり、当初の三分の一近い被験者がさまざまな理由で分析の対象から外されていたり、実験結果を再現する試み（一九七八年のクリスティーナ・マスラックによるものが有名）がいずれも成功していないということがあった。トムキンズは、シャクターとシンガーが神経生理学においてわかっている事実、たとえば中脳辺縁系と自律神経系の機能に関する相対的独立性の発見を考慮しなかったこと、これを考慮に入れていれば、データの矛盾が説明できただろうことも指摘している。そして、次のようにトムキンズはいう。「なぜ（心理学は）二十年近くも社会心理学者の胸になぞしがみついてきたのだろう。」トムキンズの指摘によれば、認知心理学者と行動主義者の間でがっちりと戦線が張られていて、そうした中で、あたかも結成宣言のように、認知心理学者側がシャクターとシンガーの結論に固執した。シャクターとシンガーの喚起メカニズム、認知に関する結論には、生物学上の根拠もあった。二人の理論は、「いわば神経生理学的に品行方正なエス、プラトンの馬と御者の概念でいう認知の魂によく馴れ、服従するエスを想定した」ものだと、トムキンズは一九八〇年に述べた。その結果、認知心理学者は「思考がそうしたものを生んでいる、人の感情を作っているとまで言ってしまうような虚構を維持しつづけることができた」のだという。

したがって、認知心理学の話題の中でトムキンズを語るのは、適当でないように思われるかもしれない。しかし、ロバート・プルチックという、やはりシャクターとシンガーを早くから批判していた心理学者が、次のように指摘している。「厳密に言えば、自律神経系生理学とか感情状態心理学といったものがないように、認知心理学というものもないのだ。」つまりプルチックらの主張によると、すべてが別のさまざまな詳論の一部になっている。トムキンズがその生涯をかけたのは、これらを統合する試みだった。トムキンズの信じるところによれば、人間の行動の刺激剤となるのが情動であり、空腹感や性的欲望といった衝動でさえ、情動を使ってその人を誘導する。だとすると、トムキンズもアーノルドのように、情動を行動傾向として解釈し、アーノルドのように、情動の発現には多くの場合、評価が重要だと考えていたことになるが、トムキンズの場合は、すべての感情が認知的評価によって始動するわけでないと考えていた。

トムキンズが異を立てたのは、認知心理学と心理療法が信奉してやまないこと、すなわち人が心の健康を取り戻すには、認知か性格の構造を変えなければならないとする点だった。まったく同じ性格構造の人でも、処方薬で負の感情が減らない人もいれば、減る人もおり、減る人は、心や考え方を変えなくても著しい改善を示すと、トムキンズは主張する。緊張を緩和してやるだけで、思考がはるかに明瞭になり、肉体を超越した活力に注意がむけられ、したがってその人はどんなものに対しても、適応能力を作動させられるようになる。薬理学の進歩さまざまだと、トムキンズは考えた。プロザックやゾロフトといった抗鬱剤の先駆で、七〇年代に入手できた薬は、「基本的な性格の構造をいっさい変えなくても」負の感情を弱められた。そうした薬で、患者は落ち込んで周囲にうまく対応できなくなることが減ったという。

トムキンズが生理学的な基盤を置いていたのは、生体というものがつねに苦痛その他の興奮状態の後、静止状態に戻ろうとすると考えるホメオスタシス説だった。苦痛には、認知的起源のものと社会的起源のものがある。たとえば、空きっ腹を抱えてカウンターのそばにいる男性が、持ち合わせがなくて食べ物にありつけない場合、性的に興奮した男性がセックスを思いとどまる場合、かっとなった女性が相手を殴らない場合。こうした行動の抑制はどれも、その人がそのときに自分の置かれている状況と社会との関係を評価したうえで決めている。行動の抑制は、筋緊張、すなわち筋肉の緊張を引き起こす。筋肉に起こった強い緊張は脳に伝わり、それによって脳が強い緊張状態に陥ると、苦痛反応が作動し、全身の不快感がつのっていく。泣くという行為は、私たちが気分を晴らそうとして、あるいはとにかく楽になろうとして始まる場合もあるが、同時に、副交感神経系が体を静止状態に戻そうとする中で、その働きによって無意識のうちに起こることもあるわけで、そのようなものが、時とともに、そして習慣的に、解放感と結びつけられるようになった。体のほうがすでに比較的安静な状態に戻っているから、泣きやんだときに実際さっぱりしているということにもなる。

そう考えていくと、泣くことは、その人の内的状態の評価、その人の環境の評価によって始まる場合もあれば、生理的プロセスによって始まる場合もあることになる。だから、トムキンズは、どのように泣くにしても認知は必ず起きている、と頭から決めてかかる向きを非難し、「胎児は産道を下りながら考えをめぐらし、生まれ出た瞬間、子宮の外界というのは浮き世なのだなと評価し、その結果おぎゃあと泣いているのだ、と言わんばかりの」説を揶揄するのである。涙について理論を打ち立てるなら、「感情の始動」のうち、学習による部分と生得の部分の両方について、また、評価の結果として生じた情動と、評価なしに生理的ないし知覚的刺激の結果として生じた情動の両方について、説明できるようでなければならない。たとえば、トムキンズは次のように書いている。「産声というのは、苦痛による泣き声である。新生児が、生まれて突然さらされる刺激が強すぎるために示す、苦痛反応である。」幼児がふだん泣くのは、空腹、おむつを止めるピン、不安など、「中毒症状を起こす」ほどの刺激に対する反応であると、トムキンズはいう。しかし、こうした単純な刺激＝反応活動だけで、涙が全部説明できるわけではない。泣くことは、コミュニケーションとしての性格も持っていて、「泣きやむためになんとかする」ように自分と他人を「消極的な方法で動かそうとする」試みでもある。そう考えると、泣くことは急速に社会的なものと化してくる。泣いたことに対して、新生児の場合はほとんどそうであるように、同情で応えられると、その子はそれによって助けが得られることを学習し、助けてほしいと思ったら泣くようになる。そのうちに、親も「泣くことで親をコントロールしようとしていることを悟り」、同情は無関心、軽蔑、あるいは怒りに取って代わられるようにもなる。これ以外にも、涙によって引き出される反応は実にさまざまであると、トムキンズは指摘する。たとえば、親に背いたとか、わがまま、聞き分けがないとして、一蹴される場合もあれば、逆に、「かわいい」だとか、その子の苦痛の普遍性が認められて、あるいは親の権威が不当であったことが認められて（叱られたきょうだいを別のきょうだいが慰めるときなど）、受け入れられる場合もある。トムキンズの信じるところによれば、そうした反応が文化の影響で生じているというだけではなく、そのような反応がまた文化を形成する一助ともなっている。権威や甘えといった発想に基づいて幼児の涙に否定的な反応を示すことは、トムキンズいうところの感情の「右翼思想」、すなわち人は自給自足や既存の権威への適応につとめるべきだとする思想からきており、またそうした思想を助長してもいると、トムキンズは考えた。それに対して、同情と慰めで応えることは、感情の「左翼思想」、すなわち人は社会の支援と協力を得てもよく、また求めるべきだとする思想からきており、同時にそうした思想に帰着もする。

近年にいたって提唱、改革されるようになった理論は、たとえば、文化の違いを考慮に入れるべきだという主張がはじめて出てきたり、ジェイムズ＝ランゲ説への回帰を訴える新たな意見が生まれたりといったことはあるが、あいかわらず総合性の低いものとなっている。しかし、心理学において最良の姿勢といえるのは、トムキンズのように、情動と認知の関係にはさまざまな可能性があること、情動体験に関係していることが可能性として考えられる神経回路ないし生理的システムあるいは認知プロセスでも、必ずしもすべての情動に必要だとはかぎらないこと、そして、全部の情動をそれだけで説明してしまおうとする理論ではなく、全体像を無視せずにきちんと取り込んだ理論こそが正当な理論だということを踏まえたものだろう。

たとえばアレサ・ソルターは、幼児が泣くのも、一部については副交感神経の刺激ということで説明がつくと、一九九五年に『出生前／周産期会誌』上で主張した。トムキンズが指摘したように、幼児は自分の行動傾向の多くを実行できないため、必然的にストレスを貯めこむことになるが、その緊張が解かれたときに、泣きが起こるという。意思伝達説は、幼児が泣き叫ぶ説明になる場合があるが、子どもがいる人なら誰でもわかるように、意思伝達としての泣きで説明がつくのは一部の場合に限られると、ソルターは述べている。痛みによる不快感が、幼児の涙の原因になっていることもあるだろう。しかし、ソルターは続けて、幼児の涙には次のようなものもあること、すなわち、すでに要求が満たされ、痛みが和らぎ、あるいは不快感が軽減したために、恒常状態に戻ろうとする過程で、副交感神経の刺激によって生じる場合があることを示すのである。

同じように総合的な理論によって裏づけを取っている研究例は今はざらにあるので、男と女、子育てについて取り上げる次章でいくつか紹介しようと思う。しかし実はもう一つ、私が今まで意図的に避けてきた認知心理学の構成要素がある。それは何かというと、社会心理学である。シャクター＝シンガーの実験とその実験から生まれたものがベースにしている認知というのは、明らかに社会的相互行為によって暗示、指示を与えられ、監視された認知であって、そうした実験を行なう者を批判するトムキンズも、自己流の認知心理学を実践する者とは区別して、「社会心理学者」と呼んでいる。心理学における涙の解釈の次の波は、実はきわめて社会学的なアプローチ、心理学の研究者に社会学者が加わったアプローチである。

第四章

男性と女性、幼児と子ども——涙の社会学

アルベール・カミュの『異邦人』について話をしていたとき、ひとりの女子学生が、自分も兄も泣いたことがないと言った。「たぶん幼い頃には泣いたでしょう。でもこの十五年間はふたりとも泣いた覚えがありません。」だから祖母の葬式に行くのが不安だった。その場で泣かないと、冷たい、あるいは愛情がない人間に見られるのではないかと恐れていたのである。ふたりは涙が出ないので長い間困っていたが、女子学生は、冷たい人、薄情者と言われて非難されたのに対して、兄の方はその克己心をほめられていた。葬式のとき、彼女は結局なんとか泣くことができて胸をなでおろしたが、すぐに涙を流せないことを批判的な眼で見るこの文化のために、不公平な目にあっていると、今もって感じている。

いかなる社会でも、いかなる時代でも、涙に与えられた意味は、泣く者の年齢や性別によってつねに異なる。ジョンおよびサンドラ・コンドリ夫妻による有名な実験では、二つのグループ（それぞれ男女半々）に、びっくり箱から突然人形が飛び出して幼児がわっと泣き出すビデオを見せた。ひとつのグループにはビデオの幼児は女の子、もうひとつのグループには男の子と告げてある。回答者（男女）の大半が、「女」の赤ん坊は怖くて泣き、「男」の赤ん坊は怒って泣き出したと考えた。ほかの似たような実験でも同じ結果が出ている。同じように泣いても、泣くのが女性と男性とでは、受け取られ方が異なる。

社会学者、社会心理学者、そして人類学者はこぞってそのような違いを研究し、その違いが時代と場所によって異なると述べている。また儀礼が涙を流すもとらしいとも感じている。葬式や結婚式には強い情動が伴うから、参列者が泣くことは大いにありうるわけだが、それよりもむしろ儀礼が実際に涙を生み出すように思われたのである。メアリー・エディス・ダラムは人類学者で、今世紀初頭にモンテネグロの文化を研究したが、葬式では男性が主に泣き、たとえ故人を知らなくても泣くことになっていると報告している。「男たちはたいてい死んだ少年の名前を知らなかったので、泣き始める前に詳しく教えてもらわねばならなかった。しかしものの一、二分で身も世もなく涙にむせび始める。家路につく人びとは、誰の泣き方が一番よかったかを語りあった。」一九三一年マルティン・グジンデは、次のように報告している。〔南米の〕ティエラ・デル・フエゴでは、ファイアランド・インディアンの男性は「女性にくらべて、感情をあらわにすることにずっと控えめである」。葬式の準備と式次第の間に男女ともに泣くことになっているが、それぞれ異なる特定の時に泣き、女性はずっと頻繁に泣く。男性が葬式で泣くと、「日焼けした頬を涙があとからあとから流れ落ち、その心は感じやすい少女のようにやさしくもなる」。

そのような人類学の調査報告を読むと、いくつかのことが明らかになる。第一に、男女それぞれに要求される情動行為を斟酌しなければ、涙は理解できない。つまりモンテネグロ人の男性が、知らない村人の死に泣くのは、特別感じやすいからではなくて、それが社会的な責任だからである。次に、研究者の文化的な先入観がその理解の妨げになり得るのみならず、むしろそういうことが往々にしてある。グジンデは、男性を感じやすい少女にたとえ、一般に情動を貶め、さらに男性の特性を「控えめ」と述べて、誤りをあらわにしている。研究者のこの手の偏見は、人類学者間の食い違いが示しているように、文化的なものであると同様個人的なものでもある。たとえばある人類学者の観察によれば、サモア人の男性は恐怖を感じて泣くことがあるが、女性は泣かない。そして男性も女性も怒りにかられれば泣く。けれどもこの報告はほかの人類学者によって反論されてきた。二人以上の研究者が実地調査を行なうと、いつも情動表現の具体的な意味をめぐり、そのような論争がえてして起こりがちである。

しかしすべてではないにせよたいていの文化で情動「労働」の内容が男女の間で異なることには、多くの人類学者と社会学者の意見は一致する。アフリカのティヴ族の場合のように、これが目に見えて明らかなこともある。この部族では、まれに例外もあるが、男性は哀悼には加わらない。入念に行なわれる正式な哀悼はもっぱら女性に任される。たとえば女性が葬式の歌を作って歌う。その歌は重要な文化的表現で、それ自体に約束ごと、手本となる作品、変化する流行がある。言い換えれば、ティヴ族の女性は、死をめぐる共同体の情動を処理することに大きな責任を負っているように見える。もっとも、男性が遠慮することが集団の情動を導く助けになっている、という議論も成りたつだろう。男性が葬式の情動表現で主導的な役割を果たす文化もないことはない。そのほかの文化では葬式の雑用は男女分担で、肉体労働や儀式行為はすべて男性が、涙を流し、泣き叫ぶのは女性が担当する。

社会学者のアーリー・ホックシルドは、著書の中でこのような種類の責務を「情動作業」と呼んでいる。一九七〇年代の旅客機の客室乗務員に関するホックシルドの研究を皮切りに、学者たちはその基本的な考え方を用いて、アメリカの女性が公私にわたり周囲の人びととの情動の処理に責任を負わされていることを示した。この種の仕事は一般に文化経済の一部である、とブロニスラフ・マリノフスキーは

（ホックシルドよりずっと以前に）論じている。メラネシアでは夫の死後数年間、夫のあごの骨を持ち歩いて喪に服するのが妻の義務であることを、マリノフスキーは知った。そして一九二〇年代にこう書いている。「この義務には、相互の利益がないわけではない。夫の死のおよそ三日後に行なわれる最初の大きな分配の儀式で、妻はその涙に対して夫の親族から祭儀の報酬としてかなりの額を受け取る。そしてその後の祭礼でも、引き続き喪に服したことに対して、さらに報酬を受け取る。」

マリノフスキーの概念に似た「情動労働」というホックシルドの概念は、情動を働かせる仕事には大きな現実的価値があり、さまざまな方法で報われるという考えに基づいている。サービス業では、その報酬——給料——ははっきりした形をとる。連続何時間も逃げ出せない人為的な共同体の中で、飛行の恐怖、閉所恐怖、そのほかの不安に（妙なけんか腰の客や酔っ払いの客だけでなく）、客室乗務員は何とか対処しなければならない。旅客は男女の客室乗務員に異なる種類の情動労働を期待していることに、ホックシルドは気づいた。女性は男性よりも、客をなだめ、気づかい、配慮を示すことを求められる。言い換えれば、こうした職業についている女性は、一般に家族や共同体でしているようなことを仕事でも要求される。

多くの文化では、仕事で泣くことが必要になれば女性がそれを引き受ける傾向がある。パラグアイ、アルゼンチン、ボリヴィアにまたがる低地グランチャコの部族では、涙を流し泣き声をあげるという葬式の中心となる行為は、女性と子どものみによって行なわれる。［アリゾナ州の］ホピ族の葬式では、その家の女性だけが泣く。［オーストラリアの］アランダ族の女性は葬式で涙を流し大声をあげて泣くが、男性はうなだれて座り静かに涙を流す。［メキシコ南部の］ツェルタル族では男女ともに涙を流す。しかし二日二晩にわたる儀式の間、男性は家に帰って眠るが、女性は涙を流しながら遺体を見守り続ける。マダガスカルのバラ族は、人が死ぬと男性用と女性用に二つの異なる小屋を使う。ひとつはトラナダヒー、すなわち「男性の家」、もうひとつはトラノ・ベ・ラノマソ、すなわち「たくさんの涙の家」と呼ばれる。

メリーランド州の心理療法医トム・ゴールデンによれば、これら二つの異なる哀悼小屋があるので、バラ族は「共同体の同性の仲間に癒してもらえる」。そして「また、それぞれが自分と同じように悲しむ者のそばにいられることによって、男女間の悲しみ方の違いを尊重できる」。このすっきりした相対主義的な解釈はニュー・エイジ風自助努力のにおいがするが、ある程度当たっているかもしれない。しかしたいていの場合、哀悼における性的役割分担は、その文化のほかの性的役割分担に単純に従う。アーヴィング・ゴールドマンが南米のクベオ族について述べているように、「女性は泣いて、儀式では主として受身の役割をになう。男性が起こした行動を合図に、女性は激しく泣き出し、儀式中の唯一積極的な役割を果たす」。男性の仕事は女性が泣く儀式を進めることである。男性が儀式を執り行ない、女性は感情面の務めを果たす。

アメリカの女性は、「他人の幸福と地位を肯定し、高め、ほめたたえるような情動作業」をすることを求められている、とホックシルドは言う。この意見は真実らしく聞こえるが、社会の中には多様な情動の相互作用があることを見そこなっている。平均的な高校のフットボールのコーチは、やさしく育てるよりも、怒ったり、軽蔑や嫌悪を表わすという方法をとることが多いにせよ、それでも自分のチームの「幸福と地位を肯定し、ほめたたえるような情動作業」を大量に行なっているのである。乗客を気づから女性客室乗務員の表情や、コーチの怒号は、どちらもほかの仕事を完成させるためにつけた仮面である。酒席で背中をぽんとたたいたり、親しみをこめてぞんざいなふるまいをするのは、人前で涙を抑えるのと同様、情動作業の表われにほかならない。母親の涙を慰める子どもや息子の涙を叱る父親は、どちらも情動作業を行なっている。心を通い合わせる互い同士の情動をととのえるという、特定の役割を持つ仕事を果たしているのである。

情動作業はいつも外見以上に込み入っている。というのも文化が変容するにつれて、情動作業の規則や境界は絶えず移り変わるし、各個人が規則や境界を誤解したり、それらに従わなかったり、即興で作ったりするからである。社会はこれらの規則をばかにする者を非難することもあれば、またほめたたえることもある。アルジェリアが舞台のカミュの小説では、アンティヒーローのムルソーが、たぶん自己防衛のために、そしてたぶん偶然に、ピストルで人を殺す。裁判中に検察官は多くの証人を呼ぶが、彼らは、ムルソーが一週間前の母親の葬式で涙ひとつ見せなかったと証言する。この証言が運命を決める。ムルソーは冷酷に見えたせいで死刑になる。この小説の筋書きを、現実の例——夫の葬式で泣かなかったので、ジャッキー・ケネディがほとんど神話的なまでのヒロインになったような例——と比較されたい。涙による情動表現に関する約束ごとを正確に述べようとすると、際限のない、絶えず変化する作業になることがわかるだろう。『異邦人』では、ひとりの男が男としての役割どおりに情動を抑えたために、死刑を宣告される。現実の世界では、状況が違えば女らしさに欠けるとも思われかねない態度について、大統領夫人が賞賛されている。

それでもなお、社会学者と人類学者が明らかにしようと試みているのは、まさにこういった決まりにほかならない。社会学は学問として成立した当初から、情動をひとそろいの慣習としてではなく、知識の形態として、関心の的にしてきた。社会学の創始者のひとりエミール・デュルケームはすでに一八九五年に、感情とは集合表象、つまり人びとが世界を自分たち自身に説明する基本的な方法である、と論じている。多くの学問同様、社会学には新しい方法論を発表してきた歴史がある。その方法論の推進と、それに対する攻撃が、論争の内容だった。現在議論が集中しているのは、情動についてのきまりを「認識の構造」、語彙、文法、台本、言説《ディスクール》、価値体系、あるいは「意味の枠組み」といったようなものに考えることが非常に有用かどうかという点である。さまざまな社会学の陣営は、情動の社会化過程のモデルを作る最良の方法に関しても意見が異なり、物事を生理学や生物学なみにもっと一般的に説明しようとする意気ごみも違う。含まれる変数――力、性別、民族性、親族関係など――の相対的な重要性に関しても一致しない。しかし専門外の人間には、これらはおおむね些末な争いにしか見えない。なぜならたいていの社会学者は、情動が根本的に万人共通の生得のものであるより、むしろ社会的な相互作用によって決定されることを認めているからである。そればかりか情動は、一度社会的につくりあげられてしまえば自然に「感じられる」もので、何が自然に感じられるかは各人の社会的地位に基づいていると言える、ということにも合意している。そしてまた、涙の社会学を学ぶのに、幼児の涙と男女による違いを見るのが最善の方法であるということにも、合意しているのである。

幼児と子ども

泣いている赤ん坊についての有名な詩の一節はテニソンによるもので、次のように書かれている。

「幼な子は夜に泣く／幼な子は光を求めて泣く／そして語ることかなわねば、ただ泣くのみ。」ここでテニソンは単に場面を描写しているのではなく、泣いている幼児に対する特別な気持ちを喚起している。泣くことは幼児の苦痛と無力を表わしており、私たち自身のひどい無力感、絶望的な疎外の瞬間、助けもなく、不十分であることへの恐れをも喚起しうる。そして同時にその詩にあるように、それは私たちのもっとも深い欲求のイメージともなりうる。理解の光を求める欲求、人と交わり、分かち合いたいという、時に阻まれもする欲求、応えてくれるだけでなく、暗がりから光の中へと連れ出してくれる相手を求める欲求である。

幼児の泣き声にそのような隠喩的な重みを与えたのは、ヴィクトリア朝のこの桂冠詩人が最初でも最後でもない。たとえばフランスのヌーヴェルヴァーグのフェミニズム理論家カトリーヌ・クレマンは、著書『失神』の中で同類のイメージを提示し、「幼児のことを考えてみると、欲求を知らせるために最初は涙を流すだけだが、それから怒って泣きじゃくり、鼻をすすり、しゃっくりをしながら、不意に泣きやみ、満足して眠り込んでしまう」と書いている。「個として発現過程の人間は、いまだ言葉にも恵まれず、しばしば……涙なる水に逃げ場を求める。」テニソンは大方のヴィクトリア朝人同様、子どもは小さく、罪がなく、ものを知らないおとなにほかならないと考えた。一方クレマンはピアジェに倣い、幼児は生物学的な成熟の過程を経ていくという事実を受け入れる。言語のような活動は、その過程で時間をかけて発達する。しかしテニソンもクレマンも、気持ちを伝えたいという生来の欲求が幼児にあると仮定している。だから気持ちを表現できないと幼児は欲求不満を感ずる。そして両者とも、これはおとなの情動をも象徴しているとみなす。別のフランス人フェミニスト、リュス・イリガレは、泣くよりも話すのを学ぶように女性に勧める中で、このことを明らかにしている。「泣くのはやめなさい。いつか私たちは自分のことを話すすべを学ぶのです。その言葉は、涙よりはるかに美しいでしょう。」

しかし幼児が話したがるとはっきりと仮定するのは、コミュニケーションについて実際にはあり得ないほど多くの知識が幼児にある、と考えることになる。そこには、幼児の泣き声自体は表現の形式ではないが、幼児が自己表現できないことを表現しているという意味が含まれる。これは自家撞着だろう。そして正式な言語への衝動は、習得されるものではなく生来のものということになるが、その考えは、少なくとも、「野生」児に関する二、三の研究によって反駁される。幼児は話ができないので、この領域で論文を書くのはもちろん非常にむずかしい。しかし幼児の意識と前意識に関する理論は多い。フロイトの口唇期に関する講義から、カレン・ホーナイおよびメラニー・クラインによる幼児の攻撃と孤立に関する精神分析的な議論、さらに幼児の前家父長制的、前言語的共産世界というエレーヌ・シクスーによるロマン的解釈まである。シクスーによる世界では、幼児の泣き声は要求ではなく「歌」である。

両親やほかのおとなが複雑な情動や欲求を日常的に自分の赤ん坊に投影することが、重要な機能を果たしているのは疑いないところで、子どもの情動教育の中心となっている。子どもが愛を感じているようにおとながふるまえば、子どもの心に愛が生まれる。子どもが叱られたときに、怒るよりも恥じているようにおとながふるまえば、子どもの心に恥の感覚が植えつけられる。つまり繰り返しそのように解釈することによって、子どもを怒りから恥じらいへとしむけることができる。そしてこの過程で、快感を保証する涙としない涙を教えて、涙が許される状況と許されない状況を教えることもできる。

さらに「泣き声だけで言葉を持たない」幼児が、説得力のあるすばらしい独特の雄弁を備えていること

ダーウィンの依頼によって撮影された、泣いている幼児の写真。

チャールズ・ダーウィン

『人及び動物の表情について』(1872年)

とは、明らかである。その泣き声の主な効果は、両親の注意を引くことで、それにより単なる実際的な必要を超えたものまで達成される。ジョン・ボウルビー、その他多くの社会心理学者――中でも有名なのはメアリー・エインズワースとシルヴィア・ベル――は、アタッチメント（愛着）理論と称されるものを展開し、幼児が泣くと、おとなが適切な世話をするきっかけになるだけでなく、幼児と親の絆も生むと考えた。泣くのは親子の分離に対する哺乳類の反応である、という進化論者の分析家ポール・マクリーンの所説は、ここでも筋が通る。泣き声はたがいに結びつくために人間が用いる道具である。涙は、突出した親子関係であるアタッチメントを生み出し維持するのに役立つ。そして一度授乳が行なわれれば、アタッチメント行動はその後もずっと重要性を持つことになる。エインズワースおよびベルの研究のいくつかは、アタッチメントがかなり型どおりの時間割にしたがって発展することを示唆している。たとえば幼児と母親に関する一年以上にわたるある研究では、母親が部屋を出ると残された幼児は泣くが、それには二回の山がある。最初は三十三週目で、次は四十五週目である。社会化の過程に加えて生物時計も働いていることがうかがわれる。

生後二カ月から三カ月の間に、「生物行動学的な変化」が起こり、本能的に泣いていた赤ん坊は、泣くのを意識的にコントロールするようになる、と論ずる研究者もいる。言いかえれば、こうなるのは、何かに反応して微笑んだり、視線を合わせたりするような、他の相互作用の能力を幼児が身につけ、退屈や関心を引きたいという欲求など多岐にわたる情動を、泣き声によって表現し始める時期と一致する。

親子のコミュニケーションは、一種の音楽的な呼びかけと応答――同じ様式あるいは声域をまねる応答――によって始まることを、ダニエル・N・スターンは示している。親は子どもが喉を鳴らすごとに、言葉ややさしい声でそれをまねて応える。そして子どもは親の言葉をまねる。スターンが「情緒的同調」と呼ぶこの過程にも、赤ん坊の身振りに反応して親が声を出すことと、多くの声に応える身振りが含まれている。幼児はこのようにして、表現と行動がどのような影響を与えるかを学び、感情的な関係の複雑なしくみを会得していく。

ある段階では、泣くのはかなり機械的な手段とみなすことができる。幼児は親を必要とするときに泣き、親はその必要に応え、満たしてやる。しかしどの親も、幼児の泣き声が単なる切り替えスイッチよりずっと多くのものを意味することを心得ている。子どもの泣き声に対するおとなの反応から、子どもは人間関係と人間の可能性のもっとも重要なイメージのひとつを獲得する。幼児の涙と親の反応には、人間性のもっとも本能的で根本的なもの、最大限に発揮された愛の姿が見られる。

しかし親がよかろうが悪かろうが、あるいはいなかろうが、幼児や子どもには泣くのがつきものである。もし生まれたときに泣かなければ、泣き出すまで、尻をたたかれるか突つかれるかする。泣くのは、生後六週間から十週間の間でピークに達するが、生後何年かの間はいたって普通の行動である。ある研究では二歳になるまでに平均四千回泣くと見積もられている。幼児の泣き声に、親がどのくらいの頻度で、どのくらい早く応えるべきかは、永遠の難問で、それに答えるため、膨大な子育てマニュアルのアドヴァイス、社会心理学や医学の研究、そして親の苦悩がつぎこまれている。赤ん坊を甘やかす恐れがあるから決して応えないことを薦めるジョン・B・ワトソンと、幼児が安心してアタッチメントを形成できるように、いつも涙には応えてやらなければならないという、今日の子育てマニュアルの多くに見られる意見を両極として、実にさまざまである。強く主張する人はめったにないが、一つの可能性として、おとなになるにつれ涙の量が減るのは、食事が一日に十回から三回に減るのと同様、単純な生物学的事実とも考えられる。つまり体が成熟すると、おそらくまったく自然に食事の回数や泣く回数が減るのかもしれない。もしこれが事実なら、親の莫大なエネルギーも、周囲から寄せられる気ままな大量の非難も、とんでもない時間のむだということになる。一方一九五〇年代のある心理学者は、幼児は自然に泣き、徐々に社会化されて涙をコントロールできるようになる、という通念とはうらはらに、実は人びとは乳房や哺乳瓶、子守唄やそのほかの気晴らしを与えて、赤ん坊に泣くことを教えているのだ、とまで言っている。言いかえれば、最初の二年に四千回泣くのは、自然ではなく文化の作用によることになる。この意見は、濃やかな愛情で涙を止めようという親の試みを悲喜劇にしてしまうだろう。

多くの学問分野の研究者が幼児の涙に焦点を当ててきた。「正常な」泣き方に関して、比較文化的な規範を確立できるか否か、あるいは幼児の泣き声の変則的な音声パターンが特定の病気を示すか否かを調べるために、音響スペクトルグラフによる分析が大量に行なわれた。どの文化でも、幼児は健康であればよく似た泣き方をする。アメリカのある初期の研究では、誕生時の泣き声の大半がC音、あるいはCシャープ音であることが、明らかになった。その幅はほんの半音で、ピアノの隣り合わせの鍵盤が出す音の違いしかない。成長するに従って、赤ん坊の泣き声の高さ、大きさ、継続時間、質は変化する。別のアメリカの研究によれば、生後二カ月ごろまでは泣く量は着実に増え、それから四カ月までは減るが、そのあと生後一年まではかなり一定している。日本の研究によれば、泣く量は誕生後三日目にピークに達するが、八週で減り始め、またもっと短く、かつ表現豊かに変化して、泣き方が多様になる。しかし別のアメリカの研究では、泣き声の継続時間と基本的な頻度は、生後十二週間以上にわたって安定していると報告された。なお別の研究では、生後八週間で、泣き声の高さの幅は半音から一オクターヴの四分の一——ドからミ——にまで広がっていることが明らかにされている。（泣き声よりむしろあくびの方が最初に完全にオクターヴの幅が出る。）

そしてこれらのいささか相矛盾する平均値は、人をまどわしかねない。胎児の段階で成長を危うくされた幼児は、ふつうの幼児より高い声で、もっと変化に富んだ泣き方をすることに研究者は気づいているが、おそらく通常より助けを必要としたので、いっそうせっぱつまった泣き方になったのだろう。しかしうつ伏せにされて泣く赤ん坊もいれば、仰向けにされて泣く赤ん坊もおり、ほかの赤ん坊がほとんど気づかない物音で泣き出す赤ん坊もいる。幼児十三人の脳内神経の活動を調べた研究によると、母親が部屋を出ると、半数が泣き出し、半数は泣かなかった。泣いた幼児は母親がいなくなる前に右脳の活動が盛んで、泣かなかった幼児はそのとき左脳の活動が盛んだった。この違いの意味は結局のところよくわからないが、静かにしているときの幼児の精神活動のパターン——遺伝的もしくは少なくとも先天的なものであるかもしれない——が、幼児の泣く回数と継続時間に影響を与えているのは明らかである。

社会学者は、いろいろな社会状況を実験的につくり、その中での泣き声とその結果を注意深く観察して、幼児の涙の研究に大きな貢献をしてきた。ときにそれは、常識を不可解な学術用語に翻訳しているに過ぎないと思われることもある。ドナルド・バーセルミは、小説『雪白姫』の中で、「ブリッジポート大学教職員寝室内のすすり泣き」に関する社会学的な研究を行なっている教授を描き、そのような学問がきまって陳腐で、近視眼的で、幼稚で、人間の苦しみと悲しみについての理解に少しも寄与しないことを示した。そして学術的な研究分野は、どれもこれももったいぶった専門用語を使っているためにしばしば一般の嘲笑を買うものだが、社会学はことのほか嘲られることが多い。その研究成果を日常語で語ると、あまりにもあたりまえだからである。コラムニストのデイヴ・バリーは、社会学者の涙についての語り口をよくできたパロディに仕立てている。「孤立状態の未成熟人の計量社会学的行動傾向を方法論的に観察すると、地向的行動と催涙、すなわち『泣く』という行動形態の間には、因果関係が存在する事実が示される。」言いかえれば、子どもはころぶと泣くということ。

そして涙に関する現実の社会学的研究でも、まさにバリーのパロディのような言葉を使っているように思われる。ある研究の主な成果は、「幼児の泣き声の音響的特徴は幼児の生物学的健全性の基準になりうる、という仮説を支持する」。つまり赤ん坊が病気のときは、悲しげに泣くということ。別の研究は次のように論ずる。「幼児の生後一年における社会的相互作用の性質と選択性は、個人が生涯を通して発展させる複雑で包括的で洗練された社会的スキルの先駆的様相を呈する。」要するに泣くのは、コミュニケーションの初期的な形と思われるということ。別の研究の専門用語では、泣き声がコミュニケーションのひとつの形であるという事実は、以下のように表わされる。「泣き声応答は、幼児の行動のみの機能ではなく、本質的に母子相互作用システム力学の表出である。」

しかし社会学者と社会心理学者は泣くことのいっそう包括的な理解を目指して研究し、涙の重要な反直感的機能もいくつか発見している。そしていずれの場合でも実験は注意深く行なわれ、日常的な報告や、歴史や文化の違いを無視するような心理学の考え方に対して、有用な反論をもたらした。これらの研究は、とりわけ、子どもの世話をめぐる問題でごくふつうながらはなはだ厄介なもののいくつかに、答えを提供してくれる見込みがある。

その研究の多くは互いに矛盾する。カナダ、ケベック州のU・A・ハンツィカーおよびR・G・バーによる研究では、生後十二週間にふつうの倍（一日に二時間でなく四時間）抱かれた赤ん坊は、泣く回数が少なかったが、少ししか抱かれない赤ん坊は多かった。韓国の小児科医のチームも、母親があやしてやることが多いほど泣くことは少なくなると報告している。しかしオーストラリアの小児科医によれば、背負い紐――一九七〇年代以来スキンシップが重視され、子どもを背負うためにやたら勧められたもの――で赤ん坊を背負っても、泣く総量は変わらない。背負い紐で背負われた赤ん坊は、実際には、対照群の赤ん坊と同じくらい涙を流し、大騒ぎする期間はわずかに長かった。ロンドン大学の教育研究所で子どもの成長を調べている研究者が、インドのマナリの母親をイギリスのロンドンの母親とくらべている。マナリの母親は赤ん坊を泣かせておくことがはるかに少なく、ずっとしばしば自分のベッドに入れる。そして乳を含ませることがずっと多い（おまけに長い期間にわたる）ようだった。しかしどちらの場合も、赤ん坊が泣く量は同じだっただけでなく、泣く時刻も同じで、夕方に頂点に達する。どちらのグループも夕方に泣くのがピークを迎えるのは、生後六週で、その後は減る。特に手をかけ、欲しがれば乳を与え、さらにほかの「愛情に満ちた」態度をとっても、泣く量も、あるいは泣く特定の時刻さえほとんど変わらないらしい、という結論になった。

生後六カ月になっても赤ん坊がまだあまりに泣くと、親は心配する。子育てのヴェテラン、マグダ・ガーバーは、そんな親からいっそう実際的なアドヴァイスを求められ、リラックスすることを勧めた。「子どもはそのうちもっといい合図をおぼえますよ。」たしかにそのとおりで、やがて、子どもは泣かないで食べる物を要求できるようになる。「手段として」泣く、つまり、「現実の」不快を表わすのではなく注意を引くために泣くのは、生後三週から始まり、十カ月目に大きな変化が起こる。ひとりぼっちのときに主として泣いていたのが、世話してくれる人間がいるときに泣くのが主となる。これは泣き声の大半が、少なくともある程度は手段になったことを示唆している。

しかし幼児が泣く意味と目的を理解するための方法として、もっぱら泣く頻度と親子の接触を強調するのは誤りかもしれない。ルース・HおよびロバートL・マンローは、一九八〇年代のケニアで、子どもに関する長期的な研究を行ない、「距離を置く」扱いをする母親に出会った。赤ん坊が泣いても抱き上げず、抱き上げるときは時間をおいてからにするのである。この距離を置くやり方は、周囲への意識を高める方法と見られた。夫妻の調査の結果、親が距離を置くほど、子どもは五歳ですぐれた認知行動を(標準的な調査では)示すことが判明した。そしてほかの研究は、親子関係、あるいは社会的、心理的な成熟のものさしとして、泣く頻度ははなはだ当てにならないことをうかがわせる。たとえばグアテマラでは、亜鉛を追加した食物を与えられた子どもは、泣く回数が減ったという調査結果が出ており、あるいは、さまざまな調節機能の問題が泣く回数を増やすという研究報告もある。

しかし幼児を泣きやませるのは、親が眠るため以外には理由がないとしても、多くの場所で日常生活に欠かせぬ目標のひとつと見られている。一九二〇年代のある日、チャールズ・チューイングズが中央オーストラリアのマカンバ川のほとりのマカンバ農場を通り過ぎたとき、「胸が悪くなる光景」を目にした。それは唇を切り取られた少年だった。仰天して、土地の者に何が起こったのか尋ねると、小さい頃に泣きやまなかったのでシャーマンが話し合い、際限なく泣くのを直すには唇を切り取るしかない、という結論になったのだと言う。

これほどきびしい解決法はそうあるものではないが、人びとは長年にわたり子どもを泣き止ませる方法の工夫、改良につとめてきた。子守唄を歌い、何かを与え、脅し、罰を与え、性器を刺激し、乳を与え、ゆする。すべては赤ん坊を静かにさせるために行なわれ、時には効き目もあった。「過度」に泣くのは、家族の緊張、幼児の神経症的性格、甘やかし、調節機能の不全、生まれつきの気質、神経系の異常、そして未熟な消化器官によるものと考えられてきた。

ある文化では、幼児が泣くのは不吉な兆しと思われている。単に赤ん坊のどこかが具合が悪いのではなく、世界に悪いことが起きているしるしとされる。昔のオランダの人類学者によれば、セレベス島の山岳地帯のトラジャ族は、幼児が泣くと両親に呪いがかかると信じていた。カエルを縛って、水を入れた皿に置く。水が赤ん坊にはねかかると、泣き声はカエルにうつり、カエルはそれから一晩中泣く（つまりケロケロ鳴く）。そうすると「子どもはわれに返って、泣きやむ」というふうに教えられていた。泣けば誰からも見放されると考えられていることが、ここに暗示されている。幼児の泣き声は雨を降らせると見る文化もあれば、雨を降らせないと見る文化もある。いずれの場合も、その地域の農民にとってはまずいのである。

あれやこれや理由はいろいろだが、子どもが泣くのがほとんど許されない文化もある。政治家であり科学者でもあったカルロス・R・ガジャルドは、十九世紀から二十世紀にかけて、南米南端のティエラ・デル・フエゴの現地部族とともに暮らしたが、子どもがほとんど泣かず、泣くときは病気あるいは体の痛みのせいであることに気づいた。ドイツ人の人類学者マルティン・グジンデは、一九二〇年代初めに同部族を研究したが、すぐにインディオの小屋が驚くほど静かなことに感心させられた。

リオ・デル・フエゴのインディオの野営地を最初に見てまわった後、一軒の小屋の炉辺に腰をおろした。なぜ私がやってきたのか知りたがって、納得したと思う間もなく、数人の女性が強い口調で、「あっちであの子が泣いている！」と繰り返す。隣の小屋からひっきりなしに泣き声が聞こえていた。あくる日になって、やっと人びとは、何が言いたかったかを説明してくれた。ここでは子どもはめったに泣かないということだった。

実はその子は重い腸の病気で、数週間後に死んだ。おとなたちの言うには、泣き声を聞くのは耳がひどく痛むのと同じなのだそうだ。子どもが泣けば、親はその子の耳に向かって大声をあげ、どなりつけるので、子どもはすぐに静かになる。さもなければ、泣きやむまで怒って、激しく揺さぶる。だから赤ん坊はほとんど泣かない。

ほかの文化も似たようなもので、泣くのはやめろと言われる。マリオン・ピアソールが一八七五年に〔オレゴン州の〕クラマス族を訪れたときの報告によれば、子どもたちは、「フクロウに目をつつかれたり、洞穴に連れて行かれるぞ」と脅かされていた。それでうまくいかなければ、クマやコヨーテが引き合いに出される。デニーズ・ポームによれば、スーダンのドゴン族では、恐ろしいものは媒介者を通して表わされる。赤ん坊が泣くと、親は赤ん坊のめんどうを見ている姉をたたく。ドゴン族で一般的に歌われている子守唄は次のように終わる。

泣くのはおやめ。
泣かないで、さもなきゃ父さんあたしをたたく。
泣かないで、さもなきゃ母さんあたしをたたく。

そして無視することで泣くのをやめさせる文化もある。トルコとイランのクルド族およびコロンビアのコギ族では、赤ん坊は長時間泣くにまかされ、ほうっておかれる。一九六〇年代の台湾の母子を研究したマージェリー・ウルフは、子どもは泣いても無視されるか叱られるかだ、と報告している。やはり一九六〇年代の台湾について書いた、ノーマ・ジョイス・ダイアモンドによれば、子どもたちはたたかれ、あるいは叱られることもあれば、なだめすかされ、物でつられることもある。物でつるのがごくふつうに行なわれているので、子どもたちはだだをこねればお金や物が手に入れられることをおぼえてしまう、とまで感じられた。

これらの文化は、泣き声とのさまざまなかかわりを見せてくれる。クルド族は、「泣けば、声がよく出るようになる」と言う。ウルフが調査した台湾人の母親は、泣くのは子どものためになり、幼児にとって運動のひとつの形だと語った。泣くと腸が大きくなる（「多分いいこと」）、と信じている者もおり、「泣く子は育つ」ということわざを引き合いに出す者もいる。そのほか、泣いてあまり長いあいだ口をあけていると、風邪をひいたり、空気を飲み込んで吐いたりすると考える者もいたし、あまりに泣くと男児の睾丸が大きくなるという（よからぬ）話もあった。

親は子どもの涙にどうこたえてよいかわからないときがあるが、子どもが親の涙にぶつかったときにも同じことが言える。おとなが泣くと子どもは親を手本にしてなだめる一方、また困り果て、おびえることもある。メキシコの民間伝承の人物、「ラ・ジョロナ」は女で、夜中に森などに姿を現わし、よくある子取り鬼と同じく幼児をさらっていく。ラ・ジョロナのいちばんおそろしいところは、その名が文字通り「泣く女」で、永遠に泣き続けることである。

最近『ペアレンティング』誌に、「母とは涙もろいもの」、だから泣くのは当然で体にもよい、という女性向の短い記事が出た。泣くことに生理的な利点があるという科学的な証拠はないが、その記事によれば、「八五パーセントの女性が泣いたあと気分がよくなると述べている」。母親が泣くと子どもたちが心配するかもしれないので、サンフランシスコのカリフォルニア大学のストレスと人格センター所長マーディ・ホロヴィッツ博士の助言を紹介している。博士は、次のように言うことを提案する。「ママは今悲しいの。でもあなたのせいじゃない。ママはときどき悲しくなると泣くの。そうすると気持ちがよくなるのよ。」これは、多くの専門家の助言にも出てくることで、おとなが泣くのを子どもが怖がるときにどうすればよいか、現在の大方の意見を代表している。そしておそらく申し分のない助言ではあるだろう。

ふたりのオランダの人類学者、N・アドリアニとアルベルト・クロイトはセレベス島の山中で、母親が子どもに歌っている次のような歌を記録している。おとなの涙を説明する歌で、この問題に対するいっそう複雑で、きびしい答えであることは、疑いない。

涙はこぼれているけれど、
それを笑顔にかえましょう。
涙はこぼれているけれど、
それをお話にかえましょう。
いい子ね、わがまま言わないで、
もう父さんは行ってしまったから。
いい子ね、さびしがらないで、
もう父さんはいないのだから。

ここでは母親は、泣くのが気持ちよくなるための単なるテクニックであるようなことをほのめかしてはいない。自分の涙の意味を考え、涙を笑顔と話に代えることができると説明し、涙とわがままとの関係を教えている。この詩は複雑で、子どもはちょっと面くらうのではないかとも思えるが、「母さんが悲しんでも、大丈夫」というよりは、心に残る答えを示していることは間違いない。

いずれにしても、親の涙はすぐに消えがちなもので、ラ・ジョロナの永遠の涙より、平均して六分という今日の研究者の報告にずっと近い。子どもがおびえるのは、おとなの涙に対する自分の無力感のためで、それは、コリックの赤ん坊を前にどうすることもできない親の気持ちにやや似ている。そしてもちろん、親の涙よりもっと恐ろしいのは親の怒りで、実のところ子どもの泣き声ほど親を怒らせるものもないのである。

もっとも有名な子守唄のひとつには、子どもを寝かせるおなじみの悪戦苦闘の中で、欲求不満、怒り、敵意まで飛び出してくる。「大枝が折れると、揺りかごが落ちる。揺りかごが落ちると、赤ん坊も何もかも落ちる。」泣き声は、傷つけてやりたいという思いを募らせることもある。コリックの幼児は一度に何時間も声を限りに泣き叫び、なだめようがないので、どれほど忍耐強い親でも、頭がおかしくなる。そして幼児を昼寝させようとして、あるいは夜、寝かしつけようとして横たえるときのふつうの泣き声でさえ、しばしば緊張とストレス、あるいはストレス以前のいらだちの原因になる。危険性の高い保護者(当人に虐待された経験があり、「虐待の可能性」がふつうより高い)についての研究によれば、泣いている赤ん坊と向き合うと、その人たちの敵意と苦痛は高まる。感情移入は見られない。ほかの研究では、しばしばあるいはいつまでも泣くことが、虐待のもっとも一般的な引き金のひとつになることが確認された。

関連研究では、男子学生は虐待の危険性の高低にかかわらず、幼児の泣き声をうるさいと感じていた。被験者には、アルコール飲料の味覚テストを行なうという説明がなされ、幼児の泣き声がするときと、煙探知器が鳴っているときのアルコール消費量が観察された。どちらのグループも煙探知器が鳴っているときより、幼児の泣き声がするときの方が、アルコール消費量がかなり多かった。「危険性の高低にかかわらず」、「幼児の泣き声を聞かされた」被験者は、「煙探知器の音を聞かされた被験者より、多くの刺激、嫌悪、苦痛を感じると述べた」と研究者は書いている。「幼児の泣き声は多くのストレスや嫌悪感を与えるもので、アルコールを飲む量を増加させる力がある。」そしてストレスと嫌悪感は、危険性の高低いずれのグループにも等しく支配的だった。この実験が意味するのは、「虐待の可能性」の有無にかかわらず、赤ん坊が泣くと飲む量がふえるということである。そしていくつかの研究は、女性も同様に敵意を感じがちであることを示している。ニュージーランドのある研究では、被験女性の八〇パーセントが、自分の赤ん坊が泣くと、少なくとも時にはピシャリとたたいてやりたいと感じていることがわかった。

性別による違いが出てくることは、誰しも予測するところだろう。トロント大学のジョン・フュアディは同僚とともに、感情に訴える場面を撮ったビデオを男女の学生に見せ、心拍数を測定した。結果はまさしく固定観念のとおりで、男子学生はエロティックな部分で速まり、女子学生は赤ん坊が泣いている場面で速くなった。しかしアン・フロディは、同じような実験で、異なる結果を得ている。すべて子どものいる男女に、微笑んでいる赤ん坊と泣いている赤ん坊の映像を見せた。微笑んでいる赤ん坊を見ると、好意的な感情が誘発されたが、生理的な反応はごくわずかしか見られなかった。一方泣いている赤ん坊を見ると、被験者の最低血圧と皮膚の伝導性が上った。フロディは次のように興味深い意見を述べている。「赤ん坊という刺激への反応、あるいは自分自身の赤ん坊の確認という点では、母親も父親も同じだが、母親は父親よりも自分の気分や感情をいっそう極端に述べる。」言いかえれば、親に関する報告からわかるのは、母親は父親より心理的にずっと強い影響を受けるが、生理的な影響の測定値は同じということである。

アラバマ大学のローレンス・ステインとスタンレー・ブロドスキーによる別の研究では、百人の女子学生と百人の男子学生について、泣き叫ぶ赤ん坊を前にしたときの、感情の表出度を測定した。結果は女子学生の方が表出度が高く、男子学生は一般的に自分の感情を研究者にあまり見せようとしなかった。男子学生の半分と女子学生の半分が、泣いている幼児のテープを見せられた。いらいらさせられる選り抜きの「不快」なテープである。見せられた男子学生はその後、対照群の男子学生より感情の表出をいっそう抑えているようだった。女子学生の間では違いはなかった。したがって泣いている子どもを扱うのは、男性の方が女性より苦手という結論になる。実験室の中では日常の経験をそっくり再現することはできない。たとえば泣いている赤ん坊についてどのように感ずるか、男性は妻、恋人、友人には進んで話すかもしれないが、研究者には話したがらないかもしれない。しかしこれらの研究では、すでに知られていること、つまり知らない赤ん坊が泣いても、平均して女性の方が男性より気にならないことが確認された。

これもまた、多くの文化について言える。たとえば、ジェラルド・レイチェル＝ドルマトフは、一九四〇年代にコロンビアのサンタ・マルタ山脈に住むコギ族を研究したが、その結果によれば、コギ族の父親が赤ん坊を抱きあげるのは、緊急時のほんの短時間だけで、そのときでさえ、「身振りと表情で、この仕事は少しもうれしくはない」ことをあらわにする。しかし性別だけが分かれ目になるのではない。ほかの研究によれば、若い母親と年配の母親では、泣いている赤ん坊に対する反応が異なる（たとえば若い母親は、ある先天的欠損症による泣き声の高さの違いに、なかなか気づかない）。子どもが初めての女性は、ふたり以上子どものいる母親にくらべて、苦痛を多く感ずる傾向がある。自分の赤ん坊の泣き方がひどい女性は、極度のストレスを感ずる。などなど。そして性差は、多くの違いをもたらす。たとえばある研究では、幼児が泣くと、母親は幼児をいっそう否定的に評価するようになるが、自分に能力があるという感覚は高まる。一方父親は自分も母親も無力だと感じるようになるが、幼児に対する否定的な評価がふえることはない。

親(そしてほかのおとなや年上の子どもたち)は、子どもを泣きやませるために、さまざまな方法を見つける。乳を与え、機嫌をとり、おむつを替え、笑わせ、びっくりさせ、あるいはわざと無視するなど、多くのことが行なわれる。泣くと救われる、あるいはときどき救われる、あるいは救われることはめったにない、という三つのうちひとつを、幼児は学ぶ。もし泣くと、怒られたり、罰を与えられたりすれば、子どもは消極性が強くなり、あるいは何らかの形の禁欲主義をしばしば身につける。しかし今日の文化ではどんなに厳格な親でも(そしてすべての親が少なくともときおりは)、涙に対してはふつう何らかの慰めで対応する。それには、乳を飲ませたり揺すったりして愛情を表に出すことから、泣き叫んでいる口の中におしゃぶりを入れてやることまで含まれる。心理学者のシルヴァン・トムキンズの言葉によれば、泣き声は親の気持ちを、欲求を満たしてやろうとする「消極的な方向に誘導する」。結局はおむつを替えてもらい、乳も飲ませてもらう。泣くたびにそのような世話をされれば、泣けば気持ちよくなると、ますますはっきりわかるようになる。人間は生まれつき泣くことを知っているが、そのさまざまな効き目をすぐに覚える。

アメリカ文化における過去数十年間の親子関係に関するもっとも重要な変化は、子どもを育てるという考え方から、親になるという考え方への変化である。「子育て」(管理、あるいは世話)の中身は、責任と技術と労働だが、「ペアレンティング」（親になること）は自分というもの、つまり感性、直観、心づかいのような特性を含む生き方を作り上げることである。

人類の歴史では、子育て、すなわち技術的なアプローチの方が広く見られる。ポールおよびローラ・ボハナン夫妻によるナイジェリア北部のティヴ族の記述に、ひとつの例が出ている。赤ん坊が泣き出すと、ティヴ族の人びとはすぐに「大きな声、出すんじゃない」と言う。「驚くほど多くの幼児が、ごく小さいうちからこの命令に従う。この命令の意味を教えるのに、母親は幼児の鼻をつまみながら、手で口を軽くふさぐ。」ほかにもいろいろやり方があって、

男性は、抱いている幼児が泣き出せば、すぐに乳母、母親、あるいは誰でも居合わせた女性を呼んで、幼児を預けようとする。ほかに誰もいなければ、膝の上で軽く弾ませて、母親はすぐに戻ってきて乳を飲ませてくれるだろうと言ってやる。そのような状況で赤ん坊を静かにさせておく唯一の方法が平手打ちだと言う男は、ごく少ない。母親は泣いている幼児に乳を含ませ、ときには一時的に静かにさせるために、すでに乳離れした子にまで、乳を含ませることさえある。……泣いている赤ん坊を黙らせる別の方法としてしばしば用いられるのは、母親あるいは乳母が赤ん坊より大声で叫び、それから突然大声で笑い出すことである。効き目のある赤ん坊もいるが、怒り狂う赤ん坊もいる。後者の場合、ティヴ族の人びとはもっと大声で、もっと腹の底から笑う。乳母は……赤ん坊の鼻の前で草の葉をぶらぶらさせ、ヤシの葉を端が赤ん坊に見えるように頭の上に乗せてやり、体を揺すったり、唇で優しく顔に触れたりしてやる。

このようなやり方をするティヴ族は、自分たちの子育てがよいとも悪いとも思ってはいない。子どもを黙らせるのは泣き声にいらいらするからで、親としての役目を果たさなければならない、という責任を感じているからではない。そのときどきに応じて、父親が子どもをあずけたり、たたいたり、膝の上ではずませたりするということが、それを証明している。その場でできるやり方で子どものめんどうを見る。それがティヴ族の子育てのすべてである。

ペアレンティングはそれとは異なる。一般的ではないが、それでも広く見られる。たとえば人類学者のE・A・ドライによれば、ハウサ族（北アフリカのティヴ族の隣人）には、「よい」あるいは「悪い」子どもはおらず、よいあるいは悪い親がいるだけだ。子どもを幸せにしておける親の能力に重点がおかれる。もし赤ん坊が泣けば、それは「母親にとってひどく不名誉なこと」で、わずかでもぐずれば乳をあてがう。親にふさわしい行動は、赤ん坊の泣き声に応えてやり、泣きやませることで、不適格な親だけが何かほかのことをしたがる。

アメリカのペアレンティング文化も、子どもの行動よりも、親の十分な役割遂行が重視されるという点で、ハウサ族のそれに似ている。親が適切に役目を果たせば、結果として自然に子どもは育つ。子どもがまずい行動をとるとしたら、親のあり方が悪かったのである。医学博士のウィリアム・シアーズは、子どもの泣き声に応えるように親に助言する。そうすればいっそうよい親になれる。「赤ん坊の泣き声にすばやく応えることによって、赤ん坊に対する感受性が高まります。感受性が高ければ、親としての直観を身につける助けになります。」自分の赤ん坊の涙に敏感であることは、親たることのすべて――

それこそ親としての直観を持つことにほかならないからである。

アメリカの文化で、幼児が泣いても無視するという長い伝統がくつがえされ、ペアレンティングが主流になったのは、かなり最近である。十九世紀を通じて、子育ての手引書は甘やかしすぎに反対していた。そして一九四六年にベンジャミン・スポック博士の『スポック博士の育児書』が出版されてからようやく、子どもが泣いたときは慰めるべきで、甘やかしになることを恐れるにはあたらない、という考えが根をおろし始めた。スポック博士の推奨する考えは甘やかしを助長する、と折にふれて非難された。しかしこの数十年間に振り子は反対側に、博士の考えを通り越してさらに先まで振れてしまった。

『スポック博士の育児書』は四千万部以上売れ、三十九カ国語に訳され、明らかに二十世紀後半の育児の基準となっている。スポック博士は助言の中で、ジョン・B・ワトソンらのもっときびしい勧告にはっきり反対している。夜中に泣いたときに抱き上げてやっても子どもはだめにならないし、授乳以外のときに抱いてやることも甘やかしにはならない、と博士は親を安心させる。しかしスポック博士はひたすら子どもべったりではない。ときには泣きっぱなしで終わってしまうことを赤ん坊に教えなければ、親自身の人生がだいなしになるだろうと博士は警告する。そして慰めを与えることと与えずにおくことの中庸を勧める。一九五〇年代以後はスポック博士の意見が優勢になり、この中庸の考え方が標準になった。バランスを求める例はふたつで十分だろう。グレース・ケターマン博士はキリスト教の巡回講演講師だが、子育ての手引きを著し、「肺と健全な魂の訓練のために、赤ん坊は少し泣く必要がある」と論じている。親はバランスのよい育て方をしなければならない。というのも「泣いても無視される、あるいは過保護につきまとわれる子どもは傷つく」からである。ベスト・セラー『誕生から五歳まで』

（一九八六年）の著者ペネロピー・リーチは、子どもを甘やかしてだめにすることを心配するなといましめる。もし何かがほしいなら理性的に訴え、自分の欲求に反する理性的な主張も受け入れる方法を、子どもに教えることは重要である。しかしまた子どもがほかの人びとを魅了し、人間関係を巧みに処理する方法を教えることも、ひいては子どもにこういったほかの形の人間関係力学を学ばせることも、親にとって重要である。子どもにはさらに、親が自分を十分に愛してくれて、苦痛や欲求不満の泣き声に応えてくれることを教えなければならない。寝かせようとしたときに赤ん坊が泣けば、部屋に戻らなければならないが、抱き上げてはいけない、とリーチは説く。このようにすれば、注意を引きたいという赤ん坊の欲求と、ベッドに入れておきたいという親の欲求のバランスをとることができる。

そしてスポック博士が親に薦める第二の点は、一貫性である。この考え方が根づくとともに、人類学者でさえ、ほかの文化の親がペアレンティングを行なうときの気まぐれに悩まされた。トマス・グラドウィンとシーモア・サラソンは、一九五〇年代に南太平洋の環礁トラック諸島について書いているが、泣く子がときに叱られ、ときにはほめられると記述している。人類学者には、それを決めるのはおとなの気まぐれに見えた。

［子どもが］よちよち歩けるようになると……もちろんときどき転ぶが、抱き上げられることもあれば、まったく無視され、怒りと苦痛で泣き叫ぶままに放っておかれることもある。母親、あるいは誰か世話をしてくれる人間がほかの仕事にかかずらっていても、子どもが本当にけがをしたかもしれないと思えば、駆けつけ、実際には傷がないのを見ると、慰めようともせずにまた放っておい

たりもする。子どもは、その災難の性質によっても、それに対する自分の反応によっても、ちやほやされるのか、慰められるのか、あるいは単に無視されるのか、察しがつかない。これはほとんどまったく、親のそのときどきの気持と関心事による。

グラドウィンとサラソンによれば、幼い子どもたちは、「泣くとアメリカ人に食べられるぞ」と言われていたので、その話を聞くのはむずかしかった。「幼い子どもたちは何ヵ月かの間、自分と食欲の盛んなアメリカ人との間におとながたくさんいなければ、怖がって逃げようとした。」ほかの形のごまかしも用いられる。たとえば、もしごく幼い子どもが母親を求めて泣くと、母親は「泣くのはおやめ。今行くからね」と言うこともあった。見あげても母親がこないことがわかると、子どもはたぶんまた泣き出すだろう。しかしときには泣きやんで、そのまま静かになることもある。どの年齢の子どもも、親の「そのときどきの気分」次第で、なぐられたり、ひっぱたかれたりした。

レイチェル＝ドルマトフによれば、コギ族の間でも、気まぐれが支配していた。幼児はたいてい無視される。「赤ん坊は死に物狂いになって泣く。しかし乳や暖かさを求めるその欲求を満足させるためにおとなは何もせず、誰も何も与えないので、すぐに泣かなくなり、生後一ヵ月過ぎても泣く赤ん坊はほとんどいない。そのときから寒さ、ひもじさ、そして肉体的な苦労に禁欲的に耐えることになる。それについて不平を言ってもむだなので、誰も言わない。」母親は、険しい山道をたどって重い荷を運んだり、畑で働いたりしているので、子どもが泣いても世話をする時間がほとんどない。しかし忙しくないときでさえ、赤ん坊が泣いても無視しがちである。問題は、母親がときどき涙に応えて、やさしくし、慰め、あるいは食物を与えることだった。だから涙を流しても、親が不機嫌になるのか、無視されるのか、あるいは愛情を与えられるのか、幼い子どもたちにはわかりっこない。

一九五〇年代、一九六〇年代のレイチェル＝ドルマトフ、グラドウィンとサラソン、ウルフといった人類学者は、この種の一貫性のなさに気づいたが、そのきっかけとなったのは、子どもの泣き声に親はもっときちんと一貫して応える必要がある、というスポック博士ら育児の専門家による主張だった。例をひとつあげれば、当時好評を博した『現代の家族』（一九三四年）の著者ガリー・クリーヴランド・マイヤーズは、「厳格な日課の価値」と「習慣の形成」を強調し、両親が子どもに対して、そして親どうしでも、一貫した行動をとるように強調している。さもなければ子どもは「泣けば何とかなる」ことを学んでしまう。四半世紀以上たってからもウィリアム・ホーマン医学博士は、『ホーマン博士の育児教室』（一九六九年）の中で、子どもをしつける第一の法則は「一貫性」であると述べている。

最近も何人かのペアレンティングの専門家が、リーチと同じように、一貫性は涙を無視することではないと論じている。一九九四年に第八版が出版された『親と専門家のためのマニュアル』の主著者マグダ・ガーバーは、泣くのは自然なことなので、親はいつも子どもの泣き声に注意深く関心をもって応えなければならないと論ずる。「泣くか、笑うかを問わず、子どもが感情あるいは気分を表わす権利を尊重しなさい。」ウィリアム・シアーズは、泣いている子どもを慰めるのはいつもよいことで、子どもの涙の意味を理解できるのがよい親であると認めている。これらの勧めから、甘やかすという概念だけでなく、親としてのあり方に対する理解も変わってきたことがわかる。

結局、親はもはや子どもの涙を抑える一番重要な力ではなくなってきている。ガーバーが言うように、子どもたちはもっとよい合図を学ぶ。ある程度は、泣けば失うものがあることを理解し、ほかのコミュニケーションの手段を用いて、これらの損失を避ける方法を見つけるようになる。泣いても特に叱られない場合でさえ、親が時折示す非難や制止がその効果をもたらし、泣けば裏目に出ることを学ぶ。さらに手段としての涙に対して、友だちやクラスメイトは親より手ごわい。マリー・フォースト・エヴィットが書いているように、「子どもはみな、あどけない六、七歳の子でさえ、泣くのがかっこよくないことを知りすぎるくらい知っている。学校にあがるころには、泣き虫を敗者と見るようになる」。クラスメイトからばかにされたあげく、子どもはおとなならば知っていること、つまりひそかにあるいはごく親しい者の前でだけ、泣いても安全で効果もあることを学ぶのである。そしてもちろんそのときには、少年も少女もその安全圏がさまざまであることを悟っている。

ある研究の示すところによれば、若者や青年がよく泣くか否かについては、家族が依然として重要な役割を果たしているようである。たとえば、感情の社会化に関するある長期的な研究は、ニューイングランドの若者四十三人を追跡調査し、彼らが十歳のときに家族が「情動を表わしやすく、また受け入れやすい」場合には、伝統的な「情動のルール」から逸脱しがちなことを見出した。つまり男性は泣きやすく、女性は怒りを表わしやすい。研究者の報告によれば、情動の大きな表出は、一般に社会的、心理的な適応に関係するが、ひとつ注目に値する例外がある。泣くのは、男性の場合は適応がよいことを示すが、女性の場合は適応が不足していることを示す。

しかし多くの研究では、こういった変化期の男性の情動表出は、収入の多寡と連動することが示されてきた。したがって特に青年期には、一般的な社会階層による文化的な決定要因が、特定の家族次元の訓練と少なくとも同じくらい重要かもしれない。少年と少女の泣き方が異なっていく時期を示す数字――少年がおとなのように次第に泣かなくなり始めるのは、少女より数年早い――は、子どもが学校に通うようになれば、家族外の社会的圧力の方が家族そのものより影響力を持つことを示している。性に関するイデオロギーがたえず変化することを考えれば、社会的なデータも変化し続けるだろう。

男性と女性

男女の情動の様式と性質の違いについては、古来多くの人が科学的な、あるいはほかの視点から研究を行なってきた。この探求の歴史では、同じ問題が繰り返し問われている。なぜ男性も女性も泣くのか？　なぜ異なるときに泣くのか？　このような違いはどのように生じてきたのか？　彼らはどのように感じているのか？　これらの疑問に対して、歴史と社会学はそれぞれ別の答えを用意している。男女の異なる情動反応をもっとも早く科学的に分析しようとしたのは、『動物誌』に見られるアリストテレスの論考である。

女性は男性より情け深く、涙もろいが、同時にもっと嫉妬深く、ぐちっぽく、叱ったり、たたいたりしがちである。そして男性より意気消沈しやすく、将来への希望も少ない。いっそう恥知らずであり、あるいは自尊心が欠けている。その言葉には嘘が多く、あてにならないが、物覚えはよい。

また目覚めている時間が男性より長く、もっと怖がりで、行動を起こさせるのがむずかしい。食事の量は男性より少ない。

アリストテレスの言葉は特に科学的には聞こえないかもしれないが、当時、そしてルネサンスにいたるまで、世界でもっとも詳細な記述生物学だった。その多くは、馬の歯の数や蛇の繁殖のしかたなど、特定の種の特徴について述べている。しかしまた多くの種の特徴を調べて、比較行動生物学的研究も行なっている。アリストテレスは、女性の情動的傾向として恥知らずや臆病のような多くの点を見出している。それは動物界のいたるところで見られる。「[メスの]コウイカが刺されると、オスは寄ってきてメスを助ける。しかしオスが刺されると、メスは逃げ出す」と種にまたがる根本的な雌雄の違いがあることを主張する。涙を流して泣くのは、もっぱら人間だけなので(アリストテレスはほかの動物はあげていない)、女性の方が「涙もろい」というアリストテレスの意見は、明らかに比較行動学にもとづいたものではなく、自身の観察から出た議論で、アマチュアの「定性的」社会学を出ない。

しかし、たとえアリストテレスが、同時代人の泣き方についてその頻度、持続時間、激しさに関する信頼できる定量的なデータを持っていたとしても、なお「女性は涙もろい」という誤った結論を出しただろう。女性は世話をするという役目のために、男性以上にしばしば涙を流す立場にいるだけのことかもしれない。男女がそれぞれ涙を流す機会は、文化によって異なるので、どちらも別の機会に多かれ少なかれ涙もろくなる。しかしアリストテレスはそれをよそに、情動表現に基づく男女の違いを区別しようとした。

そのような違いを明確にするのがむずかしいのは、周知の事実である。『中世の秋』の著者ヨハン・ホイジンガは、十四世紀は感情が途方もなく激しい時代だった、と述べている。現代人には些細に思えることでも、人びとは通りで涙を流し、叫び、泣きじゃくり、いがみ合った。フランシスコ会の修道士リシャールがパリで聴衆に、説教をするのもこれが最後だと語ると、「身分の高い者も低い者も、まるで友人が埋葬されるのを見守っているかのように、心を動かされ、涙を流した。そしてリシャール自身も涙を流した」。葬式では、「町中に哀悼の声が満ちた」。十五世紀の人文学者ジャンノッツォ・マネッティは、同じ頃息子の死に対する悲しみについて書いているが、その中では、自分が泣くことを読者は正しいと思ってくれないだろうと感じている。そしてストイックな克己心に反対し、イエスがラザロの墓で泣いたことなど、聖書に出てくる古典的な例を用いて、自分の涙を擁護しなければならないように思った。当時の日常生活に関するホイジンガの記述を読めばわかるように、概して男性の行動であると思われていたことに関しては、涙を正当化する必要はなかった。マネッティはストア学派、プラトンなどの伝統を受け継いでおり、その中心をなす情念論のために、哲学者として、悲しいときに泣くのを正しいとする必要を感じたのである。男性であり、イタリア人、人文学者、哲学者、そして父、夫、市民である等々、マネッティにはいくつもの自分があった。これらの立場、アイデンティティ、自我のひとつひとつから、しかるべき情動や責任が生じてくる。そしてそれらは必ずしも重ならない。歴史学者や社会学者は、この種の多様性が現代における男女の情動を構成する要素だと示唆している。現代は人びとに、公私にわたる独自性《アイデンティティ》を身につけるようますます求めている。また、ほかの多くの点――階級、地位、職業、仕事、政治的意見、民族性など――でも人びとを「独自化《アイデンティファイ》」してきた。ホイジンガの記述にある、通りで騒がしく泣き叫んでいる者も、おそらく自分個人の行動を正しいとしたいことはあっただろう。しかし現代になって、社会生活を営む上で人びとが身に帯びるアイデンティティが急激にふえたことは間違いない。それにともなって、情動に関する複雑な慣習が成立する。

なぜある人はほかの人より多く泣くのかについて、十六、十七世紀の科学者はもっとずっと単純に説明している。「すぐ泣くのは、まさに体質や性質、あるいは年齢、性別、文化の点で、弱く、湿っぽい人間である」と生理学者のジュベールは一五七九年に、体液理論に同調して書いている。「だから粘液質の人は子どもや老人、女性同様すぐ泣く。」女性や子どもは男性より「湿っぽい」ので、脳がいつも泣いている状態に近い。文学史家のマージョリー・E・ラングが述べているように、近代的な医学理論が体液理論に置き換わったとき、「湿っぽさ」は説得力を失ったが、弱さはそうはいかなかった。一六五八年に哲学者のトマス・ホッブズは次のように書いている。「もっとも多く泣くのは、女や子どものように、自分にはほとんど希望が持てず、ほかの人間が非常に有望に思える者だ。」ホッブズの考えでは、人間は無力を感じて泣く。だから子どもは望むものが得られないとわかると泣く。「同じ理由で女性は男性より泣きやすい」とホッブズはほかのところで書いている。そして女性は「自分の意地を通すことがあたりまえになっているので」、反対されると落胆から、さらに実際には無力であることを思い知らされ、衝撃を受ける、と説明している。

むろん体液理論の「湿っぽさ」は、もはや涙もろさの合理的な生理学的説明にはならない。しかし無力さはなお、涙に関する私たち自身の文化的な理解の背景となっている。たとえば精神分析家のロバート・サドフが、「涙を流すのは、助けを求めて泣く子どもの弱くて無力な気持ちを呼び起こす退行的な

アブラハムの息子を産んだエジプト人の奴隷ハガル。17世紀から19世紀にかけて画題としてよく用いられた。ハガルは神の祝福を受けたアブラハムによって荒れ野に追放されて泣く。そこで神はハガルの涙のわけを聞き、ハガルを救う。

ヘルブラント・ファン・デン・エークハウト
『涙のハガル』（1640年代初め）
ポール・ゲッティ美術館蔵

現象である」と論じているのは、ひとつの考え方を要約したものである。そして二十世紀の終わりに広く行き渡っている大衆的な神話は、以下の通りであると言ってよいだろう。すなわち、男性は、泣くのは弱さのしるしと教えられる社会的な訓練の結果、いびつになっている。男性は泣かないので、過度に攻撃的になり、親しくしたり、やさしくしたりする方法を知らないし、自分の感情をどうしたらいいかもわからない。そして女性は自分のために感情を働かせるので、それを改めて学ぶ必要はなかった。女性は自分をもっと表現するように社会化し、その結果ますます多く泣くようになっている。多くの女性にとってこれはまぎれもなくよいことで、男性も見習うべきである。けれども涙は弱さの表われともみなされることから、女性の涙は女性の抑圧と切り離すことはできないと論ずる者もいる。

しかし男性の涙にも長い歴史があるという知見からすれば、男女間の力のアンバランスを正すために、男性はもっとたくさん泣くべきである、あるいは女性は泣くのをもっと減らすべきである、というふたつの主張はどちらも受け入れがたい。「男らしさ」が、男性が女性を支配する方法に関係があるのは疑いないが、「男らしさ」が要求した涙には、歴史的に見てさまざまなレヴェルのものがあった。感性が最高に賞賛された十八世紀に、英雄的な男性には何が必要かとたずねられて、ルソーは「男らしさだ!」と答える。それには、単に探検家の冒険心のようなものだけでなく、できるだけ強い感情を抱き、涙で表現することも含まれていた。十八世紀の無名の筆者は次のように書いている。

道義をわきまえて泣くのは、非常に貴い熱情のしるしで、むしろどんな場合にも泣かないのは、男性として適切かどうかが問われてもよいのではないか。彼らは自分たちが好むように英雄的であるふりをして、禁欲的な鈍感さに誇りを持っているのかもしれないが、人間の性質を正しく判断すれば、これはとても美徳とは言えまい。

つづく二世紀にわたって、男性は多くの男らしいあり方をすすめられた。そのうちのあるものは、ルソー（あるいはラクロ、あるいはゲーテ）はそうと認めなかったかもしれない。アメリカでは男性の行動基準は、経済の実情が変わるにつれて明らかに変化していた。

新しいスタイルの男らしさは、荒削りな人民党の闘士アンドルー・ジャクソンの登場とともに、一八二九年に始まったと言える。ジャクソンは、かつらやタイツを着けた貴族的な物腰のジョン・クィンジー・アダムズを、打ち負かす。まず産業革命の結果として、アメリカやヨーロッパでは男性のための新しい役割――企業家、経営者、専門家、金融業者など――が出現し、それがとりわけ、男性のアイデンティティの新しい形と不安を生み出していた。新しい男らしさは、少なくともある場合には、感情表現の抑制を奨励した。企業家で改革家のジョン・カークは、一八五二年に書いた母への手紙の中で次のように述べている。母の教えと忠告は忘れられず、「悔い改めなければという思いとありがたさで、涙が流れました」。歴史家のアンソニー・ロウタンドが気づいたように、同年の父宛の手紙にはそのような涙は見られない。母への手紙では伝統的な紳士だが、父への手紙では近代的な企業家だった。そして紳士はなお涙を流したかもしれないが、新しい企業家は泣かなかった。

しかしカークのふたつの手紙が示唆するように、この新しいストイシズムは状況次第である。十九世紀の中頃、アメリカの政治的雄弁術はなやかなりし時代には、政治家は演説の途中適当に何度か落涙することをまだ期待されていた。最高の政治家のひとりダニエル・ウェブスターが演説しながら泣いているところを、新聞記者が報じている。「その眼には熱き涙が浮かび、青白き頬を伝い落ち、演説者自身いかに深く心を動かされていたかを物語っていた。」泣くことは、演説には欠かせないと思われていた。そしてこの場合や多くのほかの討論会でも、それは完璧に男らしいふるまいと考えられ、「男の涙」という言葉がふつうに用いられていた。男性は文学作品の中でも、外でも、劇場やほかの伝統的な場所でも涙を流し続ける。しかし産業資本主義によって人間関係や日常業務が合理的に組織化されると、その中で新しい役割と公共の空間が作り出され、涙――そしてすべての情動表現――は、おおむね禁じられるにいたった。

こうした説明は男性女性が実際にたどったさまざまな生き方、感じ方全体を明らかに単純化し過ぎている。私は、人びと(および社会科学者)が口にする「伝統的」な性差別は、実は伝統として存在しているのではなく、たえず移り変わり進化する主張として、また生き方の多様な集合として存在することを指摘するために、駆け足でたどってみたのである。いわゆる男らしい男が一つの理想――どんな傷にも涙ひとつ見せず耐えられる克己心の強い男――として登場したと思われる二十世紀の中頃ですら、演技の中で涙を流して泣く映画スターや流行歌手に体現される理想像がそれと競い合っていた。そして男らしさの伝統を代表するストイシズムのイメージのいくつかは、ヘミングウェイの小説に出てくる戦争によって深く傷つけられた人物のように、道徳的にも性的にもはなはだあいまいで、典型というよりは例外のように見える。女性もまた、その涙についての相反する文化的なメッセージのために、しばしば見誤られてきた。泣くのは気高いことなのか、あるいはヒステリーなのか? 女性の忍耐力の証明なのか、それとも反証なのか？　しかしいずれにせよ、性の役割への抵抗を告げるものとしても、追従を告げるものとしても、涙は用いられた。シェイクスピアの言葉を借りれば、涙は「女の武器」たりえたし、あるいは女は弱くて男に頼るという虚構を支える力ともなりえた。男性はときに、屈服して泣こうとしているのではないことを示すために、涙を一滴だけこぼすこともありえた。

「今日泣くのは女性の専売特許です」とグレタ・パーマーは、一九四〇年代の『レディーズ・ホーム・ジャーナル』誌に書いている。パーマーはニューヨークにある大手デパートのひとつの調査部長を引き合いに出す。彼によれば、「こちらにいらっしゃる代金未納の女性のお客様全体の三分の一が泣かれます。だから係りの者は一番上の引き出しにティッシュの箱を用意しておき、一枚そっと引き抜いて、涙にくれるお客さまにお渡しするのです。」（ふつうは「どういうわけか、それで涙が止まります」ということだった。）一九四〇年代のアメリカの男性は女性ほど泣かないが、これにはふたつの理由がある、とパーマーは論ずる。「（一）今日のきびしい慣例では、もはや男性が人前で泣くことは許されていない。（二）現代の女性は正直な感情だけが要求するよりずっとしばしば泣く。」男の子が泣くと、「男らしくしなさい」と言ってはねつけられるのに、女の子は慰められるのである。

慣例がきびしい当時以前に、感情の表現と抑制のバランスがとれたすばらしい時代があった、とパーマーは考え、いつかまた新しいもっとよいバランスを見つけることができるだろうと期待している。パーマーによれば主な問題は、現在の慣例が女性に、「自分の思い通りにするのに有利な手として」涙を使うのを教えることで、そのような策略が女性に弱さと不正直を推奨するのは嘆かわしい。女性は恥じなければならないし、男性も泣くのをこらえることを恥じなければならない。精神科医も生理学者も、「アメリカ人男性も（ラテン人男性のように）ときおり十分に泣ければ、健康になるだろう」ということでは意見が一致している、とパーマーは主張する。

一九二〇年代に人びとが内分泌学者から受けた教えは、きびしく情動を抑制するものだったが、一九四〇年代の生理学者は、一定の形の情動表現が必要であると論じていた。彼らはリゾチームという酵素を発見した。強力な殺菌作用があるので目の自浄作用にとって重要で、また潰瘍のある患者に異常に高濃度で見られる。生理学者の結論によれば、感情が動揺するとリゾチームが過剰になって胃壁が侵食されるが、そのような潰瘍に侵されるのは、五人のうち四人までが男性である。したがって泣けば緊張もほぐれ、リゾチームも出なくなるのかもしれない。泣かない男性は自らを傷つけているので、自分自身を表現すること、もう一度泣き方を学ぶことが、明らかに必要だ、とパーマーは述べている。

三〇年代末および四〇年代の著作家の中には、男性にも女性にも自己抑制を熱心に勧め続ける者もいた。たとえば一九四五年の『リーダーズ・ダイジェスト』誌には、「動揺しやすい」読者に「自制」の五つのポイントを助言する「感情のバランスのとり方」という記事が掲載されている。極端にまじめな『ノース・アメリカン・レヴュー』誌には一九三九年に、いつも感情を理性的にコントロールできるように、「感情訓練」のしかたについての記事が掲載された。しかし感情をもうこれ以上コントロールする必要はなく、必要なのは「感情のはけ口」だと提唱する専門家が増えてくる。「感情のはけ口」とは一九四一年発行の健康誌『ヒュギエイア』（健康）の中である執筆者が使った言葉で、すぐに流行するようになった。一九四五年の『アメリカン・ホーム』誌のルイーザ・チャーチによる記事「涙を流すときがない」は、「不安、たよりなさ、恐れ、臆病、ためらい、そのほかの望ましくない特徴」に悩む女性は、特に実社会での能力と技術を育てることによって、「感情のはけ口」を見つける必要がある、と提唱している。一九四八年の『ニューズウィーク』誌の記事はグレタ・パーマーに似た論調で、「欲求不満のおとなには、感情のわだかまりが累積して身体の健康に悪影響を与える」と警告している。男性は「表立った感情表現を禁ずる」ようにいっそう大きな圧力をかけられているので、そのような感情のわだかまりによる潰瘍について、女性よりも心配しなければならない。

ところで、新聞雑誌にはそうした助言が掲載されてはいたものの、一九三〇、四〇、五〇年代のアメリカ人男性は涙を流さないわけではなかった。セオドア・ルーズベルトの全盛期以降でタフな男らしさがもっとも尊ばれた時代でも、男性は多くの場合に公然と泣いた。ルー・ゲーリッグは一九三九年の引退の挨拶で泣き、ベイブ・ルースは一九四八年、癌に罹っていると告知されたとき、ヤンキー・スタジアムで泣く。ミッキー・マントルは、一九五一年負傷してワールド・シリーズに出場できなくなったときに、ロッカー・ルームで泣く。カントリー・アンド・ウェスタンの人気歌手ロイ・エーカフは、涙を流しながら歌うので有名だった。「青い眼のソウル・ミュージック」の創始者のひとり、ジョニー・レイ、「涙の歌手」は、一九五一年に「クライ」を発表して、当時最大の人気歌手のひとりになった。最初のシングル盤のA面とB面は、それぞれ『ビルボード』誌のヒットチャートで、一位と二位を記録する（B面は「泣いたのは小さな白い雲」)。「涙にむせぶ大富豪」は、エルヴィス・プレスリーが現われるまでヒットチャートのトップを走り続ける。もしその皮肉なあだ名——涙男、プリンス・オヴ・ウェールズ〔ウェールズ（Wales）に「声をあげて泣く」（wails）をかけている〕、最高のおセンチ男、ご機嫌な涙、水鉄砲の眼、アメリカ一有名な泣き虫、とも呼ばれていた——が、レイの涙に対するある程度の揶揄を示していたとしても、レコードを買ったアメリカ人は、明らかにその涙に魅了されていた。涙がおそらく女性の専売特許だった時代に、泣く男は非常に大いに尊ばれ、手厚い報いを受けたのである。

とかくするうち「男の涙」は、ある程度文化的に通用するようになり、「感じやすい男性」と呼ばれることは、多くの場合賛辞になる。男性が泣くと、今では弱さというより強さと解釈され、女性が泣くと、一世紀前には倫理感が強いと思われたが、今ではむしろ不安定と見られることもある。女性の方がいっそう「感情的」で、男性の方がいっそう「理性的」であるという考えは、一九六〇年代末には、性差別主義のイデオロギーとしてあからさまな攻撃にさらされる。女性を感情的とみなすのは、理性がたたえられる文化では必然的に女性を貶め弱き者とすることになる、と論ずる者もいた。しかし同時に、反対の主張も浮上する。女性の感情本位は、ある意味で倫理的にまさっているという考えである。冷たい合理性は戦争と抑圧を広めたが、感情的アプローチは共感と調和を促す。「家父長制の伝統」は、感情を一種の低下した思考、一種の堕落した認識と見ていた。そしてフェミニストの中にはこの趣旨をひっくり返し、逆に感情こそ人間的反応の総体で、合理的な思考はその一部に過ぎないと主張する者もいる。この考え方によれば、合理性にこだわるのは、自他を理解する装置の断片に自分を限定することだった。

このような状況のもと、涙についてのふたつの相補的な議論が流布するようになる。社会的訓練の結果、女性は怒りを表わす代わりに泣き、同様に男性は涙を恐れるようになって、泣くべきときに怒りを表わす傾向がある。したがって女性は泣くのをやめて怒る必要があり、男性は怒るのをやめて泣き始める必要がある、というものだ。これらふたつの主張がぶつかり合うかもしれないことは、誰も気にしないようだった。人びとの根本的な感情構造の変化を求めるそのような騒ぎは、以前にはまったくなかった。性差の本質とそれに付随する文化的な現象を、さらにはその性差の解消可能性を確証するために、生物学と社会科学が動員された。

アメリカ人の涙の習性についての最初の詳細な調査は、ようやく一九七〇年代末から一九八〇年代初めにかけて行なわれた。そのときの調査では、女性の方がたしかに男性よりもしばしば、そして長時間泣くことが示された。ハストラップ、ベイカー、クレマー、ボーンステインの研究によれば、女性は一年間に平均して三十回泣くが、男性はおよそ六回未満である。言いかえれば、女性は男性の五倍以上の頻度で泣く。ウィリアム・フレイの研究では、女性は年平均で六十四回、男性は十七回で女性の四分の一より少し多い程度である。

フレイは被験者に泣くことに関するアンケートを渡し、泣いたことを日誌に記録するように頼んだ。その結果男性は一回に平均して四分間泣き、女性はおよそ六分間泣いた。極端な場合を見ると、重大な性差が現われた。ある女性はひと月に二十九回泣き、泣かなかった女性は六パーセントに過ぎない。一方男性の四五パーセントが全然泣かなかった。しかしほかの多くの統計値を見れば、両者に差のないことの方がずっと多い。女性が泣いた場合の四〇パーセントと男性が泣いた場合の三六パーセントは、親しい人間関係が原因である。泣くときに女性の一四パーセントと男性の一〇パーセントが泣きじゃくり、女性の四七パーセントと男性の二九パーセントが静かに涙を流した。女性の二七パーセントと男性の三六パーセントが映画あるいはテレビを見て泣いていた。

フレイのデータでひとつ問題なのは、アンケートの基本的な質問にやや欠陥が見られることである。「感情的なストレスから、一カ月に平均何回涙を流しますか?」という質問がある。たとえば映画を見て涙を流すことを、泣くこと、あるいはストレスへの反応に、誰もが含めるわけではないだろう。しかし含める者もいると思われる。このような質問をするときは、「泣く」とは何かをあらかじめ定義する必要がある。映画に対する反応について一九五〇年にイギリスで行われた調査では、映画を見ても決して泣きはしないが、喉にこみあげるものがあったり、目がうるんだりすると述べる男性が数人いた。「ときどきジーンときて目がうるんできますが、涙は流しません」と二十八歳の公務員は言う。三十五歳の男性によれば、「映画を見て泣くなどと決して認めませんが、涙かなと思われるものを抑えなければならないことはよくあります」とのこと。三十二歳のジャーナリストはにべもなく、しかし謎めいたことを言う。「女性のようには泣きません。」フレイが日誌をつけるように指示したことで、ほかの可能性も生まれた。感情的な涙、いらだちの涙、「そのほかの涙」を記録するように頼んだのである。しかしそれでもセックスについて調査した者の経験からわかるように、自己申告は文化的期待に沿うように歪曲されがちである。明確なチェックポイントはないが(セックスに関する調査の場合、男性が報告する女性との性体験総数は、女性が報告する男性との性体験数の二倍である)、それでもなおそのデータはいささか不完全と考えられる。赤ん坊が泣く頻度とその継続時間の調査では、調査者はテープ・レコーダーを用いて、母親の報告の不正確さをある程度補っている。しかし日常生活の中でおとなが泣くのを観察するためには、ビデオ撮影はおろか、録音もされたことがない。

ジェイムズ・R・アヴェリル、ランドルフ・R・コーネリアス、およびT・R・サービンは、一九八〇年代にそれぞれわずかに異なる理論的な視点から、おとなは社会的環境を変えるために泣くと論じている。とりわけ泣いて他人の否定的な態度を支持的な態度に変えようとし、それがしばしば功を奏する。特に女性が涙を流すと、そばにいる者はなぐさめる傾向がある。ほかの研究もこの主張を補強して、女性が泣くと男性も女性も手をさしのべ、共感を持つこと、男性が泣くと女性が手をさしのべ、共感を持つことを明らかにしている。フーヴァー＝デンプシー、プラス、そしてウォルストンの研究では、男性も女性も職場で泣けば、眉をひそめられると報告されている。そのことは、これらの研究結果が実験担当者の考慮にない状況に左右されうることを示している。

状況による変数のいくつかを知るために、スーザン・ラボット、ランダル・B・マーティン、パトリシア・S・イーソン、およびイレーヌ・Y・バーキーは、人びとが実験者団といっしょに映画を見ていかなる反応を示すかを調べる複数の実験を行なった。男性も女性も、同性より異性と映画を見るときの方が、型どおりの反応を示した。つまり女性は泣くことが増え、男性は泣くことが減るのである。そして男女とも、この実験環境の複雑な性構成を反映した期待に沿って反応することが明らかになった。一方でこれは、ほかの調査のいずれも適切な対照群を持っていないこと、そしてまた性差についての文化的な期待によって、いかなる調査結果も歪められるだろうということを示唆している。しかし同じチームによる一九九三年に行なわれた別の実験からは、これらの状況は急速に変化していることがわかった。この実験では、笑うか、泣くか、あるいはどちらもしない男性あるいは女性との二人組にして、百六十八人の学生に映画を見せた。大半の学生が、男性は泣いたときの方が好ましく、女性は泣かないときの方が好ましいという意見だった。そして泣いた者は笑った者、あるいはどちらもしなかった者よりもいっそう感情的だが、だからといっていっそう女性的というわけではないと考えていた。ラボットは、性による役割への期待は変わりつつあるという結論を出した。

たしかにその通りである。すでに一九八四年に、キャサリン・ロスとジョン・ミロウスキーが千三百六十人の男女を調査した結果、伝統的な性の役割に固執する男性は、そうでない男性よりも泣くのが少ないことがわかった。一九八〇年代初め、クレスター、ロンバード、マティスは、多くの調査にもとづき、同様な変化を示す研究論文を出版する。ほぼ六百人の学生に、泣いている男性と女性に対する自分の反応をたずね、またほかの人びとがどのように反応すると思うかもたずねた。学生は、女性の方が男性より回数多くまた容易に泣くことに意見が一致していたが、行動の自己申告による裏づけはとれなかった。そして回答者の大半が、男性が泣くことには自分たちよりもほかの「人びと」の方が困惑を感ずるだろうと考えていた。明らかにこのグループは、自分たちのように男性の涙を受け入れることは伝統に反するとみている。

キャサリン・コーラー・リースマンは、社会学者が用いる測定基準自体も結果を歪めると論じている。リースマンは、離婚した多くの男女に話を聞き、同時に標準的な社会学的基準を用いて、評価を行なった。女性の標準的な点数は、男性よりもずっと多くの憂鬱や悩みに見舞われたことを示している。しかし聞き取り調査では、男性は深刻な悩みを示唆する行動――飲み過ぎ、働きすぎ、不安、自己コントロール不能――があると述べているのに、それが点数には反映されていない。「通例の調査法は、女性を実際より『精神的に弱い』ように見せる上に、男女の感情パターンについての理解をゆがめ、人生の重大事に直面したときの男性の情動を過小評価している」とリースマンは書いている。

ミュリエル・イガートンは社会心理学者ジェイムズ・R・アヴェリルの感情概要理論を用いた結果、男性と女性では「激情」という概念の使い方が異なることに気づく。男性は怒りを激情の結果、つまり外部に原因があり、抑えられないものと考えたが、女性は違う。女性は、泣くことを外部の不可抗力の結果と考えた。言いかえると、泣くことを受けいれるという考え方は変化しても、根底にある理解の多くは依然として変わらないのかもしれない。

これらの調査研究のいくつかは、情動をおもてに表わすのはよいことで、抑圧するのは悪いこと、そして泣くのは表現であり、泣かないのは抑圧であると想定している。中には、その調査ではとうてい正当性を保証できない政治的な主張をする研究もある。たとえばフーヴァー＝デンプシーらによる職場における涙の研究は、もし女性がその職場を管理していれば、涙をもっとやさしく受け入れるような反応が規範になるだろう、と論じている。女性の経営スタイルについての研究は、この意見を裏づけてはいない。また、男性は泣くことを学んでも、中身より外見を変えているに過ぎず、その涙は単に新しい仮面に過ぎない、と示唆する社会学の理論家もいる。マイケル・メスナーが、自分自身は別として、研究誌『セオリー・アンド・ソサイエティ』に書いたところでは、「男性は男らしさの『代償』を払うのをやめたい」ので、ほかの力の虚飾はすべて残したまま、スタイルをマッチョから繊細に取り替えると言う。しかしこれはいささか誇大妄想的な解釈に思える。伝統的な特権を保つための一種大掛かりな企てとして、国中の男性は泣いて感情を表わすことを学んでいるのだろうか？

男性の力のもっとも普遍的かつもっとも醜い形のいくつかは、確かに今なお社会で威を振るっている。

サラ・E・ウルマンおよびレイモンド・A・ナイトは、二百七十四件の強姦に関する警察の報告書と法廷の記録を調べた結果、女性が襲われている途中で泣くと、肉体的な傷害が著しくふえることに気づいた。ジェンダー理論体系の中に涙が占めている位置をどう考えようと、それだけでこの身の毛もよだつ事実を説明できないことは明らかである。そして前述のように、幼児や子どもにとって、泣くことはきわめて危険になりうる。男性、女性による虐待の引き金になるからだ。もし男性が泣くことを学んでも、もちろんそれで社会が自動的に変わるわけではないだろう。社会学者ノーバート・エリアスによれば、情動の抑制は彼のいわゆる「教化の過程」の中心をなすもので、子どもは成長とともに、情動表現を制御する法則を学ぶことによってこの過程を繰り返す。ジェイムズ・アヴェリルが観察したように、この考えは制御法則だけではなく、構成法則まで含むように拡大することができる。つまり、「女性が家庭から職場に出る」ときや、男性が「いっそう大きな家庭の責任を引き受ける」ときなど、「その移行は、価値観や信念の根本的な変化を必要とし」、これらの変化は「根本的に異なる情動を」引き起こす。言いかえれば、涙は社会的な取り決めを変えはしないだろうが、男女双方にとっての社会的な取り決めが変われば、双方にとっての涙の意味も変わるだろう。

そして事態は変わり続ける。今や男性の涙はどこでも見られる。泣く男性が再び望ましいとされるようになったのは、過去五年間の男性映画スターの涙を見ればわかる。レオナルド・ディカプリオ、ブラッド・ピット、トム・ハンクスのみならず、メル・ギヴソン、シルヴェスター・スタローン、ブルース・ウィリスのようなアクション・スターも泣く。シカゴ・ブルズが初めてNBAのタイトルを取ったとき、マイケル・ジョーダンは涙を隠そうともしなかったが、批判されることはなかった。一九九六年にタイトルをとったときも、ジョーダンは泣く。ゲームが終わったとたん床の上で胎児のように体を丸め、しゃくりあげた。テレビのアナウンサーは、ジョーダンの父が一年半前に殺されたこと、ゲームは父の日に行なわれ、二年間の一時的引退のあと奇跡的な復帰を遂げたことを説明した。この偶然の一致によって、普通なら行き過ぎの泣き方も納得できる、と言いたかったのだろう。フィギュアスケートでも、選手は「キスと涙の専用席」と称されるベンチに座って、審判の点数が発表されるのを聞くと、男性も女性も一様に涙を浮かべる。野球選手は、たとえほかの機会にはほとんど泣かないと思われていても、ワールドシリーズに勝てば泣くこともある。負け犬とされていたボクサーが勝てば、涙を見せもする。反面、楽に勝った本命選手が泣くのはおかしいし、敗れた負け犬も本命も、泣けばきっと面目を失うことになる。要するにそれぞれのスポーツには独自の表現の決まりがあるということ。そして、もちろんすべての決まりには例外があり、また泣いたときには、それが決まりにあっていることを説明する方法もある。

たとえば一九六五年のモハメッド・アリとの試合で、フロイド・パターソンがタイトルを失って泣いたのは有名である。アリはパターソンを「アンクル・トム」(白人に卑屈な黒人)と呼んでいたし、リング上でも侮辱した。あるレポーターはアリの試合ぶりを、蝶の羽をむしる少年にたとえ、アリ自身のセコンドが、パターソンをノック・ダウンして試合を終わらせるよう説得していた。パターソンは泣いたが、新しいいっそう偉大な闘士に打ち倒された偉大なる英雄という神話になった。今や運動選手の涙はキャラクターの一つなのかもしれない。サンフランシスコ・フォーティナイナーズのランニングバック、デレク・ロヴィルは、毎週ではないが、しばしば試合前に泣く。それはハイスクールのチームにいたときから変わらない。「最初は変な感じでした」とチーム・メイトのアダム・ウォーカーは言う。しかし「ロヴィルは試合が大好きなので、高ぶる気持ちをそうして処理しているのです」と推測する。これは格別深い洞察ではないかもしれないが、男性のエチケット違反に見えるものでもいかにたやすく理解できるかを、示している。『サンフランシスコ・エグザミナー』誌は、ロヴィルの涙について、「フォーティナイナーズのロヴィルの強き涙」という見出しの記事を載せた。しかし最近男性が自由に泣けるようになったもっとも明らかな例は、オリンピック・レスラーのカート・アングルで、一九九六年に金メダルを取ったあと、たっぷり三十分は泣き続けた。現代スポーツ史では平気で涙を見せる話は多いが、報道がそれをばかにしたり、おもしろがったりすることはない。

一九九四年の『グラマー』誌のシンディ・チャパクによる記事では、男性の涙がユーモラスにとらえられている。今では男性の涙は許されているのみならず、求愛の儀式の一部として必要とされている、とチャパクは考える。したがって、もし若い男性が家族の中で泣くことを学んでいなければ、デートの間にきっとその仕方を学ぶことになる。しかし、なんでもいいからただ泣くだけではだめ、とチャパクは書いている。男性はガールフレンドの美しさに泣いてもよいが、小切手帳の帳尻が合わないと言って泣けば、すべてはおじゃん。「もちろん私たちは男性が泣けるかどうか知りたい。しかし男性が『恐怖、欲求不満、弱さ』から泣くのは見たくない。」そして、男性が交際のはじめに一度だけ泣くのが理想と冗談を言う。それ以後は決して二度と再び泣くべきではないのである。

『プリティ・リーグ』(一九九二年)でトム・ハンクスの野球チームにいる女性のひとりが選手席で泣き

出したとき、ハンクスはどなりつける。「どうしたんだ？　泣くわけにはいかないぞ！　わかってるか？　野球には泣くというプレイはないんだよ！」スポーツの涙は受け入れられているので、これはジョークである。実は私たちは十八世紀の男女を問わない涙もろさに、明らかに再び近づいている。若者は十回以上も『タイタニック』を見ては、シャツを濡らして出てくる。しかしその父親は、めったに泣かず、ましてそれを愉しみであるなどとは考えもしなかった。どのくらい続くかはわからないが、男女の涙が入り混じる時代が戻ってきた。

フランスの歴史家、エリザベト・バダンテルは、イタリアの雑誌『レスプレッソ』誌のインタヴュー記事で、なぜ今男性が以前より泣くことが多くなったのかたずねられて、こう答えている。「男性は、男らしさに対する不安から泣き、今日の新しい女性とどうつきあってよいかわからずに泣きます。とりわけ、自分というものがもはやわからなくて泣くのです。」思いあたるふしはあるだろう。しかし社会学としては、それでは明らかに足りない。ノラ・エフロンはその小説『ハートバーン』の中で、泣く男性に関して別の角度から異議を唱える。

男性が十分に泣いていないという事実については、近年いろいろと書かれている。泣くことはいいことで、成熟した男性のしるしだと考えられている。一般に、泣くのは男らしくないと教えられた男の子は、大人になってから苦痛とか悲しみとか失望とかの感情一般に対処できなくなると信じられている。このことに関しては、私にも二つの言い分がある。まずひとつは、私が、常に泣くという行為が過大評価されていると思っていること。つまり、女性は泣きすぎる。そして私たち女は、泣くことが全般的に過剰になるのを断じて望んではならないということだ。言い分その二。泣く男には要注意。確かに泣く男はもろもろの感情に対して敏感だし同情的だ。だが、彼らが敏感に反応して同情的になるのは自分自身の感情に対してだけなのだ。

（松岡和子訳）

エフロン、バダンテル、そしてチャパク、みながみなよりどころにしているのは、世間が変わったという認識である。三人とも、男性は泣いている、たくさん涙を流していると思っている。だからバダンテルにとっては、社会的な調査分析の中心となり、チャパクとエフロンにとっては、笑い話の素材になる。三人とも男性の感情表出の再評価が行なわれ、革命は進行していると考える。社会学はそれにまだ満足に追いついていない。そして三人が三人、まじめ度はさまざまながら、反対方向への社会的な圧力、男性の涙が「全般に過剰」にならないようにするものが必要な時期がきた、と述べている。過去十年間映画スターや政治家は、再び涙を撒き散らすようになってきた。それは、涙のしきたりをめぐるすべての社会学的な結論がすぐに陳腐なものになる運命にあることを、さらに証拠立てるだろう。

第五章

哀悼の文化——涙の人類学

今世紀の初頭に人類学者は、タイおよびマレーシア西方のアンダマン諸島住民とニュージーランドのマオリ族のどちらにも、非常に奇妙な習慣があることを観察した。いずれの文化でも、友人同士、あるいは親類同士のふたりが再会したときは、互いに風変わりな挨拶をかわす。ふたりは腰を下ろし、ひとりが相手の膝に乗り、互いの首に腕を回して、数分間涙を流し声をあげて泣く。一八七〇年代にアンダマン諸島に滞在したE・H・マンによれば、親類同士が、ほんの数週間離れていただけなのに、再会したときに涙を流し、激しく泣き喚くので、「この場合の喜びの表現と、近しい親類が死んだときの悲しみの表現の間に、まったく違いがない」。A・R・ラドクリフ＝ブラウンは、一九二二年の研究論文『アンダマン諸島人』の中でこれについて書いている。彼は初めのうち、友人ないし親類たちが再会を心から喜んで、いわゆる喜びの涙を流しているだけなのだろうと考えた。しかし島民にその間違いを正された。ふたりが最後に会ってから死んだ人びとを悼んでいるのだと言う。

たとえ誰も死ななくても、そしてほんの一週間しか離れていなくても、同じように抱擁しあって涙を流すことに、ラドクリフ＝ブラウンは間もなく気づく。そこで、ともに泣くことが哀悼のひとつの形であると島民が主張するのは、その発端を説明しているのであって、現時点での目的あるいは意味ではない、という仮説を立てた。握手や両頬へのキスというヨーロッパの挨拶の起源も、遠い歴史のおぼろげな闇に埋もれているが、それと同様に、この挨拶の形は本来死者をあがめるためのものだったのが、純粋に紋切り型の習慣になった、とするのである。

この説明はまことにもっともらしいが、アンダマン諸島人やマオリ族の言うこととは相容れない。つまりこの挨拶に根源的な意味があるとするこの人たちの理解とはくいちがう。もし私たちが映画に涙を流すのを見て、マオリ族あるいはアンダマン諸島の社会学者が、これは実際にはその起源を忘れてしまっている儀式を単に繰り返しているに過ぎないと言えば、私たちとしてはおもしろいと思うかもしれないが、やはり間違いである。私たち自身の、あるいはほかの文化の情動のあり方を理解しようとするときは、いつも同じ問題にぶつかる。強い情動を見せるのは、どの程度までが単に因襲的なもので、感情表出というよりむしろ礼儀作法なのだろうか？　あるいはこのふたつが、合体しているのだろうか？　彼らの言うことをそっくりそのまま信用してもよいのか、それとも無視して、私たち自身で解釈するのが真実に近いのか？　各個人の自分の涙についての考えは、涙の実際の意味の中心となるものだろうか？

哀悼の極みにおいてさえある種の涙はだいたい「遂行的」だという十分な証拠がある。言語学者は「遂行的」という語を、「ごめんなさい」のように、それ自体が提案ではなくひとつの行動である発話について用いる。ほかの涙は単なる義務の遂行に過ぎない。「涙――それは父の親族の男に見せるためのものだ」と〔パプア・ニューギニアの〕トロブリアンド諸島の会葬者がブラニスラフ・マリノフスキーに言った。しかもなお別の会葬者が言うには、誰かが死ぬと部族全体が苦しみ、それゆえに泣き喚く。なぜなら部族はその一員を失って、「まるで手や足をもがれたように、あるいは木の枝が切り落とされたかのように」傷ついているからである。純粋に自然な事実として感じられる共通の喪失感と、根本的な社会的事実として感じられる共通の義務感が、トロブリアンド諸島人の涙には溶け合っている。アルシオニリオ・ブルッツィ・アルヴェス・ダ・シルヴァがブラジルのウアウペス川に関する記事の中で述べているように、ある集団では泣いたり笑ったりする。「自分たちの死んだきょうだいの前で、彼らは絶望の叫びを上げて泣き出すかと思うと、同じようにやすやすとこの上なく騒がしく、また無作法に笑い出す。」ハンス・ベッヒャーによれば、ブラジルのヤノアマ族は、大声で泣き喚いて喪失を悲しみ、同時に喜びの「かん高い叫び声を上げ続けた」。それは故人の魂が「月への入り口を見つけた」ことを喜んでいるのである。喪失、喜び、哀悼、儀式、すべてが入り混じっているが、それでも弔いの感情の意味を包みきれてはいない。

死は普遍的かもしれないが、それに対する人間の反応は違う。すべての文化は死という容赦のない個人的、社会的損失を表現し、封じ込め、ほめたたえ、処理するように働く。それは文化によって多少異なる。哀悼の儀礼はさまざまな方法で涙を儀式化し、悲しみをいろいろな葬儀の形に注ぎこむ。死という結末が生み出した行為やシンボルは、遠い文化の習慣であれ、私たち自身のものであれ、第三者の眼には手のこんだものに、あるいは強烈に、あるいは美しく、あるいは不適切に、あるいは奇妙に、あるいは無作法に、あるいは不十分に見えるかもしれない。しかし涙は、唯一の例外はあるものの、地域別人間関係資料（世界の文化に関する入手可能な論文をすべて集めようというアメリカ国務省の試み）で論じられているすべての文化で行なわれる葬式に共通して見られる。（序章で述べたように、風変わり

ゲーテの友人であり、かつての協力者だったラーヴァターには、観相学に関する4巻本の著作があり、その中にはさまざまな哀悼の様子を描いたこのエッチングが掲げられている。

ヨハン・カスパール・ラーヴァター
『観相学断章』(1792年刊の英訳本)

なのはバリで、人が死ぬと人びとは涙を流すが、数年後に行なわれる葬式で泣くことはない。）人が死んだときに泣くのは人間の普遍的傾向である。

しかし儀式はきわめて個別的である。イギリスの社会学者ジェフリー・ゴーラーは、一九五五年の論文で、十二世紀中頃のイギリス文化に見られた「死のポルノグラフィー」とでも言うべきものについて述べている。それによれば、友人あるいは親類の死は礼儀正しい会話では避けられ、子どもの前では決して語られず、話題にするときもただ婉曲に触れられたに過ぎない。十九世紀におけるセックス同様、死は閉ざされたドアの内側でひそかに語られた、とゴーラーは書いている。しかし十九世紀には、逆に死は公然と話題になった。そして半世紀後、世界の大半の葬式では、今なお実際に私たち自身の葬式より盛大にすすり泣きが起こり、泣き声があがる。それでも私たちも結局泣くのである。

今日の人類学者の主張によれば、情動に関するおおかたの記述は観察者の価値観、習慣、解釈によって必然的に歪められており、ほかの文化の感情のあり方について述べる際の不完全な相対主義が、長い誤った歴史を生み出した。この欠陥解釈は、旅行者、植民地支配者、宣教師のみならず、過去代々の人類学者の仕事をも汚染していると彼らは言う。そして過去百年以上にわたるほかの文化の哀悼に関する文献を調べると、さまざまな形の庇護者ぶり、性差別、子どもあつかいが見られる。西洋から地球のはるかかなたに到達した昔の人びとは、学んだ文化をすなおに記述するのではなく、実際にはむしろ善悪を判定しようとしていた。

たとえばマーガレット・ミードは、『サモアの思春期』（一九二八年）の中で、サモア人の態度には見習うべき点があるという考えを明らかにしている。つまり感情の働きについての理解のしかたには、私たちとしてもまねるべきものがあると考えている。ほかの文化について学ぶことは、「私たち自身の文化をいっそう着実に吟味し、いっそう愛情こめて評価するための能力を、研ぎ澄ますにちがいありません。」情動の相違は文化的な訓練の結果で、それは自然のものではなく習得されるものだから、忘れられる、あるいは習得しなおされることもありうる、というのが人類学の前提（あるいは議論）だった。コロンビア大学のミードの同僚ルース・ベネディクトは、一九三四年の名著『文化の型』の中で、諸文化は文化内部のさまざまな要求に従ってそれぞれ異なる感情のスタイルを発展させたと述べている。それは当時人類学では自明の理となっていた。ベネディクトによれば、人間には大きな可能性があり、各人間集団はどの領域でもその大きな可能性の一部を使っているに過ぎない。ベネディクトはその主張を立証するために、言語のちがいを例にあげる。たとえば人間は無数の母音を発音できるが、どの言語もそのうちの限られた数の母音しか使っていない。そしてすべての人間は舌打ちして音をたてることができるが、それを言語に使っている文化はほんのわずかである。感情についても同じことが言える。大きな可能性の中から、文化は限られたわずかなもので間に合わせている。

これは、誰かがその後論じているように、感情の様式がそれゆえ完全に相対的あるいは「恣意的」なものであるということではなく、文化によって著しく異なるということにすぎない。〔ニューメキシコ州に住む〕ズニ族の感情文化は、その砂漠の生活条件を考えればよくわかるし、日本の感情文化も、「縦」社会構造を考えれば理解できる云々、とベネディクトは論ずる。人類学者（そしてその先祖の啓蒙家）が反論していたのは、感情は自然にそなわっているものの一部として人の体に単純に宿っており、それを刺激する、あるいは活発化させるような状況を待っている、という考えである。感情はむしろ相互作用のうちに習得される。サンドウィッチ島民が喜びのしるしとして泣く習慣があると一八六〇年代に論じたとき、チャールズ・ダーウィンはそのように想定していた。

ウェストン・ラバールは一九四〇年代にペヨーテ教の集会に行ったときのことを語っている。その集会では、「大きなたくましいウィチタ族のインディアンが、突如たががはずれたようにおいおい泣き出した。人前では、西洋の成人男性は決してそんなことはしない。そのうち、これは超自然的な存在への型どおりのアプローチだとわかった。熱心に泣いて、子どものように無力なことを示し、その憐れみを誘い、まじないの力という贈り物を懇願するのだ」。「たくましい」インディアンが柄にもなく突然泣き出して、「おいおい泣く」と述べているラバールは、人類学者としてふつう期待される相対主義者には見えない。しかしその研究は、感情の文化的形成の新しい証拠として迎えられた。ラバールの真の批判の対象は、涙が何を意味するかついて聞き手が抱いている偏見である。もし涙を流すことが、おじぎや握手のように、単に文化的に形作られた行動であるなら、それは相対的な、社会的に獲得された儀礼で、純粋な感情の自由な発露ではない。

言い換えれば、新しい感情の様式を発見した昔の人類学者、旅行者、そして宣教師は、文化理解にどのような障害を持っていたにせよ、感情が単なる自然な反応というよりむしろ文化の一部であることを示すのには成功した。今日の人類学者と同様、彼らは感情が文化によって異なり、それらの文化の不可欠な一部であることを理解していた。体、心、集団についてさまざまな違った理解のしかたがあることを観察した者もいた。その違いたるや、「体」、「心」、「集団」というカテゴリーそのものも、しばしば翻訳できないほどである。そして感情を記述するための異なる語彙も同様に直接には翻訳できないことを、たいていは理解していた。

昔の人類学者や旅行者は異なる哀悼の習慣をしばしば理解できなかったが、そのこと自体が示唆に富んでいて、このきわめて根本的な人間行動の違いを叙述する助けになる。これらの旅行者が記している儀式は、彼ら自身の価値観にどれほど染め上げられていようと、集めてみると、死に対する人間の反応のとほうもなく多様な世界を描き出す。たとえば台湾の道家の葬式では、涙と訓戒に満ちた三、四時間の儀式の一部として、道士は魂の世界へと出立する使者の旅を鳴り物入りのどたばた喜劇で演ずる。その中には、神に酒を捧げ、酔っ払う場面、軽業や宙返りなどの芸当、キーストンのおまわり〔サイレント映画時代のどたばた喜劇に登場したよれよれの制服を着たどじな警官〕さながらの追跡場面が含まれる。いっそう当惑させられるのは、自傷の儀式で、痛みを課すことが、どうして喪失の痛みの癒しになるのだろう？　人びとは覚えるために泣くのだろうか？　それとも忘れるために泣くのだろうか？　人類学者はまた、結婚式で泣くことも不思議に思っている。結婚式と葬式では何が共通しているのだろう？　人びとが泣くのは、単にその社会の慣習と儀式が泣くことをすすめているからだろうか？　変化に逆らうしるしだろうか？　それとも変化を受け入れるしるしだろうか？　そしてこれらの疑問に人類学者がたとえ十分な答えを用意できたとしても、重要な疑問はまだ残る。なぜ涙を流すのか？

泣き屋その他の哀悼者

一七四〇年代、フランスの探検家アントワーヌ・エズメ・プルノー・ド・ポムジョルジュは、現在のセネガルでウォロフ族に出会い、彼らが泣き役を雇うことに興味を引かれた。ポムジョルジュは一七八九年アムステルダムで旅行記を出版したが、その中で、八日にわたる伝統的な葬式でのウォロフ族の女性のふるまいを、やや懐疑的に記している。

これらの女性は雇われた者で、たいていは死んだ人のことを知らない。泣き声と嘆きぶりでもっとも大きな悲しみを表わす者が最高とされ、行列と家族の先頭に立つ。故人が埋葬され、式が終わると、この女性たちは小屋の戸口に戻り、夫を失ったばかりの女性の前で泣き叫ぶ。涙や泣き声を止めるのは、故人と未亡人をほめたたえるときだけ。その後小屋に入り、依頼された役割をりっぱに演じてやった家族や朋輩からお礼の言葉を受ける。そして気前よく振舞われるブランデーを飲む。

ポムジョルジュの同郷人、L・J・B・ベランジェ＝フェローは、九十年後にパリで出版されたセネガル人に関する本の中で、裕福な者はそのような儀式で薄情を隠していた、と書いている。「本当に悲しんではいないので、泣き役の女性を雇って、涙を流し、泣き叫んでもらう」と結論する。

文化の相違に関するもっとも古い記述を数多く残してくれたのは宣教師で、その人たちも泣き屋をさげすんでいる。宣教師エドウィン・ゴームズは一九一一年に『ボルネオの海ダヤク族との十七年間』を書いたとき、雇われ泣き屋の巧妙なごまかしに軽蔑をこめて触れている。ボルネオの慣習では、食べ物や小さな装身具を神と故人への捧げ物として、ジャングルに投げ込むことになっていた。しかし「泣き屋のいる部族では、捧げ物としての食べ物を窓から家の裏に投げ出すだけでは十分ではない。泣き屋がその食べ物を黄泉の国に送る手伝いをしなければならない」。つまり泣き屋が持ってきた鳥の像のくちばしに食べ物を入れる。その鳥はまず泣き屋の家に寄って、そこに贈り物を置いていくのだろうとゴームズは述べている。同じくボルネオへ赴いた宣教師ウィリアム・ハウエル師は、こういったしきたりには気品のある尊厳が一般に欠けていることを強調し、次のように語る。「時に胸を引き裂くような、そして時にやさしくなだめるような泣き屋の魅惑的な歌に、女たちは注意深く耳を傾けるが、男たちは闘鶏をしかけるのに忙しい。」

プロの泣き屋は当人の文化の中でも、不まじめで暴利をむさぼっているとしてしばしば攻撃される。イヴリン・ウォーの『囁きの霊園』その他風刺文学に出てくる葬式監督のように、あるいは喜劇のおきまりの人物で会ったこともない故人をほめたたえる司祭や牧師のように、彼らは共感より、商売っ気に動かされているように見える。泣き屋は、仕事をしている限りその仕事が絶えることはない。人びとが喪失に適応するのに重要な役割を果たしているからである。彼らは金で雇われた助っ人で、たとえむだに終わろうとも、遺族の支えになることを求められている。遺族の涙ながらの願いをふくらませ、ふさわしい重みをつける。手初めは故人は死んでいないという願いである。人知れず泣く子どものように、残された親族縁者は死者を甦らせたいというかなわぬ望みを抱いて、涙を流し、嘆き悲しみ、誰にとなく呼ばわる。そこへ泣き屋が登場、この仮想の取引きの仲立ちができると称して、生計を立てる。

泣き屋は、古代のギリシア、ローマおよび中東、そして後のイスラム世界のいたるところで繁盛し、批判された。罪人や金貸しと並んで卑しい職業のリストにしばしば見出される。ギリシア七賢のひとりソロンは早くも紀元前六世紀に、泣き屋の使用に対する規制を設けた。聖パウロは彼らと論争している。

四世紀末、コンスタンティノポリスの聖ヨハネス・クリュソストモスは、「悼みを強め、悲しみの炎をかきたてるために……哀悼者として泣き女を」雇うことを叱責し、泣き屋を雇った者は破門に処すと脅した。「プラシーボ」という言葉は、「卑屈なおべっか使い」と、「泣き屋によって葬式で歌われる哀歌」の両方の意味で用いられた。現在のような医学的な意味〔偽薬〕を獲得したのは、十八世紀になってからに過ぎない。「プラシーボ」は「私は喜ばせるだろう」という意味のラテン語(placebo)に由来する。たとえその仕事が生計を立てる手段としてはかなり品格の落ちるものだったとしても、泣き屋の涙はある者にとっては、たしかにある程度は「喜べる」ものだった。

十二世紀には、どこもかしこも泣き屋だらけで、レコンキスタ〔国土回復運動〕の神話的な英雄エル・シッド(スペインの同名の叙事詩に登場)は、自分のために泣いてくれるのは、妻のジメーナだけでよいと自慢せずにはいられなかった。

私が死んだら、この言葉を思い出してほしい。
私のために泣き屋を雇ってはならない。
涙を買う必要はない。
ジメーナの涙で十分だ。

ヨーロッパの中世末期には、個人的な哀悼を重視するというエル・シッド的倫理が支配的になり、古い型の泣き屋はずっとまれになった。

代わって出てきたのは、新しい専門的哀悼者集団である。フィリップ・アリエスが指摘している通り、葬式を行なない監督する仕事は司祭が引きついだ。その結果、教会とその監督下にある者が、哀悼市場を独占するようになる。アフリカで宣教師が競合する泣き屋を憎悪した理由も、これで説明がつくだろう。裕福な人びとが自分の意志で孤児院や修道院に寄付し、その代わり孤児や修道士が葬式の行列とミサに参加することが通例となった。遺産が大きければ大きいほど葬式も大きくなる。

イスラムの聖職者もその商売に割り込もうとし、競争相手を攻撃する。イスラム法の考えでは、泣き屋稼業は泥棒や娼婦と同等とみなされた。たとえば子どもの養育権を規定する法律は次のように命ずる。母親が養育権を与えられるためには、「りっぱな女性でなければならない。もし不義や窃盗を働く堕落した人間であること、泣き女、あるいは踊り子のような卑しい仕事をしていることが立証されれば、養育権を喪失する」。今日の指導者や導師《イマーム》のもとでは、泣くことは家族や友人にまかされ、聖職者は行列や、静かな、また厳かな詠唱にあふれた儀式を執り行なう。哀悼のプロはこの千年の間それほど多くが消えたわけではない。ただ長衣をまとい、泣くのをやめただけである。

探検家、人類学者、および宣教師は、泣き屋のみならず、ほかの文化の死への反応すべてに魅せられた。その上をゆくのは性風俗だけである。たとえば十九世紀に朝鮮へ行った旅行者や宣教師が、手の込んだ喪服、葬式、涙を流すための時間と場所について書いているが、それは単なる慣習ではなく、法律で定められていた。朝鮮の役人が「服喪者への手引き」を刊行していることに驚いた者もいる。服喪者はそれぞれ決まった数の帯や肩帯をつけるように規定され、遺体を入れる棺は、このために準備され飾られた特別な部屋に何カ月も前から置かれていたものでなければならない。「泣くのはこの死の部屋だけというのがきまりである」と一八八〇年代に朝鮮に滞在したウィリアム・エリオット・グリフィスは述べている。「しかしこれは毎日三、四回行なわなければならない。」さらに、死の部屋に入る前には、

服喪者は特別な喪服を身に着けなければならない。生地は灰色の木綿で、裂けて、つぎがあてられ、できるだけ汚れたものである。帯は、藁と絹を縒《よ》って手首の太さの縄にしたものでなければならない。汚い麻布をかぶった頭の周りには、太さ親指ほどの別の縄を巻きつけ、その両端は頬のところに垂らす。そして特別な草鞋を履き、太くて長い竹の杖を持てば、できあがりである。服喪者はそのような装いで、朝起きたときと食事の前ごとに死の部屋に入る。食べ物をたくさん載せた膳を運び、棺の脇にある台の上に置く。喪主が中心になって式を行なう。喪主はひれ伏し、棒で打たれ、親が死んだ場合には、「アイゴー」と聞こえる悲しみのうめき声を上げる。ほかの親族の場合は「オイ、オイ」とうめく。

ほかの西洋人による記述は、服装や行事の異様な複雑さに魅せられて、さらに詳細にわたる。

多くの者がこういった手のこんだ儀式に、泣き屋に対するのと同じ胡散臭さをある程度感じている。グリフィスはさらに、朝鮮の葬式の号泣が往々にして偽りであることまでほのめかす。「大声で長時間うめいたり泣いたりすれば、世間の評判もよくなるのだろう」と疑惑を隠さない。E・B・ランディスは、一八九六年のイギリスの人類学誌で、標準的な朝鮮の葬儀典礼——地面に七本の杭を立て、おのおのの杭の上にいる霊にお供えをして、儀礼の泣き声をあげ、伏し拝む。列席者はすべてきまりの衣裳と

アクセサリーを着用――を概説したあと、酒を地に注ぐ神事が何回かあるうちの最初のものについて、以下のように記している。

泣き屋は香炉の前にひざまずく。次に侍者が空の杯を取り上げて酒を注ぎ、ひざまずいて泣き屋に渡す。泣き屋は三回に分けて酒を砂に注ぎ、杯を侍者に返す。供の者は杯を再び満たして、位牌の前に置く。それから泣き屋は少し後ろに下がり、喪主がひざまずいて霊が降りてくるように、前述の祈りの言葉を唱える。この間泣き屋は声をあげない。すべてが終わると泣き声を上げ、出席者全員が二度ひれふす。

泣き屋はそのあと自分の小屋に退き、杖にすがって泣く。涙を流したり止めたりできること、悲しみの言葉がなめらかに出てくること、まさにそれこそが、第三者にはいかがわしく思われる理由である。

ウォルター・ボルドウィン・スペンサーとフランシス・ジェイムズ・ギレンは、一九一〇年代にオセアニアのアランダ族に関する研究を行ない、このように悲しみをコントロールできるのは、実は子どものようにコントロールができていないことを示すものだ、と結論を下した。「自分を痛めつけ、大声で嘆き悲しんだりすることが、本当に感じられている悲しみをあらわす尺度とは一瞬たりとも思えなかった」と書いている。アランダ族は「自分の子どもに対しては確かに心からの悲しみや、本物の愛情を感ずることができる……オーストラリアの先住民の心は私たちの子どもの心に似ている。一瞬、悲しみや怒りの激しい感情にとらわれたかと思うと、次の瞬間何かを思いつくや、気分がたちまち変わり、涙が笑いにところを譲る。」

フランシス・ランブレヒトは一九二〇年代にカトリック人類学会議で、フィリピンのイフガオ族のところに滞在したことについて報告しているが、数分おきに遺体のところに戻っては涙を流すのが、女性の本心からの行為かどうか疑っている。女性たちが哀悼に熟練しているところを見せようとして、激しい「身振りで、ほかの者すべてをしのぐ泣き声をあげる」のがやり過ぎだと言う。「むしろその悲しみはすべて命令に従って行なわれているような感じだった。女性たちは嘆き悲しんでいるうちに、やがて不意に泣くのをやめ、ほかの人びとのところに行って座り、ビンロウジを噛み、宴会に出ているように笑ったりしゃべったりする。そして葬式の食事の仕度ができると、目的はそれだったことが、その顔からありありと見てとれる。」自然な悲しみの深さを示すはずの死の儀式は、人類学者や宣教師の目には、不自然で心のこもらぬ所業、うそ泣きで偽りの悲しみを隠しているように映った。

コロンビア大学のオットー・クラインバーグとオックスフォード大学のベアトリス・ブラックウッドは、二十世紀半ばの人類学者がいかに恣意的に情動反応を叙述しているかの典型的な例である。「メキシコの先住民ウイチョル族の間では、［宗教的な儀式で］泣いている男性は、意のままに泣きやむことができる……儀式が終わったとたん男性はいつもの快活さに戻る」とクラインバーグは報告する。ブラックウッドは著書『ブーカ水路の両側――北西ソロモン諸島における社会的・性的・経済的問題の民族誌的研究』（一九三五年）の中で、ソロモン諸島の少女のことを語っている。少女は嘆きぶりがあまりに激しく、棺から引き離さなければならないほどだったが、ものの数分とたたないうちに、ほかの少女たちと笑い始めた。このふたりの人類学者の主張の眼目は、ほかの文化における悲しみの表現がどれほど人為的で、取るに足りないものでさえあるかを示すにとどまらず、泣くのは純粋にしきたりによるものであり、私たち自身が敬虔な心で泣いているかどうかも同じく疑わしい、という点にある。

宣教師J・ロバート・ムースは、一九一一年に朝鮮から手紙を書いて、風習と偽善の関係のひとつを説明している。「父親が死んだとき、家族全員が故人のまわりに集まり、泣き始める。……泣くのには決まった規則があり、深い苦悩や深い悲しみの表われとは見られない。」言い換えれば、情動を表わすのに規則があるというまさにその事実が、本当の気持ちを表わすことを不可能にしている。これはもちろん、感情とは自然に生まれ自然にあふれ出るもので文化的な制約からは自由なもの、という宣教師自身の信念による見方である。スペンサーとギレンもまた、アランダ族の不誠実さは、彼らの「すべての行動が慣習によって縛られ、制限されている」という事実による、と考えている。

十九世紀の宣教師がそれほどすぐれた相対主義者でなかったのは、こと新しく言うまでもなかろう。そしてもちろんこの欠陥が見られたのは、宣教師ばかりではなかった。たとえばムブーティ・ピグミー族は、すぐそばの隣人バントゥー族を呼ぶのに、「野蛮人」、「けだもの」という二つの言葉を使い、バントゥー族もムブーティ族を呼ぶのに同じ意味のバントゥー語を用いる。このような慣わしは地球上で広く見られる。人類学者はこの融和しがたい差別意識を打破しようとするかもしれないが、しかしあくまでもよそ者である。「人間」を意味するズニ語は「ズニ」で、ズニ族の研究をしていた人類学者は「人間」ではなかった。レナート・ロザルドはわが国でもっとも尊敬されている人類学者のひとりだが、情動の観点からこの問題に取り組んだ。ロザルドは定期的にフィリピンに行き、同地で妻の人類学者ミシェル・ロザルドと広範囲な実地調査を行なう。レナート・ロザルドは有名な首狩り族のイロンゴト族を研究し、復讐の形式としての首狩りの情動的、社会的機能を分析した。一九八一年の滞在で、ミシェル・ロザルドは山道で足をすべらせ、断崖をおよそ二十メートルも落ちて、その怪我がもとで死ぬ。数年後レナートは小論をものする。その中で妻を失った際の怒りと、その怒りのおかげで、イロンゴト族の男性が哀悼の怒りから死に対する報復として首を狩るのが、改めて理解できるようになった経緯を述べている。この小論でロザルドが第一に論じているのは、民族誌学を研究する意味、そして、人類学者と先住民が自分たちのかかわっている社会事象について抱いている理解には、「盲目と洞察」（ロザルドはポール・ド・マンの言葉を借りている）が混在している事実だった。首狩りの儀式の決定的な真実は突然わかったのではない、と書かれている。復讐したいという欲求の本当の力が、初めて理解できた。ロザルドの立場は、哀悼の過程の外側から内側へと変わったのだった。

民族誌学のこれら根本的な問題はさておき、宣教師や人類学者の中に儀式と情動の関係について重大な誤解があったことは間違いない。儀式が情動反応を単に公開するためにあるのではなく、むしろそれを引き起こしうることを、彼らは往々にして考慮しそこなった。したがって重要な儀式で共通の感情に捕らえられた人びとを不誠実であると、思い違いをした。結婚式で泣く人びとは、花嫁あるいは花婿に対する特別な感情のために泣くのではなく、式自体が意味するもののために泣く。葬式で泣く人びとは、故人との関係のためというより、むしろ故人との関係にもかかわらず泣く。重要な儀式は、参加者にとっていつも自然で正しいものと見える強い感情を引き出すように作られているのである。

昔の観察者は人びとが葬式で喜んでいるのが理解できなくて、非常に困った。ムースは朝鮮の葬式に出席する人びとすべてがそれらしく厳粛な顔をしているわけではない、と記している。「葬列に加わっている者の多くは、親戚でも友人でもない。しかも楽しむのに夢中で、好きなだけただ酒を飲む。棺と棺架を運ぶ男たちはしばしば悪い酒をしこたま飲んでいるので、ほとんど歩くこともできず、運ぶときに右へ左へとよろよろする。」しかし家族と同じように涙を流し、声をあげて泣く。「棺の担ぎ手や泣き屋は、何とも言えないような声で泣き叫び続ける。一度聞いたら忘れられないだろう。一キロメートル近く離れても、よく聞こえる。これほど奇妙な声は考えられない。」

人類学者のユージーン・クネッツによれば、朝鮮の金をかけた葬式ではそのような怪しげな泣き声に加えて、「泣き屋が悪霊を追い払い、ほかの『泣き女』も参加して」、式を汚すような迷信的行為および疑わしい霊的交渉を行なう。ラウレンティウス・ボリッヒは今世紀の初めに、ミクロネシアにあるトラック環礁のカナカ人の間で、打算と悪い風習が同様に結びついているのを目にしている。

声をあげて泣くトラックの女はまるでハイエナだ。汚ならしくて、髪はぼうぼう、涙で顔を泣きはらしている。しかし気持ちを表わすのを控えて、その光景を見ても心を動かされないでいる様子を見せると、冷たい人間とみなされる。カナカ人の間では、本当の哀惜の念はまれである。故人を悼むことにはしきたりの要素が大きく、それによって故人を愛していたという証拠を示さなければならない。今石をも溶かすように泣き叫んでいた女たちが、二分後には一緒に座って、笑い、タバコを吸っている光景が見られる。私自身そのような状況に偽りがないか試してみた。するとタバコをほんの一服しただけで、すべての悲しみを忘れられた。

朝鮮とトラック環礁の人びとがけしからぬとされているのは、その「薄気味悪い」ふるまいよりも、むしろ不誠実さである。これらの哀悼者が、タイミングよく泣き出したり、やめたり、儀礼と日常の喜びをかわるがわる表わしているのは、西洋の涙についての基本的な約束と見られるものを破っている。彼らには秘めたる動機があるように見える。あまり感極まっているようには見えない。

むろん西洋からの訪問者のすべてが、このような偏見に満ちた、あるいは皮肉な見方をしているわけではない。情動を表わす西洋の言葉で異国の儀式を再現する方法を見つけた者もいる。リヴィングストン・F・ジョーンズは、アラスカ先住民トリンギット族に関する研究論文の中で、背景となる慣習や儀式がどんなに異なろうと、真実の悲しみと偽りの悲しみを、彼らも自分たち同様に区別していると論じた。「寡婦は喪のしるしとして顔を黒く塗る。もし寡婦の顔に涙の跡がすじになれば、夫を亡くして本当に悲しんでいると思って、人びとは寡婦を哀れむ。しかしもしそのようなすじが見られなければ、夫を愛していなかったと考えて、寡婦を疎んじ、話のたねにする。」喪のしるしとして、頭を剃ったり、顔を黒く塗ったりするのは、奇妙な行為だと思われるかもしれないが、「これは悲しみの表現であることを忘れてはならない。世界中で、アラスカ先住民ほど愛する者の死を痛切に悲しむ人はいない。彼らの泣き声はこのうえなく頑なな心をも溶かして、涙をさそう」と記している。

R・S・ラトレイは一九一〇年代にアシャンティ族について書いた中で、葬式では誰もが同じ悲しみを背負っているわけではないことをはっきり指摘している。アシャンティ族の典型的な葬式では、「銃が火を噴き、人びとは涙を流し、悲嘆の声をあげ、半分酔っ払ってお祭り騒ぎをする。歌ったり、踊ったり、太鼓をたたいたり。それに遺体の吐き気を催すような臭い、熱気や埃。あれやこれやで、ヨーロッパ人はとても見ていられず逃げ出さざるをえない」と述べている。しかし、

誰もがひどく酔っ払う……からといってむやみにきびしい判断をしてはならない。一族（血縁）の者が死んだときの悲痛や悲嘆は本物で、社会的な慣習によって要求される涙でも、真の悲しみの現われにほかならない。ほかの者、つまり一族でない男女にとっては、このようなできごとはおそらくそれほど痛ましくはない。そのためこれらの儀式は、よく知らない者には、やや心のこもらないものに見えるかもしれない。浮かれ騒ぎやお祭り騒ぎがまったくないわけではないからだ。

葬式で浮かれ騒ぐからといって、心ないとは限らないように、儀式として涙を流すからといって、うそ泣きであるとは限らないと、多くの人類学者が認めている。たとえば、一九七〇年代に台湾の葬式について書いたクライド・ハレルは、両者をはっきり区別している。「何人かの哀悼者は、儀式の一部として大きな声で節がついているような調子で泣き叫ぶことが求められている。そして天寿を全うして老人が死んだときには、それが通り一遍に過ぎないことが多い。しかし壮年期に死んだ者に対しては、その悲しみも涙も真実である。」スーダンのドゴン族も同様な区別をしている。子どもの葬式では、悲しみと涙はふつうに見られ、部落全体が家族とともに涙を流し、声をあげて泣く。しかし老人が死んだときには、「踊りや楽しみを含めた集会の機会となる。近くの村から来た若者は、故人を悼んで涙するより

も、娘を口説くことを考える。踊りは一晩中続く。」

哀悼の儀式は多くの場合、ある文化が来世をどう見るかによって決まる。エミリー・エイハンによれば、中国の田舎では人びとは故人がこの世から次の世に移るのを確実にするためにも泣く。人びとは葬式の七日後に故人が、

生きている親族を最後に一目見ることができると信じている。故人がその日に感ずるにちがいない恐ろしい悲しみを思いやって、子孫は早起きして供物を捧げ、故人のために泣く。「自分が本当に死んだことにご先祖さんが気づく前に、もしわしらが十分早起きして嘆き悲しめば、ご先祖さんの悲しみは軽くなるだろう。わしらが泣けば泣くほど、悲しみは軽くなるにちがいない」と人びとは言う。

この場合には、泣くのはまさに文字通り死者のためである。

ペルーのアイマラ族は、ヴィクトリア朝の人びとと同じく、子どもの魂は穢れていないので必ず天国に行く、と信じている。したがって子どもの葬式は老人のよりずっと楽しい。「それどころか、子どもの親は泣いてはならない。泣くと魂が天国に行く妨げになるからだ」と人類学者のハリー・チョピク・ジュニアは書いている。ブラジルでも多くの人びとは、死んだ子どもは「小さな天使」だからその死に涙してはならない、と信じている。エウクリデス・ダ・クーニャが一九四四年に書いたところによれば、「子どもが死ぬと祝日になる。小屋では気の毒な両親のギターが、涙の合間に陽気にかきならされる」。

朝鮮では、子どもが八歳未満で死んだ場合、喪服を着ることはない、とランディスは報告している。「三月にもならない乳児なら、嘆き悲しむこともない。」

マリで健康管理ヴォランティアとして数年間働いていた女性は、寝起きをともにしていたフラニ族一家の子どもが死んだときに泣いたら、きびしく非難されたと語っている。老人の死に泣くのはかまわないが、子どもの死に泣くのは、子どもを召し上げることに決めたアラーの知恵を疑うことになる。ヴォランティアはこの説明を解釈し直し——あるいはもっと正確に言えばそれを拒否し——泣くのを禁ずるのは、そのようなつらい状況である種の平衡を保つための方法であるという結論を出した。乳幼児死亡率の高い社会では、そのたびに悲しみにひたっていては、気持ちの立て直しができない。

ナンシー・シェパー＝ヒューズは、ブラジルの田舎の死と暴力に関する研究論文『涙のない死』（一九九二年）の中で、その題名からもわかるように、この同じ問題を論じている。ダ・クーニャ、ジルベルト・フレイレらが半世紀前に述べていたような子どものための陽気な葬式が、喜びあるいは悲しみをほとんど伴わない、はなはだおとなしい儀式に取って代わられていることに、シェパー＝ヒューズは気づいた。彼女は女性が悲しまないことをさまざまに解釈する。たとえば、意に反してしばしば妊娠させられる女性による反抗の意志表示である。深い悲しみの必然性、通常の悲しみの諸段階、あるいは抑圧に関するアメリカ人の議論はどれもこの場合には意味をなさない、と述べている。ブラジルの女性に悲しみが欠けているのは、文化的に見てしかるべき理由のある反応で、したがって心理的な影響はない。そして誠実さを云々するのは的はずれである。個人としてであれ、共同体全体としてであれ、泣かないと決めるのには、泣くと決めるのと同様にさまざまな事情がある。

人類学者のポールおよびローラ・ボハナン夫妻は、一九五〇年代にこの真実をぴったり示した話を提供している。取り上げられているのは、ナイジェリアの村の光景で、そこでは女性が儀式として葬送の歌を歌い、泣き叫んでいる間に、男性が墓を掘るのが慣習になっていた。しかしある男性の墓の用意をしているときに、「一番下の娘が本当に泣いているのに女性のひとりが気づき、ほかの女性に知らせた。そこで女性たちはこの娘に、それをやめるように言う。本当に泣くのではなく、ほかの女性と同じように歌と独特の泣き方で嘆き悲しまなくてはならないと教えた。」情動表現の文化で重要なことは、個人的な感情ではなく集団の期待で、それは個人にとって非常に大切なものと一致することもあれば、しないこともある。

多くの文化は、人びとが泣く量を制限しようとする。タイ中部では、遺体に涙を落とすことは「不吉」だと信じられている。涙をこらえられない者は、遺体から引き離される。ある人類学者の話では、人びとは、故人の魂が体から離れるのに苦労していて、親族が泣くと「故人の魂が体を離れるのがむずかしくなる」と信じている。

ルース・ベネディクトによれば、ズニ族の場合は四日間泣いた後、死んだのは四年前でずいぶん時がたったので、もはや嘆くのをやめて忘れるときがきた、と族長が言う。ベネディクトはこれを、つねに合理性と感情的な経験や表現の抑制を尊ぶズニ族の文化に特有のものと考えている。しかし全体として感情の表出を恐れないのに、なお哀悼者の涙を封じようとする文化は少なくない。イスラム教の聖典『サヒーフ・ブハーリー』には、次のように述べられている。「アラーと最後の審判の日を信ずる女性が夫以外の故人のために四日以上嘆き悲しむのは、法に反する。しかし夫のためには、四ヵ月と十日喪に服すべきである。」マクシミリアン王子は一八三三年に遠征してミズーリ川を遡ったが、戦士の死に涙している人びとを族長が叱っているのを聞いた。「なぜ嘆き悲しんで泣くのか？　見よ。私は泣かない。死者は別の国に行ってしまったのだから、呼び覚ますことはできないのだ。」〔インドの〕サンタル族の族長は、最初の一日家族が泣いた後、以下のように言う。「いつまでも悲しむな。故人は行ってしまった。故人は幸せだ。われわれもいつかある日行かなければならない。いつまでも泣き続ければ、体を壊し、仕事もおろそかになる。今日からは魂を岩で押さえておくのだ。」〔北米北東部に住む〕チペワ族は、人が死んでも、もっとも近い親族が死んだときでさえも泣かないように教えられていた。もし子どもを亡くして泣けば、もうひとり失うことになりやすいと。ピグミー族は悲嘆を隠し、悲しみを少しでも過剰に見せるのは避けようとする、とターンブルは書いている。「死という不快な事実はできるだけ早くできるだけ効果的に、記憶から消す必要がある。強い打撃を受けた一族は、森が喜ぶことをすべて大がかりにおこなって、元気を回復しなければならない。よい獲物をたくさんとって、歌い、踊り、そしてごちそうを食べるのだ。」セレベス中部では、遺体が棺に入れられた後、もし誰かが泣けば、「それをなかったことにするために、すぐさま鶏が殺される」。〔ブラジル南部の〕ボロロ族は、故人を思い出すときまって嘆き悲しんで泣き出すので、泣くのを減らすために、故人の遺品をすべて燃やす。これは、故人の魂が自分のものを取りに戻ってくるのを防ぐことにもなる。

上述のすべての事例を通じ、泣くのを禁じているのは、愛する者を失えば涙が出るという理解を上回る信念で、「薄情」とか「心からの感情」とかはここで問題ではなく、むしろそれは、十分な哀悼なるものについての、曖昧であれ、明確であれ、文化的に確定した合意である。エウリピデスは、人は「昔の悲しみに新たに涙する」べきではないと書いて、ギリシア人の考え方を示した。テキサス小児病院およびベイラー医科大学のブルース・D・ペリー博士は、六カ月たってもまだ悲しんでいるのは病的である、と現在の医学的コンセンサスを述べている。

しかし死別に際して、泣きたいという欲求を抑制する試みが十分に成功することはほとんどない。そして泣くのが禁止されている文化では、泣いている親族はしばしば無理やりその場から退去させられる。北ヨーロッパのような文化圏では、人前で泣くと眉をひそめられるので、声をあげて泣くことはめったにない。葬式では静かに涙を流し、鼻をすするのがごくあたりまえの光景だが、しゃくり上げたり、「わっと泣き出す」人もときたま見かける。ヨーロッパから来た宣教師は、先住民の葬式をキリスト教のそれに変えようとしたときに、典礼を進めるために人びとが泣くのを鎮めなければならなかった、と書いている。そして地球上のあちこちでいろいろな種類が混合された儀式が生まれた。哀悼には、悲しみ、落胆、憂鬱、絶望、さらに安心、解放、自由、恐れ、自責の念、その他よその言葉では言い表わせない感情が含まれる。これらの感情は、あるいは波のように押し寄せ、あるいは共存し、そしてその感情はさまざまな文化のさまざまな儀式や行動の中でそれぞれに強調される。これらの儀式では泣くことが要求される場合もあれば、泣きやむことが要求される場合もある。いかなる文化でも、そのような儀式の遂行は個人にとって十分にも不十分にも感じられるが、だいたい文化というものはきまった通りに進んでいくものである。

もし自国の文化では鼻をすすって、涙の大半をひっこめる（あるいはジャッキー・ケネディのようにりっぱに、まるで涙を見せない）ことになっているなら、人びとの大部分はそれに従うだろう。もし一度に何週間も、または二十四時間ぶっ続けに身も世もなく泣き崩れる、あるいはそのような感情的な力技を成し遂げることになっているなら、大半の人びとは何とかやりおおせるだろう。正しい反応を引き起こすためには、儀式の遂行だけでは明らかに十分ではない。信念も必要である。イギリスの学校教育を受けたマオリ族の青年が、意のままに泣けなくなり、儀式でしかるべき時に泣くのがむずかしくなった、とピーター・バックは書いている。しかし文化の一般的な信条が受け入れられたとき、儀式は適切な感情表現を生み出す。宣教師や昔の人類学者は、しばしばその適切さが欠けていると感じた。ある若い女性は、祖母の葬式で泣かないと、自分自身がカミュの小説の主人公になってしまうのを恐れて、実際に泣いた。適切な感情的反応を起こさせる儀式の力が、世俗的な魔術として働いたのである。

結婚、マゾヒズム、鬱病

十九世紀末のアンダマン諸島では、「花婿はゆっくり、ときにはほとんど引きずられるようにして花嫁のもとに連れて行かれ、花嫁は、もし若ければ、涙を流し顔を隠して、いかにも慎み深いところを思うさま見せつけるのがふつうである」と、エドワード・ホレイス・マンは記している。一九二〇年代にコッパー・エスキモーについて書いたダイアモンド・ジェネスは、花嫁が泣くのは、慣れ親しんだ環境から新しい未知の世界へ出て行こうとしているからだと考えた。マルティン・グジンデも一九二〇年代に、ティエラ・デル・フエゴのファイアランド・インディアンにも同じ事実が見られると述べている。

「花嫁の」心の中では、今から自分自身の新しい家庭を築くことができるという幸せより、別れのつらさが大きい。夫の一族と暮らしていても、自分の小屋で孤独を感じると、涙がひそかに頬を伝うこともある。」

葬式同様に、結婚式でもしばしば涙が必要になる。一九三〇年代に論文を書いているルーシー・メイアによれば、アフリカのガンダ族では、花嫁は大声で泣くことになっていた。昔は人前で、そして一九三〇年代には内々にではあったが、それでもなお泣くことに変わりはなかった。北アフリカのハウサ族では泣くことを強く求められていたので、一九四〇年代にある情報提供者がメアリー・スミスに語ったところでは、「もし涙が出なければ、代わりに目に唾をつけた!」感嘆符は、涙もしくは涙に似せたもののない結婚式など考えられなかったことを強調している。

一九六〇年代の台湾について書いているバーナード・ガリンによれば、花嫁は両親を満足させるために泣く。台湾では花嫁の門出にあたって、

花嫁、母親、ほかの肉親女性がずいぶん泣いた。もちろんその涙は、別れを心から残念に思う気持ちと、慣れ親しんだ自分の家庭や家族から出て行くことへの恐れを反映している。しかし娘の涙の大半が、子としての孝心を示すための伝統であることは疑いない。それまでずっと大切に育てられてきた家庭を離れるのを悲しむ気持ちを表わしているのである。このとき人びとの目の前で微笑んだり、泣かなかったりすれば、両親に対してたいへんな無礼にあたる。

この場合にも涙はただこみ上げる感情から自然に流れるだけではなく、社会的な期待に対する反応でもある。花嫁が泣くのは、少なくともある程度までは、泣くのが当然と思い、泣くのを期待されるからである。機能主義のラドクリフ＝ブラウンは次のように述べている。「すべての例について、儀式の目的は、人びと相互の行動を規定する感情素質を新たな状態にすることと言えるかもしれない。それは眠っている感情を呼び覚ますことによるか、あるいは人間関係の変化を認識させることによるかのいずれかである。」いささか循環論法的な言い方になるが、私たちは涙が必要なほど重要な変化を「認識する」ために、泣く。

そして葬式の涙のように、これらの涙には一種の感染力がある。ヤングヒル・カンは、自伝『草の屋根』（一九三一年）の中で、朝鮮でおばが婚礼の支度をするときの様子を書いている。

新しくおばになる人は、別れに臨んで泣きに泣き、すぐに涙をぬぐえるように置いてあった長い絹のハンカチをすべて使ってしまった。その数は二ダースもあった。花嫁は、心からの涙かどうかはともかく、このときは激しく泣くものときまっていたからである。しかしその泣き方があまりに激しいので、いとこのオク＝ドン＝ヤももらい泣きし、花嫁の部屋から泣きながら出てくると、玄関の柱の陰で、体を震わせながら涙にむせんでいた。

涙は、出かけかつ残る、祝いかつ悲しむ、新しいものを採り入れかつ古いものにすがる、という両立不可能な欲求のしるしである。そして誰かほかの人が泣いているのを見ると、自分が矛盾する欲求を抱えていること、社会のある場所にはめこまれながらそこに落ち着きの悪さを感じていることを実感してしまう。

結婚式は新しい役割を引き受けることを祝う儀式で、涙は役割遂行の儀式と表現につきものである。たとえば葬式は、夫からやもめへ、子どもから大人へ、ときに親から子なしへと、その役割の変化を表わす。バルミツヴァー〔ユダヤ教で正式に成人としての宗教上の責任と義務が生ずる、十三歳に達した少年。またバルミツヴァーとして正式に認める儀式〕、卒業、堅信〔通例幼児洗礼を受けた者が、成人してその信仰を告白して、教会員となる儀式〕、成年式などの通過儀礼もまた涙が流される大きな節目である。儀式に参加する若者は社会の一員として再確認されるだけでなく、その中で新しい役割を担う。若者が流す涙は、これらの新しい役割が儀式を通して成立したことを示している。親族や近所の者の涙は、この人たちがもはや少年ではなく男性、少女ではなく女性、あるいは少なくとも、もはや子どもではなく青年であることを認めたしるしである。そしてもちろん結婚式も、花嫁花婿のみならず、同じく泣いている父母、きょうだい、友人にとっても、新しい役割が与えられることを表わしている。こういった儀式の涙は社会的な機能を持っているかもしれないが、だからといって、花嫁の涙に示される恐れ、不安、心配、あるいは深い悲しみの真の力を減ずることは少しもない。

しかしメイアは花嫁の涙について別の理由を示唆する。花嫁が泣くのは、単に「慎み」、あるいは両親のもとを離れることを思ってではなく、自由を失って、自分を好きなようにできる男の支配下に入るからである。ヴェラ・ザンクト・エルリッヒは、一九三〇年代にユーゴスラヴィアで行なった自分の結婚式を思い出して、書いている。「自分の人生、自分の自由、何もかもを放棄して、よその家庭に入るのは容易ではありません。誰のこともよく知らず、誰も自分のことをよく知らない。自分の母とはちがう母に、自分の生家とはちがう家。なじみのない世界に入るのです。私は泣きに泣きました。もし姉妹が来なかったら、長い間泣いたままでいたでしょう。」多くの女性にとって娘から妻へと立場が変わると、娘の頃より仕事が増えて、自由が減ることにもなるだろう。さらに、たとえ花嫁の喪失感が大きくなくても、またサイモン・メッシングがエチオピアのアムハラ族について書いているように、たとえ儀式がおおやけのものというより内輪のものになっていても、それでもなお、「花嫁が人前で涙を見せなくても、『性的に征服されること』を恐れてひそかに涙を流す、と男は信じたがっている」。

このように結婚式の涙と葬式の涙に共通していると言えるのは、演技あるいは見せかけと誠実、悲しみと慰め、恐れと決意、自己祝福と自己嫌悪が混在している点である。そして死の場合同様、結婚式はその場での涙だけでなく、その後の憂鬱ももたらす。一九一七年の研究論文『悲嘆とメランコリー』の中で、フロイトは悲嘆と自己憎悪の関係に関する理論を提示している。それによれば、悲嘆は悲しみに対する、愛するものを失ったことに対するふつうの反応である。対象は人、理想、あるいは以前の自分かもしれない。愛の対象は強力に「カセクト」(心的エネルギーを充当)されている。このエネルギーがひとつの対象に固定されている場合には、対象がなくなるといつも苦痛と嘆きをもたらす。以前に愛したものあるいは以前の自分に関する記憶や希望のひとつが心に浮かぶごとに、嘆き悲しむ者はこれらのカセクシス(充当された心的エネルギー)を苦しみながら取り除き、新たな対象に向け直さなければならない。悲嘆というのは、このプロセスが長引いたものに与えられた名前である。

メランコリー(あるいは今では鬱病と呼ばれているもの)もまた愛するものを失ったときに起こる。

失われたものを嘆き悲しむ代わりに、鬱病患者は自分自身の失われた自我を嘆き悲しむように見える。悲嘆にも鬱病にも落胆、外界への関心の喪失、感情と行動の抑圧が見られる。そのちがいは、フロイトによれば、鬱病では「自愛の感情が弱まり、自分を責め、自分を悪く言う言葉を口にするまでになる」。そしてまた「自尊心が異常に低くなり、自我が非常に弱くなる」。その結果自我は、あたかも失われたものに対して責任があるかのように、突然自我自体を攻撃する。

したがってフロイトの解釈では、鬱病は単に悪化した悲嘆に過ぎない。哀悼がうまくいったときには、故人を思い出すと、そのたびに胸が痛むが、故人と結びついていたエネルギーはほかに向けられるようになる。これは要するに、故人を愛するのをやめて、思い出しては懐かしむ相手として考え始めることである。鬱病の場合は、故人をあきらめるのを拒否する。そしてそれは、フロイトの理論によれば、自己否定あるいはマゾヒズムの形をとる。抑鬱的な花嫁（あるいは産後鬱病の母親）は、自由の喪失と自分の新たな役割に内包される前進を思って自分を責める、とフロイト理論は教える。以前の自分をあきらめたくなくて、彼女はマゾヒスティックな鬱病になる。

これは明らかに科学というより隠喩だが、多くの文化の哀悼儀式に見られる儀式化されたマゾヒズムを説明するのに役立つかもしれない。ブラジルのボロロ族、ティエラ・デル・フエゴのオナ族、アフリカのムブーティ族、そしてアメリカ先住民およびオーストラリアのアボリジニーのいくつかの部族では、標準的な哀悼のプロセスの一部として、哀悼者は腕あるいは脚に切り傷をつける。カール・フォン・デン・シュタイネンは、ブラジルのコケリョという男のことを述べている。コケリョは妻が死んだ後、自分の体を切っては泣くのを繰り返した。「コケリョは自分の小屋の中で腕や脚を刃物で切って、かさぶただらけになった。黙って小屋の端に座り、すすり泣いて涙を流す。体につけた飾りといえば、妻の髪の毛で編んだ黒い綱だけ。両の頬は涙に濡れ、あたかも泣くのは苦痛ででもあるかのように、両の眼に手を押し当てていた。」別の人類学者によれば、ボロロ族の母親は、「涙を流し、泣き叫び、ほとんど消え入りそうな低いしゃがれ声で、わけのわからないことをしゃべる。体はやつれ、深い傷におおわれ、血まみれになる」。一方ほかの「親族も……泣きながら、石や竹のナイフで自分の体を切る」。自分の体を切ることと涙は、つねに初めの段階の同じプロセスに含まれる。たとえばティエラ・デル・フエゴでは、「女性はいつも葬式では、すすり泣き、うめき声をあげ、あるいは絶えず涙を流しながら、自分の体に搔き傷をつけている」。しかし死が遠のくと、自分に苦痛を与える行為は、ほとんど完全に涙に代えることができる。

マルティン・グジンデはサイポテンという男のことを述べている。彼は子どもの死後二年間、繰り返し自分の脚に切り傷をつけて嘆き悲しんだ。

鋭い石のかけらを水平に動かして、サイポテンはひざがしらのすぐ下に、長さ二センチメートル、幅五ミリメートルの浅い傷をつける。そのかけらで皮膚の表面に道筋をつけ、ゆっくりとあふれ出てくる血を今度は足の方に向って流す。傷から出る細い血の筋で、脛骨の上端からほとんど足根骨まで届く幅が二～四ミリメートルの長い線を、まずゆっくりと描く。これには十五分はかかるかもしれない。さて表面にできた傷をまたひっかくか、その周りを指で揉んで、もっと血を流さなければならない。このことに九十分かかったが、その間傷から目をそらさず、一言も発せず、悲しげな表情を浮かべ、少しばかり涙をこぼした。血の筋は七本描いた。最後にまた頭を上げると、深く物思いに沈んだ様子で、正面をみつめる。膝を曲げて両脚を引き寄せていたので、誰でもその小屋に入った者には、右の脛にサイポテンが自分でつけた傷が見えた。……彼は朝の八時から午後四時まで小屋の中で、そうして悲しみを表わしていた。

これは、静かな自己犠牲の儀式だが、一九二〇年代にハーバート・バセドウがオーストラリアの先住民の間で調査した儀式は、もっと熱狂的である。

それから顔や体に血が流れるとともに、泣き声はさらに激しくなる。葬式のこの段階では、ときどき恐ろしい傷がつけられる。寡婦は、頭蓋骨の中央に長い深い傷をつけることが多い。他方男性は大きな石のナイフを振りまわし、自分の体に切りつけるので、見ていて胸が悪くなる。キャサリン川地方では、もっとも近しい親族の男性が自分の腿を切り、伸筋の筋肉のほとんど全部を切断し、戦闘ができなくなることも珍しくない。全体的な混乱がそれに続き、女性は自分自身やお互いを見境なく傷つけ、ことに頭や背中を狙う。哀悼者はそれぞれしりごみもせず、自ら進んで切りつけられるに任せる。女性もまた堅い棍棒を振りまわし、互いに頭を殴りあう。しかしまもなく遺体の周りに集まって座ると、互いの体にやさしく腕をまわし、身も世もなく泣き始める。

そしてこういった肉体的な暴力は、もっとひどくなることさえある。オジブウェー族〔=チペワ族〕の男性は、「ナイフや針やとげで皮膚や肉を刺す。おもに胸の一番厚い部分や、腕の筋肉である」。夫や息子（娘はちがう）が死ぬと、インディアンのブラックフット族の女性は、指の関節をひとつ以上切り落としさえしたといわれる。

このような耐え難い苦痛を伴う儀式は、喪失の痛みをおもに表わしたもので、死の願望とは類を異にする。コリン・ターンブルは、母親が死んだときに首をつろうとしたピグミー族の女性のことを、数ある例の一つとして語っている。そして多くの文化では、哀悼者がすすり泣きながら象徴的に墓に身を投げ出すという、半ば儀式化された行動が見られる。自分に苦痛を加えたいという欲求は全体の三分の一に見られる。アランダ族は自分自身のそして互いの体に傷をつける。ある女性は自分自身を掘り棒でたたき、イバラの中を這って墓まで進んだ。そこで彼女は、

墓に身を投げ、手で地面を掘り返す。ほかの女性たちは文字通り彼女の上で踊りまわった。次いで［親族の女性］は全員墓に身を投げ、［何人かは］血が流れるまで、互いの体に切りつけたり、たたいたりした。それぞれが掘り棒をたずさえ、自分やほかの女性の頭上に容赦なく振り下ろした。身をかわそうとする者はなく、進んで打撃を受けようとさえする。……周りに立っている女性が涙を流し、声を上げて泣くと、親族の女性はほとんど逆上したようになり、血が体を伝って白いパイプ粘土に流れ落ち、身の毛もよだつようなありさま。最後に年老いた母親だけが取り残されて、ひとりうずくまり、疲れ果てて、墓の上で弱々しく嘆き悲しむのだった。

そしてこのような体を傷つけ苦痛を与える行為は、さまざまな喪失の儀式にも反映している。たとえば故人の妻と子どもにとって必要であるにもかかわらず、家が焼き払われ、ラマが生贄にされ、持ち物が埋められる。また大平原北西部のブラックフット族では、親族が涙を流し声をあげて泣くと、それを合図に、ほかの者は故人の持ち物を、馬、武器、そのほかの財産を、競って奪いあう。たとえ故人の寡婦と子どもたちがそのために貧しくなろうとも、故人の持ち物はすべて持ち去るにまかされた。寡婦はこれらのものを要求することはできるが、自分を傷つける者が苦痛を選ぶのと同じく、喪失を選んでその要求はしない。

また、こういった行動は、ほかの多くの文化でもいろいろな形で見出される。『イーリアス』では、プリアモスが悲しみのうちに転げまわって泥にまみれる。アキレウスはパトロクロスの死を聞くや、灰をかぶり、髪をむしり、砂塵の中をのたうちまわる。ヘカベーは頬を切り裂く。アーネスト・ヘミングウェイはアマチュアとして多少人類学をかじっており、ミシガン州のあるインディアンが、妻が出産で死ぬと、自分の胃を切開した話を書いている。そして文学作品には悲しみで自殺する人物がおびただしく登場するが、なかでもロメオとジュリエットがもっともよく知られていることは、言うまでもなかろう。

これは明らかな疑問を残す。もし涙が苦痛を表わすのなら、なぜそれだけでは足りず、さらに指を切り落としたり、腹を刺したりしなければならないのか？　フロイトの見方によれば、自傷行為は鬱病を儀式的に演ずること、順応性を欠く自分自身への反発である。しかしこれらの文化では、それは正常で、順応不良とは言えない。葬式で泣くのが、儀礼的な感情強化である——人びとは葬式に列席しているときは泣くが、入るときと出てくるときには、涙はみられないことがよくある——のと同様に、切りつけ、剥奪する儀礼は、苦痛の強化である。

最近の小論集の序文で、デニス・クラスは書いている。「悲しみと哀悼は、二十世紀に支配的なモデルでは、故人との絆を断ち切る機能を持つ。」論文では、その代わりに故人との絆を保ち続けることが、悲しみを健康的に解決する最高の方法であると論じられている。フロイトの言葉を使えば、デカセクトする（心をそらす）のではなくて、リカセクトする（心を再びむける）のである。自分の体を切り刻み刺し続けることは、苦痛の状態を保ち、それによって故人とのつながりを生々しく感ずる状態を維持し、体が休息の状態に戻るのを涙が助けるという生理的なプロセスを逆転させる。これはある意味では、故人を生き返らせることができない世界からの逃避である。しかしまた苦痛から逃げることを許さず、それによって絶えず喪失の中に生きようとする試みでもある。

イタリアその他で寡婦が終生喪に服するのは、同じ意味を持つ。黒い服とヴェールは、自分にも他人にも絶えず死んだ夫のことを思いださせる。ジョージ・バード・グリネルは、一八八〇年代にアメリカの大草原を横切ったときに、小道で嘆き悲しんでいる女性に出会ったことを書いている。女性は「老いてしわだらけで、セージの茂みにうずくまり、胸も張り裂けんばかりに泣きながら、誰かのことを嘆いていた。最近誰かを亡くしたのかと尋ねると、二十年以上も前に亡くした息子のことを嘆き悲しんでいるという答えが返ってきた。」

共同体と涙

おそらく哀悼を永遠化しようとするこの試みの対極をなすものは、故人とのすべての関係を断つために葬式を行ない、泣く文化である。メキシコ北部のタラウマラ族の場合、夫が死ぬと、死んで去ったのだから永久に戻って来ないように、と寡婦は泣きながら嘆願する。母親は死んだ子に、泣きながら言う。「さあ、あっちへお行き！　もう死んだのだから、戻ってきてはいけないよ。夜にお乳を飲みに来るんじゃないよ。お行き、戻ってくるんじゃないよ！」父親は埋葬された子に言う。「手を握ってくれとか、何かしてくれと言って、帰ってくるんじゃない。もうおまえのことは知らないよ。このあたりをうろつくんじゃない。あっちへお行き。」アルゼンチンとボリヴィアのチャコ族は、同じように泣いて追いやるときに、多少違う手を使う。故人を寄せつけないために、愛情のあかしとして、故人に対する共同体の大きな愛と尊敬のしるしとして、たっぷり涙を流す。こうして愛情や敬意を示しておけば、故人の霊が戻ってきて混乱をひきおこすこともなかろうというわけである。

私たち自身の哀悼に対する関係は、どこか中間のあたりに入ると言えるかもしれない。故人を思い出そうとして、追悼の行事を行なう。しかしまた「正常な」深い悲しみがどんなものか、というかなりはっきりした感覚も持っている。悲しみが正常であるためには、手順に従って終わらせなければならない。エリザベス・キューブラー＝ロスの死に関する本を始めとする多くの自己啓発書によれば、私たちの文化には不十分な儀式しかないので、少し助けがないと適切な哀悼を行なうことができない。急患およびデイケア・サービスのための全米リソース・センター（アメリカの保健福祉省によって資金を賄われている）が作成したデータ表によれば、深い悲しみと哀悼のちがいは、「悲しみは個人的な喪失経験だが、

画家の妻を描いたこの絵には、深い悲しみと宗教的な喜びが入り混じっている。

チャールズ・ウィルソン・ピール
『涙のレイチェル』（1772年）
フィラデルフィア美術館蔵

哀悼は悲しみが『おおやけになったもの』である」。データ表によれば、深い悲しみには、ショック、拒否、怒り、罪悪感、恐れ、疲労感、鬱状態、混乱、そして多くのほかの感情が含まれる。「これらの感情はすべて、悲しみと哀悼の過程でふつうに見られる。」そしてもし適切な哀悼の儀式を行なっても、まだ悲しみが癒されないなら、然るべき「過程」を経なければならない。キューブラー＝ロスによれば、これは、拒否、怒り、取引、抑鬱、そして受容の五つの段階を経ることを意味する。そして、これらの情動は多元決定的で互いに重なりあっているのではなく、死のショックから精神的に健康な状態へと立ち直っていく段階とされる。悲しみの中に入り乱れている感情から物語を作ることには、治療的な意味がある。それは人びとにとって、自分の経験に名前をつけ、形を与え、巧みに処理するのを助ける方法となる。その過程はまた、相対的には非常に個人的である。哀悼というよりは全くの悲しみの過程であり、公ではなく完全に私的なものである。

社会の連帯が強ければ強いほど葬式の涙がふえる、と示唆する人類学者もいる。たとえばイギリス、スカンディナヴィア、アメリカの葬式が比較的静かなのは、感情をおおいに個人的なものとみなす個人主義文化の結果であると説明されている。哀悼は盛大な方がよいという考えから泣き屋が雇われる文化は、この理論でいくと、共同体が共同の傷とみなすものを癒すために団結する文化である。哀悼者の涙が故人を癒すという中国の考えも、葬式で泣くのが個人的な喪失感ではなく、泣かなければならないという共同体の感覚によることを示唆している。私たちが涙を流さないのは、共同体を重んじていないことを示すものである。しかし私たちはまた感情表現の必然性と権利も信じている。わが国のかなり静かな葬式では、泣き叫ぶことがほとんどないので、個人の悲しみを共同体全体で分かち合う形としては、非常に不十分である。この哀悼の共同の儀式は、悲しみを経験し、表現したいという個人的な要求に答えてはくれない。

個人主義社会でも連帯的な社会でも、共同体の規範がどのくらいの時間どのくらい激しく泣くかを決定し、この決まりに従うことが、共同体の存続を保証する。ラドクリフ＝ブラウンは、アンダマン諸島では四つの主な儀式で人びとが泣くことに気づいた。葬式、成人式、結婚式、そして和解の儀式である。敵対していた二人、あるいは二つの集団が和解すると、どちらの側も泣く。少年少女のための成人式のクライマックスでは、共同体の全員が泣く。そして多くの文化と同じく、結婚式で涙が流される。ラドクリフ＝ブラウンは、成人式に関するアルノルト・ファン・ヘネップの研究の影響を受け、社会的な絆を蘇らせるとき、「連帯を確認する」ときに、いつも涙が流されると結論を下した。結婚式でも成人式でも和解の場合でもすべて、たいていの場合何らかの別れを強いられた後で、社会的な絆が確認される。同様に、アンダマン社会では葬式の間哀悼者はほかの人びととは区別されている、とラドクリフ＝ブラウンは記している。どんな種類のペイントをし、飾りをつけるか、何を食べてもよいか、どこへ行ってもよいか、ということに特別な決まりがある。一連の儀式が終わると、「涙の儀式」と呼ばれる儀式があり、その後哀悼者は日常生活に戻る。ほかの涙の儀式と同様に、これは哀悼者が社会全体に「復帰」することを表わす。

共同体が例外的な活動の時間からふつうの営みの時間に復帰するのを涙が示す、というこの考えは、例外的な覚醒期間の後に体がふつうの働きに戻るのを涙が示すことに似ている。交感神経系が個人を覚醒させて行動に備えさせ、副交感神経系が、しばしば涙を伴って、体を正常な状態に戻すのと同じく、社会集団は結婚や死によって例外的な行動に投げ込まれるが、その後一緒に泣いて、起きた変化を確かめ、日常のふつうの活動に戻る。覚醒と適応のこの期間の後、正常な状態に戻るときに、個人も集団全体も泣く。そして儀式後に集団がふつうの共同体の生活に戻るためには、おそらく当然、参加者の体がホメオスタシスに戻ることが必要となる。めったにない行動と要求を伴う大事な時間が終わると、ほぼ同時に、参加者すべての副交感神経系が働き始める。この復帰が行なわれるためには、悲しみあるいは罪悪感を「切り抜ける」必要はないし、涙は個人あるいは集団の将来の幸福にとって何の意味もない。ただ儀式が終わったことを表わしているだけである。多くの場所でそれは、ある種の適応が行なわれ、たくさんの泣き声が上げられたということを意味している。

第六章

涙の効力——復讐、誘惑、逃避および感情移入

というわけで花嫁は泣き、ティエラ・デル・フエゴの人びとは、愛、自由、あるいは来るべき将来に対する自分なりの理解が失われることを拒んで、涙と自傷の血にまみれる。これら抵抗の儀式の参加者は、おむつを代えられるときに泣き叫ぶ赤ん坊のように、子どもっぽく見える。あるいは、ケイ・カーマイケルは著書『セレモニー・オブ・イノセンス――涙と力と抗議』（一九九一年）の中で、彼らは社会的な抗議をしていると見るべきだと提唱しているが、もしそのような観点に立てば、英雄的にも見える。苦しむ者の涙を重大な抗議のしるしと考え、無謀にも禁止した文化もわずかながらある。

涙は心ならずも流れるものかもしれないが、なおいつも行動へと駆り立てる働きをする。おおやけの暮らしの中では、テレビの深夜番組に登場するサリー・ストルーザーズの甘い誘いのように、涙はしばしば感情的な強要になる。その番組のサリーの涙は、「子どもたちを救え」というキャンペーンへの協力を引き出すのがねらいである。あるいはアメリカのテレビ伝道師ジム・ベイカーとジミー・スワガートが、聖職者の地位にとどまろうとして悔悛の涙を流したのも同類。涙は他人の憐れみあるいは共感を呼び、さらに行動を起こさせるというのがここでの前提になっている。

涙に力があるのは、涙を流す人が身を置いている「環境を変える」ことができるからにほかならない。

ときにそれは、つまるところ涙が向けられた人、あるいは集団——ストルーザーズあるいはスワガートに寄付する可能性のある人びと、あるいは恋人、債権者、セラピスト——の態度を変えることを意味する。このような交流は、泣く側は誘惑しており、見ている側は共感している、と考えることができる。涙を流す福音伝道者に金を届ける者は、気の毒に思っているのだ。またときには、ジャン＝ポール・サルトルが情動を検証する中で書いているように、想像上の世界で泣く者をとりまく状況を変えることもある。サルトルは、ある情動には世界を「魔術のように変える」力があると信じ、それらの情動を、受け入れがたい状況からの緊急避難口とみなしていた。そして時に涙は、他人を刺激することによって環境を変える手段とされる。たとえば葬式の涙には、復讐したいという共同体の欲求を沸き立たせる意味もある。すでに明らかになったとおり、涙は決して感情移入、誘惑、逃避、そして復讐のためにのみ、用いられるわけではない。しかしそれらはよく見られるので、いっそう詳細な吟味に値する。

復讐

一九九六年二月十日、ザイールのゴマ付近にある難民キャンプのテントで、デメトリア・ニュイラバフツと呼ばれる三十四歳の女性が六番目の子どもを産んだ。ルワンダの難民キャンプにいた一九九四年、ツチ族の反乱部隊に襲撃されたときに、ほかの五人の子どもは死んだ。亡くなった子どもたちのことはとても忘れられないのではないかと、『ニューヨーク・タイムズ』のジェイムズ・C・マッキンレー・ジュニアがたずねる。デメトリアは目をそらし顔も声もこわばらせて、「ええ」と答え、生き返ってほしいと述べた。「泣いてもむだです。泣いてもどうしようもないのです。」マッキンレーの記事は、「産声に重なるルワンダの怒り」という見出しで『ニューヨーク・タイムズ』誌の第一面に掲載され、ゴマ周辺の五つの難民キャンプで、毎月二千八百人の赤ん坊が生まれていることを報じた。

その見出しにもかかわらず、記事には赤ん坊の泣き声は登場せず、涙について触れられたのは、ニュイラバフツが涙の効き目を否定したくだりだけだった。見出しを書いた編集者は、涙一滴流されることはなかったインタヴューから涙についてのメッセージを引き出した。理屈の上ではあるはずの赤ん坊の涙を、おそらく涙も涸れ果てた母親の象徴的な代役、あるいはフツ族ツチ族間の殺し合いの報復という話にふさわしい捧げ物と考えたのだろう。ニュイラバフツ自身が、報復の繰り返しを終わらせたいと思っているかどうか、記事には書かれていない。五人も子どもを失って、哀悼する気力や復讐の意志はもはや失われ、涙を流しても仕方がないと感じているのかもしれない。

葬式で涙を流し、泣き叫ぶことは、しばしば復讐をあおる行為だった。レナート・ロサルドの説明では、たとえばフィリピンのイフガオ族の場合、葬式の前半は死者をたたえるものだが、その直後に行なわれ、やはり涙が流される後半は、伝統的に戦士の復讐心を呼び覚ますためのものだった。後半の儀式では、涙は報復としての首狩を激励するために流される。まさにこのような事情から、ソポクレスの『アンティゴネー』では、アンティゴネーが兄の遺体を弔うのをクレオンが禁ずる。クレオンはアンティゴネーの悲しみに「重大な目的」があることを案ずる。つまりアンティゴネーが兄を弔えば、なんらかの復讐を引き起こすことになるのを、恐れていたのである。

アンティゴネーはそれでも兄を弔い、クレオンによって洞穴に閉じ込められる。アンティゴネーは弔った罪で幽閉されている間に死に、クレオンの息子ハイモーンは、愛するアンティゴネーの死を知ると自殺する。こうしてクレオンはさらに弔いの心配をしなければならなくなる。もしクレオンの妻エウリュディケーが息子の死を聞いても泣かなければ死ぬだろう、と合唱隊は警告する。「身も世もなく嘆き悲しむのに劣らず／不自然に押し黙っているのは危ない。」エウリュディケーは本当に自殺し、劇の終わりではクレオンも自ら速やかに死ぬことを嘆願する。弔ってはならぬというクレオンの命令は、自らの破滅をもたらした。

ゲイル・ホルスト＝ウォーハフトは『危険な声――女性の嘆きとギリシア文学』の中で、古代ギリシアでは、哀悼は女性がおおやけに自己表現する主な形式のひとつであり、したがっておおやけに力を発揮する領域のひとつだった、と論じている。女性の哀悼の潜在的な破壊力は、アテーナイに対する脅威と見られ、それを抑えるために、紀元前六世紀のソロン以来一連の法律が作られた、とホルスト＝ウォーハフトは主張する。

ほかの古典学者――一九七〇年代のマーガレット・アレクシオウやもっと最近のS・C・ハンフリーズ――は、次のように示唆している。哀悼を禁ずる法律は女性ではなく、金持ちをねらったものである。金持ちが泣き屋を雇ったりほかの仰々しい演出をするのは、不和を生ずると思われた。そしてとりわけ女性にどんなに影響を与えようと、その第一の目標は血みどろの争いを鎮圧することだった、と。『アンティゴネー』のほかにも多くの古典戯曲中で、葬式での涙や泣き声が禁じられているのは、ソロンの改革後少なくとも半世紀間は、それが当面の問題だったことを示している。アイスキュロスの『テーバイ攻めの七将』と『ペルシア人』、ソポクレスの『アンティゴネー』、エウリピデスの『メデイア』および『救いを求める女たち』にはすべて、哀悼の行き過ぎがきびしく非難される場面が含まれている。ソポクレスの『アイアース』では、主人公はうんざりして「本当に女は嘆き悲しむのが好きなんだから」と言いながら、妻のテクメッサに家に入るように命じ、それ以上人前で哀悼することを禁ずる。他方アイスキュロスの『オレステイア』では、クリュタイムネーストラーが夫を供養しないので、エレクトラが罪を宣告する。

ずっと最近の一九九四年、クレオンやソロンが哀悼の行き過ぎを禁止した場所からほど遠からぬエチオピアで、軍事暫定政権は、「行方不明の息子」の母親が泣くことを有罪と宣告した。人前で泣くのを禁ずることによって、暫定政権はこれらの女性が復讐と正義を要求するのに欠かせない討論の場を取り上げた。嘆き悲しむ母親の涙には「重大な目的」があるかもしれないことを、明らかに恐れていたのである。女性の涙は、とりわけ共感を誘い、それ自体危険だと考えられている。ストルーザーズのキャンペーン放送の製作者が百も承知のとおり、女の涙は伝染しやすくもある。

マーク・トウェインは、『ハックルベリー・フィン』の中で、哀悼と復讐の関係について、消し去ることのできないイメージを作り上げている。グレインジャーフォード家とシェパードソン家の三十五年にわたる争いが、例によって、人間という動物についてのユーモアと恐怖をないまぜにして語られる。しかし話の核心のひとつは、血まみれの争いが習慣のようになっていることである。両家の者は、家どうしの敵意をもはやそれほど強く感じてはいないのに、ただただ冷酷に互いを撃ち合う。グレインジャーフォード家の娘のひとり、十四歳のエムリンは、「亡きスティーヴン・ダウリング・ボッツを嘆く歌」のような弔いの狂詩を書く。(「いな。さらば眼に涙して聞かれたし/その最後、いま語らんとすればなり／それが魂、井戸に落ちることにより／冷たきこの世をば去りしなり。」）一家の死んだ人びとのためではなく、死亡記事で読んだ人びとのために、お涙頂戴ものの悲歌を書く。死んだ恋人、友だち、ペットの小鳥のために涙を流す女性を、クレヨンで描く。トウェインはエムリンという人物を使って、当時の甘ったるい葬式の絵や詩、感傷的な文化全般、そして当時の社会の暴力にはこの手の芸術では対応できないことを、からかっているのである。血まみれの争いとそれに拍車をかける「過剰な哀悼」の非難には、古典ギリシア悲劇の要素がうかがわれる。エイブラハム・リンカーン暗殺に関するトマス・リード・ターナーの著書の題名『泣く者に気をつけろ』も、十九世紀アメリカの著作家が、復讐の古典的なイメージを広く抱いていたことを示すもので、ユリウス・カエサルの死後、刺された傷まですべてそろったその像がおおやけにされると、群集が反乱を起こし元老院を焼き払ったことに、同書は言及している。

中世の中国の民話には、文字通り復讐の道具としての涙に対する隠喩が見られる。長城を建設するために、無慈悲な皇帝が農民を日夜働かせ、その過酷な状況から多数の死者が出る。若い妻が夫を探しに来るが、夫は無理やり働かされて死に、長城の下に埋められている。それを聞くと、妻はわっと泣き出し、数日間泣き続けた。働かされていた者の多くも彼女とともに涙を流す。その結果涙があふれて洪水になり、三百キロメートル以上にわたって長城を押し流してしまう。女性の涙は復讐だった。哀悼と復讐の関係は現代の文化にも生き続けている。その一部はフランシス・フォード・コッポラ、マーティン・スコセッシ、そして多くのそれほど有名でない監督による、代々のマフィア映画に見られる。アリソン・アンダースの映画『ミ・ビダ・ロカ』は、イースト・ロサンジェルスのギャングの撃合いと復讐を描き、ギャングの世界の同じ血讐の問題を取りあげている。ギャング間で繰り返される暴力をあおる復讐の文化を描くこの作品で、アンダースは、その繰り返しをとめるためには、個人的かつ文化的な成長が必要なことを示唆し、涙が復讐心を駆り立てるマフィア映画とたもとを分かつ。むしろ映画のポイントとなる場面では、暴力を終わりにするために必要な成長が、人びとが涙を流し始めることによって表現される。イギリスの作家ジョセフ・アディソンも十八世紀に、古典的な題材をもとにこの別の選択肢を論じている。「ローマ人とサビニ人が戦争になり、まさに戦いの火蓋が切って落とされようとしたそのときに、双方に縁のある女性たちが割って入った。そして涙を流して懇願し、どちらにとっても脅威だったたがいの殺し合いを防ぎ、両者を結び合わせて、堅固で長続きする平和をもたらした。今日わが英国は多くの不自然な分派に分かれている。今このときにあたり、わが国のレディにこれを見本として薦めたい……。」ロバート・ブライが『アイアン・ジョンの魂《こころ》』で、おとなになるには、悲しみ方を知らなければならない、とほのめかしたのにも、似たようなことがうかがわれる。つまり、悲しみは、暴力とは別の選択肢を差し出すことができる。復讐をあおるよりも、むしろ暴力を終わらせることができるのである。

誘惑

「肉体の情動」が「おそらく心の温度の指標である」ことをたいていの人が信じている、と一七八八年ジェレミー・ベンサムは記した。しかしこれはあてにならない、という助言が続く。

たとえば人は、本当は少しも悲しくなくても、悲しんでいるような外観を見せる、あるいは少なくとも何につけ比率的に悲しんでいる方に近い様子をするかもしれない。オリヴァー・クロムウェルは、その行ないからはふつうよりも無情な心がうかがわれるが、存分に涙を流した。このように自分を統御できることは、昔の雄弁家特有の卓越した点だった。

そしてアメリカでは、声涙倶《とも》に下る雄弁術はかつては芸の一つとしてさかんに行なわれ、少なくとも一八九〇年代までは政治家が演壇で涙にむせんでいた。それ以降涙は徐々に時代遅れになる。政治家は今世紀の大半を通じて涙を見せなかった。一九七二年エドマンド・マスキーが記者団の前で泣いて、大統領選挙の予備選で落選したのは、よく知られるところである。選挙運動のもっと早い時期、ニュー・ハンプシャー予備選挙の前に、マスキーはウィリアム・ローブに攻撃されていた。ローブは、ニュー・ハンプシャー最大の日刊紙『マンチェスター・ユニオン・リーダー』の過激な保守派の編集者だった。後にウォーターゲイト事件を起こしたニクソンの秘密工作員からの情報と誤報を使い、ローブはマスキーの妻について、「情緒が不安定」だとほのめかすような話をする。マスキーは演説用トラックを借り、ローブの事務所の外に止めて、その言いがかりを実証するように要求した。『ニューヨーク・タイムズ』紙その他の報ずるところによれば、マスキーはマイクに向かっているうちに、ある時点で「わっと泣き出した」。

『ユニオン・リーダー』紙やマスキーのライバル指名候補の何人かは、今度はマスキー自身が情緒不安定だと非難し、プレッシャーのもとで泣き出すような大統領は誰も望まないとほのめかす。当時共和党全国委員会議長をしていたボブ・ドールは、涙はマスキーが「安定を欠いている」証拠であるという意見に同意した。マスキーの方は、その日頬に流れたのは涙ではなく、解けた雪だと主張した。しかし、代弁者を通じて、自分が感情をあらわにしたことは「いっそう人間的な」ことを示すもので、むしろ票を獲得する助けになるだろう、と述べてもいる。しかし一九七二年のアメリカの投票者は大統領候補の人間的感情の効用に関心を抱くよりも、感情的な不安定をずっと恐れた。マスキーは直後の選挙戦で落選の憂き目を見た。

マスキー以後、政治家は涙の説得力を再発見した。状況がどのくらい変わったかを示すひとつの兆候として、『タイム』誌が一九九四年に発表した記事が挙げられる。記事は前大統領ジョージ・ブッシュがオフィスで泣いたことに関するもので、「ブッシュ氏は現在の大統領の比ではないが、よく泣いた」と報じている。テイルフック・スキャンダルの犠牲者ポーラ・コフリンが苦しい体験を話したときに、ブッシュは泣き出したと語られている。飼い犬のミリーが初めて産んだ子犬が連れて来られたとき、ディキシー・カーターが国歌を歌うのを聞いたとき、そして大統領専用機でオークリッジ・ボーイズ（四〇年代から活動を続けるアメリカ最古参のゴスペル・カントリー・グループ）の歌を聞いている間にも、ブッシュは泣いた。バーバラ・ブッシュ夫人によれば、ブッシュは「感動的で、胸を打つこと」に涙を流す。ブッシュの涙がこのように容易に受け入れられたという事実は、涙がもはや二十年前に考えられていたような精神的不安定のしるしではないことを示している。しかし「泣き虫年代記」という『タイム』誌の見出しからは、泣くという行為がまだまだ尊敬されるにはほど遠く、いまだに文化的なコメディの種になっていることがうかがわれる。

ビル・クリントンは適切なときに、つまり涙ぐむことが男性の義務だと現在考えられているようなときには、いつも涙ぐむ。たとえば感動的に愛国心に訴えるとき、あるいは自分が「国民の痛み」を感じていることを人びとに確信させたいとき。クリントンの涙への批判は、マスキーの場合とは異なり、男らしさあるいは精神の安定性が疑わしいことではなく、誠実さが疑わしいことに基づいている。商務省長官ロン・ブラウンの葬式で、カメラが向けられているのに気づくまで、別の参列者と笑ったり、冗談を言い合っているところを撮影されていた。気づくとただちにまじめな顔になり、涙を浮かべる。ラッシュ・リンボーは、以後何週間にもわたりテレビ・ショーでそのビデオをスロー・モーションで流し、クリントンの不誠実を宣伝しては、スタジオの聴衆をどっと沸かせた。しかしクリントンは、泣けること、そして同時にそれをコントロールできることを証明したので、わが身を傷つけるよりも、助けることになったのかもしれない。

おそらく時代による変化をもっともはっきり体現しているのは、ボブ・ドールである。一九七二年にマスキーの情緒不安定を酷評したときには、すでに政界に入ってから二十年以上たっていたが、人前で涙を見せたことはなかった。一九七六年郷里のカンザス州ラッセルで、副大統領への立候補を発表した際、第二次大戦後負傷から回復するときに支えてくれた友人に感謝して涙ぐむ。(選挙で破れた後、ドールは記者に敗北は苦もなく乗り越えられると述べている。その後まっすぐ家に帰ると眠ったが、まるで赤ん坊のようだった。「二時間ごとに私は目を覚ましては泣いた。」)一九八三年上院の議場で、自分の戦傷を看護してくれた外科医を賞賛したときには、明らかに泣いている。言いかえれば、ドールが最初の四十年間に人前で泣くことを自分に許したのは、たったの二回だけ、それも自分の戦傷について述べたときだけだった。

しかし一九九〇年代にドールは変わる。一九九二年にニクソンの葬式で泣いたところを撮影されている。一九九三年にはCBS放送の『シクスティ・ミニッツ』で、一九四五年に父親が入院の見舞いに来てくれた話をしたときに、カメラの前で涙を流す。一九九六年の大統領選挙戦の間、何度かほかの機会に戦争の話をして涙ぐみ、二回にわたるラッセル訪問でもカメラを前にそのつど涙を流した。ドールのストイシズムは二十世紀半ばの典型的にきびしい中西部の家庭で培われたものだが、泣いた例は、そのストイックな生き方からの重大な逸脱だった、とドールの伝記作家のひとり、スタンレー・G・ヒルトンは論じている。『ニューヨーク・レヴュー・オヴ・ブックス』誌上で、ドールのふたつの伝記を書評したトマス・パワーズは、ドールの涙を、周知のようにタフで卑劣なところさえあるにもかかわらず、「感じない男ではない」証拠と見ている。感じることのできる男であると証明するためにドールは泣いた、と言う方がいっそう正確だろう。一九九〇年代に赤ん坊にキスしながら、カメラに向けて涙を流して見せたのは、大統領たるにふさわしい人間であることを示そうというもくろみだった。

しかしこれだけでは、ドールがニクソンの葬式でなぜ泣いたかを十分には説明できない。友人や家族の多くの葬式で泣かなかったのだから、その死を単に悲しんでというはずがない。ニクソンの死に、人がいかにして自らのギリシア悲劇を引き起こしうるかを垣間見て、感情移入したのではないかと、私は推測する。ドールは大統領に立候補するために、高く評価されていた上院議員の職をやめた。しかし、自分の昔の指導者ニクソンを思い出させるような、自らの傲慢さが災いして、大統領になりそこなった。

1994年、ニクソン元大統領の葬式でのボブ・ドール。

デイヴィッド・ヒューム・ケナリー撮影
『ニクソン氏の葬式』(1994年)

ドールが葬式で泣くのを見ると、ドールはニクソンの体験に自分を重ね合わせていたのだが、結果としてそれが彼自身にはね返ったように思える。感情移入と自己憐憫の間にはごくわずかな隔たりしかない。

公職にある男性が泣くことを新たに許されるようになった——無表情で知られるアルゴアさえ、場合によっては涙を流す——のに対し、女性政治家は逆に、泣いてはならないと感じている。泣くのをこらえられれば、女性の下院議員、上院議員、あるいは知事は誰も人前では泣かない。パット・シュレーダーは一九八八年おおやけの場で泣いて、マスキーのように大統領選挙で落選する。シュレーダーは、マスキーのように情緒不安定を理由に攻撃されたのではなく、女性らしさに対する期待を満たしていること、弱い女性であることを非難された。一九九六年にシュレーダーが連邦議員を退いたとき、下院議員のジョン・D・ディンゲルは、シュレーダーの名誉をたたえる挨拶で、次のように述べた。シュレーダーは「私たちに豊かな立法記録を残してくれています。女性への暴力防止法、経済衡平法、そして情緒自由法です。これはたいていの方が聞いたことがないでしょうが、涙もろい大統領候補を嘲笑から救うための法律です。」ディンゲルの冗談は、潮の流れがもう一度変わりつつあるが、そうだとしてもさほど大きく変わってはいないことをほのめかしている。ヒラリー・クリントンは、あまりに男性的であまりに強気で冷たい、と批判者の一部から常日頃非難されている。しかしもしヒラリーがカメラの前で泣こうものなら、批判が雨あられと降ってくるだろう。

政治における涙の現状は、一般的な傾向の一つの現われにすぎないのかもしれない。政治家は中道派をつかむのに躍起で、有権者の願望のリベラルなあるいは保守的な周辺ではなく、まさに中心を代表すると主張し、投票の結果によって政治をおこなっている。泣く男性は男らしすぎないことを証明し、ストイックに感情を抑制する女性は、「女らし」すぎないことを証明する。いずれにせよ、現在の政治世界の特徴は社会生活の中心部分を領域としていることで、そこでは女性より男性の涙の方が多く見られる

人前での涙については、ほかのところでも変化が起きている。「泣き虫ボルシェヴィキ」と称されたニコライ・ルイシコフの場合を見てみよう。ルイシコフは、ミハイル・ゴルバチョフ政権時代長期にわたって首相を務めた。一九八八年の壊滅的な大地震後のアルメニアを訪れ、記者団の前で泣いたので、このあだ名をつけられる。反対勢力はルイシコフをピエロのように扱い、あるいはあざ笑った。一九九五年議会運営上、ルイシコフは自分の涙を正当化し、反対勢力に逆襲しなければならないと感じる。その涙は権力の座に就くにはあまりに弱く物怖じしすぎるしるしだ、と反対勢力はあてこすっていた。「感情をほとばしらせてしまった後につけられたあだ名『泣き虫ボルシェヴィキ』を思い出すと、ルイシコフは傍目にもわかるほどこわばった」とロイター通信のティモシー・ヘリティジは選挙運動中に書いている。「アルメニアで見てきた恐ろしい光景を目にすれば、ほかの人間も泣いただろう、と彼は述べた。」自分の涙が弱さではなく適切な共感であるというふうに、大衆に見てもらえるだろう、とルイシコフは信じていた。そして実際に選挙戦に勝つ。

さらに涙が賛否を決するのは、政治の世界ばかりではない。テリー・L・ニコルズは、オクラホマシティの連邦政府施設爆破におけるティモシー・マクヴィーの謀議仲間である。マクヴィーの起訴に協力した連邦代理人パトリック・ライアンは陪審の前で泣く。そこでニコルズの弁護士は、ライアンはニコ

ルズを起訴する資格はないと予備裁判の命令申請で論ずる。ライアンは証人尋問の間に涙を流したので、その行為が陪審に不当な偏見を与えると主張したのである。弁護側は、涙が同情を誘う――この場合ニコルズではなく犠牲者に対して――という一般の理解をよりどころにしていた。

ヘンリー・ピーチャムは、寓意図像集『ミネルヴァ・ブリタンナ』(一六一二年)の中で、涙の説得力について書いている。「涙は荒々しい獰猛な心を動かし、/暴君の怒りから憐れみを引き出す。/そして時がたてばその滴は、/硬い大理石をも穿つ。」しかしもし暴君が、涙は単に自分の怒りから哀れみを引き出すために流されたと考えたなら、涙の効果はずっと少ないだろう。戦術的な涙に共感する者はいない。共感すれば、まんまとだまされることになる。ハーレム・ルネサンス(一九二〇年代、ニューヨーク市のハーレムを中心に黒人の間に起こった文化的躍進期)の作家ウォレス・サーマンは、『ブルーベリーは黒いほど甘い』(一九二九年)の中で主人公のエマ・ルーが母からの手紙を読むところを描写する。エマ・ルーの胸のうちを語り手は次のように語る。母は「いつものように、涙ながらに書いていた。母は苦しむのが好きだった。そして涙を流すのは、苦しんでいるのを知らせる一番たやすい方法のようだった」。言いかえれば涙は共感を求めるが、必ずしもうまくはいかない。「『お涙頂戴のたわごとだわ』とエマ・ルーは思い、手紙を引き裂くと屑籠に投げ込んだ。」

逃避

人は泣くときにはその気持ちに完全に没入できるものだ、という考えは長い間あたりまえのものとさ

自分の涙に流されるアリス。
ルイス・キャロル『不思議の国のアリス』(1865年)
ジョン・テニエルによる挿絵

れてきた。そして十八世紀には、作家や戯曲家は、どれほど効果的に人びとを自己没入の状態に誘い込めるか、ということで評価された。一七二八年マドモワゼル・エセはアッベ・プレヴォの新しい小説『ある貴族の回想録』を読んだとき、「百八十ページを読む間ずっと涙にかきくれました」と言って、友人に薦めている。読者の現実世界は涙にかきくれ、事実上消えてしまう。あるいは、ルイス・キャロルが『不思議の国のアリス』でもちいた隠喩では、人間は泣きに泣いて、アリスのように自分の涙の海に浮かび、変容した世界を漂うことができる。

ジャン゠ポール・サルトルは、この変容こそが情動であると論じている。サルトルは、生涯の中ほどで『情動論素描』(一九四八年)という題の短い著作をものする。その中で追求したのは、感情は脳に生ずるのか、体に生ずるのか、という唯心論者と末梢主義者の袋小路に入ったような議論からの出口だった。サルトルは、ピエール・ジャネの話を語りなおしている。ジャネはサルペトリエール病院の異常心理学研究所長で、後にコレージュ・ド・フランスの教授となり、世紀の変わり目には、フランスで心理学の第一人者となる。ある若い女性が、ヒステリー症状のためにジャネの治療を受けていた。女性は「激しい感情のとりこになり」、いきなり床に倒れるのだった。その女性の問題は、神経学あるいは生理学上のものではなく、罪悪感の抑圧によって起きた神経症であることを、ジャネは治療の途中で確信するようになる。女性は病身の父を日々世話し続けるのがいやだったのだ。ジャネが自分の診断を告げると、女性はわっと泣き出す。

医学的に見て父の介護は続けられない、と言ってもらえるのを患者は期待し、慰めを求めてジャネのもとを訪れたのである。慰めを与えたり、介護が続けられないと言う代わりに、ジャネは患者がもっとも恐れていたことが真実だと告げる。つまり患者は利己的で、子としての義務感が親の世話という重荷を担えるほど十分でなく、その重荷から逃れたがっていると。ジャネはこのような経緯はすべてまったく正常であると保証したのだが、良心の救済には不十分だったので、患者は泣き出した。ジャネはそのようなときに泣くことを「挫折」行為と呼んだ。告白あるいは自己実現の行為があまりにむずかしくなると、患者は退行し、涙に助けを求める。「涙やヒステリーは、本来の進路からはずれて最初の行為にとって代わる、挫折した行為を表している。」涙は「不適応行為」であるとジャネは言う。

サルトルはこのできごとを、単なる拒否あるいは退行ではなく、情動の「魔術」の典型的な例と見た。泣くのは単に劣ったあるいは退行した行動、消極的な抵抗ではなく、世界を変えようという積極的な試みである、と論ずる。若い女性にはジャネの意見が的を射ていることがわかっていて、それに耐えられない、という認識には同意するが、情動が適応の失敗を表わすという見解には同意しない。サルトルによれば、女性が泣いたのは、むしろ積極的な行為だった。女性は自分の涙でジャネの態度を変えようとした。それまでジャネが与えるのを拒んでいた慰めを引き出そうとして泣く。そしてそれは単なる策略ではない。嘘泣きではない、とサルトルは想定する。女性は情動に圧倒されたのである。

涙が理性的な思考を圧倒するという考えは、古くはプラトンの哲学に、また新しいところでは最近の神経科学にも見られる。たとえば、カリフォルニアのラ・ホーヤにあるスクリップス・クリニック・アンド・リサーチ財団のフロイド・E・ブルーム博士は、ストレスや不安のような情動は、この世のできごとに対処する場合に緩衝の働きをしていると論ずる。情動経験は、ホルモンを分泌させ、生理学的な変化を引き起こすことによって、身体的感覚を根本的に変える。情動経験をしているときには、人間の注意は内面的自己よりも、身体的自己、つまり内部の器官、心臓、肺、皮膚、骨格や筋肉、内分泌腺に向けられる。神経が興奮し、ホルモンが分泌され、呼吸と血液の循環が速くなると、人間は変化を感じ、それがいかなるものかを判断する。そしてその判断は、神経と生理の新しい作用を引き起こし、それが再び身体的な感覚として経験される。ときに内臓や皮膚からの情報が意識を圧倒し、脳の処理能力を完全に上回ることもある。「涙に圧倒される」とは、実際には、泣き始める前に身体的感覚に圧倒されること、したがって現実にあるがままの世界、了解している世界から逃げ出すことである。

情動は、このモラトリアム理論が示唆する以上に建設的である、とサルトルは信じていた。自分を守れない状況に陥るといつでも、人間は本来情動の助けを借りて世界を再構築しようとする。キツネとぶどうについてのイソップの寓話には、情動が働く標準的なパターンが見られる、とサルトルは書いている。キツネはぶどうを食べたいと思い、取ろうとする。しかし届かないのがわかると、ぶどうはまだ熟していないし、熟していないぶどうを食べると具合が悪くなるから本当はほしくない、ということにする。キツネは、自分の欲望を満たすことのできない現実の世界を、ぶどうがほしくはない世界へと、魔術的に変容させる。

同様に、すべての情動は「特殊な逃げ道、特別なごまかしで、そのそれぞれが困難を避けるための異なる手段である」とサルトルは主張する。ジャネの患者は、自分がりっぱな娘ではない世界を受け入れるよりも、責めないで、慰めてほしいという自分の願望を医師が満たしてくれるような世界を、魔術的に再構築する（あるいは構築しようとする）。患者の涙は心からのものである――その女性は心から医師に慰めてもらいたいし、告白するのに本当に苦痛を「感じている」――と同時に、逃避でもある。慰められたいという心からの欲求によって、患者は罪悪感から逃れることができる。

そして本心からのものという意識が必然的に優位に立つ。なぜならサルトルも言うように、情動はいつも信頼を伴うからである。怒ったり、取り乱したり、喜んだり、あるいは恐れたりしているとき、人間は世界についての先在する感覚に、余分な気持ちや色合いをつけ加えたりしない。人間は世界を、自分が喜んだり恐れたりするのが当然な世界に変容させる。嫉妬から怒りにかられている男は、クマに追われている男同様に、自分のいる世界によって自分の情動の状態が引き起こされ、決定されていると感ずる。この怒りあるいは喜びは、意識と知覚の全世界に浸透している。夜暗い通りを歩いて行くとき、自分の強い恐れを自分の身体の状態であるとともに、世界の本質であるとも思う。この恐怖心が必要なものであるように強く感じる。その恐怖は、妄想であって必要なものではないと思うだけで、消えることが多い。

情動が変容させる世界は時の流れの中に存在するので、情動は現在の状態を作るだけでなく、未来に対する感覚をも作り出す。これがサルトルの理論の中心で、情動を、ジャネの言う不適応ではないとしても、意識の退行した形とみなすことにサルトルが固執する理由のひとつである。「魔術的に」と言うとき、それは子どもっぽく、あるいは原始的にと言うのとそれほど変わらない。サルトルは、現実の世界は大いに決定論的であると見る。物理学、生物学、発生学、心理学の法則はすべて、自由意志の働く範囲を非常に狭いものに限定しており、世界を変えるどころではない。適切に反省してみればこれがわかる、とサルトルは主張する。情動は退行している。というのは、そのとりこになるといっそう原始的に、魔術的な考え方、世界が自分の望む通りに反応するという考え方に戻るからである。ジャネの診察室を訪れた女性は、自分は取り乱しているのだから、ジャネが慰めてくれなければならない、と信じている。もし自分の涙で世界を（患者が医師の望みどおりにしなければならない世界から、医師が患者の望みどおりにしなければならない世界へと）変えられると信じていなければ、女性は泣かなかっただろう。ジャネが自分の涙に応えてくれると信じなければ、女性は泣くことはできなかった、とサルトルは示唆する。

多くの人びとから見ればこれはまったく言い過ぎである。サルトルの見方は、自分の情動反応が自然に無意識から出たものだと確信している人びとを怒らせる。しかしサルトルは、情動の魔術はそれを手段とする動機に発している、と主張しているわけではない。涙がジャネの態度を変えるだろうと患者が理性的に判断した、とは言っていない。もしそのようなときに人間が自分の体を支配するとしても、意識的な支配はほんの一部で、それも死に物狂いになった結果である。「これはゲームではないことをはっきり理解してほしい」とサルトルは書いている。「われわれは壁にむかって追い立てられており、あらん限りの力をふりしぼって、この新しい態度に身を投ずるのである。」

人間のある種の行為は効果をもたらす——灯りをつけ、銃を用い、誰かの感情を傷つけることができる。まさに世界にそのような現実の変化は引き起こさないがゆえに、情動的「行為」は情動的である、とサルトルは述べている。情動的な行為は、ほかのどんな行動も求めずに、世界を変えようとする。クマが近づく恐怖で、気を失った男は、現実にクマを消滅させたわけではない。キツネはぶどうを前より少し酸っぱくして、ぶどう自体を変えたのではないし、手の届くようにその位置を変えたのでもない。サルトルによれば、「要するに、情動の中で、世界の質を変えるために、身体が意識に導かれつつ世界との関係を変えるのである」。

サルトルの考えでも神経科医アントニオ・ダマシオの考えでも、情動は合理的な選択——あるカードに賭けるか否か、ぶどうに手を伸ばすか否か——に不可欠であることからすれば、ダマシオはこの理論に共鳴するだろう、と最初は思えるかもしれない。ダマシオにとってもサルトルにとっても、ある人間が、あたかも未来が自分の欲望に応えてくれるかのごとくにふるまうためには、体が適切な情報を脳に伝えることが不可欠である。フィネアス・ゲージおよび前頭葉に損傷のあるダマシオの患者は、このような身体的な感覚が将来についての意思決定に役立たなければ、どうなるかを示している。

しかしダマシオが、情動を欠いた理性的な精神を低下したあるいは損なわれた推論装置と見るのに対して、サルトルは、情動はすべて意識の退行した形で、もっと理性的な思考の仮面あるいは代替物と見る。サルトルによれば、浄化力を持つ非情動的内省によってのみ、人は真の決定論的な世界に再び近づくことができる。ダマシオにとっては、情動の投影能力を組み入れることによってのみ、人間は「合理的な」選択と考えられるものを行なうことができる。

サルトルもダマシオも、涙を、どんなに非現実的であれ、世界と誠実に関わろうとするしるし、合理的であれ空想的であれ行動に駆り立てる刺激と見る。サルトルの理論の問題点は、情動を道具としているることではない。情動は――幼児の癇癪から、おとなの空涙や誘惑の涙にいたるまで――すべて手段となりうる。また恋人のシモーヌ・ド・ボーヴォワールらが非難したように、「退行している」とはふつう考えられない、愛、栄誉、あるいは好意のような感情について積極的な見方をする余地がほとんどない、ということでもない。真の問題点は、昔のプラトンの理論のように、情動の欠落した合理的な思考の可能性を肯定していることである。ダマシオはそのような思考がどのように見えるかを示している。それは脳に損傷があるように見える。サルトルの理論は、日常に起こる現象の世界を情動がどのように創造し、再創造するかを才気縦横に描き出す。それは、そのような魔術的な変容が見当違いに行なわれることのない世界に対する、サルトルの願望である。

涙の副交感神経系の機能に賛成する生理学者は、涙は世界を変える(あるいはダマシオの提唱に従えば、現実世界の中でもっとよい決定ができるようにする)よりも、むしろ決定および変化の当座の終焉を表わすと主張する。彼らは涙を、行動の世界からの節度ある穏やかな撤退を探し求め、そして見出だすしるしと見る。合理的な決定をするためには、そのような当座の一時停止は非常に価値があるかもしれない。しかしもし価値があるとすれば、それは泣く人間がすでに情動の極端な状態から戻っているからである。ジャネの患者は、泣きながら自分の苦境を考え、苦悩苦悶していたときよりその意義を理解できたかもしれない。自分が必要としたのは、父親の介護をやめてもよいという医師の許しで、医師に道徳家然とその願望を指摘されることではなかったと、患者にはよくわかったかもしれない。人間の欲求は往々にして、物質的というより社会的なものであり、またしばしばぶどうよりも同意を求めるから、涙が要求するものこそが、まさに必要とされるものなのかもしれない。魔術的な宇宙再創造は、そこに加わる他人がいなければほとんど意味がない。涙が共感を引き起こし、他人が共感しながら変容した世界に入ってくれることを、人びとは望んでいる。

そしてそれは実現する。たとえばテレビ・プロデューサーのノーマン・リアは、オリヴァー・ノースの人気を、適切な瞬間に「涙ぐむ」才能のゆえとしている。テレビで放送されたコントラゲイト事件〔一九八六年、レーガン政権下で発覚したイランに対する武器の不法売却をめぐるスキャンダル。当時海兵隊中佐のオリヴァー・ノースはその首謀者として引責辞任した〕の尋問で、ノースは国民的な人物になったが、その尋問の間、欺き続けた議会の委員会に対して自分の愛国心を宣言するときは、いつもその目に涙がこみあげた。ノースの涙ぐんだ目は、ここでは教訓となる。なぜならその感情は本物と思えるからである。その目に涙がこみあげたとき、ノースは何ごとかを深く感じていた。彼が真実を述べていると信じていた人びとにとって、その涙は簡明直截な意味を持つ——ノースは深く抱いた信念の本質と内容を世界に発表し、英雄がいつもそうであるように、自らの名誉と献身の意識に圧倒されている男だ、と。自分が口にする愛国的な決まり文句を本当に信じていたという意味で、そして真実を語ることによる政治的な衝撃から、大統領を心底守りたいと思っていたという意味で、ノースは誠実だった。

しかし今わかっていることからすれば、ノースの涙には別の可能性もある――ノースの証言で行動の合法性と誠実さに異議が申し立てられた、その決定的な瞬間に、彼は安全な感情の港、つまり、義務、名誉、プライドが愛国心を形作っている場所に逃げこんだ。愛国心はノースの目から見ればまさしく本物の観念=感情複合体である。彼の「涙」は避難の身体的サインであり、彼の避難は感情によって意識がまさしくこのように圧倒されることだった。その感情は身体から起こり、それを彼はここぞというときに使うことができた。クッキーの壺に手を入れているところをつかまった子どものように、オリヴァー・ノースの涙ぐんだ目――そしてたぶん体温、筋肉の収縮、呼吸などほかの身体的変化――は、彼の感情を正確に反映していた。たとえその感情が、別の視点から見れば、誠実どころではないとしても。

そしてタミー・フェイ・ベイカーの場合にも同じことが言えるかもしれない。宗教的な願望と歓喜にあふれるその涙は、もうけの多い福音伝道ポンジー〔詐欺の一種〕のトレードマークだった。夫のジム・ベイカーが詐欺罪で四十五年の刑を宣告されるまで、タミーは夫とともにポンジーを行なっていた。しかし世間の意識にあざやかに焼きつけられたのは、夫が逮捕されて泣いたときの、涙とマスカラにまみれたその顔である。ふたつの自伝で、ベイカー（あるいは、ジムが刑務所にいる間に離婚し、ジムの親友と結婚したので、実際には今はメスナー）は、六十回泣いたと自分で書いている。まるでウィルト・チェンバレン〔アメリカのバスケットボール・プレーヤー〕の自慢を、涙ながらにまねしたような感じである。自伝のひとつは書名に、ポピュラー・ミュージックのタイトル「アイ・ゴッタ・ビー・ミー」を借用しており、ポップスの用語で自分が信頼できることを伝えようとしている。

ここではライオネル・トリリングによる、誠実さと信頼性の区別が便利である。感じていることを正確に述べ、述べることを感じているとき、その人は誠実である、とトリリングは言う。経験していることを望み、望んでいることを経験しているとき、その人には信頼性がある。タミー・フェイの涙はあるレベルでは誠実かもしれない――恐ろしいと口で言っているのと同じくらい恐ろしいと実際に感じているのかもしれない。しかし皮肉な人間はその涙を信頼できるとは思わない。つまり、タミーが体験している感情は、多くの人の見るところ福音伝道の収入を死守したい、涙ながらの説得による収益で買い物をしたい、というその願望と一致しない。

しかしノースあるいはベイカーとその誠実さ、あるいは信頼性がどのように見えようと、感じているように見えたことを本当は感じていなかった、と考えるのは誤りだろう。そのように本当の感情を見せたからと言って、彼らが本当のことを語っているにちがいない、と結論を出すのも誤りというほかない。十八世紀と十九世紀の情動信仰の中で、一部の人びとがもう結構と拒否しているのは、泣いている人は抜きがたい真実をあらわすということではない。救いを求めるその祈りには神が必ず微笑んでくれるという考え、その涙は必然的に廉潔のしるしだという考えである。その後の選挙でノースに投票した者や、寄付によってベイカーを救済した者が感じたのは、感情移入だと考えられる。

感情移入

感情移入（empathy）とは、かなり新しい哲学的な、あるいは心理学的な概念で、現に『オックスフォード英語辞典』には最近までその項目がなかったくらい新しい。一九一三年ドイツの美学者テオドーレ・リップスが、『感情移入について』の中で、この言葉を批評用語として採り入れた。リップスによれば、私たちは、芸術作品に表現されたものを見るとき、これらほかの生命に自分自身を投影し、それによって感情移入を経験する。リップスは、感情移入を審美的な経験および芸術的な価値の中心に置いている。ヴィルヘルム・ヴォリンガーはリップスの提唱に従った多くのドイツ知識人のひとりだった。そして、その古典的な著作『抽象と感情移入』（一九一七年）の中で、感情移入体験に含まれる一体化と距離の組み合わせを解明しようとし、ずっと後の議論の舞台を用意した。この言葉が英語で広くもちいられるようになったのは、一九二〇年代になってからである。たとえばロバート・フロストがその信条のひとつとして「筆者が泣かなければ、読者も泣かない」を掲げたときには、これらドイツ美学者の影響を受けていた。

十九世紀の詩人エラ・ホイーラー・ウィルコックスは、決まり文句となる一行「笑いなさい、そうすれば世界もいっしょに笑ってくれる」を書いたとき、心はたがいに調和するという純粋に感傷的な考えを拠りどころにしていた。感傷的な文化では、そのような感情的な共鳴は宇宙の理想的な調和の一部で、接触感染のように、ほとんど物理的に起こるとされた。しかし上述のドイツの美学者は感情移入の単純なケースについて語っているのではない。その思想はロマン主義思想とは意識的に袂を分かち、感情移入にやはり必要な距離を強調している。彼らにとっての感情移入は、感情の一体化と距離を置いた認識の組み合わせだった。

心理学者のカール・ロジャーズは一九七〇年代に次のように述べて、これを説明している。「感情移入の状態、あるいは共感的であるとは、相手の発言の内面的骨組を、正確に……しかし『あたかも』という条件を失うことなく、認識することである。」感情移入の認識的、条件的なこの側面については、一連の実験によって証拠資料が提出されている。その実験によれば、子どもたちといっしょに彼らの行為の結果を推論し合うと、その共感的な反応は高まった。したがって研究結果が示すとおり、年配の人びとの方が若い人びとより共感性が高いことが理解できる。認識力が高まれば、共感できる条件が整う。さらに特定の文化的訓練も作用することは疑いを入れない。ほかの研究では、涙を見せられると女性は男性より、少女は少年より共感しやすいことがわかっている。

感情移入と称されるもの自体がかなり新しい概念であるとしても、一般的な考え方としてはもっと古くからある。多くの著作を残した教父グレゴリウスとヒラリウスは、他人のために涙あふれる祈りをすれば、その人たちを癒すことができると書いている。これは共感の涙を単なる態度ではなく、救済策としたものである。そして共感は分かち合われなければ、十分に共感的ではない。祈りの言葉を唱え、涙を流し、流れる涙を見てもらわなければならない。涙は共感が認識される方法のひとつであり、共感が求められる方法のひとつである。

狂ったエイハヴ船長は、モビー・ディックに対する最後の運命的な追跡を開始したとき、一等航海士のスターバックに別れを告げる。「ふたりは手を握りあって、眼を閉じた。スターバックの涙がふたりを結びつけていた」と言って、語り手は、スターバックの明らかな共感が彼らの関係の結果であるのみならず、原因でもあったことを示す。スターバックは次のように述べて、エイハヴに行かないように訴える。「ああ船長！　りっぱなお方！　行かないで下さい！　行かないで下さい！　ごらん下さい。怖いもの知らずの海の男が泣いているんです。こうしてお願いするのがどんなに辛いかおわかりでしょう！」スターバックが涙で表わした感情は、もっと受動的な共感とは異なり、人間同士の深い絆そのものだった。それは態度を超えた説得、感情を超えた行為だと、メルヴィルは語っている。

しかし感情移入の涙は、人びとを復讐に駆り立てる場合に見られるように、深く結びつけるのとは反対に働くことがある。一九九六年のオリンピックで重量級レスラーのカート・アングルは、イランのアッバス・ジャディディを破ったとき、涙を流しながらヴィクトリー・ランを行なった。その泣きっぷりの惜しみなさが、大きく報道される。アングルはレスラー、デイヴ・シュルツの親友で、シュルツはほんの数ヵ月前に、スポンサーの血迷った大富豪ジョン・E・デュポンに撃ち殺されていた。そしてニュースはすべてアングルの涙をその悲しみのためであるとした。アングルの涙に共感した者はその涙を感動的と感じた。しかしその涙は、普遍的な絆とはならない。一部の観客や解説者から侮蔑の笑いを誘い、授賞式では銀メダリストのアッバス・ジャディディからも別の反応を誘い出した。「表彰台の一段下の段から、イラン人はアングルを険悪な目つきで見上げた」とロイター通信は報じている。

涙がどれほど共感を誘い出せるかは、その説得力次第である。そしてアッバス・ジャディディには、アングルの感情を分かち合うべきだとは思えなかった。しかし泣く方はたいてい、共感してほしいという要求を、それに応えてくれそうな人に向けるよう気をつかう。私たちは受け入れてくれそうな人の前でだけ泣く傾向がある。それでも涙はときに、そうでもしなければ話を聞いてもらえそうもない人、ほかの方法では要求を受け入れてくれそうもない人をも説き伏せることができる。学生が成績の見直しを頼んでも、ふつうはその成績がよく考えた末のもので、公正である理由を細かく説明されて終わりになる場合が多い。しかし涙を流せば、もっと情けをかけてもらえることがしばしばある。夫あるいは妻から習慣を変えてと頼まれれば、耳を貸すぐらいのことはするかもしれないが、もしそれが涙ながらの頼みであれば、もっと注意を払うのではなかろうか。

アーサー・ケストラーは、『創造活動の理論』(一九六四年)の短い章「潤んだ瞳の論理」で「なぜ泣くのか」を説明するときに、涙を流す五つの場合として、歓喜、悲嘆、安堵、感情移入、自己憐憫を挙げている。これらは、恐怖や怒りのような自己主張の感情とは反対の傾向を持っていて、行動、たとえば戦うか逃げるかの選択には向かわない。しかしその代わり自己超越と静穏に結びつく、とケストラーは述べている。自己超越の感情は「特定のいかなる自由意志の行動によっても達成されえない。」

愛、美しさ、あるいは芸術——そのすべてが涙を誘いうる——に圧倒され、うっとりし、魂を奪われるというのは、つまり特定の意味を持つ行動を避けて、感情それ自体にふけることにほかならない。これがもっともはっきりしているのは、歓喜、安堵、自己憐憫など、感じること以上に行動を要求しない個人的な感情によって涙を流す場合である。しかし悲嘆の場合もまた悲しみに対する単に「受動的な降伏」で、行なわれることは何もなく、行動も何一つとられない、とケストラーは示唆している。そして感情移入も同様であると推測する。感情移入には一体化を必要とする。別の人間と一体化すると、行動につながる自己主張を抑える。したがって感情移入は行動には至らない受動的な感情である。

それゆえケストラーにとっても、泣くことは行動の世界からの一種の逃避である。人はみな人間関係の中で涙を戦略的に用いることを学び、しかも非常に早く幼児のときに学ぶ、と認めはするが、涙の

「真の性格」は、ひとりきりで泣く人間によって示されると感じている。その人は、「きっかけは教会のオルガンの響きであろうと、スズメの落下であろうと、その性質上、ほかの方法では放出できない感情に、なすすべもなく押し流されて」泣く。

しかし十代の少年がひとり寝室で、スタジアムの聴衆をうならせるように気取ってギターを弾くまねをしているところ、あるいは男が家でひとり、まぼろしの上司に向かって、何か侮辱されたことについて叫んでいるところを考えてみれば、ひとりのときの感情には、しばしば想像上の相手がいることがわかる。そのようなシナリオを演ずるのを、感情移入に近いものとして考えることさえできる。それは現在の状態から別の状態に自分を想像の中で投射し、そこでなりたい人間――たとえばスタジアムで演奏する人間や、上司に文句を言う人間――に自分を重ね合わせた感覚を持つことである。自発性と自己超越が組み合わされていることからして、ひとりでいるときに泣くのは実際のところ感情移入反応の典型的な例と言えるかもしれない。

悔恨の涙あるいは愛の涙のような感情移入の涙は、自分自身のため、そして他者のために流される。それは自己専念の行動でもあれば、また叫んで求め、呼びかけ、告げ知らせるという行動でもある。飢えている子どもたちへの救援広告をテレビで見て涙を流すとき、私たちは小切手帳を取り出す代わりに、そうしているのかもしれない。調べてみれば、人びとがテレビを見て、あるいは新聞を読んで急に立ち上がり、国会議員に手紙を書く、あるいは慈善事業に寄付するとき、その目は乾いている方がずっと多いのではなかろうか。感情移入より怒り、激怒、恐れ、あるいは何かほかの感情に捕らえられているだろう。

そして逆に感情移入の涙を流すとき、泣くこと自体が、その瞬間の感情によって起こる行動になっている。行動というはけ口のない感情が涙に変わるのではなく、ある感情が涙に完全なはけ口を見出すのである。感情移入によって自己の境界を越えて突き動かされるのを感じると、それだけ泣くことは自分自身に戻る助けになってくれる。たとえばふたつの異なる視覚的な刺激によって、涙ぐむところを想像してほしい。ひとつはボスニア人捕虜の写真で、もうひとつはすぐれた芸術作品とする。この二つの経験の感情曲線を想像してみると、どちらの場合にも、人は徐々に非常に強い感情にとらえられる。そして自己の外に、自分の経験の外にいる感覚を経験する。この感覚がピークに達すると、涙がこみあげたり、泣いたりする。泣くことは、自分自身に、自分の体に戻るという感じと切り離せない。人は超越的な経験の最中に泣くかもしれないが、泣くときに超越するものが自分自身であることは、めったにない。

アダム・スミスは、もうひとつの面から感情移入の問題に行き着く。スミスが知りたいのは、他人に共感されたときに得られるものは何か、ということである。

悲しみの原因を話せる相手が見つかると、不幸な人間はどのように救われるのだろうか。共感してくれた相手に、悩みの一部をになわせるように見える。相手が悩みを分かち合ってくれると言えなくもない……けれども不幸な話をすることによって、いくらか悲しみが新たにもなる。苦しみを引き起こした状況が記憶によみがえる。その結果涙は前よりも勢いを増し、悲しみによるあらん限りの弱さに身をゆだねかねない。しかしこの間ずっと彼らは喜びを感じている。そしてそれによってかなり救われているのは明らかである。なぜなら相手が共感してくれるという喜びは、共感してもらうためにまざまざとよみがえらせ、新たにしたその悲しみのつらさを、補って余りあるのだから。スミスは何よりも経済学者だった。だから悲しみを実際に他人の勘定につけて、それで「償われる」この種のやりとりは、十分に納得できるものだった。しかしスミスの言葉は、共感する喜びの分かち合い、涙の甘さに身をゆだねることも示唆している。

もし実人生で挫折しても、涙を流すだけでその問題を解決できるなら、もちろんすばらしいだろう。スペインの偉大な哲学者ミゲル・デ・ウナムーノは、『生の悲劇的感情』(一九一三年)の一節で、この幻想を強力に喚起する。

ソロンが一人の息子の死を嘆き悲しむのを見たある衒学者が、「なぜ、そのようにお泣きになるのですか、泣いても何の役にも立たないでしょうに」といったのに対し、賢者ソロンは「正にそのためなのだ。何の役にも立たないからだ」と答えた。……私は、われわれ全てが外に出て、われわれの苦悩――ひょっとしたら、それはただ一つの共通の苦しみであるかもしれない――を白日の下にさらけ出し、皆が一体となってその苦悩を泣き、天に、神に向かって叫ぶならば、われわれの多くの問題は解決するであろうと確信している。たとえ、天に、神に、われわれの叫びがとどかなくても、必ずやわれわれの願いを聞いてくださるであろう。聖堂の持つ最大の神聖さは、人びとが他人と共に涙を流しに行く場所だということである。運命の笞に打たれしいたげられた多くの人びとが合唱する「主よ、われらを憐れみたまえ」〔「詩篇」、第五一篇賛美歌〕は、一つの哲学全体にも相当する価値があるのだ。ペストを治すだけでは充分ではない。それを悲しむことも知らねばならない。確かに、泣き悲しむことを知らねばならないのだ。そして、この泣き悲しむということこそ、至高の知恵なのではないだろうか。何のために泣くのか。それはソロンに聞いていただきたい。

（神吉敬三訳）

ウナムーノにとって、人生の悲劇を認識することとは、哲学の最高の目標だった。したがって、「運命に笞打たれしいたげられ」ても泣くまいとするのは、愚か者あるいは臆病者だけなのだろう。

人びとが通りで群れをなしてともに泣くというウナムーノの夢想は、カタルシス理論を、個人的なものから明らかに社会的な段階に、多数の共感の儀式にまで進める。もっと最近では、ジェイムズ・キャメロン監督が、自作映画の『タイタニック』について次のように書いている。「世界中の観客が、暗い部屋に入りともに泣くことによって、自分たちの本質的な人間性をたたえている。」ここには、あつかましいところなきにしもあらずだが、このようにみながともに泣く情景にこそ世界の平和がある、という考え方が示唆されている。ウナムーノとキャメロンにとって、人びとが泣くのは、自分自身をよくするだけでなく、世界をよくするためでもある。プラグマティストは、これは錯覚で、象徴的な行動を現実の行動に置きかえている、と主張するかもしれない。ウナムーノは、人間の感情的非感情的意識は、すでに集団の錯覚――われわれは誤ったもの（特殊効果によるお涙頂戴ものの超大作のようなもの）に価値を認め、物質的なものや技術の領域における変化を真の進歩と取り違えている――にもとづいていると論ずる。われわれの不安は信仰——あるいはイデオロギー——の危機にもとづいているので、それを癒すことができるのは、まさに信仰を措いてない。

一部の哲学者が情動的な意識の弱さであるとした世界の魔術的変容は、言い換えれば、まさに、ウナムーノが意識の強さと感じているものにほかならない。だからおそらく哲学的な隠喩で論じても意味がないだろう。世界についての悩みや不満を表に出すことで、その悩みあるいは不満がなくなると人びとは信じたがる。幼児のときにこれが可能なことを学んだ。泣けばいつでも気持ちがよくなる。食べ物を与えられたり、おむつを替えてもらえたり、なでてもらえたりした。しかしこのように考え続けたいという望みは、ウナムーノあるいはジェイムズ・キャメロンがなんと言おうと、子どもっぽいと見ざるをえない。

第七章

フィクションの涙

『ハムレット』の第二幕。役者の一団がエルシノアに到着すると、ハムレットがそのひとりに、ひとつせりふを聞かせてほしいと頼む。妻ヘキューバに看取られるプライアムの死の場面である。役者は王子ハムレットの願いを聞いて、みごとに演じて見せる。ポローニアスは不快な気分になって言う。「あれあれ、あんなに顔色を変えて、涙までだしている。——おい、もうやめてくれんか。」（三神勲訳）ハムレット自身は、以前に自分が「溢れ出る涙の泉」と呼んだものから流れ出す役者の涙にうっとりしている。ほかの者は部屋を去るが、この涙の性質についてだけでなく、演劇の基本的な神秘と人間の感情移入の謎について、ハムレットはもの思いにふけっている。それはもっとも有名な独白のひとつになる。

ああ、おれこそならず者にも浮浪人にも劣った人間だ！
じつに奇怪ではないか、今のあの役者は
あんなただの作りごと、架空の情熱をきっかけに、
もろもろの想像の力によっておのれの心を動かして、
その顔色を興奮に蒼ざめさせたり、

眼には涙をたたえ、顔の筋を恐ろしくひきつらせ、
声は震え、その一挙一動ことごとくが想像のままに
さまざまな形を表わす。しかも何のいわれもないのに。それは何のためだ？
ヘキューバのため？
あの男にとってヘキューバが何だ？　ヘキューバにとってあの男が何だ？

役者が一連の感情表現をそっくりそのまま演ずることができるのを、ハムレットは「奇怪」に思う。一方自分自身は、父を殺した叔父に仇を討たねばならないと思い定めているのに、怒りの復讐ができずにいる。父の死に対する悲しみをいまだに表わせないままなので、ハムレットは役者の演技を自分に対する審判だと思う。「もしおれほどの怒り悲しむ動機ときっかけがあったとしたら、いったいあの男はどうするだろう？　舞台を涙でひたし……」と続ける。

涙へのさまざまな動機——演技、表現、感情移入——がこの場面には織り込まれている。ひとりの役者が、まったく別の物語に出てくる人物のせりふを語る演技をして泣く。そしてハムレットが、悲しみを十分に表わせないことについて独り言を言う。実際の観客は、役者役の涙にも、ハムレット役が表す涙を流したいという気持にも反応する。そしてたいていの舞台では、潮時を心得て泣く劇中の役者よりも、もの思いにふけるハムレットに対して涙するだろう。

人びとの大半は、こちらの観客側がある程度模倣的な態度をとるのは当然と考える。舞台あるいは映画を見るときに、しばしば俳優と同時に涙にくれる。ドラマの中の感情的なクライマックスには、涙が

つきものだからである。ローマの詩人ホラティウスは、これは単に演劇についてだけでなく、一般的にも言えると考えた。「笑う者とともに人は笑うように、／泣く者とともに人は泣く。／私に泣いてほしければ、／まずおまえが泣かねばならぬ。／さすればおまえの悲しみは私の心に触れるだろう。」ひょっとすると人びとはこれを、自分たちがサルの親戚であるという事実、模倣が人間の自然なあり方で、単なる学習法に留まらず社会性の基礎でもあるという事実のせいにしたがるかもしれない。

しかし系統発生的な理由がどうであれ、ホラティウスの図式は少々単純すぎる。『ファルセット』などのミュージカルの作曲家ウィリアム・フィンは、女優パッティ・ルポーンが、泣くことについて次のような手引きを聞かせてくれたと述べている。それはルポーンが演技指導者から教えてもらったものである。

自分が泣いて、客が泣くのは上等。
自分は泣かずに、客が泣くのは最高。
自分が泣いても、客が泣かないのは最低。

この小さな覚え歌の根本原理は、ホラティウスのものと同じである。もし俳優がよい演技をすれば、観客はそれにつれて笑ったり、泣いたりするだろう。二行目は、演じている感情より強い感情移入の反応を、俳優が観客に引き起こすことができると示唆している。登場人物が涙をこらえると、観客はしばしば泣く。『ロレンツォのオイル』でスーザン・サランドンが、息子がめったにない病気にかかっているのに気づいたとき、あるいは『めぐり逢い』で、ケーリー・グラントが涙をぐっとこらえるようなときである。最後の一行は、感情に訴えたり、弱点によって涙を誘い出そうとする無能な俳優のイメージを彷彿とさせて、笑わせる。

そしてポローニアスを演ずる俳優は、泣くときに観客を笑わせるかもしれない、とつけ加えてもよいだろう。ポローニアスが俳優の演技に絶句しても、観客はまねない。尊大な言動が大きな隔たりを生んでいるからである。観客はスタン・ローレル、ルー・コステロあるいはほかの涙の道化役者——コチネッラからピエロ、ピー＝ウィー・ハーマンまで——の涙に笑ったように、ポローニアスを笑うことができる。これらの道化に対する観客の反応は、ある程度共感的かもしれないが、また同時に残酷でもあって、他人が泣くのを見るときのひねくれた喜びに類する。それは——ここで論ずるためにふたつの例を挙げれば——ドロシー・パーカーやフョードル・ドストエフスキーのような作家が、自分の作品で武器として使ったものである。

ウィリアム・ルースの戯曲『バリモア』の中で、クリストファー・プラマーは、年老いたジョン・バリモアを演じた。バリモアは、頼まれればすぐ泣けるので有名だった。出所の怪しい話だが、あるシーンでどんな風に泣けばいいか、バリモアがディレクターにたずねると、どうでもいい、ただ泣けばいいという返事。バリモアは言った。「なるほど、わかりました。こうしましょう。左の目から大粒の涙ふたつ、つづいて右の目から小粒の涙三つです。」プラマーは、リチャード三世でブロードウェイに返り咲くためのリハーサルをしている晩年のバリモアを演ずる。バリモアは慢性的に酔っぱらっていて、しょっちゅう舞台での居場所がわからなくなるわ、突然脱線するわ、シェイクスピアのほかの戯曲にある独白を始めるわ。それがまたすばらしく哀感に満ちていて、あまたの観客の涙を誘うのである。プラマーの演技に対する観客の涙が、多くのさまざまなこと――シェイクスピアの崇高な韻文、プラマーのすばらしい演技、バリモアの人生への感情移入、そしておそらく、人の失墜を見るひねくれた喜び――に起因しているのは、間違いない。架空の物語には涙を現わし、あるいは利用するものもあれば、涙を誘うものもある。それらの物語に対する人びとの反応には、感情移入と残酷の逆説的な結合が含まれている。

感情移入、残酷、恍惚感――これらが、物語に対する涙あふれる反応や、涙を誘う場面を見る喜びの主な源であるとしても、決してそれだけではない。「虚構の悲嘆、ディドやアリアドネーの涙」へと人びとを誘うのは、単純な逃避欲求である、とモンテーニュは語っている。フィルム・ノワール〔暗いスリラー映画〕の不実な女性の涙に喜んだり、マン・レイの『涙』と題された写真に見られる明らかに本物ではない人工的な涙のような、モダニストおよびポストモダニストの涙を賞賛することは、さらに逆説的で、さらに説明を必要とする。もちろん反応には時間の制約がある。三百年前にパリ中を泣かせたラシーヌの戯曲は、今日のブロードウェイで上演されても、同じように多くの涙を誘うことはできないだろう。そして十八世紀、十九世紀の涙のヒーロー、ヒロインは、最初の観客同様に現代の人びとを感動させることはできないだろう。というのもそれらの涙を生み出したまさに時代特有の社会問題は、もはや現代の問題ではないからである。しかし多くの作品には、深く感動させる力がなお失われずに残っている。そして人びとの涙をしぼろうという意図のもと、絶えず新しい作品が作られている。絶望の深さとなみはずれた美の高揚の関係、インクで書かれた涙と読者が本の上に落とす涙の関係、スクリーン上の涙と座席の上の涙の関係は、結局のところどういうものなのだろう?

G・S・ブレットは一九二七年のウィッテンバーグ・シンポジウムのために、心理学の歴史について書いている。それによれば、デカルト以来科学的な考え方が高まっていたが、その間も「十八世紀半ばに小説が突如出現したので、情動の問題は完全に消滅することはなかった」。そして想像力に富んだ文学、演劇、映画は、涙のもっとも不朽の記録であるだけではない。社会に見られる情動の性質について多くの人がめぐらした思いを集めた、おそらくもっとも重要で、まちがいなくもっとも包括的な記録となっている。D・H・ロレンスによれば、「適切に書かれた小説は、人生のもっとも内密な部分を明らかにすることができる。というのも、何にもまして、人生のその激情に満ちた内密の部分でこそ、敏感な意識の潮が、満ちては引きつつ、洗い清め、生気を吹き込むことが必要とされるからである」。そして実際、心理学的な、あるいは神経生理学的な研究とは異なり、文学における情動の考察は、それに応じた情動を誘い出す。批評文の有名な決まり文句「笑いました、泣きました」は、理想的な審美的体験を漫画風に縮めたものである。

映画であれ、演劇であれ、書物であれ、物語から得られる愉しみについては、ギリシア時代以来美学者や批評家が考察してきた。俳優がカメラに向かって銃を撃つと、初期の映画の観客はひょいと身をかわしたと言われているが、それはそれとして、おおかたの人は、物語の虚構性が反応を引き起こす中心的な役割を果たすと認めている。ヒュームは十八世紀にこれを要約すると同時に、他人の痛みに喜びを感ずることのできる人間の能力について説明を行なっている。

人は本来心を動かされ、感動することを好む。悲しいものにも満足を感ずる。状況によっていくらか和らげられていれば、悲惨で痛ましいものでさえそうである。……劇場はほとんど現実のような効果を与えるが、まったく現実というわけではない。大仕掛けな展開に、どれほど心急かされようと、感覚や想像力が理性の領域をどれほど侵害しようと、目にするもの全体が虚構であるという確信が心の底にはなおひそんでいる。……［それは］わが身の苦痛を減らすのに……その苦悩を喜びに変えるほど減らすのに、十分である。観客は愛着を感ずる主人公の不幸に涙するが、同時にそれは虚構以外の何物でもないと考えて安心する。快い悲しみ、楽しい涙を構成するのは、まさにその感情の混交である。

言いかえれば、もし観客がヘカベーのために泣くなら、それは結局、ヘカベーが自分にとって何でもないからだ。そして観客は、「感情の混交」のために泣く。

はるか昔にソクラテスは、プラトンの対話篇『ピレボス』の中で、感情が交錯した性質を持つことを述べている。悲嘆は、怒り、恐れ、憧憬、そしてほかの感情とともに、「魂の苦悩」だが、しかも「測り知れない喜びに満ちている」と言う。そして『イーリアス』を引用する。そこでホメロスは、「思慮深き人をも憤激させるもの」は「されどしたたり落つる蜜よりもはるかに甘し」と断言している。ソクラテスによれば、人びとは怒りをあらわにすることによって、単に喜びを得るだけでなく、「悲嘆や憧憬のうちに苦痛と撚り合わされている喜び」をも感ずる。悲劇の観客は、「ときどき喜びを感じるのと同時に涙を流す」が、一方喜劇の場合には、他人の苦痛に喜びを感じる。意地悪く苦痛を喜びに混ぜこむ。だから喜劇を見ながら、同時に笑ったり、泣いたりできるのである。「哀歌や、悲劇、喜劇――そして舞台の上のみならず、人生すべての悲喜劇において、苦痛は喜びとないまぜになっている」とソクラテスは結論を下す。すべての感情はさまざまな矛盾する動機や気持の混合である、とプラトンが示唆したのは確かにあたっていて、その後特定の感情の性質を分析しようとした多くの者の先駆となった。

ハリエット・ビーチャー・ストウ夫人が書いている通り、「墓石の上に流されるもっとも苦い涙は、言われずに終わった言葉、行なわれずに終わった行為のための涙」、つまり、人の死それ自体のみならず、数多くのほかの後悔についても流される涙ということである。ディラン・トマスの詩「あのやさしい夜のなかへ」にはもっと入り組んで複雑なものがうかがえる。

そしてあなた、悲しみの極みにいる父よ、
どうぞ、あなたのすさまじい涙で、私を呪い、祝福してください。

この詩には、撞着語法、あるいは矛盾に近いもの――呪われるために祈る、祝福のすさまじい涙、和解への欲求と和解の拒絶――があふれている。そしてこれらは、親に対して、また親は死ぬべき運命にあるという考えについて持っている混乱した感情を決定する複合的な力を伝えるために、用いられている。感情には多くの動機があり、人間関係、気分、理解、習慣、血族関係、約束などさまざまな面によって形成される。その点では、精神分析上の有用な新造語を使えば「多元決定」である。ドストエフスキーの『カラマーゾフの兄弟』（一八八〇年）では、愛する師が死んだとき、アリョーシャ・カラマーゾフは喪失感に襲われて、泣き出す。師を失って取り残されるが、もう何もかも自由にできるとも感ずる。泣いてはずみがつき、外に出て、地面に身を投げ出し、「狂喜」して泣きながら大地に口づけする。修道院の中では師の通夜がまだ行なわれていたが、そこを去ることになる喜びと恐れで、恍惚として門前で涙を流す。

ある心理学者は、この種の説明は必要以上に込み入っており、すべてのそのような涙――ディラン・トマスの語り手、ドストエフスキーの登場人物、あるいはそれを読む私たちの涙――は喪失に対する単純な反応であると言う。たとえば一九五六年精神分析家のサンダー・フェルドマンは、喜びの涙という概念は誤りで、それは文化的な誤解の結果であると論ずる。「喜びの涙などというものはない。あるのは、悲しみの涙だけだ。」子どもたちはハッピー・エンドでは泣かない、と記している。おとながそこで涙するのは、死と何につけ幸せのはかなさを知っているからに過ぎない。おとなはハッピー・エンドで泣くが、それが偽りであり錯覚であるのを知っているからだ、と言う。小説や映画のハッピー・エンドで流される涙は、現実の人生ではハッピー・エンドが不可能なことに対する悲しみの、したがって結局は、無垢ではなくなってしまったことに対する悲しみの涙である。喜びはそれには関係ない。フェルドマンの見方によれば、アリョーシャは、師を失い、僧院の保護を失い、若さを失ったことを悲しみ、純粋に、単純に泣く。アリョーシャが歓喜あるいは恍惚を経験していると考えるのは、自己を偽っているか、あるいはドストエフスキーが誤っているのである。

そしていっそう単純な説明を示す心理学者もいる。イギリスのバーミンガム大学の心理学者C・W・

ヴァレンタインは、子どもたちの恐れの発展を研究した。一九三〇年に論文を出版して、子どもが悲鳴をあげたり、泣いたりするほど「怖い遊びをする」のは、人間が生来刺激を渇望することを示唆しているという結論を出す。ヴァレンタインはフロイトとキャノンの影響を受けている。フロイトは『性の理論に関する三つの論文』で、子どもにとって、すべての刺激――恐怖さえも――は性的興奮を伴い、後の人生で不愉快な情動から喜びが生まれることも、刺激の同様なしくみから説明できる、と書いている。ヴァレンタインは、ホラー映画を見る場合と同じく、悲劇あるいはメロドラマを見る場合にも観客は刺激への渇望を満たし、そして刺激を楽しんでは涙を流し、また刺激を楽しむと示唆する。しかし涙自体は、ひとしきり楽しい興奮が続いた後、単に副交感神経系が人間をホメオスタシスに戻す働きをしているしるしである、とキャノンに従って論じてもいる。もし人びとがトマスの詩あるいはある小説の一場面を読んで泣けば、それは単にその詩あるいは小説に興奮したからであり、生来の興奮への欲求のゆえに何かを楽しんだのである。

これは、私たちが物語に反応するのは音楽に反応するのと同じであることを示している。ある批評家が述べたように、音楽は「それ自体の固有な入り口を通って人びとの情動に働きかける」。そして涙を誘うこともある。キール大学のジョン・スロボダは、八十三人にいくつかの楽節を聞かせ、それに対する情動反応について一連の質問に答えてもらった。その結果、ハーモニーが比較的突然変化すると、確かに身震いが生ずることがわかった。テンポの加速とシンコペーションによって、心臓の鼓動が速くなる。旋律的なアッポジャトゥーラつまり装飾音が涙を催させるのは、ほぼ確かである。アッポジャトゥーラは、主要音の上あるいは下の音が先行するもので、ある程度の緊張を作り出すが、その緊張は主要音が響いたときに解き放たれる。（それよりは少ないが、音列、あるいは和声の動きが主音、つまり曲の調性の音階の第一音に戻るときにも、緊張が解けて涙が催された。）スロボダの結論は、ほかの学者も当然と見ているが、それによれば、情動的な反応は聴き手の期待を確認し、あるいは裏切ることによって、引き起こされる。つまり旋律が主音に戻ると期待しているときに、それが遅れても、実現しても情動的な反応が起こる。深い音楽体験の喜びから流される涙は、かなり機械的に生じうる。言いかえれば、神経組織を刺激することによって、そして期待を作り出し、くじき、満足させることによって、涙を催させることができる。

しかしこれは、なぜ人びとが複雑な虚構に泣くのかに関しては、はなはだ不満足な説明でしかない。もしそれが本当なら、『カサブランカ』そのものと同様に、マルクス兄弟の『カサブランカの一夜』でも、観客は泣くだろう。表現されているものの性質が、人びとの反応を決定しているのは確かである。シリーズ第一作の『ランボー』が公開されたとき、多くの観客は、最後の場面のシルヴェスター・スタローンの涙に深く心を動かされた。ランボーは、ヴェトコンの過酷な捕虜収容所を体験した後故郷に帰るが、戦争の英雄というよりは流れ者のヒッピーのような外見のために、逮捕される。地方の警察隊から逃れるが、警察隊は森の中を追ってくる。警官を殺し、傷つけ、町を大きく爆破した揚句、最後に昔のグリーンベレー上官の説得に応じる。殺戮をやめるようにという勧めに屈するとき、ランボーは床にくずおれて、泣く。それは、復讐する権利があるという気持ちから、殺戮をやめる責任があるという気持に変わるその変化の一部である。遅まきながらのこの「良心」のほとばしりには、情動の急激な変化が伴い、それとともにその変化の肉体的なしるしがすべて表われる。あごを引き締め、こぶしを固めていたのが、肩を落とし、震え、すすり泣く。今日ではこれを見て少なくともにやりとしないではいられない。ヴェトナム、長髪、軍隊、「法と秩序」、そして二十年も前の多くのほかの問題は、当時の観客の場合と同じ感情のボタンを押すことはないし、同じように多くの矛盾する感情を引き起こすこともないからである。スクリーン上には同じ涙（さらに話しぶりにも激した言葉にも同じ量の「興奮」）が現われるが、もはや観客から同質の涙を誘うことはできない。そしてある歴史上の瞬間に誰もが同じ虚構の刺激に泣くわけではない以上、自分がどんな人間で何を信じているかも、泣くときを決定するのは明らかである。これらの多様な因子はめったに研究されないが、男性と女性では反応が違うこと、ハリウッド映画のお涙頂戴もので男性と女性の涙の扱い方が異なることを調べれば、鍵は見つかるにちがいない。

ドラマ、メロドラマ、コメディの役割

大衆映画は感情を描写し、また誘い出すことに大きく依存している。多くは、涙についてのもっとも一般的な前提――たとえば、快く泣かせることが重要である、あるいは真心の証として涙が重要であるなど――にたより、それを展開することによって単純に進行する。ロバート・レッドフォード監督の『普通の人々』（原作はジュディス・ゲストの小説）が、一九八〇年の作品賞を含む多くのアカデミー賞を獲得しているのが、そのよい例で、家族の機能不全を考察した映画の中心にはカタルシスの涙がある。

映画の冒頭で、若いコンラッド・ジャレット（ティモシー・ハットン）は、ひどい不安をかかえている。それは自殺を試みても、入院しても、あまりよくならなかった。父のカルビン（ドナルド・サザラ

ンド）は、息子の心の状態に神経質気味な、あるいは少なくとも支配的な関心を持っているが、息子がどこも悪くないと言うのが大きな壁になって、心が通わない。よそよそしい母親ベス（メアリー・タイラー・ムーア）は、終始冷やかで、感情を表に出さない。コンラッドの問題は、母のかわいがっていた兄の事故死にどうも関係しているらしいことがわかり、ベスが事故についてどういうわけかコンラッドを責めているのもわかってくる。ベスはコンラッドがおずおずと接近しようと試みるのに対して、氷のように冷たく嫌悪の身震いで応ずる。そしてコンラッドは自責の念にかられた父の過剰な接近に対して、不機嫌になり、あるいはあきらめて引きこもる。ここで得られる教訓は、感情の抑圧こそが機能不全の原因になるというもので、それにはほとんど疑問の余地はない。

コンラッドは精神科医バーガー（ジャド・ハーシュ）に会うようになってから、徐々に罪悪感と自暴自棄という自分の感情を理解するようになる。クライマックスは、コンラッドが夜遅く救いを求めてバーガーに会いに行き、取り乱して、それまで避けていた苦痛を感じて泣くシーンである。バーガー医師は、「私は君の友だちだ。君はそれを信じていいんだよ」と安心させ、コンラッドの感情の問題についてソクラテス式問答を行ない、そのカタルシスを可能にした。それは典型的な初期フロイト療法の成果である。コンラッドは、嵐の中で一緒にいた兄が溺れた事故を思い出し、その事故と、自分が無力であったために感じたすべての苦悶を再体験する。涙を流し、激しく泣き叫び、話をし、もう少し泣く。そして癒される。

ポーリーン・ケールは次のように書いている。ワスプ〔アングロサクソン系白人プロテスタント〕はその文化の中で感情を感じたり表わしたりできなくなっているが、『普通の人々』は、人間の感情を理解しているユダヤ人医師が、その問題を解決しようと奮闘する物語である。バーガー医師との面会で涙を流した後、カルビンさえ、自分の結婚生活では感情が枯渇しているのを認識するようになる。映画の終わり近くで、カルビンは食堂に座り、泣き明かす。妻が降りてきて、夫の悩みをさっさと片付けようとして、どこか具合が悪いのとたずねる。カルビンは、バーガー博士と自分の涙のおかげで、今では妻をどのように見られるようになったかをゆっくり語る。それは私たち観客がずっと見てきたベスの姿である。ベスは礼儀正しさに隠れ、実際には何も感じず、愛も表わせず、息子の死を嘆き悲しむことも避けていた。カルビンは、たった今言ったことを明らかに否定して言う。「君という人間がわからなくて、あるいは私たちが演じていたのはいったい何だったか、わからなくて、泣いてるんだよ。だから泣いていたんだ。もう君への愛にも自信がない。どうしたらよいかもかもわからないんだよ。」ベスは荷造りをして出て行く。父と息子は裏庭で、神話のような冬のシーンで心を通わせ、涙を流して抱き合う。雪も解け出し、またぬぐり来る春を予感させるその場面。ふたりは新たに生まれた平静な心で未来に立ち向かう。その平静さを支えているのは、勇気を出して感情を解放したこと、そして、妻であり母であるベスと別れたことには感情の反応をほんのわずかしか見せていないにせよ、改めて発見した感じる能力である。映画の終わりで、彼らは成長し、もっと賢く、もっと自由に、もっと健康になる。肉体も欲望も空にするような、爽快なカタルシスの経験によって、コンラッドとカルビンの感情は救われ、ふたりは生きることについての理解を深め、成長する。

多くの、それこそ多くの映画の登場人物が同じような治癒を経験している。アルフレッド・ヒッチコックの同じく極度に単純化された治療ドラマ『白い恐怖』(一九四五年)では、グレゴリー・ペックの記憶喪失は、まさに同様の幼年時代のトラウマを思い出して泣くことにより消失する。そして『ニューマンという男』（一九六三年）では、今度はペックは医師を演じて、ボビー・ダーリンを治療する。（ダーリン—「先生、見てください。私は小さな子どものように泣いています。」／ペック—「君はビッグ・ジムのために泣いている。そして泣かなければいけない。君は彼を愛していたし、彼は死んだ。さあ、ありのままの気持ちにまかせればいいんだよ。」）『サウス・キャロライナ——愛と追憶の彼方』（一九九一年）で、バーブラ・ストライサンドは、心理療法士を演じ、最後に患者（ニック・ノルテ）に治療上泣くことが必要だと確信させる。ノルテが演じた人物は映画通ではないと見える——涙が助けになるという考えにひどく驚いている。

カタルシスの涙については、一九八七年のジェイムズ・ブルックスの映画『ブロードキャスト・ニュース』に、一連の奇妙なシーンが出てくる。ヒロインのジェイン（ホリー・ハンター）は、テレビのニュース・ショーを担当する独身のやり手プロデューサーだが、抑圧されているのだろうか、映画が始まるとまもなく、電話のコードを引き抜き、しばしじっと座って時計を見る。それからすすり泣きを始め、ゆがんだ顔に涙が流れ落ちる。観客には、なぜ泣いているのか、あるいはそれがどういうことなのか、わからないままである。少し後の場面でも、外に座り泣きじゃくるが、その前後にもまた時計を見る。ティッシュを持っているので、これはいつもの予定通りの行動だとわかってくる。三回目は朝早く自分のオフィスで泣くが、出勤してきたニュース室の同僚は気にも止めない。こうして泣いているのをそれまでにも見ているのは明らかで、あわてる様子もない。ジェインは、ニュースの時間配分をするように注意深く、ひとしきり泣くための時間を計るような堅苦しい女性なのだろうか、それとも進んだ感情面のスキルを身につけていて、カタルシス療法を短時間行なって、自分の心のケアをできる女性なのだろうか？

映画では、国内外の政治をしっかり把握してはいるが、ぱっとしないレポーターのアーロン（アルバート・ブルックス）が、たくましく、テレビうつりはよいが、ニュース・キャスターになりたいというぬぼれた望み以外に何の能力もない、ぼんくらのトム（ウィリアム・ハート）と戦う。アンカーマンの地位とヒロインの愛をめぐるまじめアーロンとまやかしトムの戦いでは、トムが勝ち、テレビ局はトムを抜擢する。トムは、文明や知性に対するニールセン視聴率の勝利を表わしている。デート・レイプに関する初めての大きなニュースを扱ったとき、トムがその女性にインタヴューすると、女性は「ごめんなさい、絶対泣かないと誓っていたのに」と言いながら、すすり泣きを始める。放送された編集済みのインタヴューでは、カメラはトムに切りかえられていた。トムは思いやりを見せながら話を聞き、その目からは大粒の涙がぽろりとこぼれる。この初舞台を見たニュース室の人びとは、トムをほめそやす。それまでトムの魅力に抗ってきたジェインすら、気持ちを変える。そのインタヴューの自己満足的な面に関してはまだ少し懐疑的だったが、「感動したわ」と打ち明ける。「涙ぐんでるあなたの顔にカメラを向けるのはどうかと思うけど、でもリアルで感動したわ。」

そしてそれはジェインの心をつかんだ。彼女はトムと恋に落ち、お決まりの熱々の関係になる。レイプの被害者にトムが見せた涙は、ジェインにとって、トムという人間が誠実で深みのあるあかしとなった。その後、ジェインは（アーロンの助言で）その涙ながらの思いやりは演技で、インタヴュー後にスタジオで撮影されたことを知る。だまされたと思い、ジャーナリストとしての道徳違反に憤慨する。演技の授業で泣き方を学んだので、思いのままにわけなく泣けるし、インタヴューのときはその女性に深く同情していたので、涙の演技は自分の感情の正確な表現だった、とトムは説明する。しかし道徳的な問題は見落としていた。故意の涙のせいで、事態は取り返しのつかないことになり、恋は終わる。最後に数年後彼らは再会する。トムは能天気なフィアンセを連れて、ジェインは本来の誠実さをお伴に。

この映画は、私たちがすでに知っていること、つまり心からの涙は善で偽りの涙は悪、そして偽りの感情を見せる人は感情的に信用できないことを主張しているように見える。観客はジェインを、八〇年代のスーパー・ウーマンとして見るように促される。彼女は情熱的に愛することも、仕事に打ち込むこともでき、感情を表わすこともコントロールすることもでき、一流の男と寝ることも、また拒むこともできる。同僚が首になったとき、他人の善良さを見たとき、担当のニュースが悲劇のとき、ジェインは涙ぐむが、周囲の人は、これらの涙をすべて弱さのしるしというより、彼女も彼ら自身もりっぱな人間であるあかし、と受け止めている。

かつて女性には閉ざされていた多くの職場や職業に、最近女性が進出してきたが、この映画はその時期に作られた。心理学者や社会学者が、女性の感情のスタイルが職場の政治力学や文化に与えた衝撃を研究した時期でもあった。女性は性差と専門職業意識のしばしば両立しがたい要求の釣り合いをとることを学ぶが、そのときの葛藤、そして「女性的な」女性と「男性的な」女性の両方に対する偏見を、これらの研究は詳しく取りあげている。ジェインはそのような問題は感じないし、彼女が泣いても少しも問題にならない。容易に泣けるが、容易にコントロールもできる。仕事がよくできるのでその業界のトップに立っている。心を動かされやすいことは、現実世界ではあらゆる証拠から見て女性特有の欠点と考えられるだろうが、ジェインはそうは思われない。十九世紀のヒロインのように、ジェインは不死身である。誘惑されることもあるが、心は純粋なままで、まわりの人間はみなその純粋さを認めている。その感情は無垢で、苦労しながら人生を進んでいく。愚かでセクシーな男のような誘惑が行く手にばらまかれていても、高潔さを失わない。真心があり、たとえスケジュール通りであろうと、涙がそれを証明している。

『普通の人々』と『ブロードキャスト・ニュース』は、涙を主題にしているが、典型的なお涙頂戴もののではない。もちろんある人にとってのお涙頂戴ものも、別の人には『ロッキー』である。映画製作者は、泣かせる映画を作るために昔から苦労してきたが、その「お涙頂戴もの」は必ずしもうまくゆかず、まったく効果のあがらないこともあった。男性と女性とでは、メロドラマ風のシーンに対する反応が異なることが多い。そしてハリウッドは、一九三〇年代、四〇年代には明らかに女性のために膨大な数のメロドラマを生み出した。これらの映画にはすぐに多くのニックネーム――お涙頂戴もの、涙話、ソープ・オペラ、ハンカチ四枚もの、など――がつけられた。そして事実女性を泣かせるというはっきりした目的で構想されてはいたが、市場向けには「女性用映画」というもっと地味な名前で通っていた。一九四〇年代末になると、いわゆる「男性用お涙頂戴もの」が作られるようになる。これは、男性の涙を引き出すのにふさわしい状況を呼び物にしていた。男性用でも女性用でもお涙頂戴ものは、涙を誘うだけでなく、涙を用いもする。しかし『ブロードキャスト・ニュース』や『普通の人々』のように、涙あるいはほかの感情表現の問題について、観客に考えさせることを表に出しているわけではない。スクリーン上の涙は観客を泣かせる道具だが、主題から見れば、重要な意味を持たない付随的なものである。

性差のある反応を引き出すことがそれほどはっきり意図されていない映画でさえ、男女の反応は異なるだろう。たとえば、ダイアン・キートンの『思い出の微笑』(一九九五年)のクライマックス・シーンでは、ひとりの父親が、死んだ妻と若い息子の映っているビデオを見ている。父と子はこの映画の中ではずっと互いに争っていた。そして葬式を終えた今になってやっと、ふたりは互いに対する不平のもとを忘れ、許し合う。ふたりは仲直りして、抱き合い、映画は感情的なクライマックスを迎え、問題は解決される。このラスト・シーンで家族三人のすべてが、それまでにできなかったやり方で、家族としての役割を果たすことが示される。父は息子を抱きしめ、息子は初めて父を尊敬し、親子の情を感じる。生前病のために取り乱し、沈みこんでいた母でさえ、このビデオの中では、幸せそうな若い子育て中の母である。筆者はこの映画を友人たちと観て、なぜ彼らがクライマックス・シーンで泣いたのかたずねた。既婚の女性は、夫を失うことを考えて泣いたと答える。もっと若い女性は母を失うところを想像したと答えた。中年男性は、父子の関係にジーンときたと答える。それぞれが、そのシーンが自分自身の経験とさまざまに交差する中で、多かれ少なかれ「たやすく心を動かされて涙を流した」。スクリーン上の役割は、個々の観客の社会的な役割に関連して、涙のきっかけとなる。

俳優の友人の話では、涙が必要な場面になると涙を引き出すためにいつも夢想を呼び出し、気が抜けてくると別のものに取りかえるというぐあいに、それまでの仕事でいくつかの夢想を使っているそうだ。この友人は息子の誕生後に最新版のシナリオを作り上げた。沈みゆくタイタニック号に乗っていて(このシナリオを考えたのは、ジェイムズ・キャメロン監督の映画の前である）、妻と赤ん坊の息子を救命ボートに乗せているところ。この光景を思い浮かべるとほとんどすぐに、友人は泣き崩れ、涙にむせぶのである。なぜそんなにうまくいくと思うかたずねると、そのイメージが想像できる限りでもっとも強い喪失感を生み出すからだと答えた。

これはある意味で実によくわかるが、この幻想の中で妻と息子は死んではいないのだから、ちょっとへんではないかと言ってみた。彼が妻子を失うというより、妻子の方が彼を失うわけである。話しているうちに、友人にとってそのシーンの効果は、ほかの者——船長、一等航海士、その場のほかの責任者——が自分の行為を見守り、賛成してくれているという状況にもとづいていることがわかった。この夢想、このミニ・メロドラマが友人を泣かせるのは、その中で自分が絵になるような社会的役割を完全に果たしているからである。

自分自身がその本分——家族がめんどうを見てもらえるように送り届けるだけでなく、災害にあっても冷静に勇敢に立ち向かうという、別の伝統的な男性の役割をも完全に遂行すること——を英雄的に果たし、しかも証人がすべてを見守ってくれているところを想像して、友人は泣く。証人には、その場の権威者やほかのりっぱな男性がおり、彼の気高い行動を十分理解してくれる。そして舞台はタイタニック号だから、歴史そのものの眼も自分の勇気ある自己犠牲、男らしい行動に注がれているかのように思われるだろう。その筋書きは、男性のヒロイズムをあつかった以前のメロドラマによって準備されたものだが、友人はある種の役割遂行の恍惚感で泣くことができるのである。

ヒーローあるいはヒロインが特定の社会的役割を果たせば確実に涙を誘えることが、ハリウッドでは以前から知られている。そしてメロドラマ映画は、社会的役割遂行にも、観客の涙産出にももっとももどぎつく関わる劇形式である。ダグラス・サークとヴィンセント・ミネリの映画は、メロドラマの模範的な古典として、しょっちゅう大学の授業で使われているが、いつも役割の遂行が中心になっている。サークのもっとも有名な映画『悲しみは空の彼方に』（一九五九年）は、あまり親孝行とは言えない娘の物語だが、娘が親をばかにし、非行を働いても、母親は辛抱して、いつも最善を尽くす。この映画のクライマックスでは、結局母がいつもどんなに完全に自分の役割を果たしていたかを知り、わがままな娘は母の棺に涙を落とす。この親を思う行為、母の棺の上で悲しむことは、娘がずっと避けてきた役割、本分をわきまえて感謝する娘の役割に最終的に従ったことを表す。娘が泣くとき、観客もともに泣く。そしてほかのメロドラマの調査結果を引き合いに出せば、女性の方が男性よりも泣く。一九三〇年代の典型的な女性映画のひとつ、キング・ヴィダーの『ステラ・ダラス』（一九三七年）では、バーバラ・スタンウィックが演ずる貧しい女性は、愛する娘を金持ちで力のある夫にゆだねる。母親としての責任感――子どもは父のそばにいれば、もっとチャンスや特権に恵まれるだろうという考え――を、娘といたいという自分の欲求に優先させる。ふたつの思いは両立せず、彼女が母としての役割に身を捧げるとき、観客は泣く。

ミネリの『肉体の遺産』（一九五九年）は、男性用お涙頂戴もので、嫡出と非嫡出のふたりの息子のいる父親の物語である。父親（ロバート・ミッチャムが、漁色家で専制的な家長を演じている）は、やや柔弱な嫡出の息子（ジョージ・ハミルトン）を猟師に、そして自分のような非常に男性的な男にしようとするが、失敗する。非嫡出の息子（ジョージ・ペパード）は、父の農場の監督として働いており、父が酔っ払ったときには、連れて帰りもする。言いかえれば、非嫡出の息子は、よい息子のすることをすべて行なっているが、親からは尊重されず、認知さえしてもらえない。父親が死んで、最後のシーンに墓石が映るが、母親はそこにふたりの息子の名前を刻ませていた。こうして母親は、初めて非嫡出の息子を認め、夫によい息子だったと告げる。ついに家族に認められて、彼は涙を流し、音楽もすすり泣く。そしてこの場合も観客の涙を誘うきっかけになったのは、役割遂行が認められたことだった。

古典的なお涙頂戴ものは、すべてといっていいくらい同じ手法をとる。サークはいくつかの彼のいわゆる「ほんとうとは思われぬ物語」で、男性役割失格者を詳細に再現している。とりわけ『風と共に散る』（一九五六年）と『心のともしび』（一九五四年）には、大金持ちの独身の主人公が登場するが、ふたりは放蕩のうちに人生をむだに過ごしており、結婚して子どもをもうけ、働き、自分の行動に責任をとる、という文化的な規範から逃げている。『心のともしび』では、金持ちの浪費家が変身する。酒を飲んで騒ぐのをやめ、すばらしい外科医になり、落ち着いた家庭的な男になる。最初ほかの人物は、彼が許され信用されるかどうかあやぶむ。まわりの人びとがその変化を受け入れたとき、彼の愛する女性は泣き崩れ、観客の感情も頂点に達する。

メロドラマは大成功すれば、男性にも女性にも受ける。ジェイムズ・L・ブルックス監督の『愛と追憶の日々』（一九八三年）も、アカデミー作品賞を獲得したが、癌で死ぬ若い母親が登場する。病院のベッドで母はふたりの幼い息子に別れを告げるが、自分自身より子どもたちの心を気遣う。上の息子は気むずかしく、怒りっぽい。母が最後の話をして、息子にとって必要と思う絆を結ぼうとしているのに、不機嫌に抵抗する。「何年かたって、今日のことを思い出したら、素直になれなかったのを悔やむかもしれないわ」と母は言う。「でもあなたの気持ちはよくわかってるから、気にしなくていいのよ。このことを覚えておいてね。」死でさえも、母親としての役割をやめさせることはできないことを、彼女は示す。だから観客はすべて、母親も母のいる人も泣くのである。

もちろん日々の暮らしの中で、はなばなしいものから、ありふれたものまで、私たちは常に役割の失敗に直面する。そしてこれらの「ほんとうとは思われぬ物語」が差し出しているような解決は、めったに経験しない。メロドラマが低級だとよく言われるのは、その解決が現実ばなれしているためである。評論家のトマス・シャッツは、そのような解決を「話の手品」と呼ぶが、私の考えでは、それは一種のごまかしである。しかしこれらの映画が提供するメロドラマ風の願望実現のファンタジーは、役割遂行への文化的な要請にいかに対処するかという、現実世界の解決を装うことなど、さらさらない。誰もこれを助言のマニュアルと思うわけはない。現実の役割遂行失敗の大半は、決して解決されない――自分あるいは自分の親、あるいは伴侶が十分によい親や伴侶ではなくても、人は結果を背負ったまま生きる。多くの場合許されることも、回復されることも、償われることもない。メロドラマは、完全な解決を願う人びとの欲求につけこんだもので、これらの物語を観て流される涙は、そのような解決がありえないことを知っているしるしである。観客の涙は、実は、メロドラマの結末がいかに偽りであるかを百も承知のあかしなのだ。

役割遂行の失敗によってメロドラマは盛り上がるが、コメディは笑いを生む。ローレルがむなしく涙を流し、ハーディがむなしく怒るとき、ふたりはふつうの男性の態度をコミカルに誇張している。ニー

ローレルとハーディは男性の感情の両極——怒りと涙——を見せている。
『極楽捕物帳』(1942年)
©Metro-Goldwyn-Mayer

ル・サイモンのブロードウェイ・コメディ『おかしな二人』(一九六六年、映画は一九六八年)には、『ローレルとハーディ』〔トーキー時代の映画〕のお決まりの出し物と同じく(やはりジョークには同性愛の糸がひそかに織りこまれている)、男性の感情行動に関するふたつの相拮抗する典型が提示されている。ひとりは怒りっぽく、ひとりは涙もろい。衛生的にも倫理的にもだらしなく、まさに箸にも棒にもかからないオスカーは、ついにグェンドリンとセシリーのピジョン姉妹をフェリクスも居候しているアパートに誘いこむ。フェリクスは最近離婚したばかりの小うるさいやかまし屋である。オスカーはうきうきしながらカクテルを作りに行く。部屋にはフェリクスがくすくす笑う女性たちと残され、緊張して冷や汗をかいている。何をしゃべったらいいかわからぬフェリクスは、自分の子どもと別れた妻について話し始める——妻はとても立派ですばらしい料理を作り、子育てが上手で家の中をすてきに飾っていた。

写真を見せ、幸せな気持ちで興奮してくる。その興奮ときまりの悪さの高まりに遂に自分を抑えられなくなり、夫として父としての役割から無理やり追い出されたと言って泣き始める。

グェンドリンとセシリーはフェリクスを慰めようと、最善を尽くす。「恥ずかしいことなんかないのよ」とグェンドリン。「男が泣くなんてとてもすてきなことよ」と少し鼻をすすりながら言う。「ほんとよ、とても可愛いわ！」そしてそのときには、彼女も涙にむせんでいた。一方セシリーも今や自分の離婚を嘆いて、同じように涙に加わった。セシリーは、「泣くなんて十四のとき以来よ」と打ち明ける。「涙は流れるにまかせればいいさ」とフェリクスは助言する。「泣けばずっと気分がよくなるよ。ぼくはいつもそうしているんだ。」オスカーは、（「さて、お待たせ！」と）飲み物を盆に載せて持ってくる。するとと全員が泣いているので、「どうしたんだ」とすぐさまフェリクスに向かってわめき立てる。姉妹はオスカーに叱らないでと頼む。「こんなかわいい人って初めてよ」と言って、グェンドリンはそっと目頭を押さえる。「とてもデリケートなやさしい人」とセシリーがつけ加える。「なんだかぐっと抱きしめてあげたいわ。」

虚勢を張って色目を使うよりも、すなおに感情を表わす方が女性に受けがよいことが、愚かなオスカーには初めは理解できなかった。しかしフェリクスも明らかに、模範として受けいれられるような人間ではない。とりつかれたように掃除をするなんて女みたいだし、料理が自慢でエプロンをかけ、そして泣くのは男らしくないと自分でも考えている。ピジョン姉妹がフェリクスとオスカーを自分たちのアパートに誘うと、フェリクスは断る。「わからないのかい？　だめだ、女の前で泣いたんだ！」しかしそのときオスカーはぱっとひらめいた。「それがウケた！　おれも泣くよ。」オスカーは偉大な十八世紀の恋のレッスンを学びなおし、自分の貧弱な誘惑の武器にさっそく涙をつけ加えようとする。しかしフェリクスは安直な考えを否定し、自分の誠実さが鍵だったことを観客に（オスカーにでないとしても）示す。「手の焼ける男だな」とオスカーは半信半疑で訊く。「死ぬまでそのままでいるつもりかい？」フェリクスは自分を変えるよりも誠実さを選んで、答える。「ありのままがいいってこと。」映画はフェリクスに味方する。その誠実さが男らしくない涙を補う。

大衆娯楽はその時代の文化的な論争の両面を、はっきりとはどちらの側の肩も持たずに観客に提供する傾向があるが、この映画も「両天秤」の大衆娯楽の論理に従っている。『おかしな二人』を観れば、女性的なフェリクスを笑いものにすることも、ピジョン姉妹にとっての涙の魅力を理解することもできる。観客はオスカーのイライラに共感し、その男性的なポーズの愚かさのすべてをも見てとる。最後には、涙は気高くかつ不面目であるとわかる。泣き役が出てくるこういったコメディは、もちろん観客を泣かせるのではなく、笑わせることをねらっている。

『サタデー・ナイト・ライヴ』に登場するアル・フランケン演ずる頼りない自助療法家のステュアート・スモーリーは、感情をすなおに感じて表現することを過剰に勧める治療文化を茶化す役どころで、いつも今にも涙がこぼれそう。ふだんから涙その他、度の過ぎた感情に負けている。フランケン演ずる人物はばかにされている。誠実さと自己表現に固執することによって、完全な人格を築こうとし、自己承認と自己認識を取り違え、鏡で自分の涙を見たときの効果と、涙が観客に与える効果を混同するからである。彼は感情的な文化に対する一種のエチケット違反の手引きを、提供する。それは心理療法的な考えや理想によって絶えず変容する世界に対する、一連の「ハウ・ノット・トゥー」の手本とも言える。

ステュアートが鏡を見ながら哀れっぽく自己を確認するとき、こきおろされているのは、自己確認ではなく、その代わりとなるお決まりのマントラである。彼は哀れを誘う。何となれば自分を理解するために感受性、知識、考え、欲求が備わっているのに、何度でもわざと誤解するからだ。そして涙を流す姿も滑稽である。というのも「男」としての一般的な社会的役割を生きることにも、ゲイの男性として（彼は秘密にしている）社会的に可能なほかの選択肢をとることにも、自分が選んだ助言者や治療者の役割を果たすことにも、いつも失敗するからである。まさにこの失敗を認識せざるをえなくなったときに、彼は泣く。すべての泣く道化と同じく、ステュアートは私たちと似ている。ただ泣くのがもっと下手だ。

残酷な涙

笑わせるための涙は、新しいとは言えない。シェイクスピアは問う。「泣くのを喜ぶより、喜びに泣くほうがどれほどましだろう？」〔訳注―著者の誤認。シェイクスピアは「泣きたい時に笑うよりは、笑いたい時に泣くほうが、どれほどましか！」（『空騒ぎ』、福田恆存訳）と言っている。〕しかし滑稽な涙が普及していることを考えると、その問いに対する答えは定かではない。滑稽な涙は、ギリシア演劇、チョーサー、ラブレー、そして古今の小説に見られる。チャーリー・チャップリンのリトル・トランプは、しばしば今にも泣きそうになり、よしと見れば涙がこぼれる。コンメディア・デッラルテ〔十六〜十八世紀イタリアの即興喜劇〕は、どんなに感傷的な色合いを帯びていても、すべては観客の楽しみのためにあり、その高度に様式化された涙のピエロは、これに非常に似ている。『ディック・ヴァン・ダイク・ショー』でルシール・ボールが泣きじゃくったり、メアリー・タイラー・ムーアが「おお、ロブ！」と泣き崩れるのも、同じ効果がある。涙が流れると、観客は笑う。

そして人びとはほかの状況で涙を見ても、喜ぶ。いくつかの涙の物語は、強い、窃視的な喜びを与える。サミュエル・リチャードソンの『パメラ』（一七四一年）、あるいは『クラリッサ』（一七四八年）のような典型的な十八世紀の小説では、純潔が脅かされるとヒロインはしばしば泣き崩れ、悪い男たちに堕落させないでほしいと懇願する。そして読者の大半はそのようなシーンを楽しんだが、もっと道徳的な読者の一部は、貞操が脅かされるポルノグラフィーすれすれの場面にやきもきした。そしてあのマルキ・ド・サドが、『ジュスティーヌあるいは美徳の不幸』（一七九一年）でこのジャンルに進出し、秘密を明らかにする。「屈辱と涙にまみれた喜びなど想像なさることができますか。嫌悪の色しか見えないところに楽しみがあるとお思いですか」とジュスティーヌが襲撃者にたずねたとき、その答えはイエスであることがすぐに明らかになる。涙は強姦者の欲情をさらにそそったのである。サドは『閨房哲学』（一七九五年）の中で、「人は恐れているとき以外には泣かない。だから王は暴君になるのだ」と論じている。その性愛理論によれば、暴政は性的に興奮した人間の自然な衝動である。

バキュラール・ダルノーの『不幸な恋人たち』（一七四六年）に登場する人物が、「涙あふれる恋人の瞳は、魅惑的で心惹かれる」と言っているのは、このこと、あるいはほかの人の涙がその人にある種の美的な輝きを与えることを、ほのめかしているのかもしれない。ダルノーと同時代のショデルロ・ド・ラクロは、一七八二年の小説『危険な関係』で、冷酷さが愉しみにもなりうることをいっそう強調して描いている。フランス革命直前の貴族社会を舞台に、官能的な文化の裏側が描かれているが、その中で純真な涙を流す恋人たちは、堕落した、金持ち遊び人の、手練手管の嗜虐的なゲームの駒として用いられる。

映画版の『危険な関係』（一九八九年）は、小説と同様に、よからぬ感情——裏切り、復讐、屈辱——と、それらを生み出すさまざまな策略に焦点を当てている。髪粉をかけたかつら、厚化粧、腰当とコルセット、そして気取りに気取った風習にみちた十八世紀の宮廷文化の中心にくりひろげられる権謀術数を描写する。若くて純真な少年（キアヌ・リーブス）がオペラを観て、舞台の恋物語にうっとりと涙を流し、「すばらしい！」と本気で言う場面では、その純真さを笑っている映画の中の世慣れた観客同様、私たちもそれをおもしろがるような仕掛けになっている。しかし私たちは彼らの残酷さも見せられる。貴族のヴァルモン子爵（ジョン・マルコヴィッチ）は農民に金を与えるとき、農民の「涙に満足」を覚える。そこで表現されているのは共感の欠如、他人の涙を愉しむ残酷さである。

映画の最後で、ヴァルモン子爵は決闘で傷を負い瀕死の状態になる。その場面で片方の目に大きな涙がもりあがり頬を転がり落ちるとき、もう一方の目にも涙が浮かぶ。いかにも辛辣な警句を発する彼らしく、絶妙なタイミングで、ふたつ目の涙がもう一方の頬を転がり落ちる。しかし私たちはこの涙をどう考えたらよいかよくわからない。涙が表わしているのは、自己憐憫？後悔？自己愛？罪悪感？苦痛？自己嫌悪？いらだち？あるいはそのどれでもないのだろうか？　息を引き取る直前に、ヴァルモン子爵は微笑む。苦痛が終わりになることに愉しみを見出したからである。

映画のラストはグレン・クローズを追う。クローズは、ヴァルモン子爵のかつての恋人メルトゥイユ

涙はある人々には慰めを、ほかの人々には窃視的な愉しみを与えうる。

ガスパーレ・トラヴェルシ
『見つけられた愛の手紙』(17世紀)
フロリダ州立美術館蔵

公爵夫人を演じている。公爵夫人はことの成り行きに、癇癪を起こして金切り声をあげる。自分が社会から完全に排斥されていることを知り、座り込んで化粧を落とし、まるで泣いてでもいるかのように目の下をぬぐう。それから鏡で、偽りの魅力をハンカチで拭い去った自分の顔をじっと見つめ、静かに泣き始める。このシーンは原作にはないが、喜びと涙の関係の、それまでとは反対の見方を表わしている。それは、アメリカ中西部のことわざ「涙は喜びに対する当然の報い」に要約される。ある意味では、メルトゥイユ夫人に対する最終的な報復で、夫人は苦い思いを経験せざるをえない。(原作では、彼女は「当然の報い」として性病にかかり、醜くなる。)そして観客は、メルトゥイユ公爵夫人がまわりの人びとを泣かせることを愉しんだのと同様に、その転落を喜ぶことになる。

死の場面で弱りきった体から浄らかな涙が流されるのを見ると、観客は喜ぶかもしれない。フランスの批評家で作家のジョルジュ・バタイユが書いたように、恐怖は官能をくすぐるからである。あるいは要するに私たちは他人の悲劇を好むということ。ヴァルモン子爵とメルトゥイユ公爵夫人のように他人の不幸を喜ぶのかもしれない。タイタニック号が沈むのをくりかえし観に行って、涙を流すのにも同じことが言える。

ドロシー・パーカーは、そのもっとも有名な物語『ビッグ・ブロンド』の中で、ヒロインのヘイゼルを愚かで、感傷的で、泣く喜びにおぼれているように描く。それによって泣くというひねくれた喜びと、泣くのを見て得られる窃視的な快楽についての興味深い話を作り出す。語り手によれば、ヘイゼルは、結婚した最初の一年の間に、すぐに涙を流すのが癖になった。気楽だった日々でさえ、さめざめと、時には気がなさそうに泣くので知られていた。劇場での態度は、いつも物笑いの種になる。芝居の中のどんなこと——小さな服、片思いに相思相愛、誘惑、純潔、忠実な従者、結婚生活に三角関係——それこそ何にでも泣くことができた。

「ほらヘイズよ」と友人たちは彼女を見て言う。「また泣き出すわ。」

結婚すると気がゆるみ、思う存分泣くようになる。あんなに笑っていたのに、泣くのはとても気持ちがよかった。あらゆる悲しみが自分の悲しみになる。ヘイゼルはやさしさの化身だった。赤ん坊の誘拐、棄てられた妻、失業者、迷い猫、勇敢な犬などの新聞記事に、長いことしめやかに泣くのだった。

パーカーのヒロイン、ヘイゼルが見つけたのは、涙のひそかな愉しみだった。その愉しみは、泣くことによって得られる気持ちの高まり（「彼女はやさしさの化身だった」）、その中に見出される慰め、そして自分の世界の緊張から逃れられることにもとづいていた。読者にしてみれば、ヘイゼルの涙は劇場でも日常生活でも好みに見境がないしるしで、それゆえ優越感を抱くたねになる。それは、ヴァルモン子爵とメルトイユ公爵夫人が犠牲者を泣かせたときに優越感を抱いたのと同じである。ヘイゼルの涙もろさは、彼女があわれで無力で希望のない人間であることを示している。その感情移入の対象を逐一眺めてみれば、彼女が過度に感傷的であることはまぎれもない。アルゴンキン・ホテル〔一九二〇年代から三〇年代にパーカーら作家や詩人が集まっていた〕の常連でヘイゼルの生みの親のコスモポリタンな作者や、読みながら自分がコスモポリタンだと自覚する読者と反対であることは、歴然としている。

「あんなに笑っていたのに、泣くのは非常に気持がよかった」とパーカーは書いているが、涙もろいヘイゼルをばかにして喜ぶことは、読者にとっても同様に快感だろう。結婚後に泣くのは「自堕落」の一例で、この作品は涙に対する批判というよりは、結婚に対する批判となっている。しかしこの物語から得られる愉しみに、涙は欠かせない。ヘイゼルの物語は、あるレヴェルでは悲劇である。楽しいことが好きな、きれいだがそれほど聡明ではない若い女性が、わずかなページの間に、人気モデルから虐待される妻へ、さらにメイドのほかには話し相手もない、静脈瘤のできた絶望的なアル中患者へとおちぶれてしまう。しかしパーカーは、ヘイゼルの涙を見くだすように描写するなど、残酷なユーモアで人間の悲劇と読者の間に距離を置く。ここでパーカーが依りどころにしているのは、ありふれた手垢のついた反応、つまり、一部シャーデンフロイデ〔人の不幸をおもしろがること〕、一部嗜虐的な悪意である。残酷さを正常で当然のことに見せる語り手によって、それらが組み合わされている。

人間の残酷さとブラック・ユーモアにかけては、なんと言ってもフョードル・ドストエフスキーが一番で、彼にくらべればパーカーなどひよっこ同然である。『地下生活者の手記』(一八六四年)では、語り手は、自分が苦しめていた娼婦リーザに対する非難と懺悔で延々と長広舌をふるう。リーザに向かってわめきたてながら、なぜ彼女を最初の晩に泣かせたかを説明する。「そのとき必要だったのは、力、力だったんだよ」と語るが、それは文学における力と涙の関係についてのもっともあからさまな告白である。「おれはおまえを弄ばなければならなかったんだ。泣かせ、辱め、ヒステリーを起こさせなければならなかった――それが必要だったんだ!」

しかし涙の力は語り手に向けられる。こきおろされた後、リーザは涙にむせびながら彼に駆け寄り、その首に腕を回して泣く。これで地下生活者は「こらえられなく」なる。

私もこらえられなくなって、今までにないくらいはげしく声をたてて泣いた……ほんとのヒステリイのありさまで十五分ぐらいわっと泣きつづけていた。彼女は私にすがりついて、私を抱きしめたまま、その抱擁のうちに気でも失ってしまったかのようであった。しかし、とどのつまり、困ったことには、ヒステリイは当然、おさまらずにはいなかったのである。そこで……ソファにからだをちぢこめてうつ伏せに横たわったまんま、貧相なレザーのクッションに顔をうずめて、私はさすがに今度は正面切って頭をあげてリーザの眼を見るのがてれくさいということを、少しずつ遠まわしに、自分の心に反して、しかも止むにやまれず感じ始めていたのである。（小沼文彦訳）

結局ここでは涙はその役目を果たさない。地下生活者は涙の取り持つ親密さを拒むからである。彼のジレンマの暗いおかしさは、このような経験から学ぶことができず、力を振るおうとして社会的な相互関係を悪用し続け、自分が軽蔑する因習の力で終始犠牲者をいたぶった点にある。

しかしドストエフスキーは、抑圧が涙の原因となる一方、涙が抑圧の原因となることも示す。地下生活者は娼婦が泣き出すまで辱めるが、娼婦の涙も地下生活者が泣くまで彼を辱める。そしてそのあと泣き止まざるをえなくなったときに、彼は自分の涙にさらに辱められる。しかもその恥辱は、いかにひねくれた喜びであろうと、喜びを生む。この娼婦から受ける奉仕は明らかに代償満足で、涙のこぼれる一瞬一瞬が、一種のオルガスムと読める。続いて特有の悲哀が訪れ、さらにまた新たな欲望が生まれる。人はみな、女の子にキスをして泣かせる童謡「ジョージー・ポージー」を聞きながら育ち、おもてむき認めようと認めまいと、喜びと残酷さの関係についてたいてい直接の知識はいくらか持っている。そして積極的に追求することもあれば、もっと受動的に、シャーデンフロイデを感じ、友人をからかったり、涙の物語を読んだり、あるいはヘイゼルや地下生活者のように、この残酷な世界に身を置く自分の窮状をひたすら悲しんだりする。

というわけで、地下生活者の涙まじりの喜びを、サドマゾ的、あるいは哀れを誘うと思う読者もいるかもしれないが、その喜びは確かに喜びにはちがいない。バタイユも、ドストエフスキーのように、残酷さと喜びは関係があると見ている。『わが母』(一九六六年)という小説の母親は、常套句を用いて語る。「果物は虫が食って、やっとおいしくなるのよ。すばらしい喜びには、毒がひとつまみ必要だわ。」涙と愛について考察した『エロスの涙』(一九六一年)で、バタイユは次のように書いている。「[理性を]圧倒する暴力の中で、笑いと涙の入り混じった中で、私を強烈に揺さぶる狂喜の中で、究極の苦痛と究極の喜びの間に……類似性があるのがわかった。」これこそが偉大なサドマゾヒスト――ジル・ド・レ、マルキ・ド・サド、中国の拷問者――を、生み出したものにほかならない。

これについては、それほどサディスティックでない経験も加えることができる。ジョン・アーヴィングの小説『サイダーハウス・ルール』は、孤児院にいるホーマーという赤ん坊の話ではじまる。中年後半の夫婦が、ホーマーを養子にするためにやってくる。家には自分たちの子どもがたくさんおり、最近まで長女とその赤ん坊もいた。しかし赤ん坊の泣き声に対してほかの家族から大きな苦情が出たので、長女は赤ん坊を抱えて出て行った。アーヴィングのおとぎ話のような世界では、家族は赤ん坊がいないとさびしい。赤ん坊の泣き声が聞こえないともっとさびしい。妻はもう子どもを産めないので、夫婦は孤児院に行ってホーマーを見つけ、養子にするのである。

あいにく、ホーマーはいつもあきれるほどごきげんで、孤児院でも泣かないので有名だった。引き取った一家はこれを知るとがっかりし、泣かせるためにできることは、何でも手当たりしだいにやり始める。ミルクを与えず、痛めつけ、驚かせ、脅かし、やけどさせ、殴る。とうとうホーマーは大泣きする。小さな町は眠りを妨げられ、ホーマーが泣いたという知らせは、孤児院にも届いて、保母たちが救出に来る。この家族はサディストではなく、ごく正常な人間の衝動を満たすために少々やり過ぎたのだ、と語り手は言う。彼らは必要とされていると感じたかった。自分たちが応えてやれると思えるように、助けを求められたかった。それで何よりも、赤ん坊の泣き声が聞きたかったのである。

他人の欲求を満たしてやることには、人間の根元的な喜びがあり、こういった相互作用の多くにとって、涙は潤滑油の働きをする。とりわけそれがはっきりしているのは、アーヴィングの寓話が示しているように、赤ん坊の涙である。その涙には、原型的に純粋な欲求の表現に、無意識と無力が溶け込んでいる。年をとると人びとの互いに対する要求は複雑に大きくなり、十分に満足な反応が見られることは少なくなる。だから私たちおとなは、涙を流して要求したり、涙に応えることに、ずっと慎重になる。しかし、幼児が異常に泣きやまないとか、異常にぼんやりとかでなければ、その涙に応えるのはことさらむずかしくはない。そして親になればわかるように、人間関係の喜びの大半は、これらの要求を満たすことにある。アーヴィングが示唆するように、慰めるという単純な喜びを味わうために、人びとは子どもから涙を要求する。そしてしばしば他人からも要求すると言ってもよいかもしれない。

エリザベス・プレンティスは、十九世紀の説教者の妻として、自分には「悲嘆にくれている者に共感し……共に祈り、涙を流す権利」がある、と主張した。そしてベスト・セラーになった『天国への歩み』(一八六九年)の中で、「一生を」このような活動のうちに過ごせたら、「楽しいだろう」と書いている。歴史家のアン・ダグラスが指摘したように、哀悼の根底にある喜びは、女性や聖職者に与えられた力と解きがたく絡み合っている。そして個人的なわがままのように見えた(そして事実そうだった)ものは、ある種の文化的権威の主張でもあった。十九世紀の墓地で家族の墓の前で泣く女性の姿は、単に泣く女性の力を図像的に表わしただけでなく、女性が哀悼の過程を取りしきっていたという事実を伝えている。他人の涙に付き添うというプレンティスの喜びは、プレンティスが自分の力を感じることに直接関係がある、とダグラスは示唆する。この事実に付随するもっとも厭わしい結論は、強姦されたときに泣いた女性は、泣かなかった女性よりいっそうひどくいっそう大きな被害にあうという研究報告である。暴力と喜びの結びつきがいかなるものであれ、強姦の場合には、犠牲者の涙を目の当たりにすることで刺激が高められる。おそらく人びとはスクリーンあるいはページの上に表現された涙にぞくぞくするとき、もっとありふれた、そして言うまでもなくもっとおとなしい方法で、同じ原則に反応しているのである。

現代の涙

代表的なブルース・ミュジシャン、ジョン・リー・フッカーは、昨年インタヴュアーに語った。「おれやこのギターより深いものはないよ。歌えばわかる。心の底から歌うから、涙がこみあげてくるんだ。」フッカーの深い感情とその表現は、たがいに完全につりあっている。心のいっそう「深いところ」におりて行けば、涙はそれだけ表面に出てきやすくなる。「だからサングラスをかけているのさ」とフッカーはブルースマンの皮肉を一服盛ってつけ加える。「そうすりゃ涙が見えないからね」。ジョン・ウォーターズの映画『クライ・ベイビー』（一九九〇年）は、ロック・ミュージカル仕立てで、祈りとパロディという同じ組み合わせを用いている。ジョニー・デップ演ずる泣き虫ロッカーの物語で、重要なシーンではいつも、デップの頬に一粒の涙が転がり落ちるのがはっきりわかる。登場する人びとにも「ビッグ・ブー・フー」（大きな泣き虫）、「恐るべき涙」、「クライ・ベイビー」などと呼ばれて、デップは五〇年代ティーン・アイドルの理想像を演じている。この作品はウォーターズの『ヘア・スプレー』（一九八八年）と同じく、一九五〇年代末および六〇年代初めの大衆的なスタイルの単なるパロディではなく、その愛すべき再創造である。ヘア・スタイルから、逮捕されたあとの監獄ロックまで、エルヴィス・プレスリーの影響は、いたるところに見られる。そしてその虚構の世界では、それがまねている世界よりもほんの少しばかりよけいに型にはまっている。クライ・ベイビーの顔を何度も何度も転げ落ちる一粒の涙には、単にからかいのみならず、一種の敬意の意味合いも含まれている。

映画の中ほどで、昔ガラスの涙壺に涙を集める習慣があったのをパロディにして、ガールフレンド、アリスンが広口びんに自分の涙を集める場面と、クライ・ベイビーがジョニー・レイよりは静かに、エルヴィスよりは垢ぬけしないスタイルで、ティッシュの箱でできたギターをかき鳴らしながら、泣いたり、歌ったりする場面が交互に現われる。

涙が落ちる、ぼくの目から
涙が落ちる、どうしてだろう?
涙が落ちる、君が泣かせるからさ。

この歌は作曲のすべての規則のみならず、作詞の全歴史をも無視するように見えながら、それでも人を感動させる力があることを、ウォーターズは示している。

アリスンはその歌が聞こえるかのように、自分の寝室で広口びんに集めた涙を飲み始め、歌が終わるとともに飲み干してしまう。クライ・ベイビーは、アリスンへの涙が絶えず流れているように、刑務所で頬に一粒の涙を刺青する。ヒーローとヒロインが苦痛と涙に快楽を見出し、古代ローマ風に涙壺が登場するのは、退廃的な感情を強く感じさせることになるだろう。しかしまたウォーターズは、苦悩に満ちた現実を否定する感情のあり方に非常に批判的で、それは、堅苦しい社会に属する母親と優等生の描写に表われている。泣き虫の不適応者以上にばかげているのは、現代の日常生活、特に一九五〇年代に郊外で見られた日常生活のおきてであることを、ウォーターズは示唆している。それはすべての感情的な動揺を何もかも統制し、順応させようとするものだ。ウォーターズは、涙が不満を抱える者に許されたぜいたくであることを示す。それどころか、涙は社会の裂け目に落ちたことを十分に償ってくれると

ジョン・ウォーターズ監督の映画
『クライ・ベイビー』（1990年）のヒーローを演じる
ジョニー・デップ

さえほのめかす。ウォーターズの世界では悲しみに沈んで涙を流す方が、よく適応した明るい市民よりも価値がある。社会批判と愚かなもの、感傷的なもの、グロテスクなもの、敬虔なものの混合は、ウォーターズのトレードマークのひとつである。映画の終わりでパロディが収拾のつかない混沌におちこむのもそうで、クレジットが出てくるのにあわせて、十人の主な登場人物が、それぞれむやみやたらにおびただしい（明らかにグリセリンの）涙を流しているシーンがいとおしげに長々と続く。映画は涙を祝福しているが、最後に途方もなくたくさんの涙を見せられると、涙自体が自然なものかどうか疑わしくなってくる。フッカーがサングラスについて冗談を言ったのが、彼のブルースの感性を嘘っぽくしてしまったこと、そしてクライ・ベイビーの頬につけられた感情の「自然な」しるしが、わざとらしいうすぎたない刺青に置きかえられたことも同じである。

モダニストの芸術家や作家は、感情移入を拒否する演劇で、涙の自然性に疑問を投げかけた。フランスの象徴派の詩人でモダニズムの祖シャルル・ボードレールは、傑作『悪の華』の書き出しで、文字通りに訳せば「うすよごれた涙で汚点を洗い流す」ことができるという人びとの信念を嘲笑う。そのくだりのロバート・ローウェルによるもっと詩的な訳では、ボードレールの嫌悪感は、いっそう強く表わされている。「涙が穢れを洗い流してくれるように人は祈る／ごたいそうにまなこからたわごとを垂れ流して。」十九世紀末の月並みな感傷性に対して、多くの作家が毒づいているが、そのひとつの滑稽な例が、『ハックルベリー・フィン』の終わりに見られる。監禁されている小屋の中で涙をかけてゴマノハグサを育てられるように、トム・ソーヤーがジムに玉ねぎをしぼらせる。そして今まで読んだ本は、どれでも囚人が水の代わりに涙を植物にやっていると言う。モダニストは感情に対するありきたりの理解を批判するだけでなく、自分たちの芸術に対するありきたりの感情的な反応を打ち破ろうとして、感情的にも、審美的にも距離を保つことをすすめた。マン・レイが撮った偽の涙の写真は、おそらくもっともはっきりした例だろう。完全で、きらめいていて、しかし人工の、生命のない涙の写真。マン・レイに先んじたのは、アルフレッド・ジャリで、一九〇二年に発表された小説『超男性』の主人公は、科学実験の結果死ぬときに、一粒の涙を流すが、それは電気によって、宝石に変えられる。

モダニズムが審美的な抑制と距離を強調しているのは、ロマンティックで感傷的な様式に真向から反対するもので、男権主義的価値観台頭の一環だった。感傷主義は男らしくないとしてばかにされ、ロマンスは少女向きとして捨て去られる。こういった状況に導かれて、T・S・エリオット、エズラ・パウンドなどモダニストは、マウリツィア・ボスカリが論じているように、感情表現を大衆文化と通俗作品の領域に押し込めた。同時に大衆文化は観客の心に泣き濡れる俳優や女優の姿をあふれさせたが、それは涙の価値について一般的な考え方を強めることはあるにせよ、泣くのも演技のうちという事実を伝えずにはすまなかった。

二〇年代にはまた、男権主義的文学が興隆した。アーネスト・ヘミングウェイの小説がもっとも有名である。ヘミングウェイは、狩りで大物をねらい、闘牛を愛し、したたか酒を飲む男の中の男で、「タフガイ」作家として知られていた。作品は抑制された簡潔な表現を賞賛されていて、語り手は感情を抑えて淡々と語る。最初の著書『われらの時代に』（一九二五年）に収められている「インディアン部落」の話では、医師である父が貧しいインディアン女性に緊急の帝王切開をするが、その一部始終を幼い少年が見ている。「ねえ、パパ、あの人が大声出すのをやめさせるために、何かあげられないの？」と幼い少年はたずねる。「いや、麻酔薬はないんだ」と父は答える。「だけど大声を出すのはたいしたことじゃない。たいしたことじゃないから気にしなくていいんだよ。」その叫び声は女性の夫にはたいへんなことで、夫はそれを聞いて自殺を図る。物語は、少年の胸のうちの考えで終わる。「ぼくは絶対死なないぞ、と彼は固く思うのだった」という有名な一行である。女性の夫は妻の叫び声がたいへんなことだと考えたから死んだ。少年は、他人の感情的な訴えに耳を貸さずにいられる自分の力を感じ始めていた。

同書のほかの話も、少年がストイックな人間になるためにどのように鍛えられるか、そして後の人生でそのストイシズムがどのように現われるかを示している。戦争中の死や大虐殺に直面しても、男たちは泣く代わりに、「さよう、全くそれはこのうえもなく愉快なことだった」などと言う。妻たちの訴えにも、「おい、黙れ」と言う。ヘミングウェイは、そのような男性のストイシズムあるいは感情の機能不全を賞賛する作家であると、しばしば素朴に考えられている。しかし実際には、特に初期の作品では、T・S・エリオットが現代の生活や文化の中心にある「感性の分離」と呼んだことでよく知られているものを、記録し批評した偉大な作家だった。

エリオットの見るところ、理知と情動、感情と経験、肉体と精神の分離は、近代性にかけられた大きな呪いだった。近代以前には感情、思考、認識、感覚、書くこと、読むことは、すべて有機的全体の一部で「忠実性」を持っていた。しかし今日では絶望的に分断されている、とエリオットは考える。「十七世紀に分離が始まり、それ以来回復していない。」人びとは置き去りにされ、分断され、自分自身のもっともささいな欲望を通してさえ考えられない。「ひと思いにやってみるか」とエリオットのもっとも有名な詩のひとつの語り手、J・アルフレッド・プルーフロックは問う。「いっそ桃の実食べようか。」エリオットの詩に登場する、プルーフロックその他現代の通常人は、何の危険も冒さず、何も強く感ずることなく、したがってある種の感情停止の中に生きている――彼らは泣きも笑いもせず、退屈の雲の中に存在している。その雲はそれ自体何かを感じることに対する防衛手段である。

もちろんパーカーは、ヘイゼルの偽りの感傷性も同様に「分断されている」ことを示す。作家のナサニエル・ウェストは『イナゴの日』(一九三九年)の中で、アンティヒーロー、ホーマー・シンプソンの涙を、パーカーのヘイゼルを思わせるように描いている。ウェストは、ある場面でホーマーの泣き声を「犬がかゆをぴちゃぴちゃ食べる音のようだ」と述べ、別の場面では、「斧で松を切り倒すように、重い、うつろな、ぐすんぐすんいう音。それは抑揚なしに一定の間隔で繰り返された。進歩はない。どのぐすんもその前のぐすんと同じ。決してクライマックスには達しない」と述べている。したがって泣いてもよい結果にはならない。ホーマーの泣き方は動物的であると同時に機械的でもあり、希望のない、粗野な、低俗な魂を余すところなく描くのに役立っている。

ヘミングウェイとエリオットが、当時の反主情主義が臆病のひとつの形であることを示したとすれば、パーカーとウェストは、涙が悪趣味と放縦の形であることを示唆する。D・H・ロレンスもまた、従来の感情表現は死に瀕していて、置きかえが必要であると攻撃した。ロレンスの見るところ、感情とは名づけられ、分類され、それゆえ歪曲されてきた気持ちである。しかしヘミングウェイやエリオットのように、ロレンスも臆病と因襲が問題だと考えた。問題は男性女性が強い感情を感ずるということではなく、その感情が不十分にしか感じられず、それゆえ本物ではないということにある。私たちはやっと自分たちの感情教育を始めたところだ、とロレンスは書いている。上品ぶった文明のせいで感情が萎縮するのを押しとどめるために感情教育をしなければならないと。

男性の感情の抑制は、せいぜい苦痛を食い止めるのにいくらか成功するだけで、最悪の場合には自己疎外に陥ってしまう、とロレンスは考えた。『恋する女たち』（一九二〇年）で、バーキンは、愛するジェラルドが死んでいるのを見つけたとき、最初はひとりつぶやいて、何も感じない。「わめきたて、荒れ狂い、悲しみに沈み、愁嘆場を見せたりするには——もう何もかも手遅れだ。静かにして、忍耐強く遺憾なく己の魂を持ちこたえるのが何よりだ。」けれどもしばらくして、くず折れる。「奇妙なすすり泣くような声とともに、涙があふれた。突然の感情の発作にふるえながら椅子に腰をおろす。夫がうなだれ、体をぶるぶるぶるふるわせ、異様な恐ろしい泣き声をあげて涙を流したので、ついてきたアーシュラはぎょっとして後ずさりした。」ホーマー・シンプソンの恐ろしい音は動物的で、「進歩」を欠いていたが、バーキンの方には意味があった。このように涙を流すことによって、障害の克服に近づく。その障害――女性性の欠如――を、ロレンスは広く見られる不幸と見る。感傷性はロレンスにとっても敵だったが、強い感情は救済手段だった。

ガートルード・スタインも反感傷主義者で、情緒に起伏がなく、コンマ抜きで文章を書いた。多くの謎めいた作品のひとつ、『アメリカの地理的考察――人間の性質と人間の心の関係』（一九三六年）の中で、涙に関する連続的な注釈を書いている。それはほとんど前後の脈絡なく、全体に散りばめられている。ある箇所では、「泣かないことは刺激的である」。そのあとでは、「泣いても人間の心は作れないだめだめ泣いても人間の心は作れない自然のかけらは作れるけれど人間の心は作れない」。こういった多くの文が、哲学めいた調子を帯びて現われ、さらにもっと物語風のものもある。「そしてかくかくしかじか涙は実際には役に立たない。収穫の最中に息子が荷車から落ちてくるぶしの小さな骨が折れ二カ月間働けなかったときだけ。そのとき彼女の目に涙が浮かんだのは苦労性のせいだ。」これらの文章は秘密の栄光に包まれてひとり立っているように見えるが、最後にひとつのパターンが現われる。スタインは、涙を見せないのは二十世紀の現象だと考える。「十九世紀には涙を見ることは珍しくなかった、人びとは涙とともに生きていた」と説明する。「けれども徐々に涙は見られなくなった。」感傷的な十九世紀の人びとにとって、涙は人生の決まりきった一部だった。しかし今では涙にはせいぜい一瞬びっくりするだけのこと。あるいは涙は単に神経質の現われである。二十世紀には、「人間は涙を見せなくなった……涙はない」。スタインの述べる感情の欠如は、ある程度文化史上の事実である――エリオット、ヘミングウェイ、マン・レイ、そのほかの作家が創案したに過ぎないにせよ。しかしスタインはこれを、誰も泣かないという考えと混同はしない。「はっきりしているのは『誰も』より『涙がない』ということ」と彼女は書いている。「誰」でも泣くことはある。しかし十九世紀のような涙はもはや存在しない。

スタインは著作の中で、この考えを何度も繰り返す――人間はよく涙を流したが、今は流さない――そしてそれをほとんど懐かしんでいるようにも聞こえる。詩人のローラ・ライディングは、スタインのように、涙を流す機会が減っていることについて書いたが、その変化はコミュニケーションと関係があることを明らかにする。「愛が言葉になるとき」の中で、人びとは落胆から「真実の救いのしずくを抽出する」が、それは「流す理由のない／思考の中にある涙」に呼応する、と述べている。涙はまだ思考の中にある。ただ流す理由がないのだ。泣きたいと思うかもしれない、しかし泣いて訴える相手がいない。泣いても誰かがそれを聞いてくれて、それに応えてくれるだろうとは十分に感じられない。だから涙を流す理由がない。

スタイン、エリオット、ヘミングウェイが涙は無用と論じ、ウェストとパーカーが涙を批判したことは、文学界のエリートによる、感情に対する新しい不信を表わしている。ディケンズ、ストウ、ルイザ・メイ・オルコットのような感傷的な作家に代表されるたぐいの主情主義、ヴィクトリア朝詩人の涙を催させる詩、舞台で上演されるメロドラマのお涙頂戴もののヒロインと涙もろい観客は、救いがたい時代遅れになっていた。社会科学、自然科学の発展にともなう、新しい男権主義の精神、新しいフェミニズム、とりわけ行動主義の勃興と内分泌学の発見、それらすべてが、すぐれた文化に反表現のりっぱな新しい時代をもたらすのに一役買った。もっと最近では、これをロイ・リクテンスタインの一連の絵に見ることができる。あふれる涙にまみれた女性を、メロドラマティックな戯画にしたものである。感傷主義は、芸術性からは皮肉にも遠い低俗な文化に属すると、これらの絵は示唆している。

しかし二〇年代、三〇年代、そしてそれ以降も、多くのありきたりの小説や映画が、メロドラマティックなあるいは感傷的な涙を助長し続けた。ジーン・スラットン・ポーター、ハロルド・ベル・ライト、キャスリーン・ノリスといったベスト・セラー作家がロマンス小説や歴史小説を書く。それらの作品は、前世紀の小説さながら、涙を誘うようにできており、まじめに受け取られるように書かれた涙あふれる場面が売り物だった。お涙頂戴ものがはやるのは、感情表現に対する批判がどんなにきびしかろうと、「誰か」がまだ泣けるという十分な証拠である。

お涙頂戴ものは決して消えない。新たに作りなおされるだけのこと。ラウラ・エスキベルのベストセラー『赤い薔薇ソースの伝説』(一九九二年)は、その適例である。主人公のティタは桁外れの泣き虫で、この事実は、過去代々にわたるどの感傷的なヒロインの涙にも劣らず心に残る。しかし涙が十八世紀の作家にとっては生理道徳的な事実、十九世紀の感傷主義者にとってはいわば宗教的な事実だったのに対し、エスキベルの場合は不思議にリアルである。

その泣き声は、耳の悪かったナチャにも聞こえるくらい大きかった。とうとう、ある日のこと、ティタがしゃくりあげたひょうしに、エレーナは産気づいた。あっと言う間もなかった。ティタは未熟のまま……台所のテーブルの上に押しだされていた。お尻をたたかなくてもよかった。すでに

トマス・ウッドラフの『涙の道化』シリーズの1点。
絵の中では本物の涙とモダニストの涙が溶け合っている。
トマス・ウッドラフ『色収差、涙の道化——緑』(1990年)
ニューヨーク、P・P・O・Wギャラリー蔵その後の運命を知っていたのか、大声で泣いていたからだ。洪水のような涙で、家のなかはテーブルも床も水浸しになったそうだ。

夕方、騒ぎが静まった。太陽の熱で涙が乾いてしまうと、ナチャが赤茶けた敷石の床に残った塩を掃き集めた。この塩は五キログラムの大袋につめられ、長いあいだ屋敷で料理に使っていたという。

（西村英一郎訳）

『クライ・ベイビー』の終わりの不可思議な涙とは異なり、この涙は薄気味悪かったり、奇怪だったりはせず、奇跡をもたらす。そしてディッキー・リーの一九五〇年代のヒット曲「9,999,999ティアーズ」とも違って、ティタの涙をすぐに誇張だと片付けることはできない。その涙の離れ業は、感傷的なヒロインの涙と同じくらい、感情のあっぱれな力で人びとを畏れさせる。もちろんこの涙は不気味に遊離してはいる――ティタはタマネギを刻む間にも同じように桁はずれに涙を流すが、そのあとで涙の残したものを掃除することは、涙に対する奇妙に実際的な反応である。しかしそれはティタが自分の激情から疎外されているからではない。ティタはただ並外れて感情的な存在として創造されたのである。ティタは自分の涙の洪水の中で生まれ、そして生まれ変わる。アドリエンヌ・リッチがその詩「タマネギ売り」の中で、応えるかのように書いている。「これらすべての涙に等しい悲しみがあるだけ！」

結論

涙の結末

テーバイの女王にしてゼウスの孫ニオベーは、大きな過ちを犯した。十四人の子どもを自慢し、女神レートーにふたりしか子どもがいないことを、ついけなしてしまったのである。あいにくレートーの子はアルテミスとアポロンで、ふたりは母への侮辱に復讐するために、ニオベーの七人の息子と七人の娘全員を殺してしまう。ニオベーの夫はその虐殺を見て自殺する。ニオベーは涙を流し、泣き叫んで、不幸から救ってくれるようにゼウスに嘆願する。ゼウスは慈悲のそぶりを見せて（不承不承だったようだが）ニオベーを石に変えた。この石はそれ以来ずっと涙を流している。あるいはそう言われている。

子を失った母の尽きぬ悲しみは、永遠のイメージである。ローマ神話のあけぼのの女神アウローラは、日が昇るごとに息子メムノンの死を思い出して涙を流す。それが朝露となった。ヒュリアは、息子キュクノスの死に流した涙に溶けてしまう。ギリシア神話の一説によれば、その涙でヒュリア湖ができ、ヒュリアはその中に身を投げて死ぬ。別の説では、ゼウスによってキュクネア湖に変えられる。子を失った母の悲しみは、ピエタ、つまり十字架にかけられたキリストの遺体を抱いて嘆き悲しむ聖母マリアの像として、あるいは十字架の足元で涙を流す聖母マリアの数えきれない絵として、キリスト教世界にも見られる。メキシコの子どもたちは、「ラ・ジョロナ」に気をつけるように言われている。ラ・ジョロナは、メキシコ民話の中心となる幽霊で、泣きながら森や暗いところを永遠にさまよっている。

これらは桁外れの涙である。ニオベーを石――感情のない物質の象徴――に変えても、泣くのを止めることはできない。ニオベー、涙の聖母マリア、あるいは「ラ・ジョロナ」のような人物像が色あせないのは、子どもを亡くしたことに対する同情を明らかに誘うからだけではない。母らしい永遠の献身的愛情に対する人びとの願望をも表わしているからである。しかし同時に、何物もニオベーあるいはラ・ジョロナの子どもたちを取り戻すことはできない。まさにその願いがかなわないので、両者は永遠に泣く。もし永遠に子どもを取り戻すことのできない母の涙が、涙の力を感じさせるなら、それはまた涙の力の絶対的な限界も示している。

現実の哀悼では、涙はもちろんいつかは止まる。涙に終わりのないように見える場合――たとえばコリック、あるいはほかの病気による涙――でさえ、終わりはくる。だからニオベーは決して泣きやまないが、人間（そして人間の母）は、泣きやむ。ドイツの詩人ハインリヒ・ハイネは、それを次のように語る。「どんな涙を流そうが、人はいつも鼻をかむ。」そしてこのことはわかっているのに、ひどい悲嘆に見舞われて悩み苦しむ最中には、まったく忘れてしまう。泣き始めるときはいつも、泣きやむことは考えられない。ここには神話がこだましている――泣いているとき、それは永遠に感じられる。泣くという波に揺さぶられ、押し流されると、自分の日常世界から引き離されて、時間の外に投げ出されてしまう。神話のもっとも非現実的な側面は、また涙の現象学的真実をあらわす側面でもある。涙は、止まるまで永遠のように感じられる。

では、私たちは、どのように泣きやむのか？

マルコ、ルカ、ヨハネによる福音書で語られている話では、イエスは子どもを亡くした会堂長の家に連れて行かれる。その家ではみなが涙を流し、嘆き悲しんでいた。イエスは言う。「なぜ泣き騒ぐのか。子どもは死んだのではない。眠っているのだ。」イエスは子どもを生き返らせ、人びとは泣きやむ。

アラスカのトリンギット族の間では、子どもが死ぬと男は数カ月間性行為を慎み、働いて、死んだ子どもを悼む祭礼に必要なものを蓄えるという慣わしがある。一方妻はその死を悼んで、夜に泣く。夫は準備ができると、妻に言う。「泣くのをやめてほしいから、おまえの子どものために祭礼をしよう。」〔平原インディアンの〕ポーニー族の伝統的な哀悼の儀式では、最後に酋長が悲しんでいる家族の家に入り、哀悼をやめるときがきたと告げる。供の者が水の鉢を持ってきて、酋長はそれで家族の顔を洗い、最後の涙を流し去る。これらの話は、人びとが互いの涙を止めるためのいくつかの方法——慰め、償い、命令、ごちそう——を示唆している。福音書の話では奇跡が起こって、読み手は精神的な満足、たとえ体は「眠って」いても魂は生きているという慰めを得る。トリンギット族の夫は慰藉の代わりに儀式を行ない、涙を祭礼にかえる準備ができたときになって初めて、妻に泣くのをやめるように頼む。ポーニー族の酋長は、イエス同様に泣きやむよう命じ、トリンギット族の夫のように、家族の涙を洗い流すという象徴的な形で儀式的な償いを与える。

『オデュッセイア』には涙を止める寓話が含まれていて、興味深い。第四巻で、オデュッセウスの息子テレマコスは、変装して放浪している間に、父の英雄的な行ないと、行方がわからなくなったことをヘレネーの夫メネラオスから聞く。一座の者は戦さを思い出して、涙を流す。「この言葉は一座の者すべての涙を誘った。ゼウスの姫なるアルゴスのヘレネーも泣き、テレマコスもアトレウスの子メネラオスも泣いた。ネストールの子も両の眼をぬらさずにはいられなかった。輝く曙女神《エーオース》のあっぱれな子に討たれた勇士アンティロコスを心に思い浮かべたからだ。」（高津春繁訳、以下同）死者を思い出し、栄誉をたたえ、生き返ってほしいと願いながら、思い出話をするうちに、哀悼の炎がまた燃え上がる。一座の者が単に「涙を流して時間をやり過ごす」べきではない、とほのめかしたネストールの息子さえも、哀悼するのは正しく、ふさわしいことを認める。「髪を切り、頬から涙をたらすのは、これはみじめな人の子に捧げ得るただ一つの贈り物だ」と述べる。

しかし生きてゆくために、結局は哀悼をやめなければならない。ヘレネーは永遠の哀悼という問題を解決し、人びとの涙を止める。

するとゼウスの姫ヘレネーは別のことを考えつき、すぐに飲んでいる酒の中に苦しみと憤りと、すべての悲しみを忘れさせる薬を投じた。混酒器で混ぜられた後で、それを飲み下した者は、たとえ父母が死に、見ている目の前で兄弟や愛する子供が刀で殺されても、その日一日は頬から涙を落さない。

ヘレネーはエジプト人から「妙薬」を手に入れていた。ホメロスの時代にはエジプト人は薬に詳しいことで知られていた。この魔術的治療の後、物語は哀悼をやめて本筋に戻ることができる。このエピソードは、泣くことと泣かないことの社会的な機能の寓話である。話が始まるときに流される涙は、深い社会的な絆のしるしで、トロイアに戦争で勝つのを助けてくれたオデュッセウスに対してメネラオスが恩義を感じていたからだけでなく、テレマコスにも恩義を感じたからあふれたものである。このときの涙は恩義に報いるために死者に「贈られ」、同時にまさに共同体の理念を定義するのを促すように、共同体の理念を表わすように流される。人びとはともに泣くとき、もっとも重要なものに――束の間――合意する。ともに泣くとき、互いのもっとも深い欲求に反応する。

　しかしこの涙の交わりのひとときは、終わらねばならない。ネストールの息子が指摘したように、最終的には、眠ったり、食べたりしなければならないからである。そしてもしずっと泣き続ければ、ほかの機会が失われる。これらの――もっと多く語り合い、遊び、友情を深め、儀式を行なうための――機会もすべて、共同体の絆のしるしであり、かつその絆を作ることでもある。ともに泣くことは、共同体をつくること、互いに認め合うことであり、それから泣きやむことは、その共同体とともに前進することである。何かがいつもヘレネーの一服として、忘却の妙薬として働く。

　親は子どもを育てるうちに、ひとつの感情を別の感情に置きかえられることに気づく。不機嫌な赤ん坊をくすぐって喜ばせ、恐怖を鎮めるために安心させ、愛情で包み、いつまでも要求するのをやめさせるために、羞恥心を教える。だから泣かないことを学ぶのは、しばしば何かほかのことを感ずるのを学ぶことである。これらの置き換えは日常の感情の動きを構成しており、もしある段階で抑制のひとつの形として考えられるなら、それらはまた、良心、社会化、成熟と呼ばれているものにとっても不可欠である。泣き声をあげることが、慰め、癒し、注意、感謝、心地よさ、平和、あるいは援助を懇願する妥当な場合もある。そしてもしそのような訴えが聞き入れてもらえれば、人びとは泣くのをやめる。しかし涙は、慰められない悲嘆のように、運命に向けられた分別のない要求、あるいは不可能な要求にさえなる。そのような場合、結局は自分の意志でやめなければならない。そして涙を流しても顧みられないか、ばかにされるとわかっているときは、涙をこらえようとする。これらの技術を教えるのが親の仕事であり、習うのは子の仕事である。

エミリー・ブロンテが一八三〇年代に書いた詩は、涙を見せない人にありがちなこと――涙の隠匿――をほのめかす。

彼女が涙を止めると、彼らは微笑んだ、
頬に輝きが戻ったのを見て。
けれどもいつも彼らにはわからなかった。
そのやさしい姿とほがらかな声と、
終日輝く明るい瞳のかげで、
心が今にも張り裂けそうに、
どきどきしていたことはわからなかった、
深夜にひとりどれほど涙を流したかは。

この詩の意味は、精神的な強さや不屈な精神を見せるためにまばたきして涙を払うテレビや映画の場面でおなじみだが、心が痛む。そのようなシーンで重要なことは、ブロンテの詩と同様に、涙がまったく隠されてはいないこと、隠されつつ示されていることである。「終日輝く明るい瞳」は、隠された涙を示している。それがわからない人は、洞察力に欠ける。

『オデュッセイア』のある場面は、男らしく涙を隠すことが中心になっている。オデュッセウスはアルキノオスの館の宴に出るが、誰も彼が誰か知らない。オデュッセウスは十年前に故郷に向かっており、死んだと思われていたので、吟遊詩人は、すでに伝説となっているオデュッセウスとアキレウスの争いの歌を始める。その歌を聴くとオデュッセウスは泣くが、その涙をいかに隠したかについて詳しく語られる。

しかし、オデュッセウスは紫の大マントを逞しい手でつかんで頭から被り、端麗な顔をかくした。涙を流しているのをパイエークス人《びと》に見られるのを恥じたのだ。尊い歌人が歌をやめると、涙をぬぐい、頭からマントをとって、二つの把手のついた杯を取り、神々に酒を注ぎ供えたが、物語をたのしんでパイエークス人の殿たちがうたうことを求め、歌人がまたはじめると、またもオデュッセウスは頭をかくして嘆いた。席上のほかのすべての者はかれの涙に気づかなかったが、かれのそばに座っていたアルキノオスのみは、それを認め気がつき、深いうめきの声を耳にした。

ここでアルキノオスは歌をやめさせ、代わりに競技会を行うことを宣言する。競技会のあと、吟遊詩人は再びトロイア戦争の歌を始める。それを聞いてオデュッセウスは、もはや耐え切れず、涙はまぶたより流れ下って、頬を濡らした。ちょうど町と子供たちとがみじめな日を見ないように、防ぎ戦って、自分の市と軍勢の目前で倒れた夫にすがりついて妻が涕泣するように。かの女は死の間際の苦しい息の夫を見て、倒れ伏してかれを抱き、鋭い声で泣きさけぶ。と、敵がうしろから槍で背や肩を打ち、奴隷と苦役と悲惨な運命へと引いて行き、その頬は憐れにも憐れな悲しみにやつれはてる。そのような憐れな涙をオデュッセウスは目から流した。席上のほかのすべての者はかれの涙に気づかなかったが、かれのそばに坐っていたアルキノオスのみは、それを認め気がつき、深いうめき声を耳にした。やがて王はオールを愛するパイエークス人の間で言った。

「聞かれよ、パイエークス人の長《おさ》に頭《かしら》たち、デーモドコスはもう鋭い音《ね》の竪琴をやめよ。この歌はみんなにたのしいわけではなさそうだ。われらが宴《うたげ》をはじめ、尊い歌人が語りはじめてから、この客人は悲歎を少しもやめなかった。何かにがい悲しみがかれの心を包んでいるのだ。だが、さあ歌はやめよ、主人側も客人も共にみんなで楽しむように。

オデュッセウスがここでなぜ泣いているのか明確にはされないが、その原因は悲劇を思い出したことと、故郷が懐かしくなったことだろうと察せられる。しかし原因よりもっと重要なのは結果である。オデュッセウスは涙を隠している。男らしくないからだろうか？　正体を明かされたくないからだろうか？しかも二度とも、もてなしてくれたアルキノオスがその涙に気づいているので、あまりうまく隠したわけではない。二度ともその涙によって状況が変わる。涙を隠そうとするのは、コミュニケーションの手段として、涙を流すのと同じくらい効果的なのだ。泣くときのふたつの形――見せると隠す――は、同じように魔術的な働きをするが、わずかに異なる反応を求めている。そしてそのちがいは、隠された涙がいっそう多くの尊敬を引き出すことである。それは、時間的にも空間的にも隔たりのあるブロンテとホメロスのいずれの作品を読んでもわかる。人前で泣くのは、子どもっぽい、あるいは悲劇的、あるいはただをこねているよう、あるいは癇癪を起こしているようにとられることもあるが、隠された涙は英雄的である。

感情を抑制するときは、自由意志のコントロール下にある筋肉だけが影響を受ける、とダーウィンは記している。そしてフロイトは、次のように確信していた。「人は秘密を漏らさずにはおれない。口を閉ざせば、指先が語る。すべての毛穴から秘密がにじみ出てくる。」もっと最近では、エクマンとフライゼンが、「非言語的漏洩」と呼ばれるもの、つまり抑圧された感情が、身振りやしぐさに現われることについて書いている。しかしオデュッセウスは実際には少しも涙をこらえていないので、その涙は何かほかのことを示唆している。

この場面はドイツの哲学者マルティン・ハイデッガーによっても論じられている。ハイデッガーはヘラクレイトスに関する論文の中で、オデュッセウスが涙を隠したことを考察している。ヘラクレイトスは古代ギリシアの哲学者で、その悲観主義から、「暗い人ヘラクレイトス」、さらに「涙の哲学者」と称されていた。ハイデッガーの主張によれば、ギリシア語の原本では、オデュッセウスは涙ではなくむしろ自分自身を隠している。つまりギリシア語では、「彼は隠れていた」と読める。ハイデッガーの哲学的認識自体がむずかしくて有名なので、この論文の結論を引用しても、おそらくあまり役には立たない

ヘラクレイトス（紀元前540頃-475年）は、その暗い人間観から「涙の哲学者」として知られていた（この絵は『聖ヒエロニムス』と呼ばれることもある）。

ヘンドリック・テル・ブリュッヘン（オランダ、1588-1629年）
『涙のヘラクレイトス』
クリーヴランド美術館蔵

だろう。

運命を自己抑制的に守ろうとする中で自らを隠す健全な行為から、灯りの目に見えない輝きが流れ出る。したがって灯りの輝きそれ自体が同時に自己を隠すものであり、その意味では非常に暗いものである。

実にむずかしい。ハイデッガーは、自己を表すことと自己を隠すことは、必然的に絡み合っているので、どちらか一方だけではありえず、実際には同じことと言えると主張する。この見方によれば、隠れているまさにそのときに、オデュッセウスは泣いて自分をあらわにしている。存在を完全に隠すことはできないし、完全に表わすこともできない。

そしてハイデッガーは、『オデュッセイア』のこの点には触れていないが、オデュッセウスがここで自己をあらわにしたのは、自分の過去の話を聞いたこと、それを思い出したことに関係があるにちがいない。オデュッセウスが泣くのは、吟遊詩人の歌を聞いて、自分があらわにされている、人びとに知られていると感じたからである。隠している自分の存在が公にされているのを聞いたから、泣く。泣かないことを学ぶのは、自分が感じていることだけでなく、自分がどんな人間であると感じているかについても、それによって、他人に明かす量をコントロールしようとするひとつの方法である。泣くことはいつも仮面であり、明らかにすると同時に隠している。秘密裡に泣くのも、やり方は異なっても同じである。だからオデュッセウスの半ば隠された涙は、実は彼についての何ごとかを明らかにしている。アルキノオスは半ば隠された涙を見て、それに応える。竪琴をやめるように命じ、新しい遊びを始める。ミュケーナイ文化の客人として、オデュッセウスは最高の配慮を受ける資格があった。もし泣けば、誰もがそれに応じた待遇をしなければならなかった。ある悲惨な感情的な苦痛だけが、泣いて集団の注意と同情を要求できるので、泣いている者は自分が同情される権利があると感じているにちがいない、というのが前提となっている。彼あるいは彼女はまちがっていると判断されるかもしれないが、最初は必ず反応が返ってくるだろう。

経済学者で倫理学者のアダム・スミスは、半ば隠された涙にはいっそう敬意が払われる、と書いている。「デリカシーがなく、ため息、涙、しつこい嘆きによって同情を引こうとするような要求がましい悲しみには、うんざりする。しかし抑えられた静かで威厳のある悲しみには、人は敬意を払う。涙が浮かび、唇や頬が震え、全体的に他人行儀ではあるが痛ましいことからだけ察せられるような悲しみには。」この泣き方に対する敬意から、人びとは「恭しくそれを見守り」、「何かふさわしからぬことをして、おおいなる努力によって支えられている落ち着きをかき乱さぬように」、泣いている者がその平静を保つのを助けるためにできることは何でもする。だからアルキノオスは、歌をやめさせる。

このようにして、涙の決まりは破られつつ維持される。泣くまいとしているように見える限り、人前で泣くことができる。その決まりを破っていないふりをすれば、破っても面倒なことにはなりにくい。だから涙を隠しかつ見せるという型どおりのそぶりによって、五歳か八歳くらいでやめたと思われている涙の要求を、発し続けることができるのである。どうぞ涙に応えて下さい、でも私が実際には泣いていないということにして下さい、とすばやく涙を拭った目はほのめかす。オデュッセウスのフードのように、ティッシュやハンカチを用いて顔をそむけると、人前で個人的な欲求を告げることができ、しかも手放しの涙につきものの社会的な損失を招かずにすむ。

涙のない世界は、さまざまな時代に心から望まれた。「ヨハネ黙示録」七章一七および二一章は、涙のない天国を約束している。「玉座の中央におられる子羊が彼らの牧者となり、命の水の泉へ導き、神が彼らの目から涙をことごとくぬぐわれるからである。」「もはや死はなく、もはや悲しみも嘆きも労苦もない。最初のものは過ぎ去ったからである。」二千年前に砂漠に住んでいたヘブライ人にとって、いつも湧き出ている「命の」水の泉という考え、そして涙を永久にぬぐってくれるという考えは、ともに天国という考えのもとになった。

そしてまたストア学派およびプラトン以来の哲学者は、涙のない世界に賛成の議論を展開している。泣かないことの誇り、感情に打ち克つことの傲慢を、おそらくもっとも雄弁に擁護しているのは、ウィリアム・ワーズワースの「幼年時代を追想して不死を知る頌」で、若さ、喪失、懐旧を考察している。その詩は、ロマン派の感性の到来を告げた『抒情歌謡集』の六年後、一八〇四年に完成された。

はた、草には光輝、花には栄光ある
時代を取り返すこと能《あた》わずとても何かせん。
われらは悲しまず、寧《むし》ろ、
後に残れるものに力を見出さん。

今迄あり、将来もあるべき
本能的同情のうちに、
人間の苦しみより迸《ほとばし》り出る
人の心の和《やわ》らぐ思いのうちに、
死を通じて永遠を見る信仰のうちに、
賢明なる心をもたらす年月のうちにそれを見ん。

（田部重治訳）

「賢明なる心をもたらす年月」は、詩の最後の一行にこだましていて、そこでワーズワースは、「いともささやかなる一茎《ひとくき》の花も、屢々、涙にあまる深き思いを」喚起しうる、と宣言している。ここに見られる哲学は、慰めの哲学で、これらの詩句のすばらしい韻律と喜びに満ちた調子は、悲嘆を勝利に、涙を揚々たる心意気に置きかえる。これは喪失の変形の物語、感情的な満足がもっとも深い絶望にとって代わるファンタジーで、理性と感情の相克を拒む言葉で語られている。われわれが見出す強さはある種の賢明なる心、われわれを深みから引き上げるのではなく、もっと深いところに連れていく賢明なる心である、と頌詩は言う。ここでは感情が信頼できることは否定されないが、賢明なる心の方が重視されている。涙も深いかもしれないが、哲学的な思索はもっと深い。

しかしこの世に涙はつきものである。泣きやむのを学ぶことがおとなになるために必要であるとしても、まったく泣かないのは人間的ではない。古典的カルト映画『ボディ・スナッチャー――恐怖の街』（一九五六年）では、体を乗っ取られた子どもは泣かないので見分けがつく。しかしこの世から涙が消えることはなさそうだ。『オズの魔法使い』に出てくるブリキの樵《きこり》は、泣けば錆びる危険にいつもおびえている。その樵のように、十分な心があるだろうかと心配してもよいが、この世から涙が消えることを心配する必要はない。

『ゴドーを待ちながら』の中で、ポッツォは感慨をこめて次のように言う。「世界の涙」は実際には、「いつも量が決まっている。なぜなら誰かが泣き出せば、どこかほかでは誰かが泣きやむからだ。」ベケットは涙が避けられないこと、そして涙が基本的には無意味なことを示唆している。涙は流れ、止まり、地球の回転のように一定しているので、意味を見つけたいという気まぐれな欲求から人間が与える意味以外には、意味を持たない。しかしベケットはいつもそう思っていたわけではない。ほかのところで「私の言葉は私の涙だ」と書いている。これはポッツォとは反対で、涙と思考は、撚り合わされ、たがいに絡まりあっていることをほのめかしている。

涙のミステリーについて説明するよりも、そのような類比が端的にそのミステリーを語っている。涙は言葉だろうか? いや、ちがう。しかしこれらふたつの基本的表現形態には互いに代理を務めた長い伝統がある。たとえばオウィディウスは、「涙にはときに言葉と同じ重みがある」と言う。あるいはヴォルテールは、「涙は声なき悲しみの言葉である」と言う。ハインリヒ・ハイネは、「人間の涙には、何と詩情があふれていることだろう」と書いている。心理療法家のジェフリー・A・コトラーは、最新の著書に『涙の言葉』という題をつけ、その中で、涙の「言語体系」を解読したと主張し、それについて論じている。そして涙の言葉を学ぶ最良の方法は、「内面を見つめ」、「反省し」、「自分を解放してみる」ことだと示唆する。コトラーは人びとの気持ちを引きたてようという心づもりがあって、「本書はあなたの心を動かす……あなたの生活を変える」と序文の中で約束している。そして多くの通俗的な心理学者と同じように、その方法は感情の動きのもっとも積極的な意味と可能性を呼び出すことだった。

しかしもし涙が言葉なら、それは要するに身振り言語であり、ほかの身振り言語同様普遍的というよりは、それぞれの文化に固有のもので、多くの場合言葉よりもずっと自由に解釈される。誰かが泣いているのを見てわかると感じたとき——たとえば、ナパーム弾を落とされたヴェトナムの村からさ迷い出た小さな女の子が泣いている有名な写真を見たとき——には、私たちが女の子の文化、住んでいる場所と時間からどんなに離れているかは、問題ではない。ある種の涙は完全に普遍的で、あまりにも明らかで強力なので、本物であるかどうかを問題にする必要はないと感じられる。しかしまたもっと問題のあるタイプもよく知られている。その涙には、あきらめと強情、希望と絶望、自己肯定と自己否定、誠実と虚偽、譲渡と操作、真実と見せかけがすべて入り混じっている。アルフレッド・テニソンは、ヴィクトリア時代のもっとも有名な詩のひとつ「かいなき涙」の中で、涙はいつも説明できるが、同時にいつも言語では表せないと示唆している。「幸《さいわ》いみてる秋の野をながめて／ふたたび帰りこぬ／去りしむかしをしのべば／なんのゆえとも知らず／胸のうちよりせきあぐるもの／きよくして不可思議なる思い／わがふたつの眼にあつまりて／かいなくも涙《なみだ》の落つる」（三浦逸雄訳）。テニソンは涙のわけ——宗教的絶望、失われたものへの郷愁——を挙げることができるが、何を意味するかは知らない。コミュニケーションの手段としての涙は、ごく初期のラジオ放送に似ている。すべての人の注意を引き、その信号はまったくはっきり受信できることもあるが、放送されるとどんなによい場合でも拡散するので、受信にはむらができる。そして涙はすべての言葉と同じように、自分と自分の動機を、わかってもらうにもはぐらかすにも、はっきりさせるにもあいまいにするにも、表わすにも偽るにも用いることができる。すべての言葉と同じように、崇高なものからばかげたものまで、人間の営み全般にわたって用いることができる。

涙に関する言葉は、ふえ続けている。たとえばダニエル・ゴールマン著『ＥＱ――心の知能指数』（一九九五年）のその書名が、語彙に加わった。一見すると、『ＥＱ』とその副題は理性よりも感情の優位を告げ、一九七〇年代の情緒理論家の明らかな後継者のように見えるかもしれない。しかしこの表題はマーケティング戦略で、ゴールマンは実際には反対の主張を展開する。ニュースでは毎日誰か――少年、少女、男性、女性――が感情を抑えられなくなり、逆上して暴れたと報じられている。もしこの「キレる」傾向がふえているようなら、必要なものは自己抑制であるとゴールマンは主張する。確かに感情は重要で抑圧は悪い。しかし感情を「感じて」いることがどんなに重要でも、感情をコントロールする方がもっと重要である、とゴールマンは論じている。

情念は、うまく使えば知恵となって人間の思考や価値観を導き、命を救う。しかし同時に情念は、いともたやすく道からそれるものでもある。アリストテレスも認識していたように、問題は情動そのものではなく、いかに適切な情動をいかに適切に表現するかにある。いま問われているのは、情動にいかにして知性を持たせるか、街にいかにして安寧をもたらすか、地域社会にいかにして思いやりをとりもどすか、である。

（土屋京子訳）

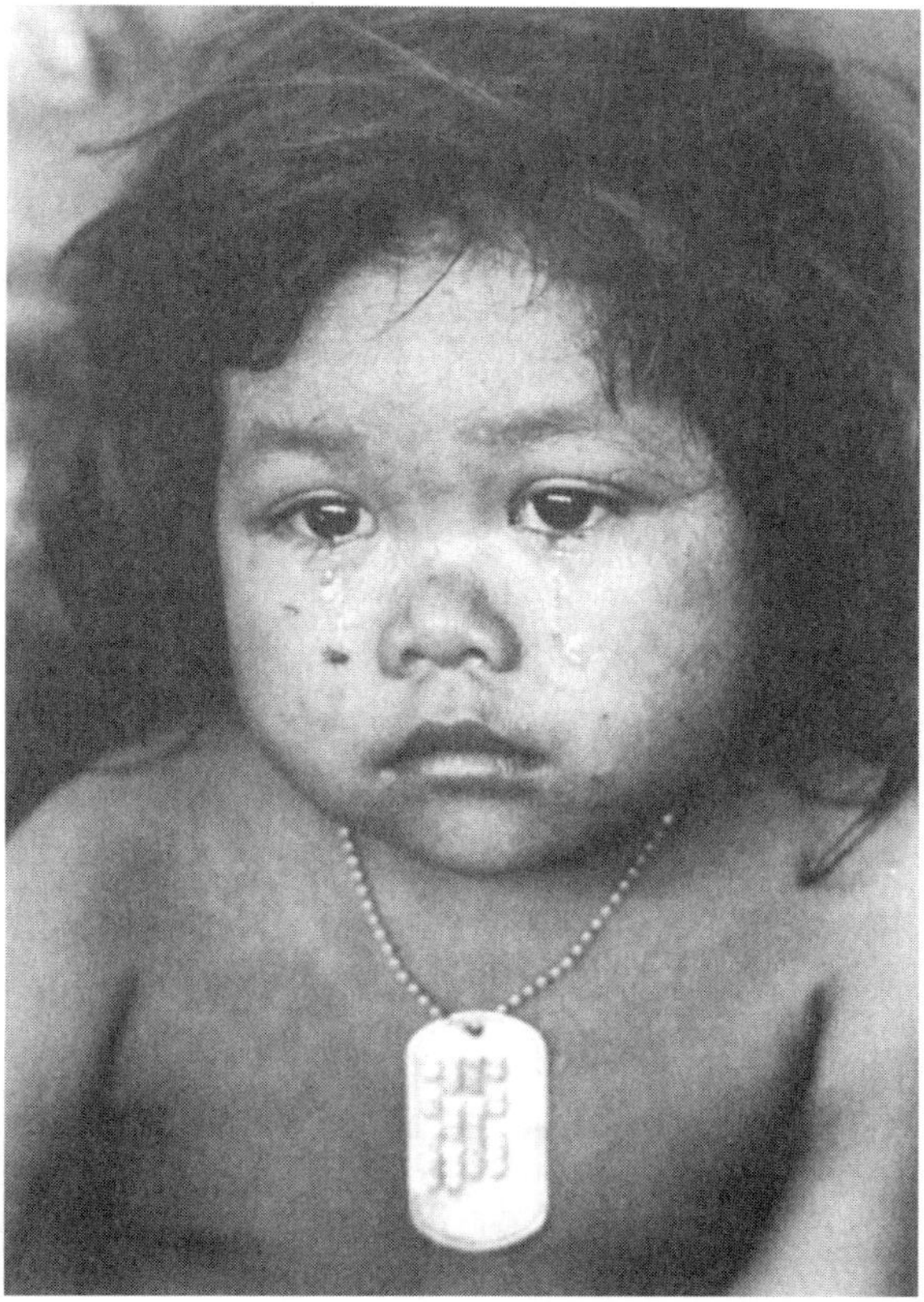

カンボジアの涙の少女。

『カンボジアの少女』（プノンペン、1975年3月）
デイヴィッド・ヒューム・ケナリー撮影

一九七〇年代とその感情表現の強調が経済的な繁栄によって可能になったとして、ゴールマンの著書は、一九九〇年代の閉塞感にずっと関係が深い。その著書には、世界を変える感情の力に対する七〇年代の信仰も残ってはいるものの、今後の変化について著者は楽観的ではなくなっている。結局、感情を縮小することについての本なのである。

マサチューセッツ工科大学の神経学者スティーヴン・ピンカーは、ベストセラーになった著書『ハウ・ザ・マインド・ワークス』（一九九七年）で同様のアプローチをしている。ピンカーは感情に関する章を、スコットランドのダンブレインにおける二十八人の学童大量殺人について論ずることから始める。その結論によれば、感情は人間の基本的な適応装置で、人間が生きていく中で必要な適応を助けるようにすべて（彼の好む隠喩をもちいれば）「巧みにしくまれている」。ピンカーの見るところ、感情には「それ自体の冷静な論理がある」。なぜなら怒り狂うのさえ、なんらかの考え——社会から不当な扱いを受けている、認められていない、自分たちが行なっている復讐は正当であるなど——があってのことだからである。ピンカーとゴールマンは、感情はすべて適応行動に役立つが、感情の氾濫は感情の正常な機能の濫用であり、何の真実もつかめないと考える。ダマシオが示唆するように、人間が合理的に行動するためには、何かを感ずることが必要かもしれないが、三人の著者すべての目標は、強く感じることではなく、合理的な行動である。

ピンカーによれば、映画鑑賞あるいは読書によってカタルシスを得るについて重要なのは、映画や小説が経験的認識に基づいて世界を評価するのを助けてくれることである。このピンカーの主張は、非常に古くから見られた。イタリア・ルネサンスの美学者ロドヴィコ・カステルヴェトロは、アリストテレスの『詩学』に関する著作の中で、悲劇のカタルシスによって「心から恐怖と哀れみが放出される」ので、人びとは「苦い薬で心が健康を取り戻した」ように感ずると論じている。しかしわれわれは悲劇の中に実際に喜びを見出す。というのも自分にとって喜ばしい道徳的な教えを、悲劇から集めることができるからである。われわれは、自分の理性の力に誇りを感じて涙を流す。同じ調子で、ドイツの哲学者エルンスト・カッシーラーは、次のように論ずる。われわれの感情はカタルシスによって「形を変え」、芸術により「物質的な重荷から解放され」て純粋な熟考の対象となる。ジョン・クロウ・ランソムは一九五〇年代に、カタルシスはせいぜい「野営地付近の売春を公認する現代の軍当局の考え方」に類似した必要悪である、と論じている。そしてカタルシスの目的は、「感覚的局面を最小化、局所化するために、それを強化し、科学的な局面への道を開くことである」と主張する。一九六〇年代にライオネル・トリリングは、悲劇のカタルシスの喜びを、偉大な悲劇を観て人生の複雑さを知ることに位置づけた。いずれにせよ人びとは感情の変容ではなく、「心の健康」を、思考の進歩を喜ぶ。哲学者のジェローム・ニューは一九八〇年代にこの立場を次のように述べた。「涙は知的なものである。」

もしそのような考えが再び人気を得ているとすれば――『EQ――心の知能指数』は四十九週間『パブリッシャーズ・ウィークリー』誌のベストセラーに入っていた――私たちは一九七〇年代におけるカタルシス信仰から抜け出るまっただ中にあるのかもしれない。結局のところ、『タイタニック』を観て泣く十代の若者は、その映画を作ったベビー・ブーム世代の監督のように、自分たちは世界を救っている、あるいは「自分の本質的な人間性をたたえている」、とは言わない。そして葬り去られた問題の解決を考えているとも言わない。泣けば映画がもっと面白くなるので泣くと言って、観るたびにますます泣く。カタルシスを経験しているとは言わない。心のエネルギーを充当しているのでも、適応しているのでも、解放しているのでも、向上しているのでも、表現しているのでもない。単に自分自身の感情という暖かい湯につかるのを楽しんでいるのである。世紀の変わり目にハーヴァード大学で教えていた哲学者ジョージ・サンタヤナは、多くの簡潔な意見のひとつとして、「泣いたことのない若者は野蛮であり、笑おうとしない老人は愚かである」と書いている。しかしもちろん「野蛮人」も「愚か者」も、彼ら以外の人間に非常によく似ている。彼ら以外の人間は、たとえこの基本的な人間的反応が、野蛮なあるいは愚かな傾向を抑制するのには役に立たなくても、運がよければ終生泣いたり、笑ったりする。このように述べるのは、あまり簡潔でもなければ、引用にも適していないが、もっと正確だろう。

またイギリスのロマン派詩人トマス・ムーアが書いたように「幸せな者にとってだけ、涙は快楽である」というのも真実ではない。涙は悩める多くの者にとってさえ、心地よい休息である。脱構築の文芸評論家マーク・C・テイラーは、感情的な涙（tear）と、裂け目（rip）、断絶（rupture）、あるいは分離（rending）を表わすtearとの語源学的な関係に言及している。tearはいつもそれまでの状態からの急激な変化として経験される。それは、逃避としての涙というサルトル流の考えであれ、ホメオスタシスへの回帰という生理学的な解釈であれ、ものごとをひとつにまとめている状態が崩壊してばらばらになってしまうという日常的な理解であれ、解釈の如何を問わない。テイラーはまた、分泌物（secretion）と秘密（secret）の関係にも触れ、どちらも「分離する」という意味の同じ語源に由来し、「秘密は内部にある外部」、「分泌物は外部にある内部」と書いている。そして涙に文化的な力を与えるのは、この神秘的なカテゴリーの混合である、と示唆している。

テイラーはここでは人類学者メアリー・ダグラスの考えを借用している。ダグラスは、体からの分泌物──尿、汗、精液、胆汁、粘液、膿──は世界中の文化で危険視される傾向がある、と論じている。体からの分泌物は、不浄で不潔で人を脅かす。たいていの文化で涙が排泄物に対する一般的な禁止を逃れているのは注目に値するが、たとえそうであっても、前述したように危険が満ちている。人びとを復讐へと駆り立て、困惑させ、悩ませ、誤解を生み、失望させるからである。人間がしばしばこっそり泣くのは、どんなに多くの詩で真珠や宝石や捧げ物にたとえられようと、涙にもある程度の秘密が必要な証拠である。さらに秘密と同じように、ひとりあるいはわずかな人びとと分かちあうのが一番よい。秘密が親密な領域の外に出るとき、それは秘密ではなくなってしまう。

そしてダグラスは（ほかの人類学者や一部の神学者と並んで）、文化によって危険視されるものと神聖視されるものの間には関連がある、とも論じている。中世の聖人の「聖なる涙」は、一部の人間には過ぎ去った時代の遺物のように見えるかもしれない。そしてマドンナが「ライク・ア・プレイヤー」というビデオの中で、泣いている聖人の像をもちいたことは、涙の宗教的な意味をまったく卑俗化したように見えるかもしれない。しかし聖なる涙については、まだ非常に多くの話がある。たとえばひとつは、インターネットのメーアー・バーバのホームページ上に見られるもので、それは新時代の導師バーバの言葉を引用している。「精神的な道は感情と密接に結びつている。それは真実である。しかしこれは、内なる強い感情を、涙を流すというような外面的行為によって表わさなければならないということではない。」千六百年前の聖アウグスティヌスの場合のように、聖なる涙はその世俗的な外見によって汚されている。しかし「純粋で感じやすい心」の人間は精神的な涙を流さなくてはならない。「内なる涙を流し続けなければならない。」声をあげて泣かずに、内なる涙を流せ、というバーバの助言は、現代における複視のもうひとつの要約である。

最近いかがわしい治療競争に加わった、ペーター・ファン・ウーステルムの『涙――治療への鍵』(一九九八年)もまたしかりで、同書の中でホメオパシー〔同種療法〕医のウーステルムは、何であれ泣く原因を治療するには、自分の涙の溶液を飲むのがよいと述べている。そのまま飲むには涙は強すぎるので、一滴を二百倍に薄め、それを二百回振ってから飲むことを勧めている。泣けばいつでも涙の大半は鼻涙管を経て胃に流れこんでおり、その量はこの処方の三千倍にもなるという事実は、この際どうでもよい。この勝手な偽魔術の公式は、涙が問題であり、しかもどういうわけか解決でもあることを示唆している。

さてその事の次第。ファン・ウーステルムは、古代のギリシア、ローマ、ヘブライの人びとが葬式の一部として、涙を涙壺に集めたという話を聞いたときに、涙をホメオパシーにもちいるという考えを思いついたのだ。涙を満たしたこれら小さなガラス瓶は、しばしば密閉され、死者とともに埋められた。それは一方で感情を葬る手段であり、他方、あたかも花か贈り物でもあるかのように、涙を死者に捧げる手段だった。「詩篇」の第五六章では「あなたの革袋にわたしの涙を蓄えてください」と述べられているが、「詩篇」の作者が涙という捧げ物を神に受け取ってくれるよう頼んでいると考えられる。ジョン・ウォーターズは、『クライ・ベイビー』の登場人物に、涙を満たした広口びんの涙をすべて飲ま

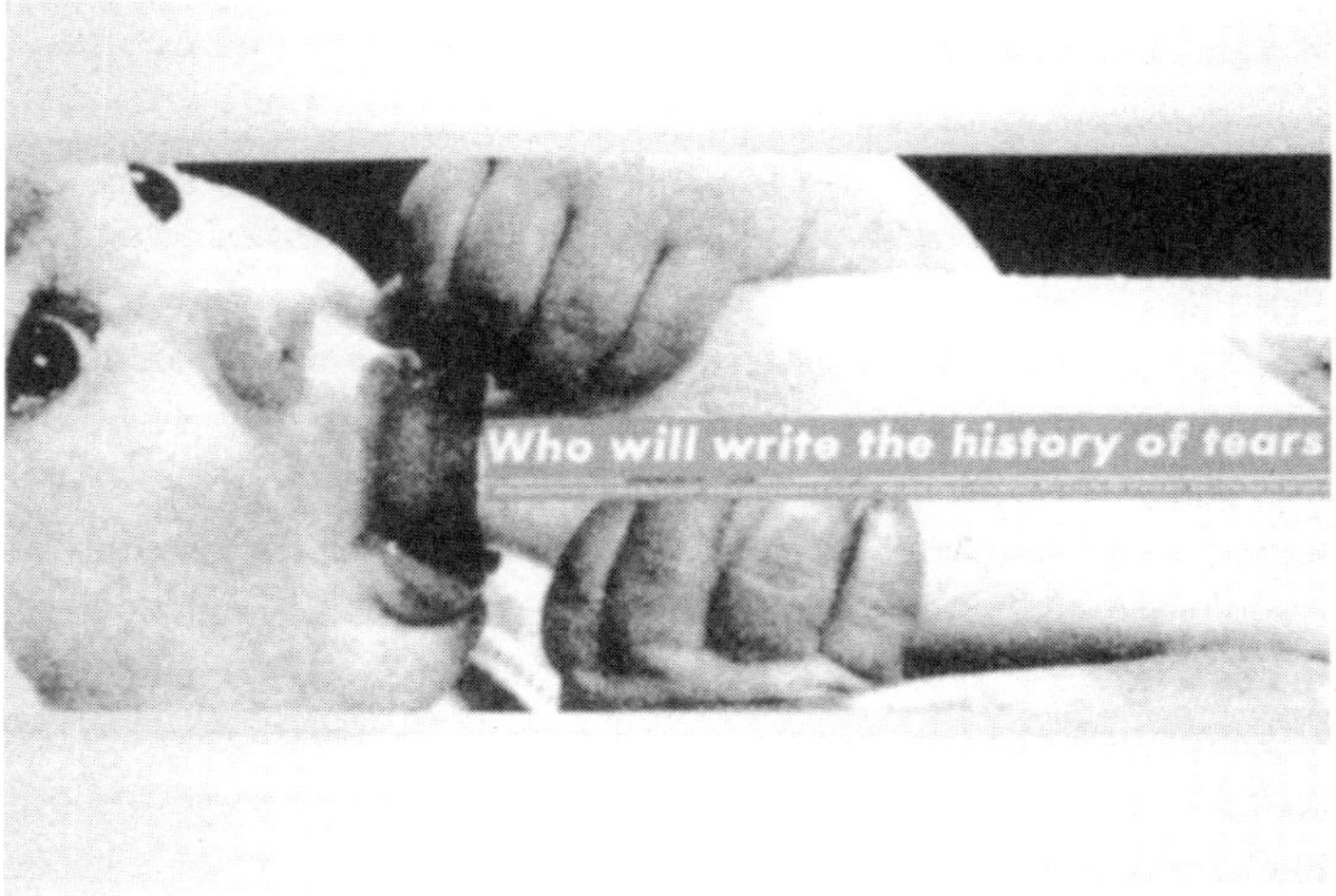

バーバラ・クルーガー
『無題（誰が涙の歴史を書くのか？）』（1991年）
ニューヨーク、メアリー・ブーン・ギャラリー蔵

せることによって、滑稽なまでにロマンティックなシーンを作り上げる。深い含みがあるのだろうか？　あるいはグロテスク趣味だろうか？　判断はむずかしい。というのも、いわば涙の意味は見る者の判断にゆだねられているからである。涙の表わす欲求は、いつも、たやすく尊ばれると同じくたやすくばかにもされる。

そして涙はその位置づけをも変え続けている。ここ百年間の男性にとっての歴史的変化はかなり明らかで、泣くのは、たとえまれでも例外ではなく、あたりまえになっている。そしてこれは疑いなくよいことである。涙を拒否するのは、根本的な能力——たとえほんの一時にせよ、世界を自分自身がつくるものへと、魔術的に変容させる人間の能力——とともに根本的な喜びを拒否することである。そして女性にとっても変化は明らかで、涙は、それに伴うすべてとともにもはや女性の特権ではない。もちろん男女双方にとって、涙は人生の最初と最後につきものである。そして自分の涙を飲むようなことの意味を変えるのは、文化の変化だけではない。年をとるにしたがって感情のあり方は変わる。また他者にどんな感情表現をしてほしいか、どんな種類の感情的な要求をする権利があると感ずるかに応じて変わる。そのような変化は、幼児から子ども、青年、大人へと移り変わるときに、明らかに現われる。しかしこの問題を扱う研究はないとしても、人生のすべての重要な変化は、人間の感情的な選択の再評価をもたらすと言っても差支えないだろう。「誰が涙の歴史を書くのだろう?」——ロラン・バルトは問うた。私たちすべてが書くのである。

訳者あとがき

少年時代の思い出。なんのついでか家族で明治神宮外苑絵画館へ行ったときのこと。明治天皇の絵を眺めている父の頬を涙がハラハラと流れ落ちているのを見て、言い知れぬショックを覚えた。明治に生を享けた人にしてみれば、天皇といえばまさしく神にもひとしい存在で、たとえ画像にせよその姿に接することは、たとえばキリストの顕現にいあわせたキリスト教徒のような気持ちだったのだろうと、今ならば察しはつく。しかし、そのときのぼくにはわけがわからない。しかも大のおとな、それも父親が泣いていることが気恥ずかしくもあった。

二十年後、その父が心筋梗塞で急死した。臨終の場にいながら全く泣くことはなかったのだが、旧友の神学生が大勢弔問に訪れ、祈りを捧げてくれたときには、あふれる涙をおさえきれず、顔をあげられなかった。身内の死にぶつかったのはこれが最初ではない。その少し前、幼い頃から仲の良かった従妹が病気で早逝した。その通夜の席で柩と写真を前にしたとたん、涙が止めどなく流れ出したのは、自分でも全く予期しなかったことで、まわりの親戚知人はさぞや驚いたに違いないが、まるで涙そのものに意思があるかのごとく、当の本人にさえ止めようがないのだった。恥も外聞もあらばこそ、これほど泣いたことはあとにも先にもない。

その後も何度かとわの別れを体験した。母親、親友、そして人間以外にも、愛するペット。それぞれ悲しいながら、なんとか涙をこらえ、人に見せないことに成功したが、ただ一度、恩師の葬儀のときには、嗚咽で弔辞がとぎれた。涙はもちろん悲しみの涙ばかりではない。感動の涙もある。今はテレビにせよ劇場にせよ映画もドラマも見なくなってしまったから、若い頃のようにそれに涙することはない。しかし、フィクションにせよノンフィクションにせよ、本を読みながら、あるいは翻訳しながら感極まることは間々ある。親友追悼のエッセーを書いたときにも原稿用紙を思わず濡らしてしまった。みごとな美術工芸品を見ても感動に鳥肌が立ち、涙腺がふくれる。至高の美に接する喜び、人間はこれほどすばらしいものを作れるという喜びか。

おかしなことを白状するようだが、今、いつでも確実に涙を流せる方法が一つある。それは美しい音楽を聴くこと。加齢とともに何を美しいと感ずるかは多少変わってきたが、依然、催涙作用のトップをゆずらないのは、バッハのマタイ受難曲、ベートーヴェンの弦楽四重奏曲作品一三五、シューベルトのハ長調弦楽五重奏曲といったところか。ひとり静かにこれらの曲のCDをかければ、その縹渺《ひょうびょう》たる神韻におのずから涙が落ちる仕儀となる。そして家人にその様を見られるのが恥ずかしく、なんとか悟られまいとするのが、当然といえば当然とも思うし、不可解といえば不可解とも思う。「当然」とは、間違いなくそういう文化の中にいまだに身を置いているからだし（小学生の孫がCDを聴きながら泣いている大のおとな、それも祖父の姿を見たらショックを受けるに違いない）、「不可解」とはそういう文化環境に反発したい気持ちがあるからにほかならない。

「誰が涙の歴史を書くのだろう?」とロラン・バルトは問うたらしい。「私たちすべてが書くのである」と、むべなるかな、本書 *Crying — The Natural & Cultural History of Tears*（原題は『泣くこと——涙の自然・文化史』）の著者トム・ルッツは結論した。これは僕自身の涙の歴史である。このように、不可思議な涙なるものの自分史を、書かないまでも、かえりみるよう促すところに、本書の最大の効用があるのかもしれない。

トム・ルッツはアイオワ大学教授で専門は十九・二十世紀アメリカの文学・文化史。ほかに著書が数点あるらしい。残念ながら本書に引用された文学・映画作品の内容にいくつか誤認があって、その都度訳注で言及した。ほかにも年代固有名詞等細かいデータにミスが散見され修正したが、いちいち断ってはいない。どうも今までの経験からして、欧米の著者は——名だたる人でも——あまり小事にはこだわらないようである。

翻訳はいつも通り、優秀な弟子たちとの協力でできあがった。前半三章までは藤田美砂子さん、後半は栗山節子さん、全体の訳文の修正整合は別宮が担当した。懇切な調査や助言を頂戴した八坂書房の八尾睦巳さんとあわせ、皆さんのご努力に心から感謝する。

二〇〇三年、バラ薫る五月

別宮貞徳

人はなぜ泣き、なぜ泣きやむのか？——涙の百科全書

2003年6月25日　初版第1刷発行

訳　　者　別　宮　貞　徳
藤　田　美　砂　子
栗　山　節　子
発 行 者　八　坂　立　人
印刷・製本　モリモト印刷（株）

発 行 所　（株）八　坂　書　房
〒101-0064　東京都千代田区猿楽町1-4-11
TEL.03-3293-7975　FAX.03-3293-7977
郵便振替口座　00150-8-33915

ISBN 4-89694-822-X

■著者紹介

トム・ルッツ（Tom Lutz）

アイオワ大学で19・20世紀アメリカ文学・文化史を講じる気鋭の研究者。とりわけ心理学や情動研究が文化史・文学史上にもたらした影響に詳しく、本書以外の著書として：
American Nervousness, 1903: An Anecdotal History（1991）, *These "Colored" United States: African American Essays from the 1920's*（*edited with S. Ashton,* 1996）などがある。

■訳者紹介

別宮貞徳（べっく さだのり）

1927年生まれ。元上智大学教授、現在翻訳家・評論家。
著書：『「あそび」の哲学』、『日本語のリズム』、『そこに音楽があった』、『誤訳迷訳欠陥翻訳』など。
訳書：『G.K.チェスタトン著作集』、C.H.ハスキンズ『12世紀ルネサンス』、M.アルボム『モリー先生との火曜日』、P.ジョンソン『アメリカ人の歴史』、M.マシューズ『世界の楽器百科図鑑』、T.S.クローフォード『アンブレラ—傘の文化史』、L.ライト『ベッドの文化史』など。

藤田美砂子（ふじた みさこ）

津田塾大学英文学科卒業。1996年より別宮貞徳氏に師事。現在翻訳業。
訳書：K.タウベ『アステカ・マヤの神話』、O.S.ラクレフ『図説オカルト全書』、F.ケアンクロス『国境なき世界』、翻訳協力：N.デイヴィス『ヨーロッパ』、D.モリス『裸の眼』など。

栗山節子（くりやま せつこ）

東京外国語大学卒業。1990年より別宮貞徳氏に師事。現在翻訳業。
翻訳協力：W.アイザックソン『キッシンジャー』、T.バーギン他『ルネサンス百科事典』、A.ウォー『クラシック音楽の新しい聴き方』、A.ブラックウッド『世界音楽文化図鑑』など、映像翻訳：NHKドキュメンタリー番組『大量殺戮テロに備えるアメリカ』など。

索 引

【カ】

【タ】

【ハ】

【ワ】

参考文献

[A.B.]. "Moral Weeping" (1755). In: Brady, Cope, Millner, Mitric, Puckett, and Seigel, *A Dictionary of Sensibility*. http://www.engl.virginia.edu/~enec981/dictionary/19anonV1.html.

Acebo, Christine, and Evelyn B. Thoman. "Role of Infant Crying in the Early Mother-Infant Dialogue." *Physiology and Behavior* 57:3 (Mar. 1995): 541-47.

Acquarone, Stella. "What Shall I Do to Stop Him Crying? Psychoanalytic Thinking About the Treatment of Excessively Crying Infants and Their Mothers/Parents." *Journal of Child Psychotherapy* 18 (1992): 33-56.

Addison, Joseph. *Essays of Joseph Addison*. Edited by John Richard Green. New York: St. Martin's, 1960.

Adler, Alfred, et al. *Feelings and Emotions: The Wittenberg Symposium*. Edited by Martin L. Reymert. Worcester, Mass: Clark Univesity Press, 1928.

Adriani, N., and Albert C. Kruyt. *De bare'e sprekende Toragjas van Midden-Celebes (de Oost Toradjas)* (The bare-speaking Toradja of central Celebes [the East Toradja]). Vol. 2. Amsterdam: N.V.Noord-Hollandsche Uitgevers Maatschappij. Translated for the HRAF by Jenni Kerding Moulton, 1951.

Aeschylus. *The Complete Plays of Aeschylus*. Translated by Gilbert Murray. London: Allen & Unwin, 1952.

Aggleton, John P., ed. *The Amygdala: Neurobiological Aspects of Emotion, Memory, and Mental Dysfunction*. New York: Wiley-Liss, 1992.

Ahern, Emily Martin. *The Cult of the Dead in a Chinese Village*. Stanford, Calif: Stanford University Press, 1973.

Ainsworth, Mary D. Salter, Silvia M. Bell, and Donelda J. Stayton. "Individual Differences in the Development of Some Attachment Behaviors." *Merrill Palmer Quarterly* 18 (1972): 123-43.

——. "Infant-Mother Attachment and Social Development: 'Socialisation' as a Product of Reciprocal Responsiveness to Signals"(1974). In: *Becoming a Person: Child Develop-ment in Social Context*, vol.1, edited by Martin Woodhead, Ronnie Carr, and Paul Light. London: Routledge, 1991.

Albee, Edward. *Three Tall Women*. New York: NAL, Dutton, 1994.

Alexiou, Margaret. *The Ritual Lament in the Greek Tradition*. New York: Cambridge University Press, 1974.

Alvarez, M., and Ian St. James-Roberts. "Infant Fussing and Crying Patterns in the First Year in an Urban Community in Denmark". *Acta Paediatrica* 85:4 (1996): 463-66.

Anand, K. J. S., and P. R. Hickey. "Pain and Its Effects in the Human Neonate and Fetus." *New England Journal of Medicine* 317 (1987): 1321-29.

Anderson, E. N. *Ecologies of the Heart: Emotion, Belief, and the Environment.* New York: Oxford University Press, 1996.

"Annals of Blubbering." *Time,* 17 Oct. 1994, 18.

Aquinas, St. Thomas. *Summa Theologica.* Translated by the Fathers of the English Dominican Province. Westminster, Md.: Christian Classics, 1981.

Ariès, Philippe. *The Hour of Our Death* (1977). Translated by Helen Weaver. New York: Vintage, 1982.

Aristotle. *Poetics* and *History of Animals.* In: *The Works of Aristotle,* translated by W. D. Ross (1908). New York: Oxford University Press, 1952.

——. *Poetics.* Translated by S. H. Butcher (1895). In: *Criticism: The Major Texts,* edited by Walter Jackson Bate. New York: Harcourt Brace Jovanovich, 1970.

Arnold, Magda. *Emotion and Personality.* New York: Columbia University Press, 1960.

Auchincloss, Kenneth. "The Year of the Tear." *Newsweek,* 29 Dec. 1997, 40-42.

Augustine (St. Augustine, Bishop of Hippo). *Confessions.* Translated by Henry Chadwick. New York: Oxford University Press, 1991.

Austin, Alfred. *Lyrical Poems.* New York: Macmillan, 1891.

Averill, James R. "The Acquisition of Emotions During Adulthood." In: *The Social Construction of Emotions. See* Harré, 1986.

——. *Anger and Aggression: An Essay on Emotion.* New York: Springer, 1982.

——. "A Constructive View of Emotion." In: *Emotion: Theory, Research, and Experience,* vol. 1: *Theories of Emotion,* edited by R. Plutchik and H. Kellerman. New York: Academic Press, 1980.

Azzarolo, A. M., A. K. Mircheff, R. L. Kaswan, F. Z. Stanczyk, E. Gentschein, L. Becker, B. Nassir, and D. W. Warren. "Androgen Support of Lacrimal Gland Function." *Endocrine* 6:1 (1997): 39-45.

Badinter, Elisabeth. *XY: On masculine Identity.* New York: Columbia University Press, 1995.

Bakker, Tammy Faye. *I Gotta Be Me* and *Run to the Roar.* In: *What Counts: The Complete Harper's Index,* edited by Charis Conn and Ilena Silverman. New York: Henry Holt, 1991.

Banker, James A. "Mourning a Son: Childhood and Paternal Love in the Consolateria of Giannozzo Manetti." *History of Childhood Quarterly* 3 (1976): 351-62.

Barr, Ronald G. "The Crying Game." *Natural History* 106:9 (1997): 47.

——. "Normality: A Clinically Useless Concept: The Case of Infant Crying and Colic." *Journal of Development and Behavioral Pediatrics* 14:4 (1993): 264-70.

——. "The Normal Crying Curve: What Do We Really Know?" *Developmental Medicine and Child Neurology* 32:4 (1990): 356-62.

——. "Recasting a Clinical Enigma: The Case of Infant Crying." In: *Challenges to Developmental Paradigms: Implications for Theory, Assessment and Treatment,* edited by Philip R. Zelazo and Ronald G. Barr. Hillsdale, N.J.: Lawrence Erlbaum, 1989.

Barthes, Roland. *On Racine.* Translated by Richard Miller. New York: Hill & Wang, 1964.

——. *The Pleasure of the Text.* Translated by Richard Miller. New York: Hill & Wang, 1975.

Basedow, Herbert. *The Australian Aboriginal.* Adelaide, Australia: F. W. Preece & Sons, 1929.
Bataille, George. *My Mother, Madame Edwarda, The Dead Man* (1966). Translated by Austryn Wainhouse. New York: Marion Boyars, 1989.
——. *The Tears of Eros* (1961). Translated by Peter Connor. San Francisco: City Lights, 1989.
Baudelaire, Charles. *Les Fleurs du mal.* Paris: Labiche, c. 1949.
Bayne, Sheila Page. *Tears and Weeping: An Aspect of Emotional Climate Reflected in Seventeenth-Century French Literature.* Tübingen, Germany: Gunter Narr Verlag, 1981.
Beauvoir, Simone de. *Memoirs of a Dutiful Daughter.* Translated by James Kirkup. Cleveland, Ohio: World Publishing, 1959.
Becher, Hans. *Die Surara und Pakidai, zwei Yanonami-Stamme in Nordwest-brasilien* (The Surara and Pakidai, two Yanoama tribes in northwest Brazil). Museum für Volkerkunde (Hamburg), Mitteilungen, no.26. Hamburg, Germany: Kommissionsverlag Cram, De Gruyter & Co., 1960. Translated for the HRAF by Frieda Schutze.
Beckett, Samuel. *Waiting for Godot.* New York: Grove, 1956.
Beebe, Susan A., Rosemary Casey, and Jennifer Pinto-Martin. "Association of Reported Infant Crying and Maternal Parenting Stress." *Clinical Pediatrics* 32:1 (1993): 15-19.
Benedict, Ruth. *Patterns of Culture.* New York: Houghton Mifflin, 1934.
Benedict, St. *The Rule of St. Benedict.* Translated by Anthony C. Meisel and M. L. del Mastro. Garden City, N.Y.: Image Books, 1975.
Bennett, Wendell C., and Robert M. Zingg. *The Tarahumara: An Indian Tribe of Northern Mexico.* Chicago: University of Chicago Press, 1935.
Bentham, Jeremy. *Defence of Usury: Shewing the Impolicy of the Present Legal Restraints on the Terms of Pecuniary Bargains.* Dublin: D. Williams, 1788.
Bentley, Margaret E., Laura E. Caulfield, and Malathi Ram. "Zinc Supplementation Affects the Activity Patterns of Rural Guatemalan Infants." *Journal of Nutrition* 127 (1997): 1333-38.
Beowurf. Translated by David Wright. New York: Penguin, 1957.
Berenger-Feraud, L. J. B. "Les Ouolofs." In: *Les Peuplades de la Sénégambie,* edited by Ernest Leroux. Paris: Librairie de la Société Asiatique de l'Ecole des Langues Orientales Vivantes, 1879.
Beyer, H. Otley, and Roy Franklin Barton. "An Ifugao Burial Ceremony." *Philippine Journal of Science* 6 (1911): 227-52.
Birbaumer, Neils, and Arne Öhman, eds. *The Structure of Emotion.* Seattle: Hogrefe & Huber, 1993.
Blackwood, Beatrice. *Both Sides of Buka Passage: An Ethnographic Study of Social, Sexual and Economic Questions in the North-Western Solomon Islands.* Oxford: Clarendon Press, 1935.
Blankenship, Vicki Ann. "A Comparative Study of Student Nurses, Nursing Faculty, and Staff Nurses in their Perceptions of Weeping, Their Weeping Behaviors, and Their Interaction with the Weeping Patient." Ph. D. dissertation, University of Texas at Austin,

1984.

Blatz, W. E., and D. Millichamp. "The Development of Emotion in the Infant." *University of Toronto Studies, Child Development Series,* no.4 (1935): 44.

Blesius, R. "The Concept of Empathy." *Psychology* 26: 4 (1989): 10-15.

Bloom, Floyd E. *Brain, Mind and Behavior.* 2nd ed. New York: Freeman, 1988.

Bly, Robert. *Iron John: A Book About Men.* Reading, Mass.: Addison- Wesley, 1990.

Boettner, Loraine. *Roman Catholicism.* Philadelphia: Presbyterian and Reformed Publishing, 1962.

Bohannan, Paul, and Laura Bohannan. "Three Source Notebooks in Tiv Ethnography." Unpublished manuscript. New Haven, Conn.: HRAF, 1958.

Bollig, Laurentius. *Die Bewohner de Truk-Inseln: Religion, Leben und kurze Grammatik eines Mikronesiervolkes* (The inhabitants of the Truk Islands: Religion, life and a short grammar of a Micronesian people). Münster, Germany: Aschendorffsche Verlags-buchhandlung, 1927. Translated for the Yale Cross-Cultural Survey, 1942.

Borquist, A. "Crying." *American Journal of Psychology* 17 (1906): 149-205.

Boscagli, Maurizia. "A Moving Story: Masculine Tears and the Humanity of Televised Emotions." *Discourse* 15.2 (Winter 1992-93): 64-79.

Bowlby, John. *Attachment and Loss.* New York: Basic Books, 1969.

Boyle, Robert. *Medicinal Experiments; or, A Collection of Choice and Safe Remedies, for the Most Part Simple, and Easily Prepared: Useful in Families, and Very Serviceable to Country People.* 2nd ed. London: Sam. Smith, 1694.

Bradburn, Beth. "The Apprenticeship of Tears." Unpublished manuscript, 1998.

Braza, Kathleen. "Families and the Grief Process." ARCH fact sheet no.21, Mar. 1993. http//www.counselingforloss.com/elle/artilce16.htm.

Brett, G. S. "Historical Development of the Theory of the Emotions." In: *Feelings and Emotions: The Wittenberg Symposium. See* Adler, et al., 1928.

Bright, Timothie. *A Treatise of Melancholie* (1586). New York, Columbia University Press, 1940.

Bronstein, Phyllis, Maria Briones, Teri Brooks, and Brookes Cowan. "Gender and Family Factors as Predictors of Late Adolescent Emotional Expressiveness and Adjustment: A Longitudinal Study." *Sex Roles* 34 (1996): 739-65.

Brontë, Emily. *The Poems of Emily Brontë.* Edited by Derek Roper. New York: Oxford University Press, 1995.

Brooks, Peter. *The Melodramatic Imagination: Balzac, Henry James, Melodrama, and the Mode of Excess.* New Haven, Conn.: Yale University Press, 1976.

Bryan, Yvonne E., and John D. Newman. "Influence of Infant Cry Structure on Heart Rate of the Listener." In: *The Physiological Control of Mammalian Vocalization,* edited by John D. Newman. New York: Plenum Press, 1988.

Buck, Peter. *The Coming of the Maori.* Wellington, New Zealand: Maori Purposes Fund Board, 1950.

Buck, Ross. *The Communication of Emotion.* New York: Guilford, 1984.

Budd, Malcolm. *Music and the Emotions: The Philosophical Theories.* New York: Routledge, 1992.

Byars, Jack. *All That Hollywood Allows: Rereading Gender in 1950s Melodrama.* Chapel Hill: University of North Carolina Press, 1991.

Byrne, Mike. "The Crying Game: Doheny Researchers Follow the Hormonal tracks of Our Tears." USC News Service.
http://cwis.usc.edu/dept/News_Service/chronicle_html/1995.02.20./Crying.html.

Camus, Albert. *The Stranger.* translated by Stuart Gilbert. New York: Vintage, 1954.

Cannon, Walter B. *Bodily Changes in Pain, Hunger, Fear, and Rage.* New York: D.Appleton, 1929.

——. "The James-Lange Theory of Emotions: A Critical Examination and an Alternative Theory." *American Journal of Psychology* 40 (1927).

Carmichael, Kay. *Ceremony of Innocence: Tears, Power and Protest.* St. Martin's, 1991.

Carr, Harvey A. *Psychology: A Study of Mental Activity.* London: Longmans, Green, 1925.

Carroll, Lewis. *Alice's Adventures in Wonderland;* and, *Through the Looking-Glass* (1865, 1872). New York: Three Sirens, 1930.

Carrol, Michael P. "The Virgin Mary at LaSalette and Lourdes: Whom Did the Children See?" *Journal for the Scientific Study of Religion* 24 (1985): 56-74.

Castelvetro, Lodovico. *Castelvetro on the Art of Poetry.* Edited and translated by Andrew Bongiorno. Binghamton, N.Y.: Medieval and Renaissance Texts and Studies, 1984.

Chanticleer [pseudo]. "Decay of Weeping." *Independent,* 19 Sept. 1925, 329.

Chapman, George. *The Widow's Tears* (1612). London: Methuen, 1975.

Chen, Shing-jen. "The Development of Spontaneous Crying of an Infant: The First Three Months." *Research and Clinical Center for Child Development* 12 (1990): 49-57.

Chewings, Charles. *Back in the Stone Age: The Natives of Central Australia.* Sydney: Angus & Robertson, 1936.

Choti, S. E., A. R. Marston, S. G. Holston, and J. T. Hart. "Gender and Personality in Film-induced Sadness and Crying." *Journal of Social and Clinical Psychology* 5 (1987): 535-44.

Chupak, Cindy. "Can You Stand to See a Grown Man Cry?" *Glamour,* June 1994, 128.

Church, Lousia. "No Time for Tears." *American Home,* June 1945, 16-19.

Cioran, E. M. *Tears and Saints* (1937). Translated by Ilinca Zarifopol-Johnston. Chicago: Chicago University Press, 1995.

Cixous, Hélène. *The Hélène Cixous Reader.* Edited by Susan Sellers. New York: Routledge, 1994.

Clément, Catherine. *Syncope: The Philosophy of Rapture* (1990). Translated by Sally O'Driscoll and Deirdre M. Mahoney. Minneapolis: University of Minnesota Press, 1994.

Condry, John, and Sandra Condry. "Sex Differences: A Study of the Eye of the Beholder." *Child Development* 47 (1976): 812-19.

Cook, William Azel. *Through the Wilderness of Brazil by Horse, Canoe and Float.* New York: American Tract Society, 1909.

Cooley D. G. "Your Emotions Can Make You Sick." *Better Homes and Gardens,* June 1945, 8.

Cooper, James Fenimore. *The Spy: A Tale of Nuetral Ground* (1821). New York: Penguin, 1997.

Copway, George. Quoted in M. Inez Hilger, *A Social Study of One Hundred Fifty Chippewa Indian Families of the White Earth Reservation of Minnesota.* Washington: Catholic University of America Press, 1939.

Cornelius, Randolph R. *The Science of Emotion: Research and Tradition in the Psychology of the Emotions.* Upper saddle River, N.J.: Prentice Hall, 1996.

Corwin, M. J., B. M. Lester, and H. L. Golub. "The Infant Cry: What Can It Tell Us?" *Current Problems in Pediatrics* 26 (1996): 325-34.

Crester, Gary A., William K. Lombardo, Barbara Lombardo, and Sharon Mathis. "Reacions to Men and Women Who Cry: A Study of Sex Differences in Perceived Societal Attitudes Versus Personal Attitudes." *Perceptual and Motor Skills* 55 (1982): 479-86.

Crile, George W. *The Origin and Nature of the Emotions.* Philadelphia: W. B. Saunders, 1915.

Crits-Christoph, Paul, Lester Luborsky, Ellen Gay, Thomas Todd, Jacques P. Barber, and Ellen Luborsky. "What Makes Susie Cry? A Symptom-Context Study of Family Therapy." *Family Process* 30 (1991): 337-45.

Cudworth, Ralph. *A Treatise Concerning Eternal and Immutable Morality* (1678). New York: Garland, 1976.

Cunha, Euclides da. *Rebellion in the Backlands* (1902). Translated by Samuel Putnam. Chicago: University of Chicago Press, 1944.

Cuthbertson-Johnson, Beverly, David D. Franks, and Michael Dornan. *The Sociology of Emotions: An Annotated Bibliography.* New York: Garland, 1994.

Damasio, Antonio. *Descartes' Error: Emotion, Reason, and the Human Brain.* New York: Grosset, Putnam, 1996.

D'Arnaud, Baculard. *Les Amans malheureux; ou, Le Comte de Comminges* (1746). La Haye, France: Gosse & Pinet, 1776.

Darwin, Charles. *The Expression of Emotions in Man and Animals* (1872). Chicago: University of Chicago Press, 1965.

Davidson, Richard J., and Nathan Fox. "Frontal Brain Asymmetry Predicts Infants' Response to Maternal Separation." *Journal of Abnormal Psychology* 98 (1989): 127-31.

Davis, Wendy Ellen. "Crying It Out: The Role of Tears in Stress and Coping of College Students." Ph.d. dissertation, University of Colorado at Boulder, 1990.

Demos, Virginia. "Crying in Early Infancy: An Illustration of the Motivatinal Function of Affect." In: *Affective Development in Infancy,* edited by T. Berry Brazelton and Michael W. Yogman. Norwood, N.J.: Ablex Publishing Corp., 1986.

Descartes, René. *The Passions of the Soul* (1649). Translated by Stephen Voss. Indianapolis, Ind.: Hackett, 1989.

Detterman, Douglas K., and Lee Salk. "The Effect of Heartbeat Sound on Neonatal Crying." *Infant Behavior and Development* 1 (1978): 49-50.

Dewey, John. "The Theory of Emotion"(1894). In: *The Early Works, 1882-1898,* edited by Fredson Bowers and Jo Ann Boydston. Carbondale, Il.: Southern Illinois University Press, 1967-72.

Diamond, Norma Joyce. *K'un Shen: A Taiwan Village.* New York: Holt, Rinehart & Winston, 1969.

Dickens, Charles. *Oliver Twist* (1838) and *The Old Curiosity Shop* (1841). In: *The Works of Charles Dickens.* New York: Bigelow, 1924.

Diderot, Denis. *Oeuvres complètes.* Paris: Hermann, 1975.

Dinnage, Rosemary. "Delightful Tears." *New York Review of Books,* 19 Feb. 1998, 32-34.

Dobb, J., and M. Small. "Crying Together, Laughing Together." *Nursing Times* 93:31 (1997): 36-37.

Dolan, Deirdre. "New York's Streetwise Adolescents Drowning in Their *Titanic* tears." *New York Observer,* 23 Feb. 1998, 1, 12.

Dorsey, George A., and James R. Murie. "Notes on Skidi Pawnee Society." *Field Museum of Natural History, Anthropological Series* 27:2 (1940): 65-119.

Dorsey, John M. *Psychology of Emotion: Self-discipline by Conscious Emotional Continence.* Detroit, Mich.: Center for Health Education, 1971.

Dostoyevsky, Fyodor. *The Brothers Karamazov* (1880). Translated by David Magarshack. New York: Penguin, 1982.

——. *Notes from Underground* (1864). Translated by Mirra Ginsburg. New York: Bantam, 1974.

Douglas, Ann. "Heaven Our Home: Consolation Literature in the Northern United States, 1830-1880." In: *Death in America. See* Stannard, 1975.

Douglas, Mary. *Purity and Danger: An Analysis of Concepts of Pollution and Taboo.* London: Routledge & Kegan Paul, 1966.

Downey, J., and R. T. Bidder. "Perinatal Information on Infant Crying." *Child Care, Health and Development* 16 (1990): 113-21.

Drummond, Jane E., C. Faye Wiebe, and Ruth M. Elliott. "Maternal Understanding of Infant Crying: What Does a Negative Case Tell Us?" *Qualitative Health Research* 4:2 (May 1994): 208-23.

Dry, E. A. "The Social Development of the Hausa Child." *Proceedings of the III International West African Conference Held at Ibadan, Nigeria.* Lagos: Nigerian Museum, 1949.

Durham, Mary Edith. *Some Tribal Origins, Laws, and Customs of the Balkans* (1928). New York: AMS Press, 1979.

Durkheim, Emile. *The Rules of Sociological Method and Selected Texts on Sociology and Its Method* (1895). Translated by W. D. Halls and edited by Steven Lukes. London: Macmillan, 1982.

Egerton, Muriel. "Passionate Women and Passionate Men: Sex Differences in Accounting for Angry and Weeping Episodes." *British Journal of Social Psychology* 27 (1988): 51-66.

Eggan, Fred. *Social Organization of the Western Pueblos.* Chicago: University of Chicago Press, 1950.

Eisenberg, Nancy, ed. *Empathy and Related Emotional Responses.* San Francisco: Jossey-Bass, 1989.

Eisenberg, Nancy, and and Janet Strayer, eds. *Empathy and Its Development.* Cambridge: Cambridge University Press, 1987.

Eisenberg-Berg, Nancy, and P. Mussen. "Empathy and Moral Development in Adolescence." *Development Psychology* 14:2 (1978): 185-86.

Ekman, Paul J. "Facial Expression and Emotion." *American Psychologist* 48 (1993): 384-92.

——. "Biological and Cultural Contributions to Body and Facial Movement in the Expression of Emotion." In: *Explaining Emotions,* edited by Amelie O. rorty. Baerkeley: University of California Press, 1980.

——, ed. *Darwin and Facial Expression: A Century of Research in Review.* New York: Academic Press, 1973.

Ekman, Paul, and Richard J. Davidson. *The Nature of Emotion: Fundamental Questions.* New York: Oxford University Press, 1994.

Ekman, Paul J., and W. V. Friesen. "Nonverbal Leakage and Clues to Deception." *Psychiatry* 32 (1969): 88-105.

Elias, Norbert. *The Civilizing Process: The Development of Manners* (1939). New York: Urizen, 1978.

Elliott, M. R., J. Drummond, and K. E. Barnard. "Subjective Appraisal of Infant Crying." *Clinical Nursing Research* 5:2 (1996): 237-50.

Elliott, M. R., E. L. Pederson, and J. Morgan. "Early Infant Crying: Child and Family Follow-up at Three Years." *Canadian Journal of Nursing Research* 29:2 (1997): 47-67.

"Emotional Male." *Newsweek,* 8 Nov. 1948, 44.

Ephron, Nora. *Heartburn.* New York: Knopf, 1983.

Erlich, Vera St. *Family in Transition: A Study of Three Hundred Yugoslav Villages.* Princeton, N.J.: Princeton University Press, 1966.

Esquival, Laura. *Like Water for Chocolate.* Translated by Carol and Thomas Christensen. New York: Doubleday, 1992.

Euripides. *Medea and Other Plays.* Translated by Philip Vellacott. Baltimore: Penguin, 1963.

Evitt, Marie Faust. "Crying Games: How to Help Your Child Avoid Breaking Down into Tears." *Parenting,* Jan. 1995, 130.

Ewers, John Canfield. *The Blackfeet: Raiders of Northwestern Plains.* Civilization of the American Indian Series, no.49. Norman, Okla.: University of Oklahoma Press, 1971.

Fagan, J., and I. L. Shepherd, eds. *Gestalt Therapy Now.* Palo Alto, Calif.: Science and Behavior Books, 1970.

"Fashions in Emotion." *Living Age,* 15 July 1911, 185-87.

Feet, P. O., K. G. Götestam, and N. Norman. "Gender Differences in Prolactin and Aldosterone in Primary Non-agitated Depressed Patients and Normal Controls." *European Journal of Psychiatry* 7 (1993): 133-45.

Feld, Steven. *Sound and Sentiment: Birds, Weeping, Poetics, and Song in Kaluli Expression.* Philadelphia: University of Pennsylvania Press, 1982.

Feldenkrais, Moshé. *The Body and Mature Behavior.* London, Routledge & Kegan Paul, 1949.

Feldman, Sandor S. "Crying at the Happy Ending." *Journal of the American Psychoanalytic Association* 4 (1956): 477-85.

Fell, Joseph P., III. *Emotion in the Thought of Sartre.* New York: Columbia University Press, 1965.

Ffoulkes, Arthur. "Funeral Customs of the Gold Coast Colony." *Journal of the African Society* 8 (1909): 154-64.

"Finally, It's Ok to Cry." *Your Health,* 8 Oct. 1991, 22-23.

Fisher, Philip. *Hard Facts: Setting and Form in the American Novel.* New York: Oxford University Press, 1985.

Folk Tales from China. 1st series. Translated by Chou Chia-tsan. Peking: Foreign Languages Press, 1957.

"49er Loville Cries Tears of Strength." *San Francisco Examiner,* 19 Dec. 1995.

Fourier, Charles. *The Passions of the Human Soul and Their Influence on Society and Civilization* (1851). New York: Kelley, 1968.

Franks, David D., and E. Doyle McCarthy, eds. *The Sociology of Emotion: Original Essays and Research Papers.* Greenwich, Conn.: JAI Press, 1989.

French, Thomas M. "Psychogenic Factors in Asthma." *American Journal of Psychiatry* 96 (1939).

Freud, Sigmund. *Three Essays on Sexuality* (1905) and "Mourning and Melancholia"(1917). In: *The Standard Edition of the Complete Psychological Works of Sigmund Freud,* edited by James Strachey et al. London: Hogarth, 1953-74.

——, and Josef Breuer. *Studies in Hysteria* (1895). Translated by A. A. Brill. New York: Nervous and Mental Disease Publishing Co., 1936.

Frey, William H., II, and Murial Langseth. *Crying: The Mystery of Tears.* New York: Harper & Row, 1985.

Freyre, Gilberto. *The Masters and the Slaves: A Study of the Development of Brazilian Civilization* (1943). New York: Knopf, 1956.

Frodi, Ann M., Michael E. Lamb, Lewis A. Leavitt, and Wilberta L. Donovan. "Fathers' and Mothers' Responses to Infant Smiles and Cries." *Infant Behavior and Development* 1 (1978): 187-98.

Fuller, Barbara F., Maureen R. Keefe, and Mary Curtin. "Acoustic Analysis of Cries from 'Normal' and 'Irritable' Infants." *Western Journal of Nursing Research* 16:3 (1994): 243-53.

Fulton, Robert. "The Sacred and the Secular: Attitudes of the American Public Toward Death, Funerals, and Funeral Directors." In: *Death and Identity,* edited by Robert Fulton and Robert Bendiksen. Bowie, Md.: Charles Press Publishers, 1976.

Furedy, John J., Alison S. Fleming, Diane N. Ruble, Hal Scher, et al. "Sex-Differences in Small-Magnitude Heart-Rate Responses to Sexual and Infant-Related Stimuli: A Psychophysiological Approach." *Physiology and Behavior* 46:5 (1989): 903-05.

Gallin, Bernard. *Hsin Hsing, Taiwan: A Chinese Village in Change.* Berkeley: University of California Press, 1966.

Gallo, D. "Educating for Empathy, Reason and Imagination." *Journal of Creative Behavior* 23:2 (1989): 98-115.

Gennep, Arnold van. *The Rites of Passage* (1909). Translated by Monika B. Vizedom and

Gabrielle L. Caffe. Chicago: University of Chicago Press, 1960.
Gilkey, J. L. "How to Gain Emotional Poise." *Reader's Digest,* October 1945, 39-40.
Gladwin, Thomas, and Seymour B. Sarason. *Truk: Man in Paradise.* Viking Fund Publications in Anthropological Research, 1954.
Glass, David C., ed. *Neurophysiology and Emotion.* New York: Rockefeller University Press and Russel Sage Foundation, 1967.
Goethe. *The Sorrows of Young Werther* (1774). Translated by Elizabeth Mayer and Louise Bogan. New York: Modern Library, 1984.
Golden, Tom. *Swallowed by a Snake: The Gift of the Masculine Side of Healing.* http://www.2.dgsys.com/~tgolden/3tribal.html.
Goldman, Irving. *The Cubeo: Indians of the Northwest Amazon.* Illiois Studies in Anthropology, no.2. Urbana, Ill.: University of Illinois Press, 1963.
Goldstein, A. P., and G. Y. Michaels. *Empathy: Development, Training, and Consequences.* Hillsdale, N.J.: Lawrence Erlbaum, 1985.
Goleman, Daniel. *Emotional Intelligence: Why It Can Say More Than IQ.* New York: Bantam, 1995.
Gomes, Edwin H. *Seventeen Years Among the Sea Dyaks of Borneo: A Record of Intimate Association with the Natives of the Bornean Jungles.* London: Seeley & Co., 1911.
Gorer, Geoffrey. *Death, Grief and Mourning.* Garden City, N.Y.: Doubleday, 1965.
Grant, Peter. "The Saulteaux [Ojibwa] Indians About 1804. In: *Les Bourgeois de la Compagnie du Nord-Ouest,* edited by L. F. R. Masson, vol.2. Quebec: De L'Imprimerie Générale A. Cote et Cie, 1890.
Gregory of Narek. *Book of Lamentation.* In: *Lamentations of Narek: Mystic Soliloquies with God,* translated by Mischa Kudian. London: Mashtots, 1977.
Griffis, William Elliot. *Corea. The Hermit Nation.* New York: Scribner's, 1882.
Grinker, R. R. *Psychosomatic Research.* New York: Norton, 1953.
Grinnell, George Bird. *Blackfoot Lodge Tales: The Story of a Prairie People* (1888). Lincoln, Nebr.: University of Nebraska Press, 1962.
Gross, James J., Barbara L. Fredrickson, and Robert W. Levenson. "The Psychophysiology of Crying." *Psychophysiology* 31:5 (1994): 460-68.
Guinagh, Barry. *Catharsis and Cognition in Psychotherapy.* New York: Springer, 1987.
Gusinde, Martin. *Die Feuerland Indianer, Band 1, Die Selk'nam; vom Leben und Denken eines Jägervolkes auf der grossen Feuerlandinse* (The Fireland Indians, vol.1, The Selk'nam; on the life and thought of a hunting people of the Great Islands of Tierra del Fuego). Mödling bei Wien: Verlag der Internationalen Zeitschrift "Anthropos", 1931. Translated for the HRAF by Frieda Schutze.
Gustafson, Gwen E., and Karen L. Harris. "Women's Responses to Young Infants' Cries." *Developmental Psychology* 26:1 (1990): 144-52.
Hallock, K. "Don't Be Afraid to Cry." *American Journal of Nursing* 95:4 (1995): 80.
Hammond, Ruth Anne. "RIE Tears." *Educaring: Resources for Infant Educators* 16:3 (1995): 3.

Hardy, Barbara. *Forms of Feeling in Victorian Fiction.* Athens, Ohio: Ohio University Press, 1985.

Harper, Sue, and Vincent Porter. "Moved to Tears: Weeping in the Cinema in Postwar Britain." *Screen* 37:2 (1996): 152-73.

Harré, Rom, ed. *The Social Construction of Emotions.* New York: Basil Blackwell, 1986.

Harrell, Clyde Stevan. *Belief and Unbelief in a Taiwan Village.* Dissertation (anthropology), Stanford University, Stanford, Calif., 1975. University Microfilms, Publication, 75-6860. Ann Arbor, Mich.: University Microfilms, 1975.

Harrison, Aaron. "Crying Is Music." *Hygeia* 19 (Apr. 1941): 338-40.

Hastrup, Janice L., John G. Baker, Deborah L. Kraemer, and Robert F. Bornstein. "Crying and Depression Among Older Adults." *Gerontologist* 26:1 (1986): 91-96.

Heidegger, Martin. *Early Greek Thinking: The Dawn of Western Philosophy.* Translated by David Farrell Krell and Frank A. Capuzzi. New York: Harper & Row, 1984.

Hemingway, Ernest. *In Our Time* (1925). New York: Scribner's, 1970.

Heritage, Timothy. "'Weeping Bolshevik' Gets Tough Before Russian Poll." Reuters News Service, 13 Nov. 1995.

Hiaasen, Carl. *Lucky You.* New York: Knopf, 1997.

Hilger, M. Inez. "Chippewa Child Life and Its Cultural Background." *Bureau of American Ethnology Bulletin* 146. Washington, D.C.: Smithsonian Institution, 1951.

Hillman, James. *Emotion: A Comprehensive Phenomenology of Theories and Their Meanings for Therapy.* London: Routledge & Kegan Paul, 1960.

Hilton, Stanley G. *Senator for Sale: An Unauthorized Biography of Senator Bob Dole.* New York: St. Martin's, 1995.

Hippocrates. *Hippocratic Writings.* Edited by G. E. R. Lloyd and translated by J. Chadwick and W. N. Mann. New York: Penguin, 1978.

Hobbes, Thomas. *The Leviathan* (1651), *De Corpore* (1650), and *De Homine* (1658). In: *The English Works of Thomas Hobbes of Malmesbury,* edited by William Molesworth (1839-45). Aalen, Germany: Scientia, 1966.

Hochschild, Arlie Russell. "Emotional Work, Feeling Rules, and Social Structure." *American Journal of Sociology* 85 (1979): 551-75.

——. *The Managed Heart: The Commercialization of Human Feeling.* Berkeley: University of California Press, 1983.

Horst-Warhaft, Gail. *Dangerous Voices: Women's Laments and Greek Literature.* London and New York: Routledge, 1992.

Homan. William E., M.D. *Child Sense: A Pediatrician's Guide for Today's Families.* New York: Basic Books, 1969.

Homer. *The Odyssey.* Translated by Robert Fitzgerald. Garden City, N.Y.: Anchor, Doubleday, 1974.

——. *The Iliad.* Translated by Robert Fitzgerald. Garden City, N.Y.: Anchor, Doubleday, 1974.

——. *The Odyssey.* Translated by Samuel Butler. London: J. Cape, 1922.

Hooke, S. H. *Middle Eastern Mythology: From the Assyrians to the Hebrews* (1963). New York:

Penguin, 1991.
Hooker, John Lee. Quoted in Ted Drozdowski, "Blue Blood." *Los Angeles Magazine*, Mar. 1995, 63-67.
Hoover-Dempsey, Kathleen V., Jeanne M. Plas, and Barbara Strudler Wallston. "Tears and Weeping Among Professional Women: In Search of New Understanding." *Psychology of Women Quarterly*, 10 (1986): 19-34.
Howell, William. "The Sea Dyak." *Sarawak Gazette* 38-40 (1908-10).
Huffman, Lynne C., Yvonne E. Bryan, Frank A. Pedersen, Barry M. Lester, et al. "Infant Cry Acoustics and Maternal Ratings of Temperament." *Infant Behavior and Development* 17:1 (1994): 45-53.
Huizinga, Johann. *The Waning of the Middle Ages: A Study of the Forms of Life, Thought, and Art in France and the Netherlands in the XIVth and XVth Centuries.* London: E. Arnold, 1924.
Hume, David. *Essays Moral, Political, and Literary* (1741). Edited by Eugene F. Miller. Indianapolis, Ind.: Liberty Classics, 1985.
Humphries, S. C. *The Family, Women and Death: Comparative Studies.* London: Routledge, 1983.
Hunziker, U.A., and R. G. Barr. "Increased Carrying Reduces Infant Crying: A Rondomized Control Trial." *Pediatrics* 77 (1986): 641-48.
Hurst, Fannie. *Imitaion of Life.* New York: Perennial Library, 1990.
Hutcheson, Francis. *An Essay on the Nature and Conduct of the Passions and Affections with Illustrations on the Moral Sense* (3rd ed., 1742). Gainesville, Fla.: Scholars' Facsimiles and Reprints, 1969.
Huxley, Aldous. *Vulgarity in Literature: Digressions from a Theme.* London: Chatto & Windus, 1930.
Hvidberg, Flemming Friis. *Weeping and Laughter in the Old Testament.* Leiden, Holland: E. J. Brill, 1962.
Ignatius of Loyola, St. *Inigo: Original Testament. The Autobiography of Ignatius Loyola.* Translated by William Yeomans. London: Inigo International Centre, 1985.
Irigaray, Luce. "When Our Lips Speak Together." Translated by Carolyn Burke. *Signs: Journal of Women and Culture in Society* 6 (1980): 69-79.
Irving, John. *The Cider House Rules* (1985). New York: Ballantine, 1993.
Izard, Carroll, ed., *Emotion, Personality and Psychopathology.* New York: Plenum Press, 1979.
James, Henry. *The Aspern Papers* (1888). In: *The Novels and Tales of Henry James.* New York: Scribner's, 1907-17.
James, William. *Principles of Psychology.* 2 vols. New York: Henry Holt, 1890.
——. *Varieties of Religious Experience* (1902). New York: Penguin, 1982.
——. "What is an Emotion." *Mind* 9 (1884): 188-205.
Janet, Pierre. *The Mental State of Hystericals: A Study of Mental Stigmata and Mental Accidents.* Translated by Caroline Rollin Corson. New York: Putnam, 1901.
Janov, Arthur. *The Primal Scream: Primal Therapy, the Cure for Neurosis.* New York: Putnum, 1970.

Jarry, Alfred. *The Supermale* (1902). Translated by Ralph Gladstone and Barbara Wright. New York: New Directions, 1977.

Jefferson, Thomas. *Papers*. Vol.10. Edited by Julian P. Boyd et al. Princeton, NJ.: Princeton University Press, 1950.

Jenkins, Nicholas. "Veil of Tears: The Candidates Are Having a Bawl." *New Yorker*, 22 Apr. 1996.

Jenness, Diamond. *The Life of Copper Eskimos: Report of the Canadian Arctic Expedition, 1913-1918*. Ottawa: F. A. Acland, 1922.

Johansson, E. E., K. Hamberg, G. Lindgren, and G. Westman. "'I've Been Crying My Way': Qualitative Analysis of a Group of Female Patients' Consultation Experiences." *Family Practice* 13:6 (1996): 498-503.

Johnson, B. "Educating the Emotions." *North American Review* 247:2 (1939): 355-64.

Jones, Livingston F. *A Study of the Thlingets of Alaska*. New York: Fleming H. Revell, 1914.

Jones, Maxime B., Mary K. Peacock, and Jan Christopher. "Self-reported Anger in Black High School Adolescents." *Journal of Adolescent Health* 13:6 (1992): 461-65.

Joubert, Laurent. *Treatise on Laughter* (1579), Translated by David de Rocher. University, Ala.: University of Alabama Press, 1980.

Kang, Younghill. *The Grass Roof*. New York: Scribner's, 1931.

Kaplan, Fred. *Sacred Tears: Sentinmentality in Victorian Literature*. Princeton, NJ.: Princeton University Press, 1987.

Karsten, Rafael. "Indian Tribes of the Argentine and Bolivian Chaco: Ethnological Studies." In: *Societas Scientiarum Fennica, Commentationes Humanarum Litterarum*, vol.4. Helsingfors, Finland: Akademische Buchhandlung, 1932.

Kaufman, Howard Keva. *Bangkhuad: A Community Study in Thailand*. Accociation for Asia Studies, Monographs, no.10. Locust Valley, N.Y.: J. J. Augustin, 1960.

Kay, Dennis. *Melodious Tears: The English Funeral Elegy from Spenser to Milton*. New York: Oxford University Press, 1990.

Kemper, Theodore D. "Sociological Models in the Explanation of Emotions." in: *Handbook of Emotions. See* Lewis and Haviland, 1993.

Kepecs, J. G., et al. "Relationship Between Certain Emotional States and Exudation into the Skin." *Psychosomatic Medicine* 13 (1951): 1-10.

Ketterman, Grace. *Mothering: The Complete Cuide for Mothers of All Ages*. Boston: Beacon Hill, 1998.

Kimball, A. M. "Big Babies Are Bad Citizens." *Independent Woman* 20 (Nov. 1941): 326-27.

Kimmel, Michael. *Manhood in America: A Cultural History*. New York: Free Press, 1996.

Klass, Dennis, et al., eds. *Continuing Bonds: New Understandings of Grief*. Bristol, Pa.: Taylor & Francis, 1996.

Klineberg, Otto. "Expressing Emotions the World Over." *Science Digest* 8 (1940): 56-62.

——. *Social Psychology*. New York: Henry Holt, 1940.

Knez, Eugene Irving. *Sam Jong Dong: A South Korean Village*. Dissertation, Syracuse University, Syracuse, N.Y., 1959. University Microfilms, Publication 59-6308. Ann Arbor, Mich.:

University Microfilms, 1960.
Koestler, Arthur. *The Act of Creation* (1964). New York: Penguin Arkana, 1989.
Kohl, J. G. *Kitchi-Gami.* London: Chapman & Hall, 1860.
Kottler, Jeffrey A. *The Language of Tears.* San Francisco: Jossey-Bass, 1996.
Kraemer, Deborah L., and Janice L. Hastrup. "Crying in Adults: Self-control and Automatic Correlates." *Journal of Social and Clinical Psychology* 6:1 (1988): 53-68.
——. "Crying in Natural Settings: Global Estimates, Self-monitored Frequencies, Depression and Sex Differences in an Undergraduate Population." *Behaviour Research & Therapy* 24:3 (1986): 371-73.
Kramer, Richard Ben. *Bob Dole.* New York: Vintage, 1996.
Kristeva, Julia. *Black Sun: Depression and Melancholia.* Translated by Leon S. Roudiez. New York: Columbia University Press, 1989.
Kübler-Ross, Elizabeth. *On Death and Dying.* New York: Collier, 1969.
Labarre, Weston. "The Cultural Basis of Emotions and Gestures." *Journal of Personality* 16 (1947): 46-68.
Labbot, Susan M., Randall B. Martin, Patricia S. Eason, and Elayne Y. Berkey. "Social Reactions to the Expression of Emotion." *Cognition and Emotion* (Special issue, Emotion in Social Life) 5:5-6 (Sept-Nov. 1991): 397-417.
Laclos, Choderlos de. *Les Liaisons dangereuses* (1782). Paris: Imprimerie Nationale, 1981.
The Ladies' Indispensable Companion and Housekeepers Guide, Embracing Rules of Etiquette; Rules for the Formation of Good Habits; and a Great Variety of Medical Recipes to which is Added one of the Best Systems of Cookery Ever Published. New York: H. Dayton, 1860.
Laird, D. A. and T. McClumpha. "Sex Differences in Emotional Outlets." *Science,* n.s., 62 (25 Sept. 1925): 292.
Lambert, Gavin. *On Cuckor.* New York: Putnam, 1972.
Lambrecht, Francis. "The Mayawyaw Ritual." *Catholic Anthropological Conference, Publications* (Washington, D.C.) 4: 1-5 (1932-41).
Landis, E. B. "Mourning and Burial Rites in Korea." *Journal of the Anthropological Institute of Great Britain and Ireland* 25 (1896): 340-61.
Landow, George P. *The Victorian Web.*
http://www.stg.brown.edu/projects/hypertext/ landow/victorian/victov.html
Lang, Peter J. "The Three-System Approach to Emotion." In: Neils Birbaumer and Arne Öhman, eds., *The Structure of Emotion.* Seattle: Hogrefe & Huber, 1993.
Lang, Robert. *American Film Melodrama: Griffith, Vidor, Minnelli.* Princeton, N.J.; Princeton University Press, 1989.
Lange, Marjory E. *Telling Tears in the English Renaissance.* Studies in the History of Christian Thought, no.70. New York: E. J. Brill, 1996.
Lawrence, D. H. "The Novel and the Feelings." In: *Phoenix: The Posthumous Papers of D. H. Lawrence* (1936). New York: Viking, 1968.
——. *Women in Love* (1920). New York: Cambridge University Press, 1987.

Leach, Penelope. *Babyhood: Infant Development from Birth to Two Years.* New York: Penguin, 1974.

——. *Your Baby and Child from Birth to Age Five.* New York: Knopf, 1986.

LeDoux, Joseph. *The Emotional Brain: The Mysterious Underpinnings of Emotional Life.* New York: Simon & Schuster, 1996.

Lee, Keun. "The Crying Pattern of Korean Infants and Related Factors." *Developmental Medicine and Child Neurology* 36:7 (1994): 601-07.

Leger, D. W., R. A. Thompson, J. A. Merritt, and J. J. Benz. "Adult Perception of Emotion Intensity in Human Infant Cries: Effects of Infant Age and Cry Acoustics." *Child Development* 67:6 (1996): 3238-49.

Lendrum, Susan, and Gabrielle Syme. *Gift of Tears: A Practical Approach to Loss and Bereavement Counseling.* New York: Routledge, 1992.

Lerner, Laurence. *Angels and Absences: Child Deaths in the Nineteenth Century.* Nashville, Tenn.: Vanderbilt University Press, 1998.

Lester, Barry M., and C. F. Zachariah Boukydis. "No Language but a Cry: Non-verbal Vocal Communication: Comparative and Developmental Approaches." In: *Studies in Emotion and Social Interaction,* edited by Hanus Papousek, Uwe Jurgens, and Mechthild Papousek. New York: Cambridge University Press, 1992.

Lester, Barry M., Michael Corwin, and Howard Golub. "Early Detection of the Infant at Risk through Cry Analysis." In: *The Physiological Control of Mammalian Vocalization,* edited by John D. Newman. New York: Plenum Press, 1988.

Lester, Barry M., Cynthia T. Garcia-Coll, and Marta Valcarcel. "Perception of Infant Cries in Adolescent and Adult Mothers." *Journal of Youth and Adolescence* 18:3 (June 1989): 231-43.

Levine, Jennifer, and Debra Noell. "Embracing Fears and Sharing Tears: Working with Grieving Children." In: *Interventions with Bereaved Children,* edited by Susan C. Smith and Margaret Pennells. London: Jessica Kingsley, 1995.

Levine, Murray, Jennifer Freeman, and Cheryl Compaan. "Maltreatment-related Fatalities: Issues of Policy and Prevention." *Law and Policy* 16 (1994): 449-71.

Lewis, Michael, and Jeanette M. Haviland, eds. *Handbook of Emotions.* New York: Guilford Press, 1993.

Lipps, Theodore. *Psychological Studies* (1913). Translated by Herbert C. Sanborn. Baltimore: Williams & Wilkins, 1926.

Lohaus, Arnold, Heidi Keller, Suzanne Volken, Martina Cappenberg, and Athanasios Chasiotis. "Intuitive Parenting and Infant Behavior: Concepts, Implications and Empirical Validation." *Journal of Genetic Psychology* 158:3 (1997): 276-86.

Lombardo, William K., Gary A. Crester, Barbara Lombardo, and Sharon L. Mathis. "For Cryin' Out Loud —There Is a Sex Difference." *Sex Roles* 9 (1983): 987-95.

Lovell, Deborah M., Graham Hemmings, and Andrew B. Hill. "Bereavement Reactions of Female Scots and Swazis: A Preliminary Comparison." *British Journal of Medical Psy-*

chology 66:3 (1993): 259-74.

Lowell, Robert. *The Voyage and Other Versions of Poems by Baudelaire.* New York: Farrar, Straus & Giroux, 1961.

Lowen, Alexander. *The Betrayal of the Body.* New York: Macmillan, 1967.

——. *Bioenergetics.* New York: Coward, McCann & Geoghagen, 1975.

——. *The Language of the Body.* New York: Collier, 1958.

——. *Narcissism: Denial of the True Self.* New York: Macmillan, 1983.

Lumholtz, Carl. *Unknown Mexico: A Record of Five Years' Exploration of the Western Sierra Madre; in the Tierra Caliente of Tepic and Jalisco; and Among the Tarascos of Michoacán.* vol.1. New York: Scribner's, 1902.

Lutz, Catherine A., and Lila Abu-Lughod, eds. *Language and the Politics of Emotion.* New York: Cambridge University Press, 1990.

Mackenzie, Henry. *The Man of Feeling* (1771). New York: Norton, 1958.

MacLean, Paul D. "Cerebral Evolution of Emotion." In *Handbook of Emotions. See* Lewis and Haviland, 1993.

——. "Psychosomatic Disease and the 'Visceral Brain': Recent Developments Bearing on the Papez Theory of Emotions." *Psychosomatic Medicine* 11 (1949): 338-53.

Maddox, Richard. *El Castillo: The Politics of Tradition in an Andalusian Town.* Urbana, Ill.: University of Illinois Press, 1993.

Mailer, Norman. *The Gospel According to the Son.* New York: Random House, 1997.

Mair, Lucy P. *An African People in the Twentieth Century.* London: George Routledge & Sons, 1934.

Maldonado-Duran, Martin, and Juan-Manuel Sauceda-García. "Excessive Crying in Infants with Regulatory Disorders." *Bulletin of the Menninger Clinic* 60:1 (1996): 62-78.

"Male Declared More Emotional Than Female." *Science News-Letter,* 13 Nov. 1948, 312.

Malinowski, Bronislaw. *Crime and Custom in Savage Society.* London: Kegan Paul, Trench, Trubner, 1926.

——. *The Sexual Life of Savages in North-western Melanesia.* New York: Halcyon House, 1929.

Man, Edward Horace. *On the Aboriginal Inhabitants of the Andaman Islands.* London: Royal Anthropological Institute of Great Britain and Ireland, 1932.

Manstead, Anthony S. R., ed. *Emotion in Social Life.* Hillsdale, N.J.: Lawrence Erlbaum, 1991.

Marañon, Gregorio. "Contribution à l'étude de l'action émotive d'adrénaline." *Revue Française d'Endocrinologie* 2 (1924): 301-25.

Margolin, Leslie. "Child Abuse by Baby-sitters: An Ecological-Interactional Interpretation." *Journal of Family Violence* 5 (1990): 95-105.

Maslach, Christina. "Negative Emotional Biasing of Unexplained Arousal." In: *Emotion, Personality and Psychopathology. See* Izard, 1979.

Masters, William M. "Rowanduz: A Kurdish Administrative and Mercantile Center." Dissertation submitted in partial fulfillmnt of the requirements for the degree of Doctor of Philosophy at the University of Michigan, Ann Arbor, 1953.

Mather, Cotton. *The Angel of Bethesda.* Edited by Gordon W. Jones. Barre, Mass.: American Antiquarian Society and Barre, 1972.

May, Herbert G. and Bruce M. Metzger, eds. *The Oxford Annotated Bible.* New York: Oxford University Press, 1977.

McCarthy, Susan, and Jeffrey Moussaieff Masson. *When Elephants Weep: The Emotional Lives of Animals.* New York: Doubleday, 1995.

McDevitt, T. M., R. Lennon, and R. J. Kopriva. "Adolescents' Perceptions of Mothers' and Fathers' Prosocial Actions and Empathic Responses." *Youth and Society* 22:3 (1991): 387-409.

McEntire, Sandra J. *The Doctrine of Compunction in Medieval England: Holy Tears.* Lewiston, N.Y.: Edwin Mellen, 1990.

——, ed. *Margery Kempe: A Book of Essays.* New York: Garland, 1992.

McKinley, James C., Jr. "Anguish of Rwanda Echoed in a Baby's Cry." *New York Times,* 21 Feb. 1996, A1, A4.

McNaughton, Neil. *Biology and Emotion.* New York: Cambridge University Press, 1989.

Mead, Margaret. *Coming of Age in Samoa: A Psychological Study of Primitive Youth for Western Civilization.* New York: Morrow, 1928.

Meinwald, Dan. "Memento Mori: Death and Photography in Nineteenth-Century America." *CMP Bulletin* 9:4 (1990): 1-33.

Melville, Herman. *Redburn; White-Jacket; Moby-Dick.* New York: Literary Classics of the United States, 1983.

Messing, Simon David. "The Highland-Plateau Amhara of Ethiopia." Dissertation in anthropology presented to the faculty of the Graduate School of the Univesity of Pennsylvania in partial fulfillment of the requirements for the degree of Doctor of Philosophy, Philadelphia, 1957.

Messner, Michael A. "'Changing Men' and Feminist Politics in the United States." *Theory and Society* 22 (1993): 723-27.

Milder, Benjamin, and Bernardo A. Weil, eds. *The Lacrimal System.* Norwalk, Conn.: Appleton Century Crofts, 1983.

Mills, R. S., and J. E. Grusec. "Cognitive, Affective, and Behavioral Consequences of Praising Altruism." *Merrill-Palmer Quarterly* 35:3 (1989): 299-326.

Milner, Joel S., Lea B. Halsey, and Jim Fultz. "Empathic Responsiveness and Affective Reactivity to Infant Stimuli in High- and Low-Risk for Physical Child Abuse Mothers." *Child Abuse and Neglect* 19:6 (1995): 767-80.

Molière. *The Misanthrope* (1666). Translated by John Wood. New York: Penguin, 1987.

Montagu, Ashley. "Natural Selection and the Evolution of Weeping in Man." *Journal of the American Medical Association* 174:4 (1961).

Montague, J. F. "Emotion Can Ruin Your Health." *Science Digest* 13 (Apr. 1943): 7-10.

Montaigne, Michel de. *The Complete Essays.* Translated and edited by M. A. Screech. New York: Penguin, 1991.

Moore, Thomas. *Lalla Rookh* (1817). London: Longman's, 1849.

Moose, J. Robert. *Village Life in Korea.* Nashville, Tenn.: M. E. Church, 1911.

Moreno, Kasia. "Some Weep, Some Don't." *Forbes,* 15 Dec. 1997, 12.

Morley, J. K. *Some Things I Believe.* London: Macmillan, 1937.

Mrs. Hale's New Book of Cookery and Complete Housekeeper. New York: H.Long & Brother, 1852.

Munroe, Ruth H., and Robert L. Munroe. "Infant Experience and Childhood Cognition: A Longitudinal Study Among the Logoli of Kenya." *Ethos* 12 (1984): 291-306.

Myers, Garry Cleveland, M.D. *The Modern Family.* New York: Greenberg, 1934.

Nash, June. *In the Eyes of the Ancestors: Belief and Behavior in a Maya Community.* New Haven, Conn.: Yale University Press, 1970.

Natu, Bal. *Glimpses of the God-Man.* 1982. http://www.sunyerie.edu/mb/erics/tearsjoy.html.

Nelson, J. Daniel. "Dry Eye in Sjögren's Syndrome." National Sjögren's Syndrome Association. http://www.sjogrens.org/eye.htm.

Nelson, Judith Kay. "The Meaning of Crying Based on Attachment Theory." *Clinical Social Work Journal* 26 (1998): 9-22.

Nichols, Michael P., and Melvin Zax. *Catharsis in Psychotherapy.* New York: Gardner, 1977.

Niemeier, Susanne, and René Dirven, eds. *The Language of Emotions: Conceptualization, Expression, and Theoretical Foundation.* Philadelphia: John Benjamins, 1997.

Okada, Fumihiko. "Weeping and Depression: Neural Mechanism." *Neuropsychiatry, Neuropsychology, and Behavioral Neurology* 8:4 (1995): 293-96.

Olsen, Paul, ed. *Emotional Flooding.* New York: Human Sciences Press, 1976.

Olson, Ronald L. *Social Structure and Social Life of the Tlingit in Alaska.* Berkeley: University of California Press, 1967.

O'Moore, A. M., R. R. O'Moore, R. F. Harrison, G. Murphy, and M. E. Carruthers. "Psychosomatic Aspects in Idiopathic Infertility: Effects of Treatment with Autogenic Training." *Journal of Psychosomatic Research* 27:2 (1983): 145-51.

Orans, Martin. *The Santal: A Tribe in Search of a Great Tradition.* Detroit, Mich.: Wayne State University Press, 1965.

Ortony, Andrew, Gerald L. Clore, and Allan Collins. *The Cognitive Structure of Emotions.* New York: Cambridge University Press, 1988.

Ovid. *Heroides and Amores.* Translated by Grant Showerman. Cambridge, Mass.: Harvard University Press, 1977.

——. *Tristia.* Translated by L. R. Lind. Athens, Ga.:University of Georgia Press, 1975.

Palmer, Gretta. "Why Do Women Cry?" *Ladies' Home Journal,* Oct. 1948, 259-65.

Papanicolaou, A. C. *Emotion: A Reconsideration of the Somatic Theory.* New York: Gordon & Breach, 1989.

Papez, James W. "A Proposed Mechanism of Emotion." *Archives of Neurology and Psychiatry* 38 (1937): 725-43.

Parker, Dorothy. *Here Lies: The Collected Stories of Dorothy Parker.* New York: Viking, 1939.

Parry, Richard. *Basic Psychotherapy.* New York: Churchill Livingstone, 1983.

Paulme, Denise. *Organisation sociale des Dogon (Soudan français).* Paris: Domat-Montchrestien,

1940.
Peacham, Henry. *Minerva Britanna* (1612). Leeds, England: Scolar Press, 1966.
Pearsall, Marion. "Klamath Childhood and Education." *Anthropological Records* 9 (1950): 339-51.
Perls, Frederick S. [Fritz]. *Ego, Hunger, and Aggression: The Beginning of Gestalt Therapy.* New York: Random House, 1969.
——. *Gestalt Therapy Verbatim.* New York: Bantam, 1969.
Perry, Bruce D. "Death, Grief and Mourning: The Koreshian Children." http://www.bcm.tmc.edu/cititas/.
Phelps, Elizabeth Stuart. *The Gates Ajar* (1869). Edited by Helen Sootin Smith. Cambridge, Mass.: Harvard University Press, 1964.
Pinker, Steven. *How the Mind Works.* New York: Norton, 1997.
Pinyerd, Belinda J. "Infant Colic and Maternal Mental Health: Nursing Research and Practice Concerns." *Issues in Comprehensive Pediatric Nursing* 15:3 (1992): 155-67.
Plato. *Phaedrus* and *Philebus,* translated by R. Hackforth; *The Republic,* translated by Paul Shorey. In: *The Collected Dialogues of Plato,* edited by Edith Hamilton and Huntington Cairns. Princeton, N.J.: Princeton University Press, 1961.
Plessner, Helmuth. *Laughing and Crying: A Study of the Limits of Human Behavior.* Translated by James Spencer Churchill and Marjorie Grene. Evanston, Ill.: Northwestern University Press, 1970.
Plutchik, Robert. *Emotion: A Psychoevolutionary Synthesis.* New York: Harper & Row, 1980.
Poem of the Cid. Translated by Paul Blackburn. New York: American RMD, 1966.
Powers, Thomas. "The Last Hurrah." *New York Review of Books,* 15 Feb. 1996.
Prentiss, E. [Elizabeth]. *Stepping Heavenward* (1869). New York: A. D. F. Randolph, 1897.
Prévost, Abbé. *Mémoires et aventures d'un homme de qualité qui s'est retiré du monde* (1728-32). Paris: Librairie Ancienne Honoré Champion, 1934.
Propertius, Sextus. *Elegies.* Translated by G. P. Goold. Cambridge, Mass.: Harvard University Press, 1990.
Pruneau de Pommegorge, Antoine Edmé. *Description de la Nigritie.* Amsterdam: no publisher, 1789. Translated for the HRAF by Frieda Schutze.
Rabinowitz, Peter J. "'With Our Own Dominant Passions': Gottshalk, Gender, and the Power of Listening." *Nineteenth Century Music* 16:3 (Spring 1993): 242-52.
Radcliffe-Brown, A. R. *The Andaman Islanders: A Study in Social Anthropology.* Cambridge, England: The University Press, 1922.
Rafiqul-Haqq, M., and P. Newton. "The Place of Women in Pure Islam." http://debate.domini.org/newton/womeng.htm/.
Ransom, John Crowe. *The World's Body.* Scribner's, 1938.
Rattray, R. S. *Hausa Folk-lore, Customs, Proverbs, etc., Collected and Transliterated with English Translation and Notes* (1913). Oxford: Clarendon Press, 1969.
Reich, Wilhelm. *Character-Analysis.* Translated by Theodore P. Wolfe. New York: Farrar, Straus & Giroux, 1949.

——. *The Sexual Revolution. Toward a Self-governing Character Structure.* Translated by Theodore P. Wolfe. New York: Orgone Institute Press, 1945.

Reichel-Dolmatoff, Gerardo. *Los Kogi: Una tribu de la Sierra Nevada de Santa Marta, Colombia.* Bogotá: Editorial Iqueima, 1951. Translated for the HRAF by Sydney Muirden.

Reid, Guynel Marie. "Maternal Sex Stereotyping of Newborns." *Psychological Reports* 73:3 (Dec. 1994): 1443-50.

Reifler, D. M. "Early Descriptions of Horner's Muscle and the Lacrimal Pump." *Survey of Ophthalmology* 41:2 (1996): 127-34.

Restif de Bretonne, Edmé. *La Vie de mon Père* (1779). Ottawa: Cercle du Livre de France, 1949.

Reynolds, Cecil E. "Why Do We Weep?" *Literary Digest* 93 (30 Apr. 1927): 20.

Reynolds, Edward. *A Treatise of the Passions and Faculties of the Soul of Man* (1640). Gainesville, Fla.: Scholar's Facsimiles and Reprints, 1971.

Ribot, Th.[Théodule]. *La Psychologie des sentiments* (1889). Paris: Alcan, 1939.

Rich, Adrienne. *Snapshots of a Daughter-in-Law: Poems, 1954-1962.* New York: Norton, 1967.

Riding, Laura. *A Selection of the Poems of Laura Riding.* New York: Persea, 1996.

Riessman, Catherine Kohler. "Gender and the Social Construction of Emotions: The Feminization of Psychological Distress." Paper given to the American Sociological Association, 1989.

Riessman, Catherine Kohler, and Naomi Gerstel. "Gender Differences in Idioms of Distress after Divorce." Paper given to the American Sociological Association, 1989.

Rivers, W. H. R. *The History of Melanesian Society.* Cambridge: Cambridge University Press, 1914.

Robinson, Robert G., et al. "Pathological Laughing and Crying Following Stroke: Validation of a Measurement Scale and a Double-Blind Treatment Study." *American Journal of Psychiatry* 150:2 (1993): 286-93.

Rogers, Carl R. *Person to Person: The Problem of Being Human; a New Trend in Psychology.* Walnut Creek, Calif.: Real People Press, 1967.

Rorty, Amélie Oksenberg, ed. *Explaining Emotions.* Berkeley: University of California Press, 1980.

Rosaldo, Michelle Zimbalist. Knowledge and Passion: Ilongot Notions of Self and Social Life. New York: Cambridge University Press, 1980.

Rosaldo, Renato. *Culture and Truth.: The Remarking of Social Analysis.* Boston: Beacon Press, 1989.

Rosenblatt, Paul C. *Bitter, Bitter Tears: Nineteenth-Century Diarists and Twentieth-Century Grief Theories.* Minneapolis, Minn.: University of Minneapolis Press, 1983.

Ross, Catherine E., and John Mirowsky. "Men Who Cry." *Social Psychology Quarterly* 47 (1984): 138-46.

Rotundo, Anthony. *American Manhood: Transformations in Masculinity from the Revolution to the Modern Era.* New York: Basic Books, 1993.

Rousseau, Jean-Jacques. "A Discourse on the Origin of Inequality." In: *The Social Contract and the Discourses.* Translated by G. D. H. Cole. New York: Knopf, 1993.

——. *Julie; or The New Heloïse* (1761). Translated by Philip Stewart and Jean Vache.

Hanover, N.H.: Dartmouth College and University Press of New England, 1997.
Sade, Marquis de. *The Complete Justine, Philosophy in the Bedroom, and Other Writings.* Translated by Richard Seaver and Austryn Wainhouse. New York: Grove, 1966.
Sadoff, Robert L. "On the Nature of Crying and Weeping." *Psychiartric Quarterly* 40 (1996): 490-503.
St. James-Roberts, Ian, J. Bowyer, S. Varghese, and J. Sawdon. "Infant Crying Patterns in Manali and London." *Child Care, Health and Development* 20:5 (1994): 490-503.
St. James-Roberts, Ian, S. Conroy, and K. Wilsher. "Basis for Maternal Perceptions of Infant Crying and Colic Behaviour." *Archives of Disease in Childhood* 75:5 (1996): 375-84.
St. James-Roberts, Ian, Gillian Harris, and David Messer, eds. *Infant Crying, Feeding, and Sleeping: Development, Problems and Treatment.* London: Harvester Wheatsheaf, 1993.
Sanders, Barry. *Sudden Glory: Laughter as Subversive History.* Boston, Beacon Press, 1995.
Santayana, George. *Dialogues in Limbo.* New York: Scribner's, 1925.
Sarbin, T. R. "Emotions as Narrative Emplotments." In: *Entering the Circle: Hermeneutic Investigation in Psychology,* edited by M. J. Packer and R. B. Addison. Albany, N.Y.: State University of New York Press, 1989.
Sartre, Jean Paul. *The Emotions: Outline of a Theory.* Translated by Bernard Fretchtman. New York: Philosophical Library, 1948.
Schachter, Stanley, and Jerome E. Singer. "Cognitive, Social and Physiological Determinants of Emotional State." *Psychological Review* 69 (1962): 379-99.
Schaden, Egon. *Aspectos fundamentais da cultura Guarani* (Fundamental aspects of Guarani Culture). São Paulo: Difusão Europeia do Livro, 1962. Translated for the HRAF by Lars-Peter Lewinsohn.
Schaffer, H. Rudolph. "The Development of Interpersonal Behaviour." In: *Introducing Social Psychology: An Analysis of Individual Reaction and Response,* edited by Henri Tajfel and Colin Fraser. New York: Penguin, 1978.
Schatz, Thomas. *Hollywood Genres: Formulas, Filmmaking and the Studio System.* Philadelphia: Temple University Press, 1981.
Scheff, Thomas J. *Catharsis in Healing, Ritual, and Drama.* Berkeley: University of California Press, 1979.
——. *Emotions, the Social Bond, and Human Reality: Part/Whole Analysis.* New York: Cambridge University Press, 1997.
——. *Microsociology: Discourse, Emotion, and Social Structure.* Chicago: University of Chicago Press, 1990.
Scheper-Hughes, Nancy. *Death Without Weeping: The Violence of Everyday Life in Brazil.* Berkeley: University of California Press, 1992.
Schleidt, Margret. "An Ethological Perspective on Infant Development." In: *Infant Development: Perspectives from German-speaking Countries,* edited by Michael E. Lamb and Heidi Keller. Hillsdale, N.J.: Lawrence Erlbaum, 1991.
Schreder, Mary Anne. "Special Needs of Bereaved Children: Effective Tools for Helping." In:

Bereaved Children and Teens: A Support Guide for Parents and Professionals, edited by Earl A. Grollman. Boston, Beacon Press, 1995.

Schwarzkopf, Norman. Interview with Barbara Walters. "20/20," shows 1111 and 1112. ABC News, New York, 15 and 22 Mar. 1991.

Sears, William. *Nighttime Parenting: How to Get Your Baby and Child to Sleep.* Franklin Park, Ill.: La Leche League, n.d.

Sedgwick, Eve Kososfky. *Epistemology of the Closet.* Berkeley: University of California Press, 1990.

Shaibani, Aziz Taher, Marwan N. Sabbagh, and Rachelle Doody. "Laughter and Crying in Neurological Disorders." *Neuropsychiatry, Neuropsychology, and Behavioral Neurology* 7:4 (1994): 243-50.

Shakespeare, William. *The Riverside Shakespeare.* Edited by G. Blackmore Evans. Boston: Houghton Mifflin, 1997.

Sherif, C. W. "Needed Concepts in the Study of Gender Identity." *Psychology of Women Quarterly* 6 (1982): 375-98.

Shorvon, H. J., and W. B. Sargent. "Excitatory Abreaction: with Special Reference to Its Mechanism and the Use of Ether." *Journal of Mental Science* 93 (1947): 709-32.

Shott, S. "Emotion and Social Life: A Symbolic Interactionist Analysis." *American Journal of Sociology* 84 (1979): 1317-34.

Silvia, Alcionilio Bruzzi Alves da. *A civilizacão indigena do Uaupes* (The indigenous civilization of the Uaupes). São Paulo: Centro de Pesquisas de Iauarete, 1962.

Simonov, P. V. *The Emotional Brain: Physiology, Neuroanatomy, Psychology, and Emotion.* Translated by Marie J. Hall. New York: Plenum Press, 1986.

Skinner, B. F. *The Behavior of Organisms: An Experimental Analysis.* New York: D. Appleton-Century, 1938.

Skrefsrud, Lars Olsen. *Traditions and Institutions of the Santals.* Translated by P. O. Bodding. Oslo, Norway: Oslo Etnografiske Museum, 1942.

Sloboda, John A. "Music Structure and Emotional Response: Some Empirical Findings." *Psychology of Music* 19:2 (1991): 110-20.

Smith, Adam. *The Theory of Moral Sentiments* (1759). In: *Adam Smith's Moral and Political Philosophy,* edited by Herbert W. Schneider. New York: Hafner, 1948.

Smith, E. H. "Your Emotions Will Get You If You Don't Watch Out!" *American Magazine,* Aug. 1925, 32-33.

Smith, Mary F. *Baba of Karo: A Woman of the Muslim Hausa.* London: Faber & Faber, 1954.

Solomon, Robert C. *The Passions.* Garden City, N.Y.: Anchor, Doubleday, 1976.

Solter, Aletha. "Why Do Babies Cry?" *Pre- and Peri-Natal Psychology Journal* 10:1 (1995)21-43.

Song of Roland. Translated by Patricia Terry. Indianapolis, Ind.: Bobbs-Merrill, 1965.

Sophocles. *Ajax.* Translated by W. B. Stanford. New York: St. Martin's, 1963.

——. *The Theban Plays.* Translated by E. F. Watling. Baltimore, Md.: Penguin, 1947.

Southwell, Robert. *The Complete Poems of Robert Southwell.* Edited by Alexander B. Grosart. Westport, Conn.: Greenwood Press, 1970.

Spencer, Herbert. *Principles of Psychology* (1855). New York: D. Appleton, 1897.
Spencer, Walter Baldwin, and Francis James Gillen. *The Arunta: A Study of a Stone Age People.* London: Macmillan, 1927.
Spinoza, Baruch. *The Collected Works of Spinoza.* Edited and translated by Edwin Curley. Princeton, N.J.: Princeton University Press, 1985.
Spock, Benjamin. *The Common Sense Book of Baby and Child Care.* New York: Duell, Sloan & Pearce, 1946. Rev. ed. New York: Dutton, 1985.
Spock, Benjamin, and Anna David. "For Crying Out Loud." *Parenting,* Nov. 1994, 76-80.
Stanford, William Bedell. *Greek Tragedy and the Emotions: An Introductory Study.* Boston: Routledge & Kegan Paul, 1983.
Stannard, David E. "Where All Our Steps Are Tending: Death in the American Context." In: *A Time to Mourn: Expressions of Grief in Nineteenth Century America,* edited by Martha V. Pike and Janice Gray Armstrong. Stony Brook, N.Y.: Museums at Stony Brook, 1980.
——, ed. *Death in America.* Philadelphia: University Pennsylvania Press, 1975.
Stasiewicz, Paul R., and Stephen A. Lisman. "Effects of Infant Cries on Alcohol Consumption on College Males at Risk for Child Abuse." *Child Abuse and Neglect* 13:4 (1989): 463-70.
Stearns, Peter. *Be a Man!: Males in Modern Society.* 2ed ed. New York: Holmes & Meier, 1990.
——. "History of Emotions: The Issue of Change." In: *Handbook of Emotions. See* Lewis and Haviland, 1993.
Stearns, Peter, and Carol Z. Stearns. "Emotionology: Clarifying the History of Emotions and Emotional Standards." *American Historical Review* 90:4 (1985): 813-36.
——, eds. *Emotion and Social Change: Toward a New Psychohistory.* New York: Holmes and Meier, 1988.
Stein, Gertrude. *The Geographical History of America; or, The Relation of Human Nature to the Human Mind.* New York: Random House, 1936.
Stein, Lawrence B., and Stanley L. Brodsky. "When Infants Wail: Frustration and Gender as Variables in Distress Disclosure." *Journal of General Psychology* 122:1 (1995): 19-27.
Steinen, Karl von den. *Von den Steinen's Marquesan Myths.* Translated by Marta Langridge. Canberra, Australia: Target Oceania, Journal of Pacific History, 1988.
Stern, Daniel N. *The Interpersonal World of the Infant.* New York: Basic Books, 1985.
Stern, William. *Psychology of Early Childhood.* Translated by Anna Barwell. New York: Henry Holt, 1924.
Stifter, Cynthia A., and Julia Braungart. "Infant Colic: A Transient Condition with No Apparent Effects." *Journal of Applied Development Psychology* 13:4 (1992): 447-62.
Stowe, Harriet Beecher. *Uncle Tom's Cabin* (1850). New York: Modern Library, 1996.
The Successful Housekeeper; A Manual of Universal Application, Especially Adapted to the Every Day Wants of American Housewives. Detroit, Mich.: M. W. Ellsworth & Co., 1888.
Symonds, Percival M. "A Comprehensive Theory of Psychotherapy." *American Journal of Orthopsychiatry* 24 (1954): 697-714.
Taylor, Mark C. *Tears.* Albany, N.Y.: State University of New York Press, 1990.

Ten Foot Square Hut and the Tales of the Heike. Translated by A. L. Sadler. Rutland, Vt.: Charles E. Tuttle, 1972.

Tennyson, Alfred. *In Memoriam* (1850) and "Tears, Idle Tears"(1847). In: *The Poems of Tennyson,* edited by Christopher Ricks. Harlow: Longman's, 1969.

Terweil, Barend Jan. *Monks and Magic; An Analysis of Religious Ceremonies in Central Thailand.* Scandinavian Institute of Asian Studies, Monograph Series, no.24. London: Curzon Press, 1975.

Thomas, Dylan. *Collected Poems.* New York: New Directions, 1957.

Thomas, Jo. "Lawyers Seek to Disqualify U.S. Attorney in Bomb Trial." *New York Times,* 14 Aug. 1997, A8.

Thompson, Jack George. *The Psychobiology of the Emotions.* New York: Plenum Press, 1988.

Thompson, Nicholas S., Carolyn Olson, and Brian Dessureau. "Babies' Cries: Who's Listening? Who's Being Fooled?" *Social Research* 63 (1996): 763-84.

Thurman, Wallace. *The Blacker the Berry...: A Novel of Negro Life* (1929). New York: Macmillan, 1970.

Tims, Hilton. *Emotion Pictures: The 'Women's Picture,' 1930-55.* London: Columbus Books, 1987.

Tomkins, Silvan. *Affect, Imagery, Consciousness.* 4 vols. New York: Springer, 1962-92.

——. *Shame and Its Sisters: A Silvan Tomkins Reader.* Edited by Eve Kososfky Sedgwick and Adam Frank. Durham, N.C.: Duke University Press, 1995.

Tomkins, Silvan, and Carroll E. Izard, eds. *Affect, Cognition, and Personality: Empirical Studies.* New York: Springer, 1965.

Trilling, Lionel. *Sincerity and Authenticity.* Cambridge, Mass.: Harvard University Press, 1972.

Tschopik, Harry, Jr. "The Aymara." *Bureau of American Ethnology Bulletin* 143:2 (1946): 501-73.

——. "The Aymara of Chucuito, Peru: 1. Magic." *Anthropological Papers of the American Museum of Natural History* 44 (1951): 133-308.

Turnbull, Colin M. *The Forest People.* New York: Simon & Schuster, 1961.

——. *Wayward Servants: The Two Worlds of the African Pygmies.* Garden City, N.Y.: Natural History Press, 1965.

Turner, Thomas Reed. *Beware the People Weeping: Public Opinion and the Assassination of Abraham Lincoln.* Baton Rouge, La.: Louisiana State University Press, 1982.

Ullman, Sarah E., and Raymond A Knight. "The Efficacy of Women's Resistance Strategies in Rape Situations." *Psychology of Women Quarterly* 17 (1993): 23-38.

Unamuno, Miguel de. *The Tragic Sense of Life* (1913). Translated by J. E. Crawford Flitch. New York: Dover, 1954.

Valentine, C. W. "The Innate Bases of Fear"(1930). *Journal of Genetic Psychology* 152:4 (1991): 501-27.

Van Haeringen, N. J. "Clinical Biochemistry of Tears." *Survey of Ophthalmology* 26 (1981): 84-96.

Van Oosterum, Peter. *Tears: A Key to a Remedy* (1995). Bath, England: Ashgrove, 1998.

Villa-Rojas, Alfonso. "The Tzeltal." In: *Handbook of Middle American Indians,* vol.7, edited

by Robert Wauchope. Austin, Tex.: University of Texas Press, 1969.

Vincent-Buffault, Anne. *The History of Tears: Sensibility and Sentimentality in France.* Translated by Teresa Bridgeman. New York: St Martin's, 1991.

Vingerhoets, Ad J., J. Assies, and K. Poppelaars. "Prolactin and Weeping." *International Journal of Psychosomatics* 39 (1992): 81-82.

Vingerhoets, Ad J., Marielle P. Van den Berg, Robert T. Kortekaas, Guus L. Van Heck, et al. "Weeping: Associations with Personality, Coping, and Subjective Health Status." *Personality and Individual Differences* 14:1 (1993):185-90.

Virgil. *The Aeneid.* Translated by Edward McCrorie. Ann Arbor, Mich.: University of Michigan Press, 1995.

Voltaire. *Alzire* (1736). In: *The Complete Works of Voltaire,* edited by Theodore Besterman. Toronto: University of Toronto Press, 1968.

von Staden, Heinrich. "Introduction: Alexandrian and Egyptian Medicine." In: *Herophilus: The Art of Medicine in Early Alexandria.* New York: Cambridge University Press, 1989.

Wagner, R. E., M. Hexel, W. W.Bauer, and U. Kropiunigg. "Crying in Hospitals: A Survey of Doctors', Nurses' and Medical Students' Experience and Attitudes." *Medical Journal of Australia* 166:1 (1997): 13-6.

Waldman, Jane Lori. *Breakthrough or Breakdown: When the Psychotherapist Cries During the Therapy Session.* Psy.D. dissertation, Massachusetts School of Professional Psychology, Boston, Mass., 1995.

Walker, Amanda M., and Samuel Menahem. "Intervention of Supplementary Carrying on Normal Baby Crying Patterns: A Randomized Study." *Journal of Developmental and Behavioral Pediatrics* 15:3 (1994): 174-78.

Warhol, Robyn. "As You Stand, So You Feel and Are: The Crying Body and the Nineteenth Century Text." In: *Tattoo, Torture, Mutilation, and Adornment: The Denaturalization of the Body in Culture and Text,* edited by Francis E. Mascia-Lees and Patricia Sharpe. Albany, N.Y.: State University of New York Press, 1992.

Warren, D. W., A. M. Azzarolo, Z. M. Huang, B. W. Platler, R. L. Kaswan, E. Gentschein, F. L. Stanczyk, L. Becker, and A. K. Mircheff. "Androgen Support of Lacrimal Gland Function in the Female Rabbit." *Advances in Experimental Medicine & Biology* 438 (1998): 89-93.

Watson, John B. *Behaviorism.* New York: Norton, 1925.

——. *Psychology from the Standpoint of a Behaviorist.* Philadelphia: Lippincott, 1924.

——. *The Psychological Care of Infant and Child.* New York: Norton, 1928.

Waugh, Evelyn. *The Loved One: An Anglo-American Tragedy.* Boston: Little, Brown, 1948.

Wegman, Cornelius. *Psychoanalysis and Cognitive Psychology.* New York: Academic Press, 1985.

Weiss, Albert P. "Feeling and Emotion as Forms of Behavior." In: *Feelings and Emotions. See* Adler et al., 1928.

Wells, R., J. McCann, J. Adams, J. Voris, and B. Dahl. "A Validational Study of the Structured Interview of Symptoms Associated with Sexual Abuse (SASA) Using Three Samples of Sexually Abused, Allegedly Abused, and Nonabused Boys." *Child Abuse and Neglect*

21:12 (1997): 1159-67.
Werb, Abraham. "The Anatomy of the Lacrimal System." In: *The Lacrimal System. See* Milder and Weil, 1983.
West, Nathanael. *The Day of the Locust* (1939). New York: New Directions, 1962.
Whipple, Leon. "What is Your EQ?" *Survey Graphic* 30 (Nov. 1941): 640-41.
Whiteside, Jonny. *Cry: The Johnnie Ray Story.* New York: Barricade Books, 1994.
Whitman, Walt. "A Song of Joys." In: *Complete Poetry and Collected Prose.* New York: Library Classics of the United States, 1982.
Wied, Maximilian, Prinz von. *People of the First Man: Life Among the Plains Indians in Their Final Days of Glory. The Firsthand Account of Prince Maximilian's Expedition Up the Missouri River, 1833-1834.* New York: Dutton, 1976.
Wikander, B., and T. Theorell. "Father's Experience of Childbirth and Its Relation to Crying in His Infant." *Scandinavian Journal of Caring Sciences* 11:3 (1997): 151-58.
Wilce, J. M., Jr. "The Pragmatics of 'Madness': Performance Analysis of a Bangladeshi Woman's 'Aberrant' Lament." *Culture, Medicine & Psychiatry* 22:1 (1988): 1-54.
Wilcox, Ella Wheeler. *Poems of Pleasure.* Chicago: Morril, Higgins & Co., 1892.
Wilkie, Colleen F., and Elinor W. Ames. "The Relationship of Infant Crying to Parental Stress in the Transition to Parenthood." *Journal of Marriage and the Family* 48 (1986): 545-50.
Williams, D. G., and G. H. Morris. "Crying, Weeping or Tearfulness in British and Israeli Adults." *British Journal of Psychology* 87:3 (1996): 479-505.
Wolf, Margery. *Women and the Family in Rural Taiwan.* Stanford, Calif.: Stanford University Press, 1972.
Wolke, Dieter. "The Treatment of Problem Crying Behaviour." In: *Infant Crying, Feeding and Sleeping: Development, Problems and Treatments,* edited by Gillian Harris, Ian St. James-Roberts, and David Messer. London: Harvester, Wheatsheaf, 1993.
Wood, Edwin C., and Constance D. Wood. "Tearfulness: A Psychoanalytic Interpretation." *Journal of the American Psychoanalytic Association* 32 (1984): 117-36.
Young, P. T. "Studies in Affective Psychology." *American Journal of Psychology* 38 (1927): 157-93.
Zajonc, Robert B. "Emotional Expression and Temperature Modulation." In: *Emotions: Essays of Emotion Theory,* edited by Stephanie h. M. Van Goozen, Nanne E. Van de Poll, and Joseph A. Sargent. Hillsdale, N.J.: Lawrence Erlbaum, 1994.
Zilboorg, Gregory. *History of Medical Psychology.* New York: Norton, 1941.